Richard Rottenburg

Weit hergeholte Fakten

Qualitative Soziologie · Band 2

Herausgegeben von

    Klaus Amann

    Jörg R. Bergmann

    Stefan Hirschauer

Die Reihe 'Qualitative Soziologie' präsentiert ausgewählte Beiträge aus der qualitativen Sozialforschung, die methodisch anspruchsvolle Untersuchungen mit einem dezidierten Interesse an der Weiterentwicklung soziologischer Theorie verbinden. Ihr Spektrum umfasst ethnographische Feldstudien wie Analysen mündlicher und schriftlicher Kommunikation, Arbeiten zur historischen Sozialforschung wie zur Visuellen Soziologie. Die Reihe versammelt ohne Beschränkung auf bestimmte Gegenstände originelle Beiträge zur Wissenssoziologie, zur Interaktions- und Organisationsanalyse, zur Sprach- und Kultursoziologie wie zur Methodologie qualitativer Sozialforschung und sie ist offen für Arbeiten aus den angrenzenden Kulturwissenschaften. Sie bietet ein Forum für Publikationen, in denen sich weltoffenes Forschen, methodologisches Reflektieren und analytisches Arbeiten wechselseitig verschränken. Nicht zuletzt soll die Reihe 'Qualitative Soziologie' den Sinn dafür schärfen, wie die Soziologie selbst an sozialer Praxis teilhat.

Weit hergeholte Fakten

Eine Parabel der Entwicklungshilfe

Richard Rottenburg

Lucius & Lucius · Stuttgart

gedruckt mit Unterstützung der Deutschen Forschungsgemeinschaft

Die Deutsche Bibliothek - CIP-Einheitsaufnahme

Rottenburg, Richard:
Weit hergeholte Fakten : Eine Parabel der Entwicklungshilfe / Richard
Rottenburg. - Stuttgart : Lucius und Lucius, 2002
     (Qualitative Soziologie ; Bd. 2)
     ISBN 3-8282-02213-6

© Lucius & Lucius Verlagsgesellschaft mbH, Stuttgart 2002
   Gerokstr. 51, D-70184 Stuttgart
   www.luciusverlag.com

Druck und Einband: Ebner & Spiegel GmbH, Ulm

Printed in Germany

Dank

Dieses Buch ist lange überfällig. Die Deutsche Forschungsgemeinschaft hat mir durch die Finanzierung eines Freisemesters geholfen, nicht noch mehr Zeit zu verlieren. Für meine Verzögerungen sind zwar viele Umstände verantwortlich, doch letztlich liegt es daran, dass ich mich regelmäßig in meine Forschungsgegenstände verstricke. Die elementare Grundregel meiner Disziplin, Dinge mit einem warmen und einem kalten Auge zu sehen, Engagement und Distanz stets in einer vernünftigen Balance zu halten, kann ich wider besseres Wissen nicht richtig befolgen. Bis ich die nervösen Spuren des Engagements soweit zurücknehmen kann, dass sich die distanzierten Leser nicht bedrängt fühlen, bedarf es vieler Überarbeitungen. Wenn ich heute trotzdem ein Ende gefunden habe, so liegt das an dem Zuspruch, den mir meine Freunde auch dann zukommen ließen, wenn ich sie wieder einmal enttäuscht hatte. Sie erteilten mir allerdings nicht nur bestätigende Ratschläge zur Abkürzung meiner Irrwege. Barbara Czarniawska und Bernward Joerges machten mich auf Abgründe aufmerksam, die ich gar nicht bemerkt hätte; Werner Schiffauer schaffte es immer wieder, mich bei der Suche nach Auswegen vor Holzwegen zu bewahren. Es ist mir unmöglich, ihnen dafür angemessen zu danken. Soweit es um den Text geht, bin ich des weiteren folgenden Freunden und Kollegen zu Dank verpflichtet: Bernhard Streck, Dieter Weiss, Ralph Buchenhorst und Marin Trenk haben es auf sich genommen, eine erheblich längere Version kritisch zu kommentieren. Wertvolle Anregungen verdanke ich den Gesprächen mit Steffen Strohmenger, Herbert Kalthoff, Barbara Grimpe, Matthias Stroeher, Klaus Amann und Stefan Hirschauer. Helge Mohn hat die Diagramme erstellt; Kathrin Keller hat schließlich die Endversion korrigiert und formatiert. Wie jede andere Ethnographie wäre auch diese nicht zustande gekommen, hätte ich ‹im Feld› keine Menschen gefunden, die bereit waren, mich in ihre Sicht der Dinge einzuweihen. Wegen der Fiktionalisierung meines ethnographischen Berichts kann ich ihre Namen hier nicht aufzählen. Gisella, Miriam, Judith und Esther erinnerten mich daran, dass es auch außerhalb des Textes ein Leben gibt und bewahrten mich davor, den Mut zu verlieren. Letztendlich aber ist dieses Buch aus meiner bitteren Verzweiflung über das Inferno des sudanesischen Krieges entstanden, der nach meiner Überzeugung hauptsächlich auf Probleme zurückgeht, wie ich sie hier untersuche.

Eine Regierung zu stürzen ist in Afrika nicht schwer;
die Probleme fangen erst danach an,
wenn ein besseres Regime aufgebaut werden soll.

(Kommentar eines Freundes, Khartoum im Januar 1987)

Prolog

Seit dem Ende des Kolonialismus haben sich eine neue Art von Experten und ein globales Netzwerk von Organisationen herausgebildet, die in den armen Ländern des Südens gesellschaftliche Entwicklung in Gang setzen sollen. Das Schlüsselproblem dieser Aufgabe liegt in der Herstellung von Objektivität zwischen verschiedenen Bezugsrahmen. Als Forscher kann man sich neben die Vermittlungsexperten stellen, um eine objektivere Repräsentation des einen oder anderen Entwicklungsproblems zu liefern. Man kann sich aber auch unter sie mischen, um ihre Repräsentationspraktiken und deren Folgen zu untersuchen, wie ich es mir für dieses Buch vorgenommen habe.

Gegenstand

Zwischen Ende des 19. und Anfang des 20. Jahrhunderts kommt ein Prozess zu seinem Ende, der ungefähr vierhundert Jahre zuvor eingesetzt hatte: Wenige Staaten, die vor allem an den Küsten des Nord-Atlantiks gelegen waren, teilten sich die nicht-europäische Welt nahezu restlos in Imperien auf. In den zwanzig Jahren, die dem Zweiten Weltkrieg folgten, brachen diese Imperien wieder zusammen. Die Kolonisierung der nicht-europäischen Welt löste eine besondere Dynamik aus, die sich nach dem Ende des Kolonialismus zwar veränderte, aber nicht mehr rückgängig zu machen war. Der Schlüsselbegriff für diese Dynamik lautet: *Entwicklung*. Auf dem Programm stand damit eine Hinführung zum Besseren durch einen Fortschritt, wie ihn der kapitalistische oder (bis 1989) sozialistische Industrialismus vorgegeben hat: durch wirtschaftliche und technisch-wissenschaftliche Entwicklungen.

Mit der Annahme des Modells war nicht nur der Weg als Fortschritt durch

Modernisierung definiert, sondern die lokal gegebenen Lebensformen waren als rückständig denunziert. Rund zwei Drittel der Weltbevölkerung – mit übrigens rapide steigender Tendenz – lebt entsprechend dieser Klassifikation bis heute in unterentwickelten Verhältnissen. Das Ungeheuerliche an dieser Klassifikation ist die Tatsache, dass sie universal angenommen wurde, oft auch von denen, die selbst gemeint sind. Wer sich als unterentwickelt wahrnimmt, schämt sich seiner Sprache, seiner Kleidung, seiner Gewohnheiten und Überzeugungen – zumindest für die seiner Vorfahren. Wer etwas werden will, kann dies nur über eine nachgeholte Sozialisation in den dafür aufwendig eingerichteten Bildungsanstalten der Entwicklungsländer versuchen. Was man hier lernt, zeichnet sich vor allen Dingen dadurch aus, dass es mit der unmittelbaren sozialen, kulturellen und raum-zeitlichen Umgebung so gut wie nichts zu tun hat, denn diese Welt ist allenfalls ein Hindernis, das man hinter sich lassen möchte. In den Bildungsanstalten der Dritten Welt lernt man stattdessen das Modell kennen. Dieser Sachverhalt bleibt für die Orientierung der Eliten nicht folgenlos.[1]

Was man Entwicklung nennt, ist kein einheitlicher Prozess. Während man nach Phasen, Kontinenten und Ländern unterschiedliche Entwicklungsdynamiken feststellen muss, kann man dennoch idealtypisch ein einheitliches Handlungs- und Deutungsmuster erkennen. Zu diesem Muster gehören: eine *Gesellschaft*, die sich das Etikett ‹unterentwickelt› anheftet und folglich gemäß Definition die anvisierte Entwicklung aus sich heraus – als unwillkürlichen sozialen Wandel – nicht zuwege bringt; eine *Elite*, die sich dazu berufen fühlt, ihre Herkunftsgesellschaft zu modernisieren; ein *Modell*, das die Unterentwicklung zu überwinden verspricht; internationale *Experten,* die der lokalen Elite dabei helfen, das Modell zu realisieren; ein weltumspannendes Netzwerk formaler Organisationen, in dem der Vorgang Entwicklung betrieben und finanziert wird. Die Organisationen unterscheiden sich nach Gebern und Nehmern, nach national und multinational, vor allen Dingen aber bevölkern sie das, was man ein *Organisationsfeld* nennt. Schließlich wird der Diskurs der Entwicklungs-Arena durch die weltweite *Hegemonie des westlichen Weltbildes* abgesichert.[2]

Wenn man den Anfang der Entwicklungspolitik in die sechziger Jahre verlegt (andere Rechnungen wären auch möglich), befinden sich die Bemühungen um Entwicklung gegenwärtig am Ende ihrer vierten Dekade. Seit vielen Jahren spricht man offiziell nicht mehr von Entwicklungshilfe, sondern von Entwicklungszusammenarbeit. Mit Entwicklungszusammenarbeit – im internationalen Jargon: ‹development cooperation› – ist gemeint, dass die eine Partei, die mehr hat und schon weiter ist, der anderen Partei, die weniger hat und noch nicht so weit ist, eine Transferleistung zukommen lässt. Damit soll erreicht werden, dass die minderbemittelte Partei irgendwann nicht mehr auf diese Hilfe angewiesen ist, da sie die Differenz aufgeholt hat. Dies ist die einfache Quintessenz des Vorgangs.

Die Hoffnungen und Gewissheiten des Entwicklungsdiskurses haben im Laufe der Jahrzehnte allerdings stetig abgenommen. Dies gilt insbesondere für das subsaharische Afrika, auf das sich dieses Buch beschränken soll. Parallel zu und teils unabhängig von den nicht abreißenden Fehlschlägen nachholender Modernisierung fand in den so genannten ‹Geberländern› eine stetig voranschreitende Verunsicherung statt. Am Ende dieses Prozesses steht die Parole: ‹Von anderen Kulturen lernen.› Auch wenn diese selbstzweiflerische Vorstellung mehr von der westlichen Deutungs- und weniger von der Entscheidungselite vertreten wird, ist sie doch so gängig und mächtig geworden, dass der Vorbildcharakter des euro-amerikanischen Modells im öffentlichen Diskurs nur noch sehr versteckt und verschämt zum Ausdruck kommt. 1951 sprach man noch so:

There is a sense in which rapid economic progress is impossible without painful adjustments. Ancient philosophies have to be scrapped; old social institutions have to disintegrate; bonds of caste, creed and race have to burst; and large numbers of persons who cannot keep up with progress have to have their expectations of a comfortable life frustrated. Very few communities are willing to pay the full price of economic progress. (United Nations, Department of Social and Economic Affairs, Measures for the Economic Development of Underdeveloped Countries, 1951)[3]

1996 spricht man dagegen so:

(...) wir aus dem Westen haben den Menschen nicht zu sagen, wie sie sich entwickeln sollen. Die Menschen selbst sind klug genug, dies für sich selbst und ihre Kinder zu entscheiden. (Wolfensohn, Präsident der Weltbank)[4]

Der Untergang des Sozialismus, den man üblicherweise mit dem Fall der Berliner Mauer auf 1989 datiert, ließ das westliche Markt-Modell als einzige Gesellschaftsform übrig. Diese Alternativlosigkeit führte dazu, alte Überlegungen zu den Aussichten des Modells konsequenter weiterzudenken, als dies vorher möglich oder notwendig erschien. Man erinnerte sich daran, dass das Modell darauf ausgelegt ist, seine natürlichen Grundlagen zu zerstören. Eine nachholende Modernisierung der nicht-euro-amerikanischen Welt ist aus dieser Warte auf jeden Fall zu verhindern. Ebenso drängte sich die alte Beobachtung wieder stärker auf, dass das westliche

Markt-Modell Menschen systematisch überflüssig macht. Eine Integration der Menschenmassen der Dritten Welt in ein unverändertes kapitalistisches Produktionssystem kann heute nicht mehr ernsthaft als mögliche Entwicklung angestrebt werden.

In erster Linie aber hat das Modell seinen Glanz verloren, weil sich die Elendsbilanzen – mit wenigen Ausnahmen in Südostasien und Südamerika – seit dem Beginn der Entwicklungszusammenarbeit eher verschlechtert haben, was sich wiederum seit 1989 deutlicher zeigt als davor. Für das subsaharische Afrika muss man heute feststellen, dass das Ende des Kolonialismus und rund vierzig Jahre Entwicklungshilfe bei einem Großteil der Bevölkerung nicht zu einem Leben mit mehr Sicherheit, Würde und Wohlstand geführt haben. Für viele Orte gilt, was im Jahr 2000 in einer Tageszeitung im Kongo zu lesen war: «Die Unabhängigkeit hat sich als Alptraum erwiesen.»[5] Natürlich darf man die Orte des postkolonialen Alptraums nicht zu Chiffren für das ganze subsaharische Afrika machen. Man darf aber auch umgekehrt aus Angst vor falschen Verallgemeinerungen den Versuch nicht unterlassen, den richtigen Kontext für diese Alpträume zu suchen. Die übergeordnete Frage, die sich bei dieser Suche stellt, lautet: Warum ist das so gekommen, und warum scheint es immer so weiterzugehen? Man wird sicherlich – wie schon bisher auch weiterhin – auf verschiedenen Ebenen und aus diversen Perspektiven nach Antworten suchen müssen.

In dem vorliegenden Buch werde ich mich indes darauf beschränken, Entwicklungskooperation als organisierten Prozess zu untersuchen. Damit richtet sich mein Augenmerk nicht auf eine Situation, um deren Entwicklung es geht, und auch nicht auf eine Situation, in der Entwicklungskonzepte am grünen Tisch entworfen werden. Es richtet sich vielmehr auf die Praktiken des Organisierens der Entwicklungskooperation, die im *Zwischenraum* stattfinden – weder ganz dort, wo das Vorbild vermeintlich herkommt, noch ganz dort, wo es realisiert werden soll.

Gleichwohl konnte das Material dieser Studie – wie jedes Material – nur zu bestimmten Zeitpunkten, an konkreten Orten und anhand realer Ereignisse erfasst werden. Aus zwei Gründen habe ich es vorgezogen, meine Geschichte zu fiktionalisieren. Zum einen geht es mir um Zwischenräume und um Zusammenhänge, die nur zum Teil aus den Spezifika lokaler Kontexte ableitbar sind. Die Benennung realer Kontexte würde davon ablenken. Zum anderen habe ich es – anders als etwa ein musikethnologischer Text – mit einem Thema zu tun, das unwillkürlich die bewertende Frage aufwirft: ‹Wie kann man es besser machen?› Die Benennung realer Akteure würde es den Lesern nahe legen, sich an der Frage festzubeißen: ‹Wer ist für die geschilderten Umstände eigentlich verantwortlich?› Die Fiktionalisierung soll dem entgegenwirken und die Aufmerksamkeit von den Stärken und Schwächen existierender Akteure auf die Bedeutung allgemeiner Strukturprinzipien lenken.

Im engeren Sinn spielt die fiktive Handlung meiner Erzählung – die kultur-anthropologische Ermittlung des Protagonisten Drotleff – zwischen Juli und Dezember 1997. Dieser Zeitraum wird durch die rückblickenden Ausführungen der Figuren auf die neunziger Jahre des vergangenen Jahrhunderts erweitert. Die wichtigsten Akteure und Orte der Erzählung sind: (1) die Entwicklungsbank eines europäischen Landes namens Normland, also die «Normesische Entwicklungs-bank» (NEB) mit Sitz in Zethagen; (2) eine kleine normesische Consulting-Firma namens S&P mit Sitz in Ypsilonia; (3) die Wasserwerke dreier mittelgroßer Städte eines Landes namens Ruritanien, das in Afrika südlich der Sahara gelegen ist.

Problemstellung

Üblicherweise betritt die Ethnologie das Terrain der Entwicklungskooperation im Bereich der so genannten ‹zielgruppennahen Projekte›. Das sind Maßnahmen, in denen man versucht, möglichst direkt mit den Nutznießern zusammenzuarbeiten, wobei es in der Regel darum geht, Bauern und Viehzüchtern etwa neue Anbau-methoden, Saatgut-Veredelungen, Tierzucht-Verfahren oder Kreditsysteme zu vermitteln. Gelegentlich sind auch verarmte Städter einbezogen, wenn es etwa um gesundheitliche Vorsorgemaßnahmen, Aids-Prävention, Familienplanung oder ökologische Schutzmaßnahmen geht. Während man in keinem dieser Bereiche ohne ein Minimum an formaler Organisation auskommt, richtet sich das Haupt-augenmerk auf die Veränderung kultureller Praktiken.

Der finanziell größte Teil der Entwicklungszusammenarbeit fließt allerdings in den Bereich der öffentlichen Infrastruktur der Entwicklungsländer. Hier hat man es mit formal organisierten Systemen zu tun – meist schon von den Kolonialmäch-ten errichtet –, die hauptsächlich Bildung, Gesundheit, Kommunikation, Transport und Verwaltung sicherstellen sollen. In vielen Fällen hat man es dabei auch mit großen technischen Systemen zu tun, wie beispielsweise mit Eisenbahnen, Strom-netzen, Telekommunikations-Netzen, Trinkwasser-Systemen, Computernetzwer-ken usw. Die Priorität dieses Bereichs lässt sich auch an der Rangliste der Maß-nahmen ablesen, die nach einem politischen Neuanfang üblicherweise aufgestellt wird. Immer wenn eine Region um Autonomie kämpft – wie beispielsweise die Provinz Südkordofan im Sudan –, rufen die Anführer der Bewegung, sobald ein Sieg in Aussicht steht, nach externer Unterstützung in folgenden Bereichen: Zuerst versucht man, die Ernährung zu sichern – dazu müssen zunächst Straßen instand gesetzt, Brücken repariert und Märkte eingerichtet werden. Dann versucht man die Gesundheitsversorgung neu aufzubauen – dazu muss man eine flächendeckende Organisation errichten, Personal ausbilden sowie Medizin und Ausrüstung beschaffen. Später versucht man das Schulsystem wieder in Gang zu bringen. Damit das alles möglich ist, muss man parallel dazu das Verwaltungssystem, eine Steuerbehörde sowie einen Justiz- und Polizeiapparat neu einrichten. Die Anführer und ihre Helfer betonen, dass diese Maßnahmen der Erhaltung der neu erkämpften Selbstbestimmung dienen werden. Sofern sie damit die politische Unabhängigkeit von einem ungeliebten Staatsapparat meinen, aus dem sie sich gerade lösen, trifft die Behauptung zu. Sofern sie aber allgemeine Selbstbestimmung meinen, kann davon keine Rede sein.

Zunächst müssen die, die das Streben nach Autonomie unterstützen sollen, davon überzeugt sein, dass es ein richtiges Streben ist. Wenn Kinderarbeit, Frauendiskriminierung, Intoleranz gegen Andersgläubige und Umweltzerstörung zu der angestrebten Selbstbestimmung gehören, wird man es schwer haben, dafür Unterstützung zu finden. Die Forderungen werden sich also in der Regel dem Erwartungshorizont der potentiellen Unterstützer anpassen und damit ein lokales Vermittlungsproblem auslösen. Sobald eine Unterstützung in Gang kommt, müssen Organisationsstrukturen und geeignete Verfahren aufgebaut werden, die den Transfer von Geld, Ideen, Modellen und Artefakten ermöglichen, so dass sich hier ein zweites Vermittlungsproblem stellt. Sofern aber das interne Schlüsselproblem, für das man sich Unterstützung von außen holt, im Aufbau von Organisationsstrukturen und bürokratischen Verfahren liegt, hat man es bei diesem zweiten Vermittlungsproblem auch mit einem Begründungszirkel zu tun: Es muss eine Organisationsstruktur aufgebaut werden, die dazu dienen soll, Know-how und Ressourcen zu importieren, die man dafür benötigt, funktionierende und legitime Organisationsstrukturen aufzubauen. Damit ist die Errichtung eines neuen, unabhängigen und souveränen Staatsapparates aber an der Stelle angekommen, an der der alte, von dem man sich gerade befreien möchte, gescheitert ist. Denn der Grund für Autonomiebewegungen ist in der Regel das Nicht-Funktionieren oder die Pervertierung dessen, was man grob gesprochen den modernen Staatsapparat und die zivilgesellschaftlichen Institutionen nennen kann.

Diese Problemstellung lässt sich im kleineren Maßstab und in ruhigeren Gewässern ethnographisch besser untersuchen. Ein seltsames Schlüsselwort desjenigen Teils der Entwicklungszusammenarbeit, der es mit den aufgezählten Organisationsformen zu tun hat, lautet ‹Rehabilitation›. Damit ist gemeint, dass eine Organisation bzw. das ihr zugehörige technische System – etwa eine städtische Trinkwasseranlage oder eine Eisenbahngesellschaft – zwar im Prinzip existiert und auch schon einmal in den Genuss einer Reformmaßnahme kam, aber nach dem Verlauf einer gewissen Zeit soweit heruntergefahren wurde, dass eben eine Rehabilitation ansteht.

Praktisch sieht das ungefähr folgendermaßen aus: Nachdem eine Entwicklungsbank den Antrag auf die Rehabilitationsmaßnahme geprüft hat, beauftragt sie einen privaten Unternehmer, einen so genannten ‹Consultant›, die Maßnahme im Einzelnen zu konzipieren und durchzuführen. Dieser tut dann folgendes: Zuerst studiert er einen Berg von Unterlagen über den Stand der Dinge in der angeschlagenen Organisation und über die letzte Reform. In der Regel stellt er fest, dass die Reform nicht gegriffen hat, weil sie an den Realitäten der Organisation vorbeilief. Das wird dann darauf zurückgeführt, dass der vorausgehende Consultant die Reform falsch konzipiert hat. Folglich macht sich der neue Consultant daran, die Rehabilitation diesmal besser zu konzipieren. Dabei stößt er vor allen Dingen auf das Problem, nicht ohne weiteres herausfinden zu können, was die faktischen Gegebenheiten der maroden Organisation sind, weil diese eben zu keiner zuverlässigen Auskunft mehr in der Lage ist – was ja das Ausgangsproblem war. So gut es eben geht, müssen dennoch eine Situationsbeschreibung und ein Interventionsplan erstellt werden, bevor mit der Rehabilitation angefangen wird. Nach einigen Jahren stellt sich dann heraus, dass die Organisation erneut auf dem Boden liegt, und es wird der nächste Rehabilitationsantrag bei einer Entwicklungsbank eingereicht. In der Regel fällt das nicht so auf, weil die Organisation inzwischen in einer anderen aufgegangen ist, weil das Thema der Rehabilitation diesmal etwas anders formuliert wurde, weil man sich an eine andere Entwicklungsbank richtet, weil inzwischen neue Entwicklungsmethoden gelten oder einfach weil andere Leute zuständig sind, die die Vorgeschichte nicht so genau kennen. Dann wird ein neuer Consultant gesucht, weil der letzte offenbar keine gute Arbeit geleistet hat. Damit geht man in die nächste Runde, die häufig wieder nach demselben Muster verläuft.

Es kann schon sein, dass als Nebeneffekt solcher Spielrunden ein paar erfreuliche Veränderungen ausgelöst werden. Doch offenbar sind diese Veränderungen

nicht groß genug, um das Spiel erfolgreich zu Ende zu bringen. Hier drängt sich
der Verdacht auf, dass die Fortführung dieses Spiels die Entstehung eines anderen
und vermutlich besseren Spiels verhindert. Wenn das so ist, bestünde die wichtigste Folge der Entwicklungskooperation in der Verhinderung von besseren Möglichkeiten. Und hier drängt sich gleich der nächste Verdacht auf: Die Verhinderung
scheint auf der Arena der Entwicklungskooperation selbst zustande zu kommen,
d.h. sie lässt sich weder auf Mechanismen zurückführen, die allein in der Gesellschaft verankert sind, um deren Entwicklung es geht, noch auf Mechanismen, die
allein in den so genannten ‹Geberländern› bzw. ‹Geberorganisationen› liegen. Der
Mechanismus, der innerhalb der Entwicklungs-Arena dafür verantwortlich ist, dass
das Spiel trotz alledem im Prinzip unverändert weiterläuft, hängt vermutlich mit
einem Repräsentationsproblem zusammen.

Üblicherweise konzentriert man sich an dieser Stelle auf die Legitimität politischer Repräsentation im allgemeinen Kontext staatlicher Ordnung und im besonderen Kontext der Entwicklungszusammenarbeit.[6] Ohne die Bedeutung und
Richtigkeit dieser Forschung in Frage zu stellen, werde ich mich in diesem Buch
auf die andere, die wissenssoziologische Seite des Problems konzentrieren. Sowohl
die Entwicklungskooperation selbst als auch die Organisationsstrukturen, bei deren
Aufbau sie behilflich sein soll, haben es damit zu tun, zuverlässige Verfahren der
Fernerkundung und -steuerung zu etablieren, die organisiertes Handeln und Kontrolle auf Distanz ermöglichen. Im Kern geht es dabei um die *Repräsentation von
Wirklichkeit durch organisatorische Verfahren*, die sich von anderen Teilsystemen der
Gesellschaft frei gemacht haben, so dass sie etwa keinen politischen oder ökonomischen Kriterien unterworfen werden können.[7] Natürlich ist eine thematische
Fokussierung dieser Art nicht nur im Gegenstand, sondern auch in der Theorie
verankert. Ich möchte mit dieser Studie hauptsächlich an drei laufende Auseinandersetzungen anschließen. (Leser, die sich vor allen Dingen für meine Geschichte interessieren, können von hier direkt zu dem Abschnitt ‹Text› springen.)

Debatte

(1) Im letzten Drittel des 20. Jahrhunderts haben sich die Zweifel an den Problemen der Repräsentation auch außerhalb der Philosophie so weit verbreitet und
radikalisiert, dass eine neue Problemlage entstand. Die Unterscheidung zwischen
dem phänomenologisch-hermeneutischen Verständnis der Problemlage und der

neueren (de-)konstruktionistischen Auffassung lässt sich zumindest in einer Hinsicht leicht benennen. Das von Merton berühmt gemachte Thomas-Theorem lautet: «Wenn Menschen Situationen als real definieren, haben sie reale Konsequenzen.» Entsprechend beschäftigt sich die Sozial- und Kulturwissenschaft weniger mit der Welt, sondern mit dem, was die Menschen für die Welt halten. Diese Unterscheidung funktionierte so lange problemlos, als das Thomas-Theorem nicht auf die wissenschaftlichen Realitätsdefinitionen selbst appliziert wurde. Irgendwann zwischen Mitte der sechziger und Mitte der achtziger Jahre konnte die Selbstanwendung des Thomas-Theorems auf die Kultur- und Sozialwissenschaften nicht mehr zurückgehalten werden und avancierte zu der prominentesten Streitsache in diesen Disziplinen.[8] Für die Verschiebung der Aufmerksamkeit von dem Verhältnis zwischen Text und Wirklichkeit auf das Verhältnis zwischen diversen Texten – also auf Diskurs und Intertextualität – musste freilich ein gewisser Preis bezahlt werden. Viele der neuen Meta-Texte zeichnen sich durch einen Verlust an existentieller Bedeutung aus, der für viele Leser enttäuschend ist. ‹Was-› und ‹Warum-Fragen› werden in ‹Wie-Fragen› übersetzt, ohne dass man am Ende zu der unvermeidlichen Suche nach den Erklärungen der Dinge zurückkehrt.

Für den beschränkten Zweck meiner Argumentation lassen sich die Positionen ethnographischer Arbeit nach dieser Problemverschiebung in zwei Lager teilen: Aus dem einen klingt ein hämisches Frohlocken durch, weil man meint, dass auch die anderen bald wieder dort angekommen sein werden, wo man selbst immer schon war. Hier bilden Positivisten, Phänomenologen und Hermeneutiker alten Stils eine unheilige Allianz gegen ‹zu viel› Reflexion und ‹philosophische Angst›. Diese Leute meinen, dass sie sich mit dem (De-)Konstruktionismus einen unnötigen Umweg erspart haben, sofern sie gleich auf dem rechten Weg geblieben sind (der für die einen durch Popper und für die anderen durch Gadamer vorgegeben ist). Das andere Lager versucht, die Ausblicke des Umwegs als Einsichten zu bewahren. Hier von einem Lager zu sprechen, ist indes noch ungerechter als im ersten Fall. Das einzige, was diese Leute zusammenhält, ist ein lebendiger Streit. Statt nun die Debatte über die Folgen der (De-)Konstruktion für die Ethnographie an dieser Stelle theoretisch weiterzuführen, zeige ich an dem ausgewählten Gegenstand, wie ich mir einen ethnographischen Umgang mit dem Problem der Repräsentation vorstelle.

(2) Mit wenigen Ausnahmen pflegt die Ethnologie zur Moderne und insbesondere zu deren ‹Haupt- und Staatsaktionen› ein kauziges Meidungsverhalten. Auch nach

ihrer Heimkehr aus den Tropen in die Metropolen fühlt sich die Anthropologie –
wie sie nun eher heißen sollte – in erster Linie für die Erforschung mündlich-
narrativen, polyzentrischen Wissens an den Rändern, in den Nischen, auf den
Hinterbühnen und im Untergrund zuständig. Sie hat eine Vorliebe für marginali-
sierte Lebenswelten, die sich als Gegenentwürfe zum hegemonialen Anschlag der
Moderne verstehen, und sie begreift sich als deren Fürsprecherin. Nun erfüllt sie
aber ihre Fürsprecherrolle just aus der Warte des schriftlich-wissenschaftlichen,
logozentrischen Wissens, das das ausschlaggebende Charakteristikum der Moderne
ist, die sich alle Gegenentwürfe hegemonial einverleibt. Damit gerät der Anthropologie das Wissen der Moderne zusammen mit den Institutionen zur Herstellung
dieses Wissens zum blinden Fleck.

In diesem blinden Fleck findet indes all das statt, was die (post)moderne
Gesellschaft ausmacht: Wissenschaft, Technik und Organisation. Hier geht es um
das alltägliche Ringen um Verfügbarkeit gesellschaftlicher Entwicklung durch die
Herstellung objektiver Repräsentationen. Durch das Auslassen dieser Bereiche
wird nicht mehr, aber auch nicht weniger gesagt als dies: Das, wofür die Anthropologie zuständig ist – die Konstitution von Weltbildern –, findet hier nicht statt.
Weltbilder sind per Implikation das, was die anderen haben, die im Irrtum leben:
Leute, die an die Ehre und die Nation, an Teufel, Engel und Götter, an Homöo-
pathie und fliegende Untertassen glauben. Leute, die den großen Erzählungen
Glauben schenken und diversen Ideologien folgen. Weltbilder sind demzufolge
immer Trugbilder, die einer anthropologischen Erklärung bedürfen, die immer
nach demselben Muster gestrickt ist: Das Bild entspricht weniger der Wirklichkeit,
als den gesellschaftlichen Bedingungen seiner Konstitution. Leute hingegen, die auf
Finanzmärkten handeln oder diese analysieren, die in Satelliten um die Erde fliegen
und sie abbilden, die Atome spalten, DNA-Ketten analysieren, Pflanzen und Tiere
klonen, aber eben auch Leute, die Entwicklungskooperation und Anthropologie
betreiben, haben (und machen) anscheinend keine vergleichbaren Weltbilder, sonst
würde die Anthropologie sich dafür zuständig fühlen. Diese Leute – das wird damit
implizit behauptet – bilden die Welt objektiv ab. Die Zuständigkeit der Anthropologie für den ‹Irrtum›, den sie gleichwohl als widerstreitenden und gleichberech-
tigten Weltentwurf rehabilitieren möchte, resultiert in einer impliziten und damit
umso gnadenloseren Denunziation.[9]

(3) Sofern moderne Transformationsprozesse eng mit Entortung und Trans-
lokalität verbunden sind, erweist sich der herkömmliche Lokalismus der Anthro-

pologie als Hindernis beim Verständnis dieser Prozesse. Während Anthropologen im Regelfall Übergänge zwischen Kulturen herstellen wollen, habe ich die Übersetzungspraktiken anderer Grenzgänger und deren liminale (grenzüberschreitende) Objekte und Ideen beobachtet und analysiert. Und davon gibt es in dem ausgesuchten Terrain nicht wenige:

The planning and implementation of development projects is a focus for massive cosmopolitan activity. In the night telexes chatter, linking clients in Kenya and Indonesia to consultants in California or the Cotswolds. Aid agency staff pick over policies on freeway or commuter line bound for Washington and London. Contractors check their sums over breakfast. As the day closes on the other half of the globe, bureaucrats mark off the dusty minutes to their journey home, while the putative beneficiaries of these concerns cash the day's wages to buy maize or rice for the family meal. *All are linked by the networks that projects weave.* With a cast numbered and funded in billions this is one of the world's fastest growing, yet least analysed, forms of collaborative behaviour. (Hervorhebung RR)[10]

Im Sinn dieses Zitats wäre es irreführend zu behaupten, dieses Buch handle von einem ruritanischen Entwicklungsprojekt oder von einer normesischen Entwicklungsbehörde, einem Consultant oder einem Anthropologen in der Entwicklungszusammenarbeit. Diese vier Studienobjekte kommen in dem Buch zwar vor, doch es geht um keines davon. Es geht vielmehr um die Organisation dessen, was zwischen ihnen passiert. Bei dieser Organisation stellt sich wiederum das Repräsentationsproblem ein: Man muss sich auf Darstellungen einigen, die in allen Kontexten Gültigkeit beanspruchen können.

These

Nehmen wir zunächst zwei einfache Aussagen, wie sie auf der Arena der Entwicklungszusammenarbeit jeden Tag zu hören sind. A: ‹Im subsaharischen Afrika geht es seit Beginn des Strukturanpassungs-Programms aufwärts.› B: ‹Das kann nur jemand sagen, der an die Ideologie der Deregulierung glaubt.› Die zweite Aussage stellt also in Frage, dass es in Afrika wirklich aufwärts geht, und behauptet darüber hinaus, dass die Wahrnehmung einer Aufwärts-Bewegung in der ideologischen Verblendung des Beobachters liegt. Nun mag man der Unterscheidung zwischen einer Sache und dem Bezugsrahmen des Beobachters zustimmen und darüber hinaus den Inhalt von Aussage B präferieren, doch man darf darüber die strukturelle Gleichheit der Aussagen nicht übersehen. Um nämlich der Aussage A widersprechen zu können, muss Aussage B auf dieselbe Argumentationsfigur zurückgreifen. Sie muss für sich in Anspruch nehmen, dass sie ihren externen Referenten – ‹die Ideologie der Deregulierung› – sowie die realitätsverzerrende Wirkung dieses Referenten objektiv erfasst hat: also ohne selbst einer ähnlichen Verzerrung zu unterliegen. In eine theoretische Sprache übertragen heißt dies: Objektivismus und Anti-Objektivismus gehören zu derselben Gattung von Aussagen, die sich lediglich auf unterschiedliche Realitätsebenen beziehen. Ihr zirkuläres Verhältnis macht auf die Paradoxie der Letztbegründung von Aussagen aufmerksam, die für sich Wahrheit beanspruchen.

Dieser Paradoxie kann man ausweichen, indem man eine externe Perspektive einnimmt. Doch diese Möglichkeit ist nur dem wissenschaftlichen Zaungast gegeben – oder, wie Mary Douglas sagen würde, dem Einsiedler –, der zumindest im Moment des Perspektivwechsels keine Position dazu beziehen kann, worüber gerade gestritten wird. Damit wird schließlich behauptet, dass der Objektivismus eine unverzichtbare Rhetorik ist, an deren Verbesserung man arbeiten muss, auch wenn sie wie der Horizont unerreichbar ist. Indirekt wird dadurch ein politisches System verteidigt, das ideologischen Verblendungen gegenüber nicht ganz wehrlos ist, sofern es sich weder auf eine letzte (religiöse oder vermeintlich wissenschaftlich nachgewiesene) Wahrheit berufen kann (die sich zwanzig Jahre später als Irrtum erweist), noch dazu verdammt ist, alle Positionen für gleich plausibel zu halten.

Wenn das aber so ist, gilt folgendes: Damit die Richtigkeit von Aussagen überhaupt erhöht werden kann, muss vorerst als Bedingung der Möglichkeit eingeräumt werden, dass Aussagen Wirklichkeiten niemals abbilden, sondern immer schon denkend ordnen (wie Max Weber gesagt hätte). Entsprechend dieser Position hat unentrinnbar jede Repräsentation ihren blinden Fleck: sie kann den eigenen Standort bzw. die eigenen Unterscheidungen nicht beobachten und nicht aus sich heraus begründen. Wenn man deshalb den blinden Fleck niemals loswerden kann, besteht doch zumindest die Möglichkeit, ihn nach Bedarf neu zu ‹placieren› (wie Luhmann› sagen würde). ‹Bedarf› ist hier ein pragmatisch auf der Hand liegender Zweck, der im selben Zug nicht reflektiert werden kann. ‹Neuplacierung› meint einen Ort der Beobachtung aufzusuchen, an dem das vorhandene Problem bis auf weiteres toleriert werden kann. Wenn diese Paradoxieplacierung gelingt, erlaubt die neu gewonnene Perspektive eine De-Blockierung vorhandener Möglichkeiten – aber immer nur um den Preis, andere Möglichkeiten eben dadurch zu blockieren.[11]

Für die oben zitierten Aussagen A und B folgt daraus: Ob man meint, dass es im subsaharischen Afrika ‹aufwärts› oder ‹abwärts› geht, hängt mit Sicherheit stark von dem Meta-Narrativ ab, das man im Kopf hat, zumal man sonst wohl kaum so einfach ‹aufwärts› und ‹abwärts› unterscheiden könnte. Doch die aufgeworfene Sinn- und Existenzfrage bleibt nach dieser dekonstruktiven Feststellung unverändert im Raum stehen. Man ist lebenspraktisch darauf angewiesen, den Streitpunkt zwischen den Aussagen A und B in der Sache zu klären und nach besseren Antworten zu suchen. Dabei wird man immer wieder zwischen richtigen und falschen Aussagen unterscheiden müssen, um den richtigen Weg zu wählen. Das wird man auch dann tun müssen, wenn sich der Zweifel von Aussage B zu einem Generalverdacht gegen jeden Objektivismus ausgeweitet hat. Allerdings – und darauf kommt es an – wird man es nur dann richtig tun können, wenn man sich darüber im Klaren ist, dass man sich in jedem Fall auf dünnem Eis bewegt.

Entsprechend der *These* dieses Buches glaubt man auf der Arena der Entwicklungszusammenarbeit, festen Boden unter den Füßen zu haben. Man versucht die eigenen Realitätskonstruktionen wie Pflöcke in diesen Boden einzuschlagen, um die Projekte daran festzubinden. Weil man sich aber auf dünnem Eis bewegt, hat das entsprechende Folgen. Über diese Kritik hinausgehend werde ich zeigen, dass der Objektivismus des Entwicklungsdiskurses nicht ostensiv auf den westlichen Universalimus und seinen hegemonialen Anspruch zurückgeht. Vielmehr werde ich demonstrieren, dass es die transkulturellen Aushandlungs- und Entscheidungsprozesse sind, die objektivistische Realitätsdefinitionen hervorbringen.

Als Mittel zur Verhinderung auswegloser Verstrickungen in falschen Realitätsdefinitionen bleibt aus dieser Warte also nur das zurück, was man mit Luhmann als ‹Wechsel der Beobachterperspektive› (oder ‹Neuplacierung des Paradoxes›) nennen kann. Analog könnte man mit Goffman auch von einem ‹Rahmen-Wechsel› sprechen: Was man im Rahmen einer Aushandlungs- oder einer Entscheidungssituation für real halten muss, kann man im Rahmen einer Reflexion über das, was eigentlich vorgegangen ist, auf die Bedingungen des ersten Rahmens zurückführen.[12] Für den Zweck meiner Argumentation und insbesondere meiner ethnographischen Darstellung erscheint es mir indes passender, von einem *Code-Wechsel* zu sprechen. Phänomenologisch kann man nur die Verwendung von Codes und den Wechsel zwischen Codes beobachten, während Rahmen und Perspektiven dahinter stehende Erklärungsmuster sind. Die Spieler der Arena müssen sich, um überhaupt an einem gemeinsamen Spiel teilnehmen zu können, auf einen universellen Code einigen, der in allen Bezugsrahmen verständlich erscheint. Ich werde an dieser

Stelle von einem *Metacode* sprechen. Die gleichen Spieler wechseln aber problemlos in einen *Kulturcode*, wenn sie vor und nach dem Spiel die Züge der anderen Spieler kommentieren und auf deren kulturelle Orientierungsmuster zurückführen. Die Arena der Entwicklungszusammenarbeit zeichnet sich durch einen prekären situationalen Wechsel zwischen Metacode und Kulturcode aus.

Vokabular

Wenn die Gültigkeit einer Darstellung korrespondenztheoretisch nicht zu klären ist – auch wenn die Bemühung um korrespondenztheoretische Treue unverzichtbar bleibt –, muss das Konzept der Repräsentation anders definiert werden. Zunächst ist festzustellen, dass im Entwicklungsdiskurs – nicht anders als im anthropologischen Diskurs – Repräsentationen aufwendig fabriziert werden. Nach dem Ausmaß ihrer Durchsetzung und somit ihrer *Institutionalisierung* als gültige Versionen von Welt spielen diese Repräsentationen dann eine konstitutive Rolle für die Definition dieser Welt und die dadurch legitimierten Praktiken. Um das Phänomen namens Entwicklung zu verstehen, kommt es folglich darauf an, die Übergänge zwischen den *Repräsentationen* und den *Praktiken* auf ihre Institutionalisierungen und De-Institutionalisierungen hin zu untersuchen.

Repräsentieren heißt zugleich ‹vor-stellen›, ‹dar-stellen›, ‹stell-vertreten›, ‹vergegenwärtigen›, aber auch ‹eindrucksvoll darstellen› (wie in ‹repräsentative Architektur›) sowie ‹typisch sein› bzw. ‹statistisch repräsentativ sein›. In allen diesen Bedeutungen scheint dieselbe Figur durch: eine unmittelbar abwesende oder unerreichbare Wirklichkeit wird durch ein Surrogat, eine Kopie bzw. durch einen Fürsprecher vertreten. Dabei geht es zwangsläufig um die Frage der Befugnis (Legitimität, Validität) der Stellvertretung. Stellt der Fürsprecher die Sprachlosen, stellt das *An*wesende das *Ab*wesende richtig dar? Wie können Verzerrung und Täuschung vermieden werden? Über diese Frage gelangt man schnell zu der grundlegenden Paradoxie, die so leicht in die von Luhmann ironisierte Erstarrung führt: Um Realität zu sein, muss sich Realität in einer Repräsentation objektivieren. Doch umgekehrt erschöpft sich die Objektivität einer Repräsentation niemals in der repräsentierten Realität. Welche Rolle spielen also Repräsentationen für die Gestaltung, ja für die *Schöpfung* der dargestellten Wirklichkeit, die ohne Darstellung jedenfalls etwas anderes wäre als mit Darstellung? Welche Rolle spielen Fiktionen als Darstellungen, die keine Wirklichkeit vertreten? Welche Rolle spielen Wirklichkeiten, die keine Darstellung finden?

Nur in solchen Fällen, in denen man es mit einer unmittelbar beobachtbaren Sache zu tun hat («er öffnet den Hahn und es fließt Wasser»), wo sich die Beobachter einen gemeinsamen Bezugsrahmen teilen und zudem in direkter Kommunikation stehen, kann man sich unmittelbar über die Realität der Sache einigen. Doch in solchen Fällen, in denen man über größere (räumliche und zeitliche) Entfernungen und zudem über komplexere Sachen kommuniziert, ist es (auch innerhalb eines Bezugsrahmens) nicht mehr so einfach. Weil man hier den externen Referenten nicht unmittelbar ‹ins Bild› bekommt, wird man auf die Bedeutung der Repräsentations*praktiken* aufmerksam. Repräsentationspraktiken stellen Übergänge zwischen Wirklichkeiten und Vorstellungen her.

Nicht nur die raum-zeitliche Entfernung zu einem externen Referenten oder dessen Komplexität sind dafür verantwortlich, dass ein unmittelbarer Übereinstimmungstest zwischen Repräsentation und Realität misslingen muss. Ausschlaggebend kommt hinzu, dass dasjenige, was in einem Bezugsrahmen als externer Referent gilt, in einem anderen Bezugsrahmen als sozio-kulturell bedingte Imagination angesehen werden kann. Gleichwohl besteht manchmal die Notwendigkeit, sich über diesen Graben hinweg zu verständigen und gemeinsam zu handeln – die Entwicklungszusammenarbeit ist ein typisches Beispiel für diese Problemlage. Wenn also die Repräsentation einer Sache ohne Gültigkeitsverlust von einem in den anderen Bezugsrahmen gelangen soll, lässt sich die entsprechende Repräsentationspraktik als Übersetzen bezeichnen.

Übersetzen findet statt, wenn: eine Idee oder Sache aus einem in ein anderes Idiom, aus einer in eine andere Kultur über-tragen wird; eine Idee oder Sache durch eine andere er-setzt wird; eine Idee oder Sache mit einer anderen so verbunden wird, dass sie dadurch weiter reicht oder stärker wird (wie es beispielsweise beim Flaschenzug oder der Fahrradkette der Fall ist); eine Idee sich in einer Praxis oder einer Sache materialisiert und umgekehrt. Alle diese Bedeutungen haben einen gemeinsamen Nenner: Übersetzen bringt Getrenntes zusammen, setzt es dadurch in Relation, vermittelt zwischen zwei Elementen, macht sie kompatibel und kommensurabel. In diesem Sinn bedeutet Übersetzen auch die Herstellung von Kommensurabilität durch die Etablierung von Eichmaßen und Metacodes. Es entsteht eine Form, die vorher nicht da war. Typischerweise kommt bei Übersetzungen regelmäßig die Frage auf: Handelt es sich um eine getreue Übersetzung oder liegt Verrat vor?

Dieser Verdacht ist nahe liegend, denn Übersetzen ist ein Vorgang, der unabwendbar mit Macht verbunden ist, die sich im Prozess der Stellvertretung aufbaut und vielfältige Möglichkeiten der Manipulation eröffnet. Von der anderen Seite gesehen, ist politische Repräsentation selbst ein Übersetzungsvorgang. Damit viele Stimmen in einer Stimme aufgehen, müssen sie übersetzt werden. Damit Ideen (ebenso Modelle und Artefakte) translokal zirkulieren – von einer in die andere soziale Welt, von einem in den anderen Bezugsrahmen –, müssen sie von jemandem aufgegriffen, angeeignet und verändert werden. Sie können (ostensiv) aus ihren jeweils ersten Anstößen, aus ihren ursprünglichen Energien, die sie in ihrem ersten Bezugsrahmen hatten, keinen weiten Weg zurücklegen. Bei jedem Übersetzungsakt wird (performativ) unvermeidlich etwas weggelassen und etwas anderes hinzugefügt, sonst würde die Kette der Übersetzungen abreißen. Stärker formuliert: Jeder Übersetzungsakt ist auch ein Schöpfungsakt, der etwas hervorbringt, was es vorher nicht gegeben hat.

Jeder Beobachter, der sich ein *größeres Bild* von der Wirklichkeit machen möchte, als er aus seiner Warte mit eigenen Augen unmittelbar sehen kann, ist also darauf angewiesen, zwischen sich und der Wirklichkeit eine Reihe von *Vermittlungen* und *Stellvertretungen* einzurichten. In einem ersten Schritt muss man sich entscheiden, welche handhabbaren Substitute des Ganzen man überhaupt einsammeln soll. Die einen suchen zuerst einen interessanten Schauplatz auf, die anderen fangen im Archiv oder in der Bibliothek an, und manche befragen zuerst Leute, die es wissen sollten. Wie auch immer die Sammlung zustande gekommen ist, der nächste Schritt besteht darin, die Substitute zu sichten und zu ordnen. Am Ende geht es darum, die inzwischen selektierten und angeordneten Repräsentationen zu dem großen Bild zusammenzufügen, für das man den ganzen Aufwand betrieben hat.

Was geschieht nun, wenn ein Skeptiker daherkommt – ein Fall, der ja unweigerlich irgendwann eintrifft – und die Gültigkeit des Bildes bestreitet? Das Spezifikum des großen Bildes besteht darin, dass man seinen externen Referenten aus keiner Warte vollständig sehen kann. Eben deshalb wollte man ja das Bild als Stellvertretung von etwas einsetzen, dessen Existenz fraglich ist. Wer hat sie schon gesehen: ‹die Gesellschaft›, ‹die Wirtschaft›, ‹die Gerechtigkeit›, ‹die Macht›, ‹den Fortschritt› oder eben auch: ‹die Entwicklung›? Der Skeptiker hat also nicht die Möglichkeit, sich das Bild bzw. den Text in die Hand zu nehmen, zu der ‹Entwicklung› hinzugehen und die Übereinstimmung zwischen Realität und Abbild zu überprüfen. Stattdessen wird er sich die Mühe machen müssen, den ganzen Weg, den der Autor gegangen ist, rückwärts zu gehen. Dabei wird sich herausstellen, dass die einzelnen Substitute, aus denen der Autor das große Bild zusammengesetzt hat, auch wieder nur Substitute für andere Substitute sind. Der Skeptiker wird von einem Papier auf das andere kommen und wenn er endlich mal das Licht der Realität zu erblicken meint, wird er dort zunächst auch wieder Substitute antreffen. Irgendwann wird er vielleicht einen Punkt erreichen, hinter dem sich nichts Weiteres verbirgt, doch die Realität, die er endlich zum Greifen vor sich hat, wird ihm keine unmittelbare Antwort auf seine große Frage bieten: Nicht ‹die Entwicklung› steht vor ihm, sondern ein einzelnes, greifbares Artefakt, in unserem Fall etwa ‹eine neue Wasseruhr›.

Die Frage der Objektivität einer Repräsentation muss also anders gestellt werden als nach dem Muster adaequatio rei et intellectus. Es geht stattdessen um die Klarheit und die methodische Gültigkeit der Aggregation des großen Bildes aus einzelnen Versatzstücken. Weil diese Versatzstücke keine Substitute für eine externe Realität sind, sondern aus einer Kaskade weiterer Substitute bestehen, hat man es nicht mit einem einzigen externen Referenten zu tun, dem man gerecht werden müsste. Man hat es mit einer Vielzahl interner oder *transversaler Referenten* zu tun, die man selbst in einer Kette so angeordnet hat, dass sie sich nach unten hin abstützen. Eine Repräsentation ist aus dieser Warte immer eine Kaskade von Re-Re-...Repräsentationen. Weil die Praktik des Repräsentierens am besten als Übersetzung verstanden wird, soll hier von *Übersetzungsketten* die Rede sein.

Die thematische Fokussierung und die Architektur des vorliegenden Textes beruhen auf der Annahme, dass die *Herstellung transversaler Referenten* die Schlüsseltechnik sowohl der Entwicklungszusammenarbeit als auch der Ethnographie ist. Wenn ich also sage, dass ich über das *Machen von Entwicklung* schreibe, dann geht es mir um diesen Punkt. Ich werde – um diese Klarstellung noch einmal zu wiederholen – nicht davon berichten, was ‹dort unten› (etwa in den Wasserwerken von Baridi, Mlimani und Jamala) ‹wirklich vorgeht›. Ich werde vielmehr davon berichten, was im Zwischenraum, in den Übersetzungsketten wirklich vorgeht.

Empirie

(1) Der locus classicus für die Herausbildung des *methodischen Agnostizismus* in der Ethnologie ist die Analyse von Magie, Hexerei und Geisterglaube aller Art. Während die Einheimischen substantialistisch behaupten, die Ursache ihres Glaubens an Geister sei eben die evidente Existenz der Geister, muss der ungläubige Ethnologe umständlichere Antworten suchen, weil ihm die Evidenz nicht einleuchtet.

Solange man es mit der Evidenz von Geistern zu tun hat, finden es nur wenige
Bewohner der euro-amerikanischen Welt verfehlt oder anmaßend, die Antwort des
Gläubigen durch eine bessere Antwort zu ersetzen. Den Glauben an Geister aus
der sozialen Ordnung abzuleiten erscheint überzeugend, weil es eben keine Geister
gibt – wie man sich mit seinem gesunden Menschenverstand denkt.

Sobald man es aber mit vertrauten Repräsentationen zu tun hat, erscheint die
ganze Sache in einem anderen Licht. Macht sich ein Anthropologe an die Arbeit,
um zu untersuchen, wieso manche Menschen glauben, dass die Erde rund sei,
werden die meisten Bewohner der euro-amerikanischen Welt dies Unterfangen für
abwegig halten, weil man ja weiß, dass die Erde rund ist. Will die Anthropologie
aber auch in diesen Fällen für die Frage zuständig bleiben, wie Weltbilder entstehen und sich verändern, kann sie ihre Aufgabe nur dann wirkungsvoll erfüllen,
wenn sie symmetrisch vorgeht und ihren aus den Tropen heimgebrachten Agnostizismus zur Methode erhebt. Dies erweist sich heute just überall dort als besonders
fruchtbar und angemessen, wo wissenschaftliches Wissen hergestellt wird. Zu allen
brisanten Themen entwickeln sich konkurrierende Wissensbestände, so dass am
Ende unter Bedingungen ungewisser Sachkenntnis entschieden wird. Deshalb
lautet die Schlüsselfrage der Anthropologie vertrauter Terrains (der eigenen Kultur,
der Wissenschaft und der Organisation) nicht anders als die Schlüsselfrage der
Anthropologie fremder Terrains agnostisch: Wieso können die Menschen wissen,
was sie zu wissen glauben?

(2) Im Bereich der Entwicklungszusammenarbeit hat man es als Ethnograph mit
Einheimischen zu tun, die demselben Bildungsniveau angehören, oft wesentlich
mehr Geld verdienen und teils hochrangige Positionen bekleiden. Solche Leute
können ihr Terrain wirkungsvoll vor unerwünschten Einblicken schützen. Sie
betrachten Ethnographen nicht als Repräsentanten einer überlegenen Kultur,
sondern eher als Mitglieder der bedeutungslosen Gattung ‹Sozialwissenschaftler›.
Eine solche Situation nennt man *Aufwärts-Forschen* (studying up). Der Punkt, auf
den es dabei ankommt, ist dieser: Folgt man dem Prinzip des methodischen
Agnostizismus, verschiebt man den Blick auf die Einheimischen in einer Weise, die
diese unvermeidlich irritieren muss. Während der Einheimische – in diesem Fall
also der Entwicklungsexperte – sich damit plagt, seine Gewissheiten zu erhöhen,
um richtig zu handeln, hängt ihm der anthropologische Schatten im Nacken und
schaut ihm interessiert aber skeptisch über die Schulter. Diese Konstellation beruht
auf einer überheblichen und destabilisierenden Implikation: ‹Du magst hier zwar

der Experte sein, aber ich sehe etwas, was du nicht sehen kannst. Und das ist die Abhängigkeit deiner Vorstellungen von deinem Bezugsrahmen.› Im Kontext des Aufwärts-Forschens kann diese Irritation jeden Moment akut werden und zum Ausschluss des Anthropologen aus dem Terrain führen.[13]

Text

Das Genre des ethnographischen Berichts operiert in der Regel mit *zwei Instanzen* bzw. Perspektiven: Da gibt es zum einen die Einheimischen, um deren ‹native point of view› es geht (beispielsweise die Trobriander). Sie treten als Angepasste und Gläubige auf, die die Welt so sehen, wie sie sie entsprechend der Realitätsvorstellungen ihrer Kultur zu sehen haben. Zum anderen gibt es den Ich-Erzähler, der die Rollen des Beobachters und des Skeptikers auf sich vereint (im Fall der Trobriander also Malinowski). Er wandert durch die mentale Topographie der Einheimischen und berichtet den Lesern von seinen Eindrücken: ‹Ich war dort, habe selbst gesehen und berichte folglich autorisiert und wahrheitsgetreu, wie es dort ist.›

Dagegen operieren literarische Narrative in der Regel mit *drei Instanzen*: Ein Ich-Erzähler vertritt den empirischen Autor im Text und spielt den unbeobachteten Beobachter der geschilderten Abläufe (erste Instanz, beispielsweise Flaubert in Madame Bovary). Der Beobachter folgt einem Skeptiker, der durch die mentale Topographie einer Epoche oder eines Milieus führt (zweite Instanz, Emma Bovary). Indem der Ich-Erzähler dem Skeptiker folgt, trifft er auf Vertreter der Normalität (dritte Instanz, Charles Bovary u.v.a.m.), die er nun durch die Brille des Skeptikers beobachten kann. Indem der Skeptiker aneckt, sich an den Verhältnissen stößt, kann sein Beobachter die Widerständigkeit und Eigenlogik dieser Verhältnisse für die Leser sichtbar machen («Ein Sittenbild aus der Provinz» zeichnen, wie es im Untertitel bei Flaubert heißt). Durch die Einführung einer vierten Instanz kann man den Text selbstreferentiell verfeinern: Der empirische Autor (erste Instanz, beispielsweise Nabokov) delegiert die Rolle des Ich-Erzählers und Autors an eine Figur, die selbst im Text verortet ist (zweite Instanz, Herr N.), während der Rest unverändert wie in der Dreier-Konstellation bleibt. Auf diese Weise wird die Aufmerksamkeit der Leser auf die Tatsache gelenkt, dass der Text fabriziert ist; die internen Regeln der Fabrikation werden beobachtbar und die wechselseitig konstitutiven Übergänge zwischen Repräsentation und Wirklichkeit werden thematisiert.[14]

Weil es mir um Repräsentationspraktiken geht, die ich nicht nur beschreiben, sondern auch in actu vorführen möchte, habe ich mich für eine narrative Konfiguration mit vier Instanzen entschieden. Zunächst bin ich als empirischer Autor unvermeidlich die erste Instanz. Nach dieser Einleitung übernehme ich die Rolle des Ich-Erzählers allerdings erst wieder im vierten Teil mit dem Titel «Auf ein Neues». Die Führung durch die mentalen Topographien der Einheimischen übernimmt als zweite Instanz die Figur eines Ethnographen namens Eduard B. Drotleff, der als Autor der ersten drei Teile des Buches mit den Titeln «Glauben», «Zweifeln» und «Suchen» auftritt. Auf seiner Odyssee durch die Welt der Entwicklungszusammenarbeit trifft Drotleff sowohl auf Einheimische, die den Repräsentationen ihrer sozialen Welt misstrauen (dritte Instanz), als auch auf solche, die ihnen vertrauen (vierte Instanz). Als Autor im Text lässt Drotleff die einen im Teil «Zweifeln» und die anderen im Teil «Glauben» selbst zu Wort kommen. Der Zweifel wird von der Wissenschaft bzw. dem Organisations-Anthropologen Samuel A. Martonoschy vertreten. Den Glauben verkörpern diverse einheimische Figuren, die entscheiden, Verantwortung tragen und dafür bezahlt werden; deren wichtigster Protagonist ist der Unternehmer Julius C. Schilling.

Alle Figuren des Textes haben frei gewählte Namen und sind im Wortsinn Figuren eines Stücks, in dem keine real existierenden Menschen nachgebildet sind. Sie tragen nur die Masken und spielen nur die Rollen, die das Skript vorgibt. Es geht nicht um ihre individuelle Fähigkeit, Aufrichtigkeit und gute Absicht; vielmehr wird allen Figuren eine normale Rollenkompetenz unterstellt. Wenn ihr Zusammenspiel zu keinem guten Ergebnis führt, lässt sich dies nicht auf das Versagen des einen oder anderen Akteurs zurückführen.

Damit die *Story* ihren Lauf nehmen kann, benötigt sie einen *Plot*.[15] Zur Vorbereitung einer Forschungsreise führt Drotleff einige Interviews durch: im *1. Kapitel* erklärt von Moltke als Stellvertreter der Entwicklungsbank den Sinn und Zweck des Projektes; im *2. Kapitel* schildert Schilling als Consultant die praktische Umsetzung; im *3. Kapitel* erläutert der Organisations-Anthropologe Martonoschy, weshalb die Dinge gar nicht so laufen können, wie sie sollten. Im *4. und 5. Kapitel* meldet sich Drotleff dann selbst zu Wort. Nach dem Abschluss seiner Vorbereitungen in Europa besucht er das Projekt in Ruritanien, um sich sein eigenes Bild von dem Widerstreit zwischen Glauben und Zweifeln zu machen. Schließlich führe ich im *6. Kapitel* alle Berichte zusammen und zeige, was im Zwischenraum wirklich vorgeht.

Glauben

1.
Der feste Boden der Entwicklungspolitik

Vorbemerkung

Die Architektur der Eingangshalle der Normesischen Entwicklungsbank (NEB) lenkt mich unwillkürlich zu einem Panzerglashäuschen. Wortlos bekomme ich ein Formular durch einen schmalen Schlitz zugeschoben, auf dem ich Namen, Institution und den gewünschten Gesprächspartner in der NEB angeben soll. Nachdem der Pförtner mich telefonisch als «Herr Dr. Drotleff von der Universität Zethagen» angemeldet hat, darf ich in der schwarzen Leder-Sitzgruppe im Bauhausstil gegenüber dem Glashäuschen Platz nehmen.

Ein Triptychon an der hohen Wand über der Sitzgruppe fesselt meine Aufmerksamkeit. Das Bild zeigt eine afrikanische Landschaft mit Nashörnern, die eine unbändige Vitalität ausstrahlen. Da in den Räumen dieses Gebäudes über Afrika nachgedacht wird, drängt sich mir die Frage auf: Wie verhalten sich das wilde afrikanische Nashorn und die moderne Disziplinierung Afrikas zueinander? Später erfahre ich: Die NEB zeigte zwischen dem 9. September und dem 11. Oktober 1992 in ihren Räumen Bilder fünf junger Malerinnen unter dem Thema «Erkundungen. Frauen malen Afrika». Mehrere dieser Bilder, darunter eben der Triptychon, schmücken heute die Räume der Bank. Bei der Ausstellungseröffnung erklärte ein hochrangiger Vertreter des Hauses, dass die Bank ähnlich den Malerinnen in Afrika Erkundungen einhole. Darin unterscheide sich die Bank von den Kolonisatoren, die in Afrika fremde Ordnungen implantieren wollten. Während ich das wuchtige Bild betrachte, überlege ich, welche Alternativen es für die Dekoration der Eingangshalle geben würde: etwa die Luftbildaufnahme eines mächtigen Staudammes oder einer neu glänzenden Trinkwasser-Aufbereitungsanlage? Nein, im Jahre 1997 könnte sich die NEB mit solchen Bildern nicht mehr schmücken.

Der Leiter der Hauptabteilung Subsahara Afrika, Dr. Johannes von Moltke, sitzt in einem einschüchternd geräumigen Zimmer mit einer langen Fensterfront, die bis zum üppigen Teppichboden herunterreicht und auf eine ruhige Seitenstraße blickt. Das exklusive Büro ist nahezu leer; an den Wänden sieht man statt Regalen mit Aktenordnern und Büchern abstrakte Malerei. Wir nehmen an dem großen Besprechungstisch Platz, und ich darf mein Sony-Aufnahmegerät einschalten. Das Gespräch kommt schnell und gut in Fahrt und wird trotz der mehr als zweistündigen Dauer durch keine Telefonate unterbrochen. Das Umstellen der Telefonleitung auf das Sekretariat ist eine verbindliche Geste der Anerkennung des Gesprächspartners. Die Ausführungen von Moltkes fallen so klar und systematisch aus, dass ich ihn lieber selbst zu Wort kommen lasse.

Erzähler: Johannes von Moltke
Ort: Zethagen, Normland
Zeit: 14. Juli 1997

Das Projekt im Rahmen der Entwicklungspolitik

Das Hauptgeschäft der Normesischen Entwicklungsbank (NEB) ist die so genannte Finanzielle Zusammenarbeit (FZ). FZ zielt darauf ab, das *Produktionspotential* der Entwicklungsländer durch die Bereitstellung von Kapital besser nutzbar zu machen. Es geht in der Regel also um die Rehabilitation und Modernisierung bereits vorhandener Anlagen und Infrastrukturen. Dabei wird angenommen, dass dieser Zweck durch die Bereitstellung von Kapital zu erreichen ist. Auf der anderen Seite muss die NEB als Staatsbank darauf achten, den Geschäftsbanken keine Marktanteile zu rauben, weil sie dadurch ihr eigenes Ziel – die Förderung privatwirtschaftlicher Entwicklung – unterlaufen würde. Unsere Kredite sind so genannte ‹soft loans›, die je nach Land und Entwicklungsmaßnahme unterschiedlich aussehen können. In jedem Fall sind die tilgungsfreien Perioden großzügig bemessen (etwa dreißig bis fünfzig Jahre), die Tilgungsraten bleiben vergleichsweise gering und der Zinssatz liegt unter dem marktüblichen Niveau. Entsprechend der normesischen Einteilung gibt es neben der Finanziellen Zusammenarbeit (FZ) noch die so genannte Technische Zusammenarbeit (TZ). TZ ist darauf ausgerichtet, die *Leistungsfähigkeit von Menschen und Organisationen* zu erhöhen. Für TZ ist die ‹Agentur für überseeische Entwicklung› (AfE), zuständig, die im In- und Ausland sehr viel bekannter ist als wir.

Das Projekt zur Wasserversorgung in Ruritanien ist als Begleitmaßnahme einer größeren Investition konzipiert. Es hat ein Budget von 2,5 Millionen Euro und wird aus einem Sonderfond des Ministeriums für Entwicklungskooperation (MEK) finanziert. Dieser Sonderfond dient der weltweiten Förderung von Aus- und Fortbildung und wird grundsätzlich als Zuschuss eingesetzt, so dass weder Zinsen noch Tilgung anfallen. Die Ziele der Begleitmaßnahme entsprechen der gegenwärtigen entwicklungspolitischen Konzeption des MEK. Es wird von der Einsicht ausgegangen, die sich aufgrund des Scheiterns dirigistisch-sozialistischer Modelle weltweit durchgesetzt hat. Danach bieten eine soziale Wirtschaftsordnung, die am Markt orientiert ist, und ein Gesellschaftssystem, das auf die Teilhabe am politischen Prozess ausgerichtet ist, die besten Voraussetzungen für eine menschengerechte Entwicklung.

Das Projekt zur Trinkwasserversorgung der drei Regionalhauptstädte Baridi, Mlimani und Jamala setzt genau an diesem Punkt an. Zum einen ist es darauf ausgelegt, die Wasserwerke aus der ruritanischen Regionalverwaltung herauszulösen und durch eine neue Organisationsstruktur näher an die Stadtbürger heranzubringen. Zum anderen ist das Projekt darauf ausgelegt, die Produktion des öffentlichen Gutes Wasser einem Regulationsregime zu unterwerfen, das einen kommerziellen Betrieb erlaubt. Weiterhin folgt das Projekt dem Leitbild einer global nachhaltigen Entwicklung durch *produktives Wirtschaftswachstum, soziale Gerechtigkeit und ökologische Nachhaltigkeit.*

Das *Wirtschaftswachstum* einer Stadt hängt wesentlich von einer gut funktionierenden Infrastruktur ab. Dazu gehört an vorderster Stelle die zuverlässige und bezahlbare Versorgung sowohl der privaten Haushalte als auch der Gewerbebetriebe und Industrien, ganz zu schweigen von Krankenhäusern, Schulen und öffentlichen Einrichtungen aller Art mit qualitativ einwandfreiem Wasser. Zu einem nachhaltigen und soliden Wirtschaftswachstum gehört aber auch, dass sich das Wasserwerk auf Dauer aus eigenen Einnahmen ökonomisch und technisch halten und bei Bedarf auch expandieren kann. Vor allen Dingen aber gehört zu einem stabilen Wirtschaftswachstum die Vermeidung von dirigistischen Verzerrungen, die marktwirtschaftliche Regulationsmechanismen aushebeln und zu einem ökonomischen Desaster führen, wie man es gerade in Ruritanien erlebt hat. Am Ende des ruritanischen Sozialismus war das Wasser so gut wie kostenlos, doch es floss so gut wie nie.

Konkret heißt dies für das entwicklungspolitische Ziel: Der Wasserpreis muss den Gestehungskosten, die an einem Ort tatsächlich anfallen, entsprechen. Nur auf diese Weise kann die Wachstumsrate einer Stadt in einem vernünftigen Verhältnis zu den natürlich-technischen und ökonomischen Möglichkeiten der Wasserversorgung stehen. Es gilt zu verhindern, dass Städte, deren Wassergestehungskosten relativ hoch sind, durch die Subvention des Wasserpreises im selben Tempo expandieren, wie Städte, deren Gestehungskosten niedriger sind. Besonders bei der Ansiedlung von Industrien sollte der Wasserpreis eine regulierende Wirkung haben. Da ein städtisches Wasserwerk ein natürlicher Monopolist ist, muss umgekehrt auch sichergestellt werden, dass die Höhe der Gestehungskosten nur dem tatsächlich notwendigen Aufwand zuzuschreiben ist, nicht aber der Ineffektivität der Organisation. Zu diesem Zweck müssen intelligente Regulationsmechanismen eingeführt werden, die in Ermangelung realer Marktmechanismen die ökonomische Effizienz des Monopolisten wirkungsvoll überwachen. Unser Projekt zielt auf diese Punkte ab.

Das zweite übergeordnete Ziel, *soziale Gerechtigkeit*, wird durch das Projekt ebenfalls wirkungsvoll gefördert. Solange der Wassertarif unterhalb des tatsächlichen Wasserpreises – im Sinne der Gestehungskosten einschließlich Abschreibung der Anlage – liegt, läuft das Arrangement darauf hinaus, dass die entstehende Kostenlücke aus anderen Ressourcen des Staates bezahlt wird. Da die Hauptquelle der ruritanischen Steuereinnahmen aber die Landwirtschaft ist, kann man die alten, niedrigen und damit sozialverträglichen Wassertarife der ruritanischen Städte besser als Transferbetrug bezeichnen. Falls Subventionen aus sozialpolitischen Erwägungen auch in Zukunft notwendig sein sollten, müssen diese sowohl politisch als auch ökonomisch nachvollziehbar sein. Eine Voraussetzung dafür ist die korrekte Ermittlung der ökonomisch-technisch notwendigen Gestehungskosten sowie die Existenz transparenter Organisationsstrukturen, die erkennen lassen, welche Subvention aus welchem Grund wohin gegangen ist und worauf man in Zukunft achten muss, um sie wieder überflüssig zu machen.

Aber auch in umgekehrter Hinsicht ist das Projekt ein Beitrag zur Herstellung von mehr sozialer Gerechtigkeit. Seit 1991, seitdem das Leitungswasser in den ruritanischen Städten de facto nicht mehr kostenlos verteilt wird, verschärft sich das brisante Thema der Zahlungsmoral der Kunden bzw. der Hebeeffizienz der Wasserwerke. Entsprechend der vorliegenden Zahlen ist es nämlich so, dass weniger als die Hälfte der Kunden überhaupt ihre Rechnungen bezahlt. Das bedeutet, dass die zahlenden von den nicht zahlenden Kunden indirekt ausgebeutet werden. Aus diesem Grund soll die Hebeeffizienz der Wasserwerke von Baridi, Mlimani und Jamala auf 90% erhöht werden.

Langfristig gesehen wird die ökonomische Sanierung der Wasserwerke schließlich dazu führen, dass sie ihre Leitungssysteme und ihre Produktionskapazitäten in angemessenen Abständen erneuern und gegebenenfalls auch erweitern können. Die Fähigkeit zu Ersatzinvestitionen aus eigenen Einnahmen bedeutet, dass die lebende Generation die Anlagen nicht auf Kosten der nachwachsenden Generation betreibt. Selbst finanzierte Erweiterungen kämen insbesondere den Stadtteilen zugute, die zur Zeit infrastrukturell vernachlässigt sind und in der Regel von

Menschen der ärmsten Schichten bewohnt werden. Schließlich würde ein kommerzielles und bürgernahes Betreibermodell dazu beitragen, dass die Stadtbürger die Wasserwerke als ihr schützenswertes Eigentum anerkennen und entsprechend pfleglich damit umgehen.

Das dritte übergeordnete Ziel normesischer Entwicklungskooperation, *ökologische Nachhaltigkeit*, wird von dem Projekt ebenfalls direkt angegangen. Der effektivste Schutz gegen die Verschwendung von Wasser besteht darin, diese mit einem ökonomischen Preis zu versehen, die Schulden konsequent einzutreiben und illegale Anschlüsse zu bekämpfen. Die geplante Kommerzialisierung wird die Wasserwerke zudem in die Lage versetzen, die inzwischen auch in Ruritanien fälligen Gebühren für die Entnahme von Grundwasser an die dafür zuständige Instanz zu entrichten. Die ‹River Basin Authority› wurde – mit europäischer Unterstützung – dazu errichtet, übergeordnete Konzepte für einen schonenden Umgang mit Wasser in der Region zu entwickeln und einen sinnvollen Ausgleich zwischen den diversen Nutzungsformen von Wasser zu ermöglichen (Umwandlung in Energie durch Wasserkraftwerke, Landwirtschaft, Viehwirtschaft und Trinkwasser).

Über die erwähnten drei Hauptziele normesischer Entwicklungszusammenarbeit – *produktives Wirtschaftswachstum, soziale Gerechtigkeit und ökologische Nachhaltigkeit* – hinausgehend, ist das Projekt auch eine Umsetzung insbesondere von zwei sektoralen Entwicklungskonzepten: *Umweltgerechte Kommunal- und Stadtentwicklung* sowie *Siedlungswasserwirtschaft.* Im Rahmen des Sektorkonzeptes ‹Kommunal- und Stadtentwicklung› geht es um die gewonnene Einsicht, dass die jahrzehntelange Konzentration auf ländliche Projekte die Landflucht bzw. die Verstädterung in den Entwicklungsländern nicht verhindern konnte. Man hat sich folglich auf entwicklungspolitischer Ebene dazu durchgerungen, diese Entwicklung für unvermeidlich zu halten und nach Möglichkeit sinnvoll zu beeinflussen. Das Sektorkonzept ‹Siedlungswasserwirtschaft› empfiehlt die gesetzliche Verankerung der Definition von Wasser als wirtschaftliches Gut. Die Betreiber sollen dezentral und nahe an den Nutzern organisiert sein sowie eine Vollkostendeckung anstreben.

Die Geschichte des Projektes

In den siebziger und achtziger Jahren gehörten städtische Wasserwerke in Ruritanien zu den Regionalverwaltungen und zugleich zum Wasserministerium in der

Hauptstadt Baharini. Auch wenn die vorgefundene Verwaltungsstruktur nicht einleuchtete, schien es damals nicht angebracht, im Rahmen von FZ-Projekten (FZ steht für Finanzielle Zusammenarbeit) darauf einzugehen. Es war auch nicht die Zeit, die Frage der Projektträgerschaft grundlegend aufzurollen. Man fand sich also mit der Tatsache ab, dass eben das zentrale Wasserministerium der Projektträger war und damit auch die Verantwortung für Baumaßnahmen in den Wasserwerken der Regionalstädte trug. Auf jeden Fall aber hielt man es für ganz selbstverständlich, die Sache von der technischen und gesundheitlichen Perspektive anzugehen, die ökonomische und verwaltungspolitische Perspektive aber soweit wie möglich auszuklammern. Es war damals allen bekannt, dass alle ruritanischen Wasserwerke für den Betrieb unzureichende Einnahmen hatten, doch das war Anfang der siebziger Jahre kein Thema der Entwicklungszusammenarbeit.

Ein erstes Projekt – ‹Wasserversorgung Jamala› – wurde durch einen Antrag der ruritanischen Regierung von 1969 initiiert. Nach dem üblichen Prüfungsverfahren mit diversen Änderungen wurde 1973 der erste Darlehensvertrag über 5 Millionen Euro abgeschlossen. Anfang der siebziger Jahre brachen in Jamala wegen der katastrophalen Situation im Wasser- und Abwasserbereich wiederholt Choleraepidemien aus. Das Projekt hatte auf diese Weise ein konkretes und unzweifelhaft legitimes Ziel. Bis Herbst 1976 wurde die Projektsumme auf 20 Millionen erhöht. Man ging das Problem aus Ingenieurssicht an der Wurzel an: um eine Wasserversorgung zu verbessern, braucht man an erster Stelle Wasser. Also konzentrierte man sich auf Wasserförderung. Die damals noch bestehende Grundwasserförderanlage war sehr alt und marode – sie stammte aus der Kolonialzeit – und lag durch die Expansion von Jamala inzwischen mitten in der Stadt, so dass das Grundwasser durch Sickergruben und die kaputte Kanalisation verunreinigt war. Im Rahmen des Projektes wurden außerhalb der Stadt ein Stausee, eine Pumpanlage sowie ein Wasseraufbereitungswerk gebaut und eine Leitung zu den hoch gelegenen Verteilertanks am Stadtrand gelegt.

Als die neuen Gewinnungs- und Förderanlagen von Jamala im Dezember 1978 in Betrieb genommen wurden, zeigte sich, wie mangelhaft das Verteilersystem war. Nun konnte man es zwar füllen, doch ein ganz erheblicher Teil des Wassers versickerte im Netz. Daraufhin veranlasste die NEB eine Studie über den Zustand des Verteilernetzes und initiierte anschließend ein Rehabilitationsprogramm. Durch eine Reihe heute kaum noch nachvollziehbarer Komplikationen, die teilweise auf das Wasserministerium als Projektträger zurückgingen, verschob sich der Anfang der Instandsetzungsmaßnahmen immer weiter, so dass schließlich erst 1987, zehn

Jahre nach Inbetriebnahme der Wasseraufbereitungsanlage, auch das Verteilernetz in Angriff genommen wurde. Aufgrund des relativ geringen Projektumfangs konnten nur die gröbsten Mängel beseitigt werden. Es blieb weiterhin so, dass ein inakzeptabel hoher Anteil an Trinkwasser durch Leckagen versickerte und der Leitungsdruck für einen zufrieden stellenden Service zu niedrig blieb. Inzwischen standen die ersten Rehabilitationsmaßnahmen der Aufbereitungsanlage und der Pumpstation ins Haus. Damit war die Investition bei den notorischen Problemen angelangt: fehlerhafte Nutzung, unregelmäßige und nicht vorschriftsmäßige Wartung, Ersatzteilmangel durch Geldknappheit sowie mangelnde Organisation. Der Verdacht, dass nicht nur das Verteilersystem voller Leckagen war, sondern auch der Gebühreneinzug buchhalterische Lücken aufwies, kam schon zu Beginn der Projektstudien um 1970 auf. 1978 wurde dieser Mangel zum ersten Mal explizit als Hindernis für den Projekterfolg festgehalten. Man erwartete, dass die ruritanische Seite dieses Hindernis beseitigen würde, doch es geschah nichts.

Das zweite Wasserwerk, das zum Projekt gehört, liegt in Baridi. Dort gibt es eine ähnliche Vorgeschichte wie in Jamala. Zwischen 1975 und 1977 wurde im Rahmen der Finanziellen Zusammenarbeit die bestehende Wasserversorgung von Baridi überholt. Diese Anlage fördert bis heute mit Schwerkraftzulauf Quellwasser von einem nahe gelegenen Berg in die Stadt. Zwischen 1981 und 1985 wurde die Anlage ein weiteres Mal instand gesetzt. Gleichzeitig wurden Versuchsbohrungen unternommen, um Erweiterungsmöglichkeiten der Wasserversorgung durch Grundwasser zu erkunden. 1982 begann schließlich das Hauptprojekt ‹Wasserversorgung Baridi›, in dessen Rahmen ein weitgestrecktes Brunnenfeld unterhalb der alten Quellen errichtet wurde. Auf diese Weise konnten eine solide Grundwasserversorgung Baridis ermöglicht und die jahreszeitlichen Schwankungen des weiterhin genutzten Quellwassers ausgeglichen werden. Zusammen mit diversen kleineren Begleitprojekten wurden rund 17 Millionen Euro in die Wasserversorgung von Baridi investiert. Insgesamt betragen die bisherigen Investitionen in die Wasserversorgungsanlagen von Baridi und Jamala gut 50 Millionen Euro.

Mit den Bauarbeiten konnte in Baridi aus einer Reihe von technischen Problemen und organisatorischen Verwirrungen erst 1985 begonnen werden. Aufgrund weiterer unerwarteter Schwierigkeiten wurde die neue Anlage erst 1990 in Betrieb genommen bzw. nach der Beseitigung einiger technischer Mängel 1991 abgenommen. Ähnlich wie in Jamala stellte sich nach der Inbetriebnahme allerdings heraus, dass das Leitungssystem inakzeptabel hohe Verluste aufwies, und dass es ebenso inakzeptable Leckagen im System der Buchführung gab.

Doch zunächst gab es in Baridi dringlichere Probleme. Der Betrieb des Brunnen-
feldes erwies sich als eine vergleichsweise zu dem Schwerkraftprinzip des alten
Systems ziemlich wartungsintensive und störungsanfällige Angelegenheit. Stromausfälle und Spannungsschwankungen führten zu häufigen Schäden an den elektri-
schen Unterwasserpumpen. Schließlich gab es weder in Baridi noch im ganzen
Land einen Fachbetrieb, der in der Lage gewesen wäre, die Elektromotoren der
Pumpen mit Kupferdraht neu zu wickeln. Man musste sie anfangs per Luftfracht
nach Normland zur Reparatur schicken. Später fand man dann einen Betrieb im
Nachbarland. Die NEB startete daraufhin ein Ergänzungsprogramm zur Betriebs-
verbesserung und ein Trainingsprogramm für Elektriker. Inzwischen hat man
gelernt, mit den Spannungsschwankungen und Stromausfällen zu leben und durch-
gebrannte Pumpen eigenständig zu reparieren.

Schließlich stellte sich in Baridi heraus, dass die Strompreise in der Zeit zwischen der Planungsphase und dem Abnahmetermin 1991 drastisch gestiegen
waren, die Wassertarife aber kaum. Während das Wasserwerk vor dem Projekt so
gut wie keine Stromkosten hatte, fielen nun durch die modernen Pumpen ungefähr
70% der Ausgaben auf die Stromrechnung. Ähnlich wie in Jamala spitzte sich das
Problem auf die Frage zu: Wie können die mit neuen Anlagen ausgestatteten – und
offenbar überforderten – Wasserwerke in die Lage versetzt werden, ökonomisch
und technisch selbständig zu überleben? Wie kann man es also verhindern, dass die
beiden Wasserwerke entweder in dauernde Abhängigkeit von Entwicklungsgeldern
geraten oder aber verfallen?

Im Rahmen dieser Überlegungen kam man langsam zu der Einsicht, dass die
technische Aufrüstung der Wasserwerke von Baridi und Jamala – die ganz im Sinn
einer Steigerung des Produktionspotentials betrieben wurde, wie sie die Finanzielle
Zusammenarbeit offiziell anstrebt – ohne eine sinnvolle Einbettung in größere
organisatorische Veränderungen zum Scheitern verurteilt ist. Diese Erkenntnis
wurde durch das Zusammenspiel von zwei Entwicklungen gefördert. Auf der einen
Seite wurde dem Financier im Anschluss an die Inbetriebnahme von Jamala im
Jahr 1978 und von Baridi im Jahr 1990 nach und nach klar, dass die Investitionen
allein schon wegen Geldmangels nicht vorschriftsmäßig gewartet und betrieben
werden können. Die angestrebte Nutzungsdauer der Anlagen würde sich drama-
tisch reduzieren, wenn sich im Bereich des Gebühreneinzugs und damit im ganzen
Bereich organisatorischer Effektivität nichts ändern würde.

Auf der anderen Seite gab es in den zweiundzwanzig Jahren zwischen 1969, als
die ruritanische Regierung das Wasserversorgungsprojekt für Jamala beantragt

hatte, und 1991, als die NEB Fortschritts-Kontroll-Prüfungen in Jamala und Baridi durchführen ließ, mehrere Veränderungen, die praktisch alle Dimensionen der Entwicklungszusammenarbeit mit Ruritanien betrafen. Zunächst hat sich der ruritanische Sozialismus in dieser Zeit von seiner kurzen Blüte zu seiner traurigen Selbstauflösung entwickelt. Damit zusammenhängend hat die Idee zentralstaatlicher Planbarkeit gesellschaftlicher Entwicklung weltweit ihre Legitimation verloren und wurde 1989 mit dem Fall der Berliner Mauer auch symbolisch zu Grabe getragen. Mit diesem historischen Einschnitt war die Konkurrenz zwischen dem kommunistischen und dem westlichen Einfluss auf die Länder des Südens obsolet geworden, so dass die Verhandlungsstärke der Geberorganisationen ganz erheblich gestiegen ist.

Aber schon davor, Anfang der achtziger Jahre, nach drei Dekaden entwicklungspolitischer Bemühungen, kumulierten wirtschaftliche und politische Schwierigkeiten in den armen Ländern des Südens. Man registrierte stagnierende und sinkende Pro-Kopf-Einkommen, Zahlungsbilanz- und Verschuldungsprobleme, skandalöse Einkommensunterschiede, soziale Spannungen und gravierende Versorgungsprobleme. Es war nicht mehr zu übersehen und man traute sich allmählich darauf hinzuweisen, dass diese Probleme unter anderem auf selbst gemachte wirtschafts- und sozialpolitische Fehler zurückgingen. Die Entwicklungspolitik und die zuständigen staatlichen Entwicklungsinstitutionen konnten es sich daheim, wo sie ihr Geld aus den Steuereinnahmen beziehen, einfach nicht mehr leisten, unerschrocken weiterzumachen. Sie konnten nicht mehr so tun, als würden ihre Projekte – beispielsweise die Wasserversorgungsprojekte Baridi und Jamala – als heile Mikro-Welten in problematischen Makro-Umfeldern ausreichend positive Effekte erzielen. Es war allzu offenkundig geworden, dass der Mechanismus eher umgekehrt funktioniert. Die Massenmedien haben darauf abgestellt, hauptsächlich von Fehlleistungen dieser Art zu berichten.

Vor diesem Hintergrund wurde in den achtziger Jahren das Konzept der Strukturanpassung unter der Federführung der Weltbank (WB) und des Internationalen Währungsfonds (IWF) entwickelt. Die drei Kernpunkte der Strukturanpassung sind: (1) Abbau staatlicher Interventionen auf Märkten, (2) Rückbau des Staats- und Verwaltungsapparates auf das notwendige Minimum, und (3) Wiederherstellung eines investitionsfreudigen Klimas durch Beachtung der Balance von mobilisierbaren zu konsumierten und investierten Ressourcen. Praktisch geht es dabei darum, den Einzelprojekt- oder Insel-Lösungsansatz zu ergänzen mit großräumigen Reformpaketen, die die wirtschaftliche und verwaltungspolitische

Struktur des betreffenden Landes verändern. Es geht also um massive Interventionen in die internen Angelegenheiten der Länder des Südens nach dem Motto: ‹Niemand kann auf die Dauer über seine Verhältnisse leben.› Die Eliten dieser Länder werden im Rahmen der Strukturanpassung als Verantwortliche angesprochen, die die Reformpakete durchführen müssen, wenn sie denn Entwicklungskooperation haben wollen. Grob gesprochen werden Kredite nicht mehr als Wiedergutmachung, sondern im Tausch für die Erfüllung von Konditionalitäten erteilt. In der Sprache der Weltbank betreibt man jetzt nicht mehr ‹investment lending›, sondern ‹policy based lending›. Die gesamtwirtschaftlichen Erfolge der Strukturanpassungspolitik in den Ländern südlich der Sahara sind unübersehbar. In achtzehn Reformländern des subsaharischen Afrikas ist zwischen 1994 und 1996 sogar wieder ein positives Wirtschaftswachstum gemessen worden.[16]

Die Ziele des Projektes

Mit dem Blick auf unsere Investitionen von Jamala und Baridi mussten wir im Laufe der Jahre feststellen, dass die Hebeeffizienz der Wasserwerke unverändert niedrig ausfiel. Aber auch wenn diese Schwäche behoben worden wäre, hätte der niedrige ruritanische Wassertarif dazu geführt, dass die potentiellen Einnahmen für einen ordentlichen Betrieb nicht ausgereicht hätten. Zudem blieben die Einnahmen weiterhin nicht in den Betrieben, sondern mussten über die Regionalverwaltungen an das Finanzministerium abgeführt werden. Schließlich fielen die von der Zentralregierung genehmigten Budgets für die Wasserwerke von Jamala und Baridi unverändert niedriger aus, als die ohnehin bescheidenen Summen, die von diesen Betrieben erwirtschaftet wurden. Insbesondere dieser letzte Punkt führte also dazu, dass die Investitionen der NEB zwar Einnahmen generierten, diese aber dann zum Teil für die Subventionierung des Regionalhaushalts in anderen Bereichen verwendet wurden. Infolgedessen mussten die ruritanischen Ingenieure dort sparen, wo es möglich war, ohne den Wasserbetrieb unmittelbar zu reduzieren. Das war, wie in solchen Fällen üblich, bei den Ausgaben für Instandhaltung und bei den Anforderungen an einen vorschriftsmäßigen Betrieb – man lebte von der Substanz. Dieser Zustand führte 1991 dazu, dass wir ein weiteres Engagement im Wassersektor aufkündigten. Ein Antrag der ruritanischen Regierung auf eine Investition im Wasserwerk der Regionalhauptstadt Mlimani nach dem Vorbild von Baridi und Jamala wurde mit dieser Begründung von uns abgelehnt.

Auf der Suche nach einem Ausweg ließen wir 1992 eine Sektorstudie erstellen. Diese Studie benannte die Ursachen für das Ausbleiben eines positiven Effektes unserer Projekte auf das organisatorische Umfeld. Die verwaltungspolitische Organisation des ganzen Sektors war so angelegt, dass jede Initiative und jeder Reformwille dadurch erstickt wurden, dass Verantwortungen niemals dort lagen und Entscheidungen niemals dort getroffen werden konnten, wo es die notwendige Motivation und die entsprechende Kompetenz dafür gab. Entweder wanderten Verantwortungen in der Verwaltungshierarchie nach oben oder es wurden im Zuge von Reformen neue Strukturen mit neuen Instanzen geschaffen, ohne dass man die alten konsequent abschaffte. Die Studie hat aufgezeigt, wie diese Mechanismen funktionierten und wie sie mit der Wahrung partikularer Vorteile der Beamtenklasse zusammenhingen. Vor allen Dingen demonstrierte sie, dass es für eine weitere Zusammenarbeit der NEB mit dem zentralen Wasserministerium als Projektträger keine guten Gründe mehr gab.

Pragmatisch gesehen bestand das handfeste Problem der Projekte von Baridi und Jamala zunächst also einfach darin, dass die Einnahmen aus dem Wasserverkauf nicht zur Verfügung der Betriebsleitungen standen, so dass die Anlagen deswegen Schaden erlitten. Es stellte sich im Rahmen der Sektorstudie indes auch heraus, dass es im ruritanischen Rechtssystem einen Modus gab, der den Einbehalt der erwirtschafteten Mittel legitimieren konnte. Entsprechend einer alten Gesetzgebung aus den sechziger Jahren, dem so genannten ‹Revolving Fund Act›, war das Finanzministerium befugt, Einheiten des Verwaltungsapparates aus dem Finanzierungssystem des öffentlichen Sektors herauszulösen: Für Einheiten, die nach dem entsprechenden Gesetz eine finanzielle Semi-Autonomie erlangen, wird ein revolvierender Fond eingerichtet, in den die Einnahmen einfließen und der eigenständig verwaltet werden kann.

Die von uns eingeschlagene Strategie des ‹policy based lending› bestand folglich darin, der ruritanischen Regierung eine weitere Zusammenarbeit im Wassersektor unter der Bedingung in Aussicht zu stellen, dass sie die Wasserwerke von Baridi und Jamala, aber auch die von Mlimani, wo das neue Hardware-Projekt stattfinden soll, unter dem ‹Revolving Fund Act› in die finanzielle Semi-Autonomie entlässt. Am 1. Juli 1994 war es dann soweit: Die Wasserwerke durften ihre Einnahmen in einen revolvierenden Fond einzahlen und selbst darüber verfügen — zunächst für eine dreijährige Probezeit. Daraufhin stiegen wir wieder in den Wassersektor ein.

Nach unseren Erfahrungen mit Baridi und Jamala, entsprechend den Empfeh-

lungen der Sektorstudie und nach dem Richtungswechsel in der Entwicklungszusammenarbeit setzten wir nun allerdings am anderen Ende an. Wir bestanden
darauf, vorerst keine Hardware-Investitionen zu tätigen, sondern zunächst ein
Organisations-Entwicklungs-Programm zu finanzieren, mit dem die Wasserwerke
dazu befähigt werden sollten, ihre finanzielle Autonomie rational zu gestalten und
die Anlagen sachgemäß zu betreiben und zu warten. Damit kehrten wir den her-
kömmlich Ansatz um und sagten: Damit ein Betrieb eine Investition positiv aufnehmen kann, muss er vorher die entsprechenden Strukturen und Instrumente
vorweisen.

Ebenso entscheidend war ein zweiter Kurswechsel, den wir durchsetzen
konnten. Es ist uns gelungen, die Projektträgerschaft von dem Wasserministerium
auf die drei Wasserwerke selbst zu verlagern. Damit haben wir einen wirkungs-
vollen Schritt in Richtung Strukturanpassung gemacht. Wir haben im Sinne der
Dezentralisierung die aufgeblähte Bürokratie des Zentrums umgangen und dazu
beigetragen, Entscheidungsbefugnisse dorthin zu verlagern, wo die Kompetenzen
dafür liegen. Damit ist die Voraussetzung dafür geschaffen worden, die Selbstver-
antwortung der Stadtbürger für ihre eigenen Wasserversorgungsanlagen durch
Partizipation zu wecken. Wir haben im Sinn der Betonung marktwirtschaftlicher
Logik dazu beigetragen, den Finanzkreislauf kleiner und transparenter zu machen
und damit eine kommerzielle Sicht auf das öffentliche Gut Wasser gefördert.

Zum Konzept der Strukturanpassung und zu den Grundlagen europäischer
Entwicklungszusammenarbeit gehört auch der Gedanke, dass es sich immer nur
um eine Hilfe zur Selbsthilfe handeln kann. Es kann sinnvollerweise immer nur um
eine komplementäre Ergänzung zu den Eigenanstrengungen der Regierungen,
Institutionen und Menschen in den Partnerländern gehen. Diese Idee ist inzwischen so weit anerkannt, dass etwa die 1990 gegründete ‹Global Coalition for
Africa›, ein hochrangiges politisches Diskussionsforum, und sogar die 1991 von der
Generalversammlung der Vereinten Nationen beschlossene ‹New Agenda for the
Development of Africa in the 1990s› den Aspekt der *Eigenverantwortung* – neben
guter Regierungsführung und Bündelung von Geberunterstützung – in das Zentrum der Bemühungen gestellt haben. Entwicklungszusammenarbeit kann nur
dann zu nachhaltigen Erfolgen führen, wenn sie auf einer aktiven Teilnahme der
Menschen beruht. Aus diesen Gründen ist die Teilhabe der Zielgruppe an Auswahl, Planung, Durchführung und Erfolgskontrolle aller Maßnahmen ein über-
greifendes Prinzip normesischer Entwicklungskooperation.

Im Fall des Aus- und Fortbildungsprogramms in Betrieben bedeutet die aktive

Teilnahme der Menschen in erster Linie die Bereitschaft des Managements, die Projektträgerschaft zu übernehmen und damit auch die Verantwortung für die Projektmaßnahme selbst zu tragen. Damit die Eigenverantwortung fest verankert wird, haben wir die Vertragsform des Aus- und Fortbildungsprogramms geändert. Bis 1995 hatten wir die Projekte dieses Programms nämlich im so genannten *Direktverfahren* betrieben, d.h. wir hatten als Financier und erste Partei im Spiel einen Consultant als zweite Partei unter Vertrag genommen, um in unserem Auftrag bei der dritten Partei, dem Projektträger, eine bestimmte Trainings- oder Organisations-Entwicklungs-Maßnahme für uns durchzuführen. Mit dem Projekt in den ruritanischen Wasserwerken von Baridi, Mlimani und Jamala haben wir Anfang 1996 zum ersten Mal eine Vertragsform gewählt. Wir haben das Projekt im so genannten *Indirektverfahren* vergeben: Als Financier stellen wir dem Projektträger die notwendigen Mittel zur Verfügung, mit denen er dann einen Consultant unter Vertrag nimmt. Natürlich behalten wir uns als Financier gewisse Kontrollrechte vor – allein schon, um unsere Rechenschaftspflicht gegenüber dem MEK erfüllen zu können. Deshalb haben wir auch bei der Auswahl und der Führung des Consultants über einen Geschäftsbesorgungsvertrag mit dem Projektträger einen wichtigen Einfluss beibehalten. Aber im Prinzip ist es so, dass wir die Idee der Eigenverantwortung als Voraussetzung für nachhaltige Entwicklung in die neue Vertragsform der Indirektvergabe eingebaut haben.

Aus diesem Grund verlief die Eröffnungsphase des Projektes zwischen Ende Februar und Anfang April 1996 etwas anders, als früher im Rahmen der Direktvergabe. Die ruritanischen Projektträger, vertreten durch die drei Chefs der Wasserwerke, waren nun als Auftraggeber des Consultants dazu motiviert, das Projektdesign aktiv mitzugestalten. Sofern die drei Chefs diese Rolle von Anbeginn mit viel Entschlossenheit und taktischer Intelligenz spielten, fühlen wir uns darin bestätigt, dass Indirektvergabe die angemessenere Vertragsform für Organisations-Entwicklungs-Projekte ist. Die Vertragsänderung hat für uns auch den weiteren Vorteil, dass wir nun bei allen unseren Projekten nach demselben Muster verfahren können.

Die Logik unserer Arbeit ist im Grunde ganz einfach: Haben sich beispielsweise Ruritanier einmal darauf eingelassen, in Städten zu leben und einen bestimmten Hygiene- und Gesundheitsstandard für menschenwürdig zu erachten, müssen sie dafür zentrale Wasserversorgungs- und -entsorgungssysteme unterhalten. Sobald eine Gesellschaft an diesem Punkt steht, liegt es nahe, das Rad nicht neu zu erfinden, sondern sich die Technologien und das Know-how von dort zu holen,

wo es sie schon gibt. Wenn man dann für diese komplexen und großen technischen Systeme billige Darlehen oder Finanzierungsbeiträge aus der Entwicklungszusammenarbeit benötigt, muss man sich mit dem Geldgeber auf *gemeinsame*
Lösungswege einlassen. Weder Kapital noch Technologien können – das wissen
wir heute besser als am Anfang der Entwicklungszusammenarbeit in den fünfziger
und sechziger Jahren – losgelöst von ihrem institutionellen Rahmen erfolgreich
transferiert werden. Die Notwendigkeit für die Erarbeitung *gemeinsamer* Lösungswege liegt darüber hinaus auch darin, dass der Financier den Vertretern des Steuerzahlers, von dem das Geld letztlich kommt, Rechenschaft schuldig ist. Die NEB
muss nicht nur den Verbleib, sondern die rationale und effektive Verwendung der
Gelder sicherstellen.

   Diese einfache Logik kann dann bei ihrer Umsetzung zu erstaunlichen Überraschungen führen. Doch was unser Wasserversorgungs-Projekt in Ruritanien
anbelangt, so kann man im Großen und Ganzen schon jetzt sagen, dass wir unsere
übergeordneten Ziele erreichen werden: Wir geben einen Anstoß in Richtung
Deregulierung und Dezentralisierung des ruritanischen Wassersektors. Und wir
geben eine Starthilfe dazu, die drei Betriebe zu einem verantwortungsvollen Umgang mit den Investitionen zu befähigen.

Ende des Berichts von Johannes von Moltke, NEB

Nachbemerkung

Nach meinem Interview mit Johannes von Moltke in der NEB ging ich am 21. Juli
1997 ins Ministerium für Entwicklungskooperation (MEK). Ich sprach am ersten
Tag mit zwei Ministerialbeamten, die für konzeptionelle Fragen der Finanziellen
Zusammenarbeit zuständig sind, und am zweiten Tag mit einem Beamten, der die
Afrika-Abteilung leitet. Ich hatte eine einfache Frage: Das Ministerium stellt der
Durchführungsorganisation NEB Steuergeld zur Verfügung. Dieses Geld ist an
den Zweck gebunden, entwicklungspolitische Ziele zu erreichen, die wiederum das
MEK definiert. Die Verantwortung für die Realisierung der Ziele gegenüber dem
Parlament und der Öffentlichkeit bleibt selbstverständlich beim MEK. Wie also
stellt das MEK sicher, dass die NEB das tut, was das MEK politisch vorgegeben
hat? Die einfache Antwort auf meine Frage lautete: Es ist nicht die Aufgabe des
MEK, die NEB zu beaufsichtigen. Man löst die Probleme gemeinsam.

Meine Gesprächspartner ließen mich fühlen, dass ich mit meiner Frage falsch liege. Man gab mir mehr oder weniger explizit zu verstehen, dass ich vermutlich ‹einer von gestern› sei, der immer noch daran glaubt, dass man sich dem Phänomen Bürokratie mit Max Weber nähern könne. Heute begreife man bürokratische Organisationen doch nicht mehr als *rationale* Systeme, die an der Verfolgung eines spezifischen Zieles orientiert sind, sondern als *offene* Systeme. (Ein offenes System ist eine Gemengelage wechselnder Interessengruppen, die ihre Ziele ständig neu aushandeln und dabei stark von so genannten Umweltfaktoren beeinflusst werden.[17]) Dass ich diese Deutung aus dem Munde ministerieller Beamter höre, erscheint mir wie ein Rollentausch. Man kann aus wissenschaftlicher Perspektive hier vielleicht von einem offenen System sprechen, doch rechtlich-politisch betrachtet muss es wohl dabei bleiben, formal organisierte Praktiken kontrollierbar und kalkulierbar zu machen.

Andere Passagen des Interviews gaben indes indirekte Einblicke in die Kontrollfrage. So wurde beispielsweise ausführlich erklärt, dass die personale und finanzielle Ausstattung des MEK kaum noch ausreiche, um den Aufgaben gerecht zu werden. Im Moment sei von weiteren Mittelkürzungen die Rede. Die Vorstellung, dass man im MEK jedes einzelne Projekt im Detail unter die Lupe nehmen könne, ist schon aus diesem Grund unrealistisch. In einer anderen Passage ging es um die ausgeprägte ‹corporate identity› der NEB. In diesem Zusammenhang artikulierte der ministerielle Referatsleiter seine Sorge darüber, dass seine Mitarbeiter ihren Kollegen von der NEB nicht immer gewachsen seien und folglich hin und wieder von diesen zu falschen Entscheidungen überredet würden. Er erzählte dies indes nicht ohne Achtung für das Durchsetzungsvermögen der NEB-Mitarbeiter. Schließlich steigerte er sich zu der Aussage: «Eigentlich bin ich ein richtiger NEB-Fan!»

In einer weiteren Passage über entwicklungspolitische Inhalte erklärte einer meiner Gesprächspartner, was er für das zentrale Dilemma hält. Von allen Seiten hört man: Reiche Länder wie Normland müssten einen höheren Anteil ihres Bruttosozialproduktes für Entwicklungszusammenarbeit zur Verfügung stellen. Die Wahrheit aber ist, dass die Empfängerländer – insbesondere in Afrika – schon mit den jetzigen Inputs überfordert seien. Obschon die Logik des Zusammenhangs eigentlich recht einfach sei, würde sie von wohlmeinenden Menschen gerne übersehen. Damit ein Input zu nachhaltiger Entwicklung und nicht zu nachhaltiger Abhängigkeit führt, ist es notwendig, dass ihm eine bestimmte Eigenleistung des Empfängers gegenübergestellt wird. Aus finanzpolitischer Perspektive ist es beispielsweise so, dass jede Volkswirtschaft nur einen bestimmten Kreditumfang positiv verarbeiten kann. Wenn die Obergrenze überschritten wird, sind die Folgen negativ. Auf der Ebene konkreter Einzelprojekte wiederholt sich das gleiche Muster: Wenn beispielsweise die Weltbank den gesamten Schul- oder Gesundheitsbereich Ugandas für zwei Jahre finanziert und auf internationales Niveau anhebt, um die Sache anschließend in ugandische Hand zu geben, ist damit ein neues Problem geschaffen. Uganda wird das aufgebaute System nicht aus eigener Kraft finanzieren können, und die Folge ist ein noch höheres Maß an Abhängigkeit als zuvor. Leider ist es so, dass die afrikanischen Regierungen sich ständig zu Eigenleistungen verpflichten, die sie dann nicht einhalten können.

Während meine Gesprächspartner ein Kontrollproblem einleitend bestritten, sickerte nach und nach durch, dass es genau darum geht. Eine nahe liegende Deutungsfolie für diese Konstellation liefert die ‹Principal-Agent-Theory›. Danach ist das Verhältnis zwischen einem Prinzipal – hier also MEK – und seinem Agenten – hier also NEB – immer davon überschattet, dass die relevante Information asymmetrisch verteilt ist.[18] Damit der Agent seine Rolle gut spielen und den Prinzipal im Sinn des Vertrags entlasten kann, muss er deutlich mehr als der Prinzipal wissen, sonst könnte man auf ihn verzichten. Diesen erwünschten und nicht aufholbaren Wissensvorsprung kann der Agent nun aber auch relativ gefahrlos opportunistisch nutzen. Gegen das Risiko, dass der Agent die Interessen des Prinzipals nicht optimal verfolgt, gibt es zwei Gegenstrategien, die am besten in Kombination wirken: Man führt ein angemessen dichtes Kontrollsystem ein und gleichzeitig versucht man, wechselseitiges Vertrauen aufzubauen. Die Balance zwischen diesen beiden Strategien ist unter anderem eine Frage der Transaktionskosten. Im Ministerium bekam ich den Eindruck, dass man in dem konkreten Fall der Prinzipal-Agent-Konstellation zwischen MEK und NEB mehr Gewicht auf *Vertrauensbildung* als auf *Kontrolle* legt.

2.
Das Risiko des Unternehmers

Vorbemerkung

Die Durchführung des Organisations-Entwicklungs-Projektes in den drei ruritanischen Wasserwerken wurde an die Firma Schilling & Partner GmbH übertragen, die ihren Sitz in Ypsilonia hat. Die vielen geräumigen Zimmer der umfunktionierten Belle-Etage, die vielen Schreibtische und der professionelle Auftritt der Büroleiterin lassen mich glauben, dass ich hier in einem großen Unternehmen gelandet bin, wo das Geschäft floriert, der Rubel rollt und die große weite Welt über Fax und Email zusammenkommt. Später fällt mir auf, dass zur Zeit kein Arbeitsplatz besetzt ist, denn außer dem Geschäftsführer, der Büroleiterin und einer Hilfskraft gibt es überhaupt nur noch einen festen Angestellten, der gerade im Projekt in Ruritanien ist. Über befristete Projektverträge beschäftigt die Firma im Juli 1997 kaum zehn Mitarbeiter. Anstatt eines gewöhnlichen Interviews mit dem Geschäftsführer und Projektleiter Julius C. Schilling wird ein langes Gespräch daraus. Wir verbringen dann noch ein Wochenende im August 1997 zusammen auf seinem Schiff, das auf einem Binnensee nördlich von Ypsilonia vor Anker liegt. Ich lasse Schilling nun selbst zu Wort kommen.

Erzähler: Julius C. Schilling
Ort: Ypsilonia, Normland
Zeit: Ende Juli - Anfang August 1997

Akquisition

Irgendwann im Spätsommer 1994 wurde ich von der Normesischen Entwicklungsbank (NEB) gefragt, ob ich eine Studie über die Notwendigkeiten, Möglichkeiten und Kosten einer Organisations-Entwicklungs-Maßnahme in den Wasserwerken der ruritanischen Regionalhauptstädte Baridi, Mlimani und Jamala erstellen möchte. Ich bin bei der NEB seit vielen Jahren als Experte für derlei Fragen bekannt und bekomme häufig solche Anfragen.

Die NEB ist auf dem normesischen Markt der größte Auftraggeber für alle Tätigkeiten, die im Rahmen der Entwicklungszusammenarbeit anstehen. Es handelt sich hauptsächlich um Projektdurchführungen, bei denen es auf technisches und betriebswirtschaftliches Know-how sowie auf Projektsteuerung ankommt; für Gutachten und Studien wird aber auch viel Geld ausgegeben. Im letzten Jahr, 1996, hat die NEB rund 1,75 Milliarden Euro für die Finanzierung von Projekten und Programmen im Rahmen der Finanziellen Zusammenarbeit (FZ) eingesetzt. Der zweite normesische Auftraggeber ist die Agentur für überseeische Entwicklung (AfE), der das Ministerium im Jahr 1996 ein Auftragsvolumen von 0,86 Milliarden Euro erteilt hat. Um diese beiden Organisationen hat sich im Laufe der Jahrzehnte ein eigener Markt herausgebildet, auf dem kleinere und größere Consultings um Aufträge kämpfen, wobei die AfE auch selbst Projekte durchführt. Zu den besonderen Charakteristika dieses Marktes gehört, dass viele Transaktionen über Netzwerke laufen. Für die Herausbildung der Netzwerkstruktur gibt es sicherlich mehrere Gründe, doch insbesondere einer scheint mir ausschlaggebend zu sein: die Notwendigkeit von Vertrauen und ‹good will›, wie es in der amerikanischen Geschäftssprache heißt.

Das Entwicklungsgeschäft beruht auf einer *Dreieckskonstellation* von Financier, Projektträger und Consultant. Diese Konstellation bringt eine spezifische Logik zum Zug: Immer wenn derjenige, der die Rechnung bezahlt, nicht auch derselbe ist, der das Produkt bzw. die Serviceleistung in Anspruch nimmt, ist eine gewisse Gefahr des Opportunismus im Verzug. Diese Gefahr besteht darin, dass sich der Leistungserbringer (in diesem Fall der Consultant) und der Leistungsempfänger (in diesem Fall der Projektträger) unter der Hand gegen den Financier verbünden, der solche Allianzen nur schwer erkennen und verhindern kann. Typisches Beispiel: Der Projektträger wird dazu überredet, sich für den Bau einer neuen Wassergewinnungsanlage einzusetzen, die gar nicht nötig wäre, wenn das vorhandene Wasser auch wirklich verteilt würde, statt im Rohrsystem zu versickern. Auf diese Weise fällt der Gewinn des Consultants größer aus und für den Projektträger fallen mehr so genannte ‹frindge benefits› ab. Gegen solche Schieflagen kann der Financier durch den Aufbau langjähriger Vertrauensbeziehungen effektiver vorgehen als durch reine Kontrolle. Die Transaktionskosten, die man dadurch einspart, dürften beträchtlich sein.

Umgekehrt ist es auch aus der Perspektive des Unternehmers vorteilhaft, in diesem Geschäft mit einer größeren Vertrauensbasis zu arbeiten, als es vielleicht auf dem europäischen Markt üblich oder notwendig ist. Dies liegt hauptsächlich daran, dass die Beraterverträge in der Regel über den Geltungsbereich europäischer Rechtsprechung hinaus geschlossen werden und die Rechtslage hier unzuverlässig ist. Zudem haben die außereuropäischen Vertragspartner erfahrungsgemäß andere Rechtsauffassungen und andere Deutungen davon, worum es geht und welche Spielregeln gelten. Zwischen den vertraglich explizierten und den implizierten Normen gibt es in unserem transnationalen Feld eine ungewöhnlich große Diskrepanz. Mehr als sonst ist man hier auf eine nicht-vertragliche Ausfütterung des vertraglichen Skeletts angewiesen, die sicherstellt, dass die andere Seite sich an die Vereinbarungen hält. In diesem Sinn liegt es auch im Interesse der Beraterfirmen, zu der NEB langjährige Vertrauensbeziehungen aufzubauen. Nur mit einem loyalen Financier im Rücken erscheint es überhaupt möglich, in diesem Metier unternehmerisch tätig zu werden.

Eine nicht unerhebliche Rolle spielt in diesem Zusammenhang allerdings auch Macht. Obschon die Abhängigkeiten zwischen Financier und Consultant wechselseitig sind, entsteht doch ein beachtliches Ungleichgewicht, weil der Consultant nur einer unter vielen ist, wogegen die Behörde, die öffentliche Gelder verteilt, ein obligatorischer Passagepunkt für alle konkurrierenden Unternehmen ist. Wer auf diesem Markt mitbieten möchte, kommt an der NEB nicht vorbei: Sie verteilt das Geld und hat folglich einen größeren Einfluß auf die Spielregeln als die anderen Akteure des Feldes.

Durchführbarkeitsstudie

Problemdiagnose

Bei jedem Projekt steht am Anfang eine so genannte ‹Durchführbarkeitsstudie› (die man im Jargon des Feldes ‹Feasibility-Studie› nennt). Für das ruritanische Wasserprojekt habe ich diese Studie im Herbst 1994 zusammen mit einem Ethnologen und einem Ingenieur erstellt. Das Ausgangsproblem der Wasserwerke von Baridi und Jamala war bekannt: Die Erhöhung der Wasserproduktion, die durch die beachtlichen Investitionen in Baridi (ab 1982) und Jamala (ab 1973) herbeigeführt wurde, resultierte in keiner akzeptablen Erhöhung des Trinkwassers, das die Kunden am Ende tatsächlich erreichte. Die Erhöhung der Produktionskapazität resultierte auch in keiner korrespondierenden Erhöhung der Menge des verkauften Wassers. Das wiederum bedeutete, dass die Wasserwerke 1994 ökonomisch nicht lebensfähig waren. Man musste sich folglich zuerst auf die Verbesserung des Wassermanagements konzentrieren. Wir stellten fünf Schwerpunkte heraus.

Organisation

Zunächst ging es natürlich um die Organisationsstruktur, in der die Bereitstellung von Trinkwasser verlief. Eine Sektorstudie der NEB hatte die wesentlichen Probleme dieses Bereichs bereits herausgearbeitet. Die zentrale Schlussfolgerung dieser Studie lautete, dass die Wasserwerke mehr Autonomie brauchen, um ihren Zweck ökonomisch zu erfüllen. Ein erster Schritt wurde in Folge der Sektorstudie und auf Druck der NEB schon vor Projektbeginn unternommen: Zum 1. Juli 1994 wurden unter Bezugnahme auf ein Gesetz von 1965 – den ‹Revolving Fund Act› – so genannte ‹revolvierende Fonds› zunächst für drei Probejahre eingerichtet. Diese Fonds sind, vereinfacht gesprochen, Geschäftskonten, die die Wasserwerke erhielten, um ihre Geldeinnahmen autonom zu verwalten, statt sie im Rahmen eines kameralistischen Systems nach oben an den Kämmerer der Regionalverwaltung abzugeben. Alle unsere Gesprächspartner vertraten die Auffassung, dass während der dreijährigen Probezeit zwischen Juli 1994 und Juni 1997 an der Lösung durch revolvierende Fonds nicht weiter gedreht werden sollte.

Produktion, Distribution und Verkauf

Wenn es Wassermangel gibt, muss man mehr Wasser produzieren. Diese *Produktionsideologie* trat uns von allen Seiten entgegen. Wir hatten große Mühe, überhaupt ein Verständnis für unser Interesse an Aspekten des Managements zu wecken. Bisweilen beschlich mich das Gefühl, dass die drei leitenden Ingenieure, mit denen wir es hauptsächlich zu tun hatten, das Projekt wie eine Kröte schlucken würden, weil sie verstanden hatten, dass die NEB ihnen sonst keine weiteren Hardware-Projekte zukommen lassen würde. Unsere Aufgabe während der Durchführbarkeitsstudie im Herbst 1994 bestand folglich nicht einfach darin, gemeinsam mit dem Projektträger lokal verträgliche Lösungen für bestehende Probleme zu erarbeiten. Vielmehr mussten wir zunächst ein gemeinsames Verständnis der bestehenden Probleme gewinnen.

Die Leistung des Wasserwerkes von Baridi war aus Sicht der leitenden Mitarbeiter an der Produktionszahl abzulesen. Im Rahmen des ersten großen technischen Projektes wurden acht neue Grundwasserpumpen gebohrt und die Produktionskapazität konnte nach der Inbetriebnahme von 1990 mit rund 20.000 Kubikmeter pro Tag (qm/d) mehr als verdoppelt werden. Seit damals liegt die Wasserproduktion von Baridi in der kritischsten Phase, am Ende der Trockenzeit, bei rund 30.000 qm/d. Geht man von dieser Zahl aus, werden in Baridi mindestens 170 Liter / Mensch / Tag (l/c/d) verbraucht. Die WHO gibt als akzeptable

Größen für afrikanische Städte 150 und für Dörfer 30 l/c/d an; in Normland liegt der Durchschnittsverbrauch bei 145 l/c/d. So gesehen, liegt Baridi also knapp über dem normesischen Niveau. Geht man indes von der Perspektive der Kunden aus, lebt Baridi seit der Inbetriebnahme der neuen Anlagen im Jahre 1990 weiterhin mit unregelmäßigen Wasserrationierungen, und manche Stadtgebiete werden wie früher überhaupt nicht versorgt. Die Inkonsistenz zwischen den beiden Beobachtungen erlaubt nur eine Interpretation: Nur ein Teil des Trinkwassers, das in das Rohrsystem gepumpt wird, kommt bei den Kunden an.

Um das letztendlich ausschlaggebende Problem, die wirtschaftliche Überlebensfähigkeit des Wasserwerkes, zu beurteilen, mussten wir herausfinden, wie hoch der Anteil des Wassers ist, der in Rechnung gestellt wird. Anhand der vorgefundenen Zahlen kamen wir in Baridi auf 60-70%, in Mlimani auf 30% und in Jamala auf 50%. Das nicht in Rechnung gestellte Wasser verschwindet auf zwei verschiedenen Ebenen: ein Teil fließt durch die vielen kleineren und größeren Leckagen in die Erde; ein anderer Teil wird administrativ nicht richtig erfasst. Während manche Anschlüsse in den Akten gar nicht vorkommen, sind andere nicht mehr auffindbar, weil die Dokumentation nicht stimmt. Doch das Problem geht weiter. Die Zahl der Rechnungen, die wirklich beglichen werden, ist etwa um die Hälfte kleiner, als die Zahl der ausgestellten Rechnungen.

Die wichtigste Ausgangslage des Projektes war also die Feststellung, dass in Baridi und Jamala etwa 30% des hergestellten Wassers tatsächlich Geld einbringen, während in Mlimani der Anteil noch deutlich geringer sein musste, so dass eine zahlenmäßige Festlegung zynisch wirken musste. Ich denke, diese Zahlen sprechen für sich und haben unsere ruritanischen Verhandlungspartner davon überzeugen können, dass sie kein Produktions-, sondern ein Verteilungs- und Verkaufsproblem haben. Es musste um die Verbesserung folgender Schlüsselindikatoren gehen: Die *Verteilungseffizienz* (‹distribution efficiency›) misst den Anteil des Wassers, das tatsächlich bei den Kunden ankommt, am insgesamt produzierten Wasser. (Es ist also das Verhältnis des produzierten Wassers minus der Menge des Wassers, das physisch im Rohrsystem verloren geht, zu der Menge des produzierten Wassers. Eine Verteilungseffizienz von 75/100 gilt in der Regel als noch tolerabel.) Die *Rechnungslegungseffizienz* (‹billing efficiency›) gibt an, für welchen Anteil am verteilten Wasser eine Rechnung ausgestellt wurde. Die *Hebeeffizienz* («collection efficiency») gibt an, für welchen Anteil der ausgestellten Rechnungen (oder der ausgestellten Rechnungssumme) tatsächlich Geld kassiert wird.

Ich vermute, dass die vorgefundene Vernachlässigung von Verteilung und

Verkauf eine kulturelle Erbschaft der sozialistischen Zeit ist. Das Trinkwasser war in den ruritanischen Städten zwar niemals wirklich kostenlos, doch erst seit 1991 wird wieder öffentlich von der Bezahlbarkeit des Trinkwassers gesprochen. Seit derselben Zeit wird auch davon gesprochen, dass die Vernachlässigung der ökonomischen Seite der städtischen Dienstleistungen ein sozialistischer Irrtum war. Doch die theoretische Einsicht, dass auch Trinkwasserversorgung eine kommerzielle Angelegenheit ist, hatte im Herbst 1994 noch keine praktischen Veränderungen nach sich gezogen. Ich konnte mich nicht des Eindrucks erwehren, dass sogar die Mitarbeiter der Wasserwerke aller Hierarchieebenen die Idee, man könnte vom Wasserverkauf leben oder gar ein Geschäft damit machen, für ziemlich unrealistisch, wenn nicht gar verwerflich hielten. Der Niederschlag dieser Einstellung war in den 30% und weniger Hebeeffizienz abzulesen.

Realitäten und ihre Darstellung

Über die Notwendigkeit, Daten und Analysen zur Hebeeffizienz der Organisationen vorzulegen, um dann zu geeigneten Lösungen zu kommen, stießen wir auf ein grundlegenderes Problem. In jeder Organisation unterscheidet man zwischen zwei Ebenen: auf einer ersten Ebene liegen die konkreten Praktiken, die Dinge und die Technologien der Organisation; auf einer zweiten Ebene liegen die Darstellungen dieser Praktiken und Dinge auf dem Papier oder dem Bildschirm. Eine der wichtigsten Voraussetzungen für eine gute Geschäftsführung liegt nun darin, dass man sich auf die zweite Ebene verlassen können muss. Die Informationen müssen stimmen, sonst trifft man falsche Entscheidungen.

Am offenkundigsten ist diese Problematik im Fall der Netzkarten der drei Wasserwerke. Eine Karte ist ja dazu da, das Territorium – hier besonders das Rohrsystem – korrekt abzubilden, damit man vom Schreibtisch aus darüber entscheiden kann, was dort draußen im Territorium zu tun ist. Die Karten der drei Wasserwerke sind indes unvollständig und voller Fehler, so dass man sie nicht verwenden kann. Die Geschichte scheint zyklisch zu verlaufen: Es wird immer wieder mal – mit Hilfe eines ausländischen Consultants – der Zustand erreicht, in dem die Karten mit der Wirklichkeit übereinstimmen. Dann werden die Karten eine Weile verwendet, doch die Wirklichkeit verändert sich und die Karten werden nicht mehr angepasst, bis sie wertlos sind. Dann kommt ein neuer Consultant, korrigiert die Karte und das Spiel beginnt von vorne. Teil dieses Problems ist die Tatsache, dass die meisten Leute in den Wasserwerken eigentlich nicht mit Landkarten arbeiten können und darin auch keine Notwendigkeit sehen, denn sie haben das Territorium *im Kopf,* und das reicht aus ihrer Sicht aus bzw. es scheint ihnen auch einige Vorteile zu bringen. Wir haben unzählige Fälle dieser Art in allen Bereichen und auf allen Ebenen der Betriebe gefunden. Wenn Geldbewegungen und Arbeitszeiten dazukommen, wird die Lage noch undurchdringlicher. Wer unter diesem Umständen auf der Basis schriftlicher und graphischer Darstellungen vom Schreibtisch aus Entscheidungen treffen möchte, ist nicht zu beneiden.

Geld und Zuwendungen

Die so weit aufgezählten Probleme hängen mit einem weiteren zusammen: Es hat sich für die Mitarbeiter des öffentlichen Dienstes in Ruritanien nicht gelohnt, sich bei der Arbeit anzustrengen. Sie hatten sich im Laufe der Jahrzehnte darauf eingestellt, zwar einen sicheren Arbeitsplatz zu haben, diesen aber als Neben-Job zu betrachten, von dem man nicht wirklich leben konnte. Jede Verwandtschaftsgruppe war bestrebt, zumindest ein Mitglied im öffentlichen Dienst unterzubringen, um die riskanteren und einträglicheren ökonomischen Tätigkeiten der anderen Mitglieder ein wenig abzusichern. In den Wasserwerken, die zum öffentlichen Dienst gehören, wurde jede kausale Verknüpfung zwischen dem, was einer praktisch tut, und dem, was er dafür bezahlt bekommt bzw. welche Stellung er einnimmt, getrennt. Status, Einkommen und Zulagen hingen allein davon ab, ob man die notwendigen Formalitäten auf dem Papier erfüllte. Ob man Aufgaben korrekt und effektiv erledigte, ob die Abteilung gut funktionierte oder nicht, das stand auf einem anderen Blatt. Auch wenn es heute nicht mehr ganz so extrem aussieht, konnten die alten Einstellungen über Nacht nicht abgelegt werden.

Die Negation jeder Verbindung von Status, Leistung und Geld hat auch eine weitere Dimension. Wann immer ein Problem auftritt, heißt es sofort, dass eine Lösung vor allem durch ‹lack of funds› (Mangel an Zuwendungen) verhindert würde. Damit war im alten Kontext zunächst etwas ganz Präzises gemeint: Die Instanz, die das Budget des Wasserwerkes zu genehmigen hatte (eine Abteilung des Finanzministeriums), oder die Instanz, die das Budget verwaltete (eine Abteilung der Regionaladministration), hatte schon wieder einmal einen beantragten Posten nicht bewilligt. Im Laufe der Zeit hat sich das Deutungsschema ‹lack of funds› in den Köpfen festgesetzt, so dass es mit dem Aufheben des alten Budgetsystems nicht automatisch verschwand.

Das beste Beispiel dafür liefert die Debatte über die Wassertarife. Es ist einerseits zutreffend, dass die im Herbst 1994 geltenden Tarife – auch bei einer 100%-Hebeeffizienz – zu niedrig waren, um die Kosten für Betrieb und Wartung zu tragen, von Abschreibungen für Ersatz- und Erweiterungsinvestitionen gar nicht zu reden. Doch auf der anderen Seite springt sofort ins Auge, dass der Ruf der Wasserwerksmanager nach höheren Tarifen in Anbetracht einer tatsächlichen Hebeeffizienz von ungefähr 30% schlicht höhnisch ist.

Im Laufe der Durchführbarkeitsstudie wurde uns klar, dass alle Maßnahmen so lange keine guten Realisierungschancen haben, als wir es den Leuten nicht klarmachen können, dass sich ihre Leistung in Zukunft lohnen wird, dass es also einen unmittelbaren Zusammenhang zwischen dem Geld in ihrer Tasche und dem Geld des Wasserwerkes geben wird. Uns ist aber auch klar geworden, dass sich die Leute eine Situation, in der das Wasserwerk wirklich kostendeckend arbeitet und sie darüber hinaus auch noch persönlich genügend Geld verdienen, um von einem einzigen Job leben zu können, eigentlich nicht vorstellen können. Wir hatten immer wieder den Eindruck, dass sie das für eine Geschichte halten, die vielleicht in Europa funktionieren kann, aber niemals in Ruritanien.

Die beliebte Rede vom ‹lack of funds› verweist auf ein Problem, das die Wasserwerke von Baridi, Mlimani und Jamala ‹von oben› trifft. Gewissermaßen komplementär dazu wird gerne davon gesprochen, dass die Kunden ihre Wasserrechnungen nicht regelmäßig bezahlen, so dass sich das Problem ‹von unten› wiederholt. Die fehlende Zahlungsbereitschaft wurde uns immer wieder als Mentalitätsproblem beschrieben. Der Sozialismus habe die Leute verdorben, indem er kostenloses Wasser für alle als ein mögliches und ethisch hochwertiges Ziel verkündete. Am hartnäckigsten habe sich die alte Mentalität bei den ärmeren Leute am Stadtrand bewahrt, die sich das Wasser mit Eimern von öffentlichen Zapfsäulen holen, dafür aber nicht zahlen wollen. Wir fanden schließlich heraus, dass es in allen drei Städten große informale Märkte für Trinkwasser gab. Die Preise dieser Schwarzmärkte waren um ein Vielfaches höher als der offizielle Wassertarif, und ein erheblicher Teil des Wasserangebots kam aus dem Leitungssystem der Wasserwerke. Das kann aber nur heißen: Wenn es an den öffentlichen Zapfsäulen durchgehend fließendes Wasser gäbe – was eben nicht der Fall ist – und ein funktionierendes Arrangement zur praktischen und fairen Bezahlung zur Verfügung stünde – was auch nicht der Fall ist –, würden natürlich alle Kunden zu diesen Zapfsäulen kommen. Wir haben zudem herausgefunden, dass die beharrlichste Zahlungsunwilligkeit, bei der es auch um die größten Summen geht, in Wirklichkeit bei den öffentlichen Institutionen liegt – etwa bei Regional- und Stadtverwaltungen, Schulen, Krankenhäusern, bei Militär, Polizei und Gefängnissen. Zieht man nun beide Beobachtungen zusammen, erkennt man, wie das Argument von der Mentalität funktioniert: Die Manager der Wasserwerke verstecken ihr eigenes Versagen, indem sie «dem Volk» eine Mentalität zuschreiben – in diesem Fall «niedrige Zahlungsmoral».

Mit fremdem Geld

Die Verschiebung der Aufmerksamkeit auf mangelnde Zuweisungen von oben und auf mangelnde Einnahmen von unten als zwei Faktoren, auf die das Management so gut wie keinen Einfluss hat, ist eine Variante des so genannten ‹Blackboxing›. Man tut so, als sei das, was im Inneren der Organisation passiert, folgenlos und könne deswegen als Blackbox behandelt werden. Nun ist es aber so, dass unser Projekt sich insbesondere genau für dieses Innere der Wasserwerke interessieren sollte. Anfangs hatten unsere ruritanischen Gesprächspartner keinerlei Verständnis dafür, dass es um etwas anderes als eine weitere Hardware-Investition gehen sollte. Als sie irgendwann kapierten, dass eine Umwidmung der Projektgelder in Hardware – etwa Leitungsrohre und Leckagenreparatur – nicht möglich war, weil die NEB als Financier offenbar hinter unserem Ansatz stand, fanden sie eine Interpretation, die eine Brücke zwischen unserem Projektansatz und ihren Erwartungen ermöglichte. Unser Ansatz wurde mit dem allgemeinen Etikett ‹Training› versehen. Als Hintergrund ist hier zu bedenken, dass das sozialistische Ruritanien ähnlich wie die DDR eine hochgradig pädagogisierte Gesellschaft war: Alles wurde überall und ständig über Aufklärung und Lernen angegangen. Im öffentlichen Dienst musste man nur einen Fortbildungskurs belegen, und schon hatte man bessere Chancen, befördert zu werden. So erkannte man in uns die neuen Lehrer, die irgendwo einen Klassenraum einrichten werden, um dann den Leuten an der Tafel beizubringen, wie etwa Rechnungswesen, Prozess-Steuerung, Personalführung usw. funktionieren. Die Mitarbeiter witterten die Chance, durch die im Trainingsprojekt erworbenen Zeugnisse mehr Geld zu verdienen. Das Management stellte sich vor, dass wir Trainingseinheiten in die Blackbox einfüttern werden, damit sich dadurch das Betriebsergebnis verbessert. Neben Trainingseinheiten sollten wir ihnen ‹management-tools› abliefern, die sie dann unter Zuhilfenahme des neu erworbenen Wissens einsetzen würden. Eines war auf jeden Fall klar: Aus ruritanischer Sicht kann sich das Projekt nicht innerhalb, sondern nur außerhalb der Blackbox abspielen.

Als Entwicklungsunternehmer würde mir nichts leichter fallen, als irgendwelche Inputs am Eingang zu einer Blackbox abzuliefern. Es wäre ein ziemlich sicheres Geschäft, wenn ich für das, was auf der anderen Seite herauskommt, nicht verantwortlich wäre. Doch die NEB erwartet messbare Ergebnisse und mein Gewinn hängt vom Erreichen dieser Ziele ab. Auf diese Weise bin ich in einer verwundbaren Situation. Derjenige, der am Ende bessere Ergebnisse erzielen soll, ist mir gegenüber primär damit beschäftigt, seine Blackbox geschlossen zu halten. Wenn ihm das gelingt, ist sichergestellt, dass ich ihm nicht helfen kann, seine Ergebnisse zu verbessern. Nun bin ich aber gezwungen, die Ergebnisse zu verbessern, weil ich mit dem Projekt sonst kein Geld verdiene. Also versuche ich mich gegen seinen Willen einzumischen. Dieses verdrehte Spiel kann es nur geben, weil die Projektträger mit fremdem Geld handeln.

Lösungskonzept

Die Hauptaufgabe einer Durchführbarkeitsstudie besteht darin, herauszufinden, ob man die aufgedeckten Probleme mit einem ökonomisch und zeitlich vertretbaren Aufwand lösen kann. Wir haben der NEB empfohlen, ein Organisations-Entwicklungs-Projekt zu finanzieren, das in erster Linie zu einer höheren *Hebeeffizienz* führt – das also den Anteil des Wassers, für das man tatsächlich Geld kassiert, im Verhältnis zu dem in Rechnung gestellten Wasser erhöht. Zur Begründung dieser Empfehlung haben wir die fünf herausgearbeiteten Schwachstellen und ihre Ursachen in ein Erklärungsmodell gebracht. Die Logik dieses Modells lässt sich am besten anhand einer Visualisierung erfassen (Abbildung 2.1).

Im Zentrum der Maßnahme steht die Verbesserung der Repräsentation von Arbeitsabläufen, Materialbewegungen und anderen Realitäten auf dem Papier bzw. auf dem Bildschirm. Damit geht es hauptsächlich um das so genannte *Management-Informations-System* (M.I.S., in der Mitte der Abbildung 2.2). Zu diesem Zweck haben wir die Einführung eines EDV-Systems vorgesehen, das dazu beitragen soll, das Debakel mit der Akten- und Buchführung zu lösen.

Ein Informations-System muss zunächst in eine vernünftige *Organisation* eingebettet sein. Die Umwandlung von Abteilungen der Regionalbürokratie in eigenständige, kommerziell operierende Einheiten erfordert komplett neue Organisationsstrukturen. Damit diese und das Management-Informations-System richtig bedient werden, geht es nicht ohne Erhöhung der *Motivation*. Zu diesem Zweck müssen ein leistungsbezogenes Entlohnungssystem und ein neues Personalmanagement eingeführt werden. Um aber auszuschließen, dass die Menschen die neuen Systeme als aufgesetzt erleben und bald wieder fallen lassen, sind keine Fertiglösungen abzuliefern. *Partizipation* ist das A und O jeder Organisations-Entwicklung, insbesondere aber in der Entwicklungszusammenarbeit. Um die Einnahmen zu erhöhen, muss schließlich auch die Zahlungsmoral der Kunden steigen. Eine Voraussetzung dafür ist, dass das Wasser regelmäßig fließt. Zu diesem Zweck müssen die Zonen des Rohrsystems neu eingeteilt, große Wasseruhren an den Verzweigungen des Systems eingebaut und die Leckagen geflickt werden. Folglich sind *Instandsetzung und Wartung* wichtige Pfeiler des Projektansatzes. Wenn diese fünf Interventionen zeitlich und logisch geschickt miteinander verzahnt werden, erhöht sich dadurch die Hebeeffizienz und darüber die Rentabilität, so dass wiederum mehr Geld für die weitere Entwicklung der Instrumente zur Verfügung steht und man so zu einer sich selbst verstärkenden Verbesserung der Betriebsleistung kommt.

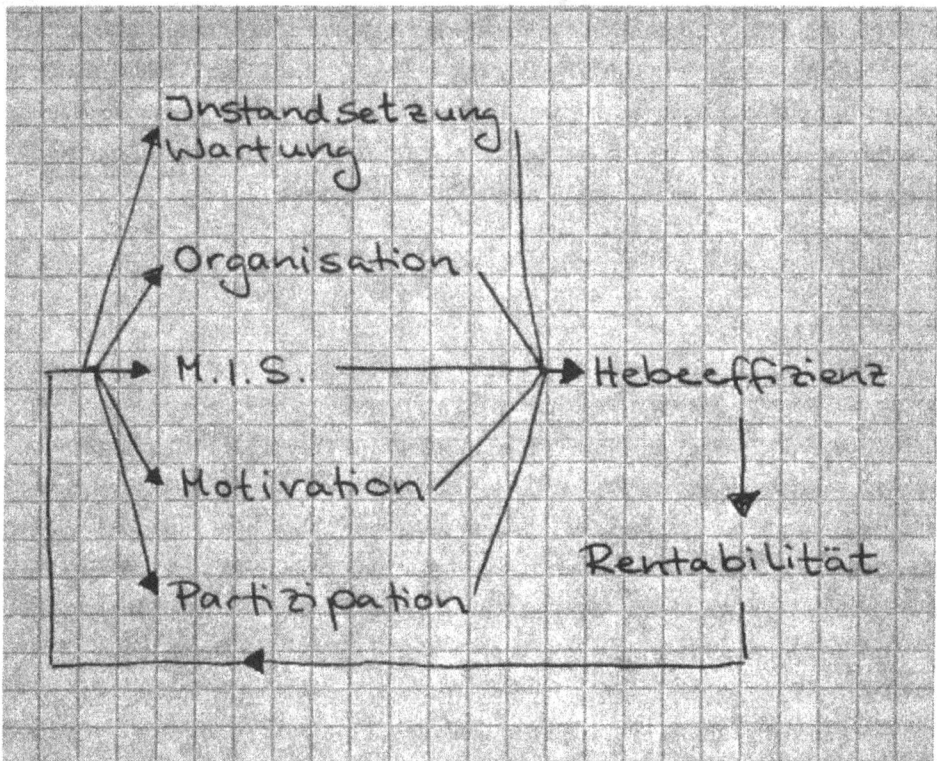

Abbildung 2.1

Damit die Entwicklungsbank ihr Risiko besser einschätzen kann, haben wir fünf kritische Faktoren aufgezählt, die nur von ruritanischer Seite beeinflussbar sind: (1) Das Wasserministerium muss die Wasserwerke mit weiteren kompetenten Ingenieuren und Managern ausstatten. (2) Die Wasserwerke müssen ihr Personal leistungsbezogen entlohnen dürfen. (3) Sie müssen das Recht haben, dort einzukaufen, wo es preiswerter ist, und Aufgaben an andere Firmen abzutreten, wenn das günstiger ist. (4) Sie müssen ihre eigene «corporate identity» entwickeln dürfen, um das Image der Staatsbürokratie loszuwerden. (5) Für die Erfüllung dieser Bedingungen muss es einen verbindlichen Zeitplan geben.

Die Durchführbarkeitsstudie wurde im Dezember 1994 mit dem Hinweis an die NEB überreicht, dass das Programm möglichst sofort beginnen müsste. Der ursprüngliche Zweck sollte nämlich darin bestehen, den drei Wasserwerken zwischen Juli 1994 und Juni 1997 auf dem Weg vom «government department» zum «autonomous body» behilflich zu sein. Dass die Wasserwerke diesen Weg zu diesem Zeitpunkt als Probezeit eingeräumt bekommen haben, geht auf die Initiative der NEB zurück. Die NEB hat den ruritanischen Autoritäten 1992 mitgeteilt, dass sie im Wassersektor nur unter der Bedingung engagiert bleiben wird, dass man das System der Finanzierung städtischer Wasserwerke reformiert. Diese Bedingung wurde zum 1. Juli 1994 von ruritanischer Seite erfüllt. Die Durchführbarkeitsstudie kam aus ruritanischer Sicht folglich ein halbes Jahr zu spät.

Angebot

Bevor das Projekt konkret beginnen konnte, mussten – wie üblich – noch eine Reihe vorgeschriebener Schritte und eine Serie unerwarteter Hürden genommen werden. Zunächst ergab sich eine Verzögerung, die mit der normesischen Unterscheidung zwischen Technischer Zusammenarbeit (TZ) und Finanzieller Zusammenarbeit (FZ) zusammenhängt. Für das hier diskutierte Projekt ist nach formalen Gesichtspunkten die Agentur für überseeische Entwicklung (AfE) zuständig, geht es doch um ihr Kerngeschäft: Stärkung der Leistungsfähigkeit von Menschen und Organisationen. Inhaltlich würde eine Übertragung des Projektes an die AfE allerdings wenig Sinn machen, weil die NEB die Wasserwerke von Baridi und Jamala seit rund zwanzig Jahren kennt. Dennoch hat es ein knappes Jahr gedauert, bis die NEB grünes Licht bekam.

Im November 1995 kam schließlich die Aufforderung der NEB an uns, ein Angebot für das Projekt zu unterbreiten. Wir reichten dieses Angebot am 4. Dezember ein. Am 27. Dezember erhielten wir die Aufforderung, an dem Angebot diverse Punkte zu präzisieren und bis zum 15. Januar 1996 erneut einzureichen, damit die so genannte ‹Einführungsphase› des Projektes – im Jargon ‹inception-phase› – Ende Februar beginnen kann. Die wichtigsten Kritikpunkte, die die NEB Ende Dezember 1995 an unserem ersten Angebot auszusetzen hatte, bezogen sich darauf, dass wir die Art der angestrebten Autonomie der ruritanischen Wasserwerke nicht klar definiert und unseren Input nicht exakt und detailliert genug angegeben hatten.

Jeder Financier möchte verständlicherweise im Voraus wissen, wofür er sein Geld zur Verfügung stellt, um einer Fehlinvestition vorzubeugen. Im Fall eines *marktüblichen Bankkredits* richtet sich die Aufmerksamkeit auf die Überprüfung der Kreditwürdigkeit. Nach der Bewilligung des Kredits gibt es dann nicht mehr viel zu kontrollieren, denn die vereinbarungsgemäße Rückzahlung des Kredits ist der preiswerteste und zugleich härteste Beleg dafür, dass das Geld ökonomisch sinnvoll investiert wurde. Hier interessiert der Fall, in dem ein Kredit*nehmer* einen Projektausführer engagiert und diesen dann mit dem Kredit bezahlt. Das Verhältnis zwischen dem Kreditnehmer als Projektträger und seinem Projektausführer als Consultant lässt sich als Prinzipal-Agent-Beziehung auffassen. Der Projektausführer ist als Auftragnehmer ausschließlich seinem Auftraggeber Rechenschaft schuldig, während er mit dem Financier direkt nichts zu tun hat. Das Dreiecksverhältnis Financier – Kreditnehmer – Auftragnehmer läuft unter marktwirtschaftlichen Verhältnissen nach einem offiziellen Skript, nennen wir es O-Skript:

(O-Skript)   Financier
                                            ↕
                   Kreditnehmer / Projektträger (*Prinzipal*)
                                            ↕
                   Auftragnehmer / Projektausführer (*Agent*)

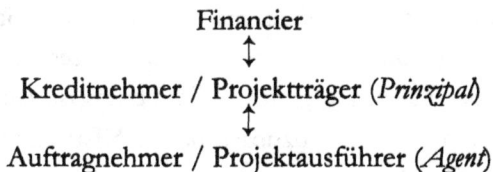

Ein ganz anderer Fall ist gegeben, wenn zwischen Financier und Kreditnehmer keine Marktbeziehung vorliegt. Wenn also die Rückzahlung des Kredits zu marktüblichen Zinsen als zentraler Mechanismus zur Ermittlung ökonomischer Rationalität wegfällt. Unter diesen Umständen ist der Financier genötigt, sich einen Ersatz für die Ermittlung dieser Rationalität zu schaffen. Er muss diverse Evaluations-, Regulations- und Überwachungstechniken einführen, um auszuschließen, dass sein Geld unökonomisch verwendet wird. Damit schaltet sich der Financier aber in die Beziehung zwischen Projektträger und Projektausführer ein, was am Ende dazu führt, dass er die Rolle des Prinzipals übernimmt. Die Kreditnehmer bzw. Zuwendungsempfänger der NEB sind prinzipiell *nicht* bankfähig, so dass die NEB nach diesem Muster gezwungen ist, die Rolle des Prinzipals zu übernehmen, der einem Agenten – etwa mir – die Aufgabe überträgt, bei dem Projektträger eine vereinbarte Leistung abzuliefern. Das (inoffizielle) Skript des Dreiecksverhältnisses sieht nun anders aus, nennen wir es I-Skript:

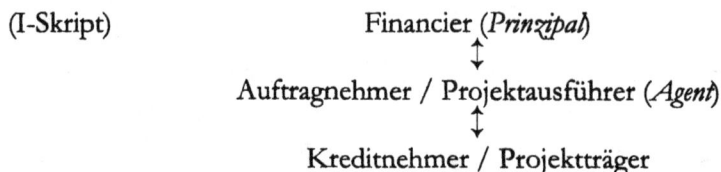

(I-Skript)   Financier *(Prinzipal)*
                                        $\updownarrow$
                     Auftragnehmer / Projektausführer (*Agent*)
                                        $\updownarrow$
                          Kreditnehmer / Projektträger

Der erste Grund, weshalb es in der Finanziellen Zusammenarbeit ein besonderes Regulations- und Überwachungsproblem gibt, lautet demnach: *Weil es nicht um ein Geschäft, sondern um Hilfe geht.* Angenommen, wir würden heute in einer Tageszeitung folgende Stellungenahme der NEB lesen:

Unsere Partnerorganisationen sind desorganisiert und bankunfähig. Wir beauftragen deshalb Consultingfirmen, um diese Partnerorganisationen auf unsere Kosten für die FZ bankfähig zu machen. Bei der Installation der richtigen Organisationskonzepte in diesen Partnerorganisationen kann es den einen oder anderen Widerstand geben, weil die Menschen erst umdenken müssen.

Wir wüssten sofort, dass es sich um eine journalistische Provokation handelt, denn offiziell kann es dieses Zitat nicht geben. Stattdessen spricht man von der partnerschaftlichen Erarbeitung von Lösungen. Im Fall unseres ruritanischen Wasserprojektes ist man sogar so weit gegangen, die Vertragssituation dieser politisch korrekten Deutung auch juristisch anzupassen. Die NEB hat hier zum ersten Mal davon abgesehen, ein Projekt dieser Art direkt zu vergeben. Auftraggeber ist also nicht mehr wie in allen unseren vorausgehenden Projekten die NEB selbst, sondern es sind tatsächlich die ruritanischen Wasserwerke. Gleichwohl ist im Bereich der Überwachung unserer Leistungen alles irgendwie doch beim Alten geblieben und man handelt nach I-Skript. Allerdings muss man das Projekt nach außen hin so darstellen, als würde es nach O-Skript laufen. Und als wäre diese Konfiguration noch nicht fintenreich genug, kommt an dieser Stelle ein weiterer Kniff dazu: Die NEB muss die Kontrolle darüber, was die nunmehr indirekt von ihr bezahlten Consultants bei den Projektträgern tun, nicht nur deshalb in den eigenen Händen behalten, weil die Projektträger dazu nicht in der Lage sind. Sie muss es auch aus einem noch viel prekäreren Grund tun, den sie dann ebenfalls zu verstecken hat:

Das Prinzip des ‹policy based lending› bedeutet, dass man etwas durchsetzen möchte, was der Kredit- bzw. der Zuschussempfänger aus eigenen Stücken nicht tun würde. Unser ruritanisches Wasserprojekt ist ein Musterbeispiel politischer Kreditvergabe. Das ganze Projekt erscheint erst durch seine Ausrichtung an einer entwicklungspolitisch gesetzten Bedingung sinnvoll: ‹Wenn Ihr die Wasserwerke nicht aus der Staatsbürokratie heraustrennt, ziehen wir uns aus Eurem Wassersektor zurück.› Damit nun aber der Projektträger und sein Consultant gemeinsam etwas tun, was der Projektträger von sich aus nicht möchte, müsste der Consultant ihn dazu zwingen. Das ist ausgeschlossen, weil der Projektträger offiziell der Auftraggeber des Consultants ist, den er kontrolliert und bezahlt. Zudem müssen sich beide – der Auftraggeber als guter Kreditnehmer und der Consultant als zuverlässiger Auftragnehmer – gegenüber dem Financier bewähren. Der nahe liegendste Ausweg aus dieser Zwickmühle besteht darin, dass sich die beiden opportunistisch zusammenschließen und den Financier hinters Licht führen.

Zur Verhinderung dieser Täuschung versucht die NEB – neben dem Bemühen, Vertrauensnetzwerke aufzubauen – verständlicherweise ein möglichst dichtes Kontrollsystem zu etablieren. Diese Aufgabe ist deshalb besonders prekär, weil es entsprechend des geltenden O-Skriptes nicht sichtbar werden darf, dass der Projektträger zu Dingen bewegt wird, die er nicht wünscht. Nun ist es aber nicht ganz einfach, etwas zu kontrollieren, das nicht auf dem Papier erscheinen darf. Darin besteht die alltägliche Sorge der NEB-Mitarbeiter, die sich zur Obsession entwickeln kann. Besonders jüngere Leute auf den unteren Hierarchieebenen vergessen bisweilen, dass die Ursache für ihre aufwendige Kontrollarbeit darin liegt, dass die NEB eine politische Kreditvergabe betreibt, deren Kernpunkt sie offiziell verbergen muss, was wiederum die Kontrollarbeit so problematisch macht. Der zweite Grund, weshalb es in der Finanziellen Zusammenarbeit ein besonderes Regulations- und Überwachungsproblem gibt, lautet demnach: *Weil es nicht um ein Geschäft, sondern um Politik geht.* Wenn man als Unternehmer ein Angebot an die NEB richtet, ist man gut beraten, diese Zusammenhänge zu kennen. Am Ende, wenn gezählt und gerechnet wird, muss man die besseren Fakten und Zahlen haben.

Einführungsphase

Obschon wir also die beiden Kritikpunkte der NEB – Welches Betreibermodell ist vorgesehen? Was genau muss dazu getan werden? – nicht richtig ausräumen konnten, erhielten wir auf Grundlage der kaum veränderten Angebotsversion von Mitte Januar 1996 den Auftrag, mit der Einführungsphase zu beginnen. Ich habe es geschafft, schon am 27. Februar 1996 mit zwei Mitarbeitern des zukünftigen Teams nach Ruritanien zu reisen. Hier muss man zunächst wissen, dass jedes Projekt mit einer Einführungsphase beginnt, in der man überprüft, ob die im Entwurf vorgeschlagenen Ziele und Vorgehensweisen unter den aktuellen Verhältnissen noch realistisch sind. Andernfalls ist dies die Gelegenheit, das Projekt zu ändern. Falls man hier zu keiner Einigung kommt, kann man als Consultant unbeschadet aussteigen. Auch der Financier behält sich bis zum Schluss der Einführungsphase vor, das Projekt eventuell wieder abzublasen.

Die meisten Leute stellen sich vor, dass ein Geschäftsvertrag zwischen Auftraggeber und Auftragnehmer, die als Prinzipal und Agent zueinander stehen, so aussieht, dass der Prinzipal das Ziel des Auftrags genau benennt und die objektiven Erfolgskriterien festlegt. Zu einem vernünftigen Vertrag, so stellt man sich weiterhin vor, gehört eine Auflistung der geplanten Tätigkeiten, der anvisierten Kosten sowie der Bedingungen für Nachtragsverhandlungen und für die Kündigung bei unvorhergesehenen Entwicklungen. Bereits wenn es sich nicht um Werk-, sondern um Beraterverträge handelt, ist dies eine grobe Vereinfachung. Wenn es nun aber um Beraterverträge im Entwicklungsgeschäft geht, sieht die Sache vollkommen anders aus. *Hier ist vor Beginn der Arbeit kaum etwas klar.* Weil es aber gleichzeitig um den bürokratischen Umgang mit Steuergeldern geht, muss an der Illusion des vollständigen und eindeutigen Vertrags festgehalten werden. Die Einführungsphase ist ein Versuch, dieser Lage gerecht zu werden, indem man gewissermaßen probeweise mit der Arbeit beginnt.

Ziele

Von der dreijährigen Probezeit der Wasserwerke, die am 1. Juli 1994 anfing und die das Projekt begleiten sollte, war Anfang 1996 mehr als die Hälfte schon verstrichen. Um Zeit zu gewinnen, übersprang die NEB zwei Schritte des üblichen Verfahrens. Eigentlich hätte sie unser Angebot, wie es Mitte Januar in Zethagen vorlag, im nächsten Schritt nach Ruritanien schicken müssen, damit die zukünftigen Projektträger es genau studieren und korrigieren können. Wir hätten das Angebot dann entsprechend überarbeitet, und anschließend wäre es in Zethagen in einem weiteren Schritt eventuell zu einer Vertragsunterzeichnung gekommen. Erst danach wäre man in die Einführungsphase getreten, an deren Ende immer ein Einführungsbericht – der so genannte ‹inception report› – steht, der den Vertrag korrigiert und endgültig in Kraft setzt. Stattdessen stiegen wir gleich in die Einführungsphase ein.

Bei der Ankunft in Ruritanien stellte sich heraus, dass die drei Projektträger, vertreten durch die Chefs der drei Wasserwerke, eine andere Auffassung über die Reihenfolge der anstehenden Schritte hatten. – Übrigens nennen sich die drei Ingenieure ‹UWE›, was sich vom englischen ‹URBAN WATER ENGINEER› ableitet. – Aus Sicht der UWEs sollte die Vertragsunterzeichnung nicht am Anfang, sondern am Ende der Einführungsphase stehen. Ich konnte damals nicht ahnen, dass die NEB den Projektträgern vier Wochen für die Überarbeitung unseres Projektentwurfs eingeräumt hatte, die nun mit den vier Wochen der Einführungsphase zusammenfielen. Damit hatte der Financier die übliche Reihenfolge von Vertragsunterzeichnung und Einführungsphase umgekehrt, ohne mich davon in Kenntnis zu setzen. Es gehört zwar zu dem Spiel, dass Financier und Projektträger bestimmte Dinge für sich behalten, wie andere Dinge zwischen Financier und Consultant bleiben und andere wiederum niemals zum Financier gelangen. Doch diese konkrete Verheimlichung führte unwillkürlich dazu, dass die UWEs meine Interpretation der Reihenfolge von Vertragsabschluss und Einführungsphase als Ausdruck unternehmerischer Chuzpe hielten, ich hingegen ihre Interpretation als naive Dreistigkeit empfinden musste.

Zu der juristischen Differenz in Sachen Vertragsunterzeichnung kam eine inhaltliche Differenz dazu. Seitens der NEB bestand im März 1996 die Erwartung, dass das Ziel des Projektes nicht mehr wie bisher die Unterstützung der Wasserwerke bei der praktischen Umsetzung des ‹Revolving Fund Act› sein sollte. Es sollte vielmehr darum gehen, die Wasserwerke in jeder Hinsicht aus dem öffentlichen Dienst herauszulösen. Dies war innerhalb des geltenden Rechtsrahmens, der ja 1994 extra für dieses Projekt verändert wurde, nicht möglich. Damit klassifizierte die NEB das Projekt als Pilotprojekt, das nur außerhalb der ruritanischen Rahmenbedingungen funktionieren konnte. *Gleichzeitig* bestand seitens der NEB die Erwartung, dass die Projektträger bei der Entwicklung des Projektdesigns maßgeblich mitentscheiden sollten. Beiden Erwartungen der NEB konnten wir inhaltlich

gesprochen und getrennt voneinander ohne weiteres zustimmen. Doch verhand-
lungsstrategisch waren wir in eine Pattsituation geraten, zumal wir noch gar keinen
Vertrag hatten.

Aus Sicht unserer Verhandlungspartner stand es weder ihnen noch uns zu,
über verwaltungspolitische Angelegenheiten Ruritaniens zu debattieren oder gar
Entscheidungen zu treffen. Ihnen wurde seitens des Wasserministeriums, das für
sie die höchste Autorität darstellt, zähneknirschend zugestanden, überhaupt als
Projektträger zu fungieren. Dies war landesweit ein Novum, das man in Baharini
noch für ziemlich skandalös hielt. Für diese ungewöhnliche und für das Zentrum
auch etwas ungeheuerliche Autonomie wurde ihnen ein fester Rahmen abgesteckt,
der – aus Sicht des Ministeriums – ihrer Kompetenz und ihrem Verantwortungs-
radius angemessen war. Ihr Auftrag war es, mit uns gemeinsam zu entscheiden,
welche Systeme und welche Trainingsmaßnahmen am dringlichsten sind, um die
Semi-Autonomie optimal zu nutzen, die über den revolvierenden Fond gegeben
war. Der Rest lag in der Verantwortung einer Arbeitsgruppe des Ministeriums.
Jeden Tag, so hieß es, spätestens aber zur Parlamentssitzung im April 1996 könne
man damit rechnen, dass der Minister einen Novellierungsentwurf zur Abstim-
mung vorlegen würde.

Die Vorstellung der NEB, es ginge um ein Pilotprojekt, in dem nach neuen,
bisher vielleicht ungeahnten Modalitäten der Organisation städtischer Wasserwerke
für Ruritanien gesucht würde, hatte im März 1996 in Ruritanien also keinen offiziellen Vertreter. Dennoch war es unsere Aufgabe, diese Unmöglichkeit durchzusetzen – und zwar partnerschaftlich. Je deutlicher unsere ruritanischen Gesprächspartner merkten, dass wir ein ganz anderes Ziel im Kopf hatten als sie,
desto weniger waren sie geneigt, den Vertrag zu unterschreiben. Je mehr wir uns
aber umgekehrt von den Erwartungen der NEB entfernt hätten, desto sicherer
wäre es gewesen, dass der Vertrag von normesischer Seite nicht zustande kommen
würde. Unsere Aufgabe bestand also darin, eine Lösung zu finden, die zwei sich
gegenseitig ausschließende Erwartungen befriedigt.

Theoretisch ist so eine Aufgabe unlösbar, doch man kann sie praktisch lösen.
Wir stimmten der Überzeugung unserer Verhandlungspartner zu, dass jene von
ihnen wiederholt zitierte ministerielle Arbeitsgruppe dafür zuständig war, die
genaue Rechtsform der zukünftig autonomen Wasserwerke festzuschreiben.
Allerdings – so argumentierten wir weiter – wird es in dem Moment, wenn die
Novellierung der entsprechenden Gesetze parlamentarisch beschlossen sein wird,
also vielleicht schon im April des Jahres, sofort zu einem zweiten Schritt kommen.

Dann müsse man nämlich die nunmehr autonomen Wasserwerke als Wirtschafts-
subjekte neu konstituieren, und das sei eine Menge Detailarbeit, die sicherlich nicht
in die Zuständigkeit der ministeriellen Arbeitsgruppe fallen würde. Diese Zweitei-
lung der Aufgabe leuchtete ein und wir entwickelten gemeinsam eine Betriebs-
verfassung, die wir ‹constitutional framework› nannten. Notwendigerweise musste
die Simulation an jenen Stellen vage bleiben, an denen es auf den Rechtsrahmen
ankam, der ja eben noch inexistent war.

Interessant fand ich, dass am Schluss auch die Vorsitzenden der drei ‹Advisory
Boards› – so heißen die Vorstände der Wasserwerke seit der Anwendung des
‹Revolving Fund Act› – die Entwürfe unterschrieben. Zwei dieser Männer waren
nämlich Direktoren im Wasserministerium, die an höchster Stelle unmittelbar an
den politischen Debatten über die Kommerzialisierung städtischer Wasserversorgung beteiligt waren. Mit ihrer Unterschrift bekannten sie sich innerhalb der
ruritanischen Debatte dazu, dass sie für eine konsequente Herauslösung der Wasserwerke aus der Staatsbürokratie eintreten. Der Entwurf eines ausländischen
Consultants war vermutlich das geeignete Medium für diese heikle Botschaft, die
man sonst vielleicht lieber nicht schriftlich verbreitet hätte.

Zuständigkeiten

Eine wichtige Voraussetzung für den Erfolg des geplanten Organisations-
Entwicklungs-Projektes (OEP) war die Definition der technischen Aufgaben. Von
einem Kunden, der unregelmäßig alle paar Tage für ein-zwei Stunden Wasser
bezieht, sonst aber nur jenes sehnsüchtige Röcheln aus der Leitung zu hören
bekommt, wenn er den Hahn öffnet, kann man keine Zahlungsmoral erwarten. Es
liegt somit auf der Hand, dass die Erhöhung der Hebeeffizienz – also der Anteil
des bezahlten am berechneten Wasser – eher zustande kommt, wenn gleichzeitig
auch die physischen Leckagen im Rohrsystem repariert werden, damit regelmäßig
mehr Wasser bei den Kunden ankommt, die nun strenger zur Kasse gebeten
werden sollen. Damit dieser Mechanismus in Gang gesetzt werden kann, hatten wir
im Rahmen unseres OEP eine Reihe technischer Aufgaben angegeben, die auch
ohne größere Hardware-Investitionen zu lösen waren.

Dieser Vorschlag erschien in der Zeit, als wir den Projektentwurf schrieben –
also im Herbst 1995 – schon deshalb geboten, weil die NEB damals die Strategie
verfolgte, keine weitere Hardware für den ruritanischen Sektor zu finanzieren, bis
dieser sich nicht grundlegend reformiert hat. Es war für die ruritanischen Wasser-

werke also notwendig, die technische Situation aus eigenen Kräften zu verbessern, um auch dadurch ‹kreditwürdig› zu werden. Für uns war damit wiederum eine günstige Ausgangsbedingung gegeben, denn so hatten die UWEs (Urban Water Engineers) ein starkes Motiv, das OEP mit uns zum Erfolg zu führen. Einer der größten Posten in unserem Angebot war deshalb ein Wasseringenieur mit rund 20 Mannmonaten, der in diesem Bereich tätig sein sollte.

Während der Einführungsphase änderte sich diese Ausgangslage grundlegend. Der Auslöser dafür war die Tatsache, dass die NEB das von ihr gesetzte Junktim – erst handfeste Erfolge im Organisations-Entwicklungs-Projekt, dann weitere Hardware-Investitionen – stillschweigend aufgab, so als sei nie davon die Rede gewesen. Simultan zu dem OEP wurde nun auch ein Technisches Programm (TP) geplant. Zunächst führte der Strategiewechsel dazu, dass die UWEs den stärksten Anreiz für ein gutes Gelingen des OEP mit einem Schlag verloren hatten. Denn dieser Wechsel bestätigte genau das, was die ruritanischen Ingenieure schon immer glaubten: Worauf es in erster Linie ankommt, ist Technik, da diese losgelöst von Organisation und Mensch funktioniert. Erst wenn die Technik stimmt, kann man mit den Nebensächlichkeiten wie Prozess-Steuerung, Kostenrechnung, Rechnungs-legung, Motivation, Image usw. anfangen.

Die simultane Planung eines Organisations-Entwicklungs- und eines Tech-nischen Programms (TP) durch unterschiedliche Akteure brachte dann natürlich auch eine Reihe von Zuständigkeitsproblemen mit sich. So wurde die Reorganisati-on der Zonen und die Installation großer Wasseruhren an den wichtigsten Verteil-erpunkten des Netzes von den UWEs im Hinblick auf das kommende TP vorläufig gestoppt. Ohne diese Maßnahmen lässt sich aber die Service-Leistung der Wasser-werke während der Projektzeit des OEP nicht ausreichend verbessern. Damit wäre das Oberziel – die Steigerung der Hebeeffizienz – nicht mehr zu erreichen. Die Beseitigung von Leckagen wurde ebenfalls vertagt, weil man sich großzügigere Lösungen durch das TP versprach. Das OEP blieb indes weiterhin für das Training von Leckagensuche zuständig. Neben dem negativen Effekt auf die Serviceleistung sah ich hier zusätzlich eine Satire auf uns zukommen: Auf den Straßen von Baridi, Mlimani und Jamala würden Teams mit sonographischem High-Tech-Gerät Schaulustige anziehen. Die faszinierten Beobachter würden staunend feststellen, dass sich diese Teams nach der erfolgreichen Lokalisierung einer Leckage zufrieden auf die Suche nach der nächsten machen würden.

Ein Zuständigkeitsproblem, das uns seit März 1996 verfolgt, hängt mit den Kundendaten zusammen. Am Anfang der Einführungsphase sah es so aus, als wäre diese Zuständigkeit auf alle beteiligten Parteien verteilt, ohne dass es darüber ein klares Verständnis gab, wer was zu tun hat oder worum es im Einzelnen geht. Die Ingenieursfirmen des TP sollten eine detaillierte Netzkarte einschließlich aller Anschlüsse und ihrer genauen Postionen im Netz erstellen; in ihren Angeboten hatten sie Mannmonate für diese Aufgabe eingesetzt. Die Projektträger, zumindest die UWEs von Baridi und Jamala, vertraten den Standpunkt, dass die Erhebungen der Kundendaten damals bereits abgeschlossen waren. Aus ihrer Sicht kam es nur noch darauf an, die vorliegenden Daten vom Papier in den Computer zu bekommen und mit den alten Daten zu verbinden. Wir führten während der Einführungsphase eigene Überprüfungen der Daten von Jamala und Baridi durch und kamen zu der Einschätzung, dass sie unvollständig, fehlerhaft und uneinheitlich waren. Weil das Kundenregister die Datenbasis des Software-Pakets sein würde, das wir zu entwickeln hatten, schlugen wir vor, die Verantwortung für die Daten in das Projekt zu übernehmen. Die UWEs lehnten diese Lösung jedoch ab. Wir blieben also für das Software-Paket und sie für die Kundendaten der drei Wasserwerke zuständig. Hier zeichnete sich eine weitere Satire ab, die mir durchaus vertraut war: Das Projekt könnte am Ende dazu führen, dass mehr und schönere Rechnungen gedruckt würden, ohne indes die Trefferquote der Rechnungen zu erhöhen.

Vor Projektbeginn kann es also weder eindeutige *Ziele* noch eindeutige *Zuständigkeiten* geben. Theoretisch gesehen könnten Entwicklungsprojekte deshalb niemals anfangen. Die Tatsache, dass es sie dennoch gibt, beweist, dass man immer mit *Simulationen* beginnt. Diese sind notwendig, weil man Projekte abrechnen und sich zu diesem Zweck vorher auf Ziele und Zuständigkeiten verständigen muss. Im Laufe der Arbeit wird die Simulation nach und nach mit objektiven Fakten und Zahlen ersetzt.

Fakten und Zahlen

Unsere dritte Aufgabe während der Einführungsphase bestand darin, das ganze Vorhaben in operationalisierbare und berechenbare Schritte zu zerlegen. Dies war keine einfache Aufgabe, weil – entsprechend der Natur des Geschäftes, wie ich gerade erklärt habe – zwei elementare Voraussetzungen dafür nicht gegeben waren: weder stand das *Ziel* fest, noch waren die *Zuständigkeiten* festgelegt. Dass hier noch ein drittes Problem dazukam, liegt ebenfalls in der Natur des Entwicklungsgeschäftes.

Die Hauptschwäche der Organisationen, um deren Entwicklung es geht, besteht in der Regel darin, dass die Daten über Arbeitsprozesse, Materialströme und Geldbewegungen weitgehend unbrauchbar sind. Gleichzeitig muss der Consultant, der für die Behebung dieses Problems eingesetzt wird, gegenüber dem Financier mit Fakten und Zahlen aufwarten, um die anstehenden Kosten zu begründen. Die meisten dieser Fakten und Zahlen können nur von dem Projektträger kommen, wo sie indes fehlen oder unzuverlässig sind, weshalb der Consultant überhaupt erst hingeschickt wurde.

Wie schon bei den vorausgehenden Hindernissen gibt es auch hier theoretisch keine richtige Lösung. Praktisch geht man hingegen so vor, dass man eine Simulation auf der Basis der vorhandenen Daten anfertigt. Natürlich versucht man die vorhandenen Daten zu überprüfen und zu korrigieren, doch das geht im Rahmen von Durchführbarkeitsstudien und Einführungsphasen eben nur bis zu einer gewissen Grenze. Dazu nur ein ganz einfaches Beispiel: Wenn es kein zuverlässiges und als Routine eingebautes Kalkulationssystem gibt, mit dem man die kumulierten Schulden aller Kunden errechnen kann, käme man nur dadurch an diese Zahl, in dem man jedes Kundenkonto einzeln per Handarbeit erfasst. Doch erstens stünde der Aufwand bei mehreren zehntausend Kunden in keinem Verhältnis zu dem Nutzen der Aktion, und zweitens würde man spätestens bei der fünften Kundenkarte feststellen, dass die dort eingetragenen Zahlen erst recht nicht zuverlässig sind. Eine Korrektur dieser Daten ist ohne einen enormen Aufwand aber nicht möglich. Auf der Suche nach einem festen Boden landet man folglich in dem Schlamassel, um dessen Behebung es geht. Also bleibt einem gar nichts anderes übrig, als intelligent über den Daumen zu peilen.

Die Schwierigkeit besteht darin, dass man sich auf der Grundlage solcher Daten auf ein *Kostenangebot* einlässt, zu dem man dann stehen muss. In dem Maß, in dem ein Projekt erfolgreich fortschreitet, verbessert sich die Datenlage. Oft stellt sich heraus, dass die Situation schlimmer ist, als die ursprünglichen Zahlen ahnen ließen. Damit wird das Projekt im Laufe der Zeit teurer. Obschon man diese Erfahrungsregel kennt, kann man nicht von einem ‹worst-case-scenario› ausgehen und gleich zu Anfang 25% dazurechnen. Aus mehreren Gründen ist es eher so, dass man von einem ‹best-case-scenario› ausgehen muss. Zunächst ist man gezwungen, ein kompetitives Angebot zu machen. Weiterhin gibt es ja tatsächlich Projekte, die im Laufe der Zeit billiger werden, als man es vermutet hat. In solchen Fällen hat der Auftraggeber es sehr schwer, diesen Sachverhalt überhaupt zu entdecken, da es für den Consultant leicht ist, Leistungen vorzutäuschen, die nicht erbracht werden. Wird man bei so einer Schummelei ertappt, hat dies ernste Folgen für zukünftige Aufträge. Dies gilt insbesondere in solchen Fällen, in denen ein Consultant von einem großen Auftraggeber abhängig ist. Man ist also gut beraten, in diesem Geschäft von ‹best-case-scenarios› auszugehen.

Während der Einführungsphase unseres Projektes waren wir also weniger damit beschäftigt, von unseren Auftraggebern zu erfahren, welchen Service sie von uns kaufen wollten. Wir konnten deshalb auch nicht genau definieren, was wir im Einzelnen zu tun hätten. Vielmehr waren wir damit beschäftigt, das Projekt selbst zu definieren. Dabei waren wir mit widersprüchlichen Zielerwartungen konfrontiert, hatten mit unklaren Zuständigkeitsvorstellungen zu ringen und konnten auf keine eindeutig feststellbare Ausgangslage zurückgreifen. Unter diesen Umständen konnte unser Entwurf kaum mehr als eine *Simulation* sein, die erst im Laufe der Projektarbeit in einen realistischen Projektplan zu übersetzen war. Allerdings steht die Frage der Anerkennung dieses Beitrags auf einem anderen Blatt, auf dem nur das O-Skript berücksichtigt werden kann. Danach ist die Geschichte ganz einfach: Im Laufe des Monats März sind wir – das sind die drei UWEs und die drei Leute von S&P – alle unklaren Aspekte unseres Projektentwurfs von Januar 1996 durchgegangen. Die gemeinsam erarbeiteten Korrekturen haben wir in dem so genannten ‹Einführungsbericht› festgehalten. Am 4. April 1996 haben die UWEs als Projektträger dann beide Dokumente gleichzeitig unterschrieben. Damit war das Projekt definiert und die Einführungsphase beendet. Wir reisten zwei Tage danach ab und schickten die Dokumente nach Zethagen.

Einführungsbericht

Nachdem die NEB als Financier mit unserem Projektentwurf von Januar 1996 im Prinzip einverstanden war und uns deshalb in die Einführungsphase nach Ruritanien schickte, kam es nun also darauf an, ob sie die Präzisierungen akzeptieren würde, die wir im Einführungsbericht zusammen mit den UWEs (Urban Water Engineers) vorgenommen hatten. Im Kern ging es um die genauere Bestimmung der Rechts- und Betriebsform, die die Wasserwerke annehmen sollten, nachdem man ihnen unter dem so genannten ‹Revolving Fund Act› das Recht zu einem eigenen Konto und einem revolvierenden Fond eingeräumt hatte. Zur Klärung dieses Punktes hatten wir die erwähnte Modell-Simulation entwickelt. Weiterhin ging es um die Festlegung der Maßnahmen, die für die Organisations-Entwicklung notwendig waren. Obwohl wir die angestrebte Betriebsform nicht endgültig und bis in alle Einzelheiten festlegen konnten – weil die NEB die juristisch einzig mögliche Form ja ablehnte –, war es dennoch möglich, einen relativ detaillierten so genannten ‹Maßnahmenkatalog› zu entwerfen. Dies lag daran, dass viele Interventionen auf eine elementare Professionalisierung abzielten, die unter allen Rechts- und Betriebsformen gleich aussieht.

Maßnahmenkatalog und Tätigkeitsplan

Gemeinsam mit den UWEs haben wir das Organisations-Entwicklungs-Programm für die drei Wasserwerke von Baridi, Mlimani und Jamala in 18 Einzelmaßnahmen gegliedert und diese in einen Maßnahmenkatalog angeordnet, wie man das üblicherweise tut (eine Seite daraus zeigt Abbildung 2.2). Aus dieser Tabelle kann man den Charakter der Maßnahme und die Logik der Intervention gut herauslesen. In jeder horizontalen Reihe wird eine Einzelmaßnahme nach fünf Kriterien erfasst: In der ersten Spalte bekommt sie eine Nummer, in der zweiten wird der Interventionsbereich präzisiert, in der dritten wird das Ausgangsproblem angegeben, in der vierten die Lösung benannt, und in der fünften Spalte wird schließlich festgelegt, welches der notwendige Aufwand ist. Der Kenner durchsucht die Tabelle zuerst in der fünften Spalte, bis er die Einzelmaßnahme mit dem höchsten Input gefunden hat. Daraus ist dann in der Regel zu entnehmen, welches die wichtigste Reihe der Tabelle ist bzw. welches der Probleme – in der dritten Spalte dieser Reihe – für das wichtigste gehalten wird. Von dort ausgehend ergibt sich dann die Logik des Programmentwurfs. In unserem Fall käme man so schnell in die neunte Reihe der Tabelle, Code 009, und damit zu dem erwähnten Distributionsproblem. Auch gegen Ende jedes Projektes dreht sich in der Regel wieder alles um die Angaben in der fünften Spalte. Es geht dann in den so genannten ‹Nachtragsverhandlungen› darum, ob die eingeplanten ‹Inputs› für das vereinbarte Ziel ausgereicht haben bzw. umgekehrt, ob sie wirklich notwendig waren, und ob sie auch optimal eingesetzt wurden.

Wenn es um Beraterverträge geht, drehen sich die Nachtragsverhandlungen meist um die Schnittstellendefinition. Dies ist der Punkt, durch dessen Manipulation die beteiligten Parteien unliebsame Kosten vermeiden können. Wenn das Ziel, die Situations- und Problemdefinition, der Lösungsansatz und die mit all dem verbundene Datenlage sich als unstimmig erweisen sollten, dann wird jeder Beteiligte, auf den dadurch nicht eingeplante Kosten zukommen, sagen: ‹Es liegt nicht

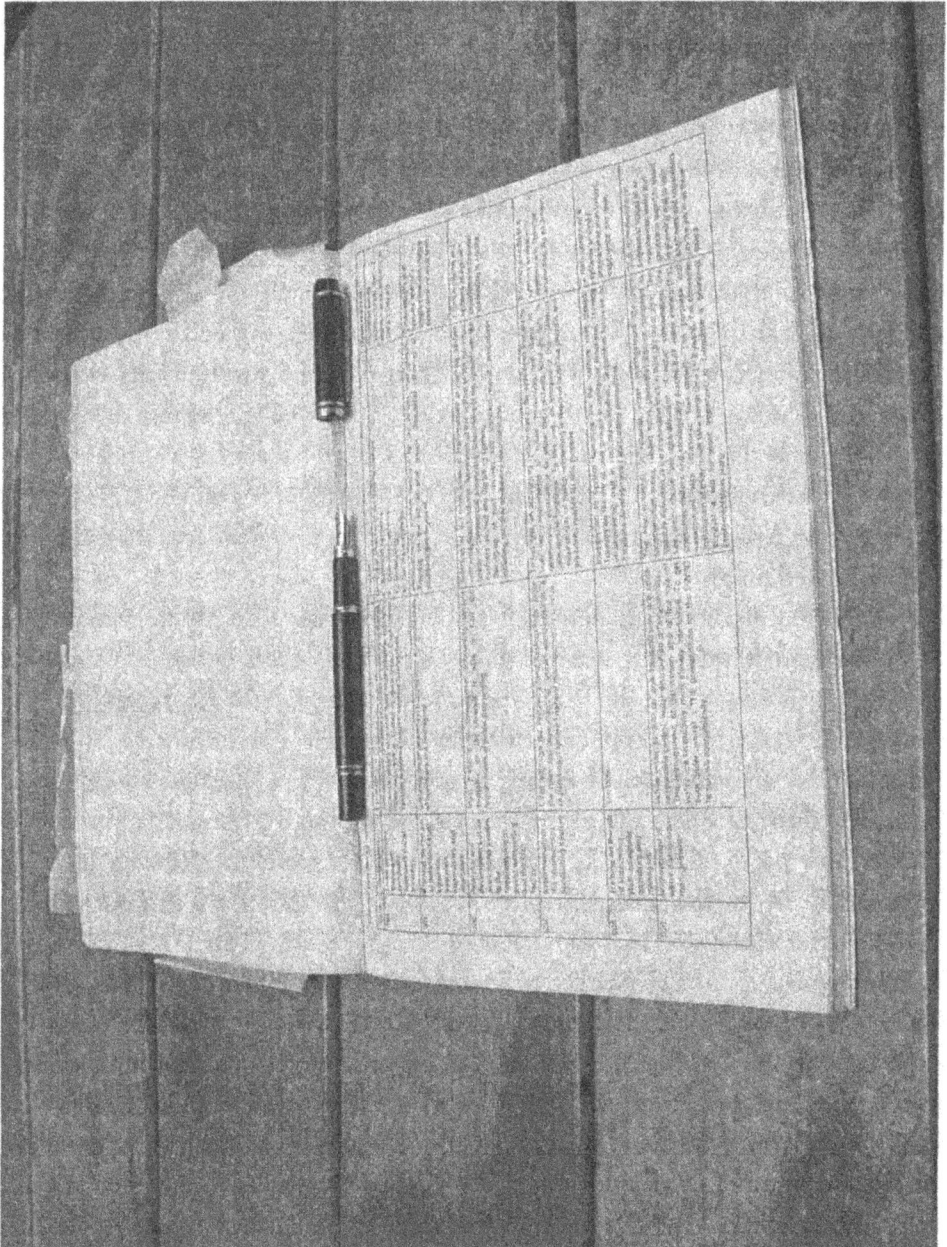

Abbildung 2.2
Maßnahmenkatalog (Auszug Code 004-009)

an mir, es liegt an Dir.› Und damit stehen die Schnittstellen zur Debatte: ‹Wer war hier eigentlich zuständig?› Gerade deshalb ist der so genannte ‹Tätigkeitsplan› als nächste Tabelle, die in jedem Projektentwurf bzw. in jedem Einführungsbericht zu erscheinen hat, ebenfalls sehr wichtig.

In einem Tätigkeitsplan – im Jargon: «action plan» – geht man eine Stufe weiter in die Einzelheiten und nähert sich damit den konkreten Handlungen, die in der Praxis stattfinden sollen (eine Seite daraus zeigt Abbildung 2.3). In den horizontalen Reihen dieser Tabelle werden nicht Einsatzbereiche aufgezählt, sondern konkrete Arbeitseinsätze, die nach Inhalt, Umfang und Zuständigkeit genau definiert sind. Zudem wird in Monats-Spalten dieser Tabelle die Einsatzdauer pro Aufgabe in Kalenderzeit übertragen, so dass man den zeitlichen Ablauf einer Tätigkeit erkennen kann. Dies wird durch einen Balken visualisiert, der sich über einige der Monats-Spalten erstreckt. Je nach Zuständigkeit haben die Balken unterschiedliche Farben. Nimmt man sämtliche Balken auf einmal in Augenschein, erkennt man den geplanten Zeitverlauf des Projektes und die zeitliche Verzahnung der einzelnen Aufgaben. In dieser Tabelle ist fast alles enthalten, was man über ein Projekt wissen muss.

Deutlicher als im Maßnahmenkatalog erkennt man hier die Bedeutung der Schnittstellendefinition. In unserem Projekt sind vor allen Dingen zwei Zeilen interessant. In diesen geht es (1) um die Kundendaten und die Reorganisation der Zonen und (2) um die permanente Systemwartung bzw. die schrittweise Verbesserung der Datenreliabilität. In einem Organisations-Entwicklungs-Projekt ist es prinzipiell nicht möglich, die gesamte organisationsinterne Datenlage neu aufzubauen. Man kann niemals von einer Tabula rasa ausgehen. Kein einziger der elementaren Datentypen, die man benötigt, lässt sich ohne Rückgriff auf andere, vorhandene Datentypen und ohne Rückgriff auf bereits existierende Verfahren korrigieren. Ebenso unvermeidlich ist es, auf einige externe Datenbestände zurückzugreifen – beispielsweise Stadtpläne, Stadtentwicklungspläne, Netzkarten anderer Leitungsbetriebe (Telefon und Strom), urbane Lokalisierungstechniken, Katasterkarten, postalische Adressensysteme, Telefonbücher, etc. Aus diesen Gründen liegt die Verantwortung für die Datenlage, auf der alles andere aufbaut, nie vollständig beim Consultant: er muss sich immer auf etwas stützen, auch wenn er weiß, dass dies nur beschränkt möglich ist. Umso wichtiger ist die Definition der Zuständigkeiten. In den beiden erwähnten Zeilen haben wir die Zuständigkeiten in einem heiklen Bereich geklärt: «customer survey» und «successive improvement of data reliability» gehören in den Zuständigkeitsbereich der Projektträger, und für «reor-

Abbildung 2.3
Tätigkeitsplan (Auszug)

ganization of zones» sowie «continued system maintenance» sind wir zuständig.

Um sich als zentrales Steuerungsinstrument eines Projektes zu eignen, braucht ein Tätigkeitsplan noch so genannte ‹Meilensteine›. Diese dienen dazu, auf die Verzahnung zwischen den einzelnen Tätigkeiten – wie sie durch die Balken dargestellt sind – aufmerksam zu machen. Manche Tätigkeiten können von der Sache her erst begonnen werden, wenn andere vorher abgeschlossen wurden. Diese wechselseitige Abhängigkeit ist natürlich in solchen Fällen besonders brisant, in denen die Verantwortung der Tätigkeiten bei anderen Akteuren liegt, so dass der eigene Erfolg von einer Leistung abhängt, auf die man keinen Einfluss hat. So lautet unser erster Meilenstein für Juli 1996: «Ruritanian legislation allows for Urban Water Departments sufficient freedom of action.» Damit ist möglichst flexibel und diplomatisch formuliert, dass die Autonomie der Wasserwerke politisch-juristisch bis Juli 1996 geregelt sein muss, damit anschließend im Projekt Dinge umstrukturiert werden können, die einen rechtlichen Rahmen benötigen. Dazu gehört insbesondere die leistungsbezogene Entlohnung. Unser zweiter Meilenstein lautet für Juni 1997: «Remuneration is adequate in relation to economic capability and labour market conditions.» Damit wir als Consultant den zweiten Meilenstein erreichen können – eine angemessene Bezahlung der Mitarbeiter –, muss ein Jahr davor die Einführung leistungsbezogener Löhne legalisiert werden, sonst ist der zweite Meilenstein illusorisch.

Um die gesamte Projektrealität zu erfassen, fehlt neben dem Maßnahmenkatalog und dem Tätigkeitsplan noch die Liste der Indikatoren, an denen man ablesen kann, ob die Ziele erreicht wurden. Als Ausgangspunkt dient ein übergeordnetes Ziel. In unserem Fall: «Die städtische Bevölkerung soll nach Bedarf mit sauberem und gesundheitlich einwandfreiem Wasser in ausreichender Menge und zu möglichst niedrigen Kosten versorgt werden.» Dieses politische Ziel wird in ein ökonomisch-technisches Projektziel übersetzt: «Die Wasserwerke von Baridi, Mlimani und Jamala sind als autonome, finanziell selbst tragende Einheiten etabliert, die auf Dauer ökonomisch überlebensfähig sind.» Weil wir es aber bei der Entwicklungszusammenarbeit eben nicht mit einem normalen Geschäft zu tun haben, wird das ökonomisch-technische Projektziel in einzelne Punkte herunterbuchstabiert, um die Tücken zu vermeiden, die das Dreieck Financier – Consultant – Projektträger mit sich bringt. In unserem Fall einigte man sich auf zehn Indikatoren. Im Zentrum des Projektes stehen solche Indikatoren, die die Verbesserung der Wasser-Distribution anzeigen: Die kommerziellen Verluste sollen unter 10% liegen. Umgekehrt sollen die Rechnungslegungs- und die Hebeeffizienz jeweils mindestens 90% erreichen.

Die drei ausschlaggebenden Indikatoren messen also Unternehmensleistungen, die nur zum Teil vom Projekt beeinflussbar sind. Zu einem großen Teil hängen sie von den Projektträgern und anderen Akteuren ab. Besonders offenkundig ist dies etwa im Fall der Hebeeffizienz, die in erster Linie damit zusammenhängt, ob die Kunden auch lokalisiert und erreicht werden können. Das wiederum hängt primär von der Zuverlässigkeit der Kundendaten ab, für die die Projektträger auf eigenen Wunsch die Verantwortung übernommen haben. Die Erhöhung der Hebeeffizienz ist aber auch von dem Rechtssystem abhängig, das zur Zeit keine effektiven Instrumente für den Umgang mit illegalen Kunden zur Verfügung stellt.

Welches Skript gilt?

Anfang April 1996 erhielt die NEB also die Korrekturen des Projektentwurfes, die wir mit den UWEs (Urban Water Engineers) während der Einführungsphase im März erarbeitet und im Einführungsbericht festgehalten hatten. Laut Finanzierungs- und Geschäftsbesorgungsvertrag zwischen NEB und Projektträger fehlte noch die Unterschrift des Financiers, damit der Vertrag auch für uns gilt. Diese Unterschrift kam nicht. Stattdessen erhielten wir Mitte Mai eine Stellungnahme der NEB, in der eine grundlegende Überarbeitung des Berichts als weitere vorvertragliche Leistung von S&P gefordert wurde.

Zunächst fällt auf, dass das Schreiben nur an S&P gerichtet war. Damit wird der Consultant als alleiniger Autor des Einführungsberichtes angesprochen. Dies widerspricht den Tatsachen, weil wir jeden einzelnen Satz des Berichtes in langwierigen Aushandlungsprozessen mit den UWEs entworfen hatten. Doch ganz abgesehen von unseren guten Absichten hatte die NEB die Situation ja selbst so vorstrukturiert, dass die drei UWEs tatsächlich die Herren des Geschehens waren, denen wir etwas anbieten mussten, wofür sie uns den Vertrag geben konnten oder eben auch nicht. Wir hatten also gar keine andere Möglichkeit, als den Bericht *zusammen* mit den UWEs zu schreiben. Nun war aber die NEB mit dem Einführungsbericht trotzdem nicht einverstanden. Sie wollte mehr Konsequenz und Verbindlichkeit in Richtung Privatisierung der Wasserwerke und mehr verbindliche Genauigkeit bei der Umsetzung des Ziels. Inhaltlich bin ich damit einverstanden. Aber wie geht man jetzt mit dieser Situation um?

Würde die NEB den Projektträger als Autor behandeln, den Bericht aber nicht akzeptieren, käme sie innerhalb des O-Skriptes – wo der Projektträger souveräner

Prinzipal ist, dem man einen Kredit zur Verfügung stellt – in eine Inkonsistenz. Denn es war die NEB selbst, die sich mit den ruritanischen Autoritäten schon 1992 darauf geeinigt hatte, das Organisations-Entwicklungs-Projekt zu finanzieren, sobald der ‹Revolving Fund Act› in Kraft tritt. Daran konnte offiziell also nicht mehr gerüttelt werden, und die Auflage war ja bereits im Juli 1994 erfüllt. Der einzige Weg, die Verlässlichkeit der Bank und die souveräne Selbstbestimmung des Projektträgers auf der einen Seite mit der Unzufriedenheit mit dem nun vorliegenden Projektentwurf auf der anderen Seite zu vereinbaren, bestand darin, die Autorenschaft des Entwurfs umzudeuten. Deshalb wurde unterstellt, dass der Consultant der alleinige Autor des Einführungsberichts sei.

Das Schreiben der NEB von Mai 1996 war auch in einer weiteren Hinsicht bemerkenswert. Zu jener Zeit war bekannt, dass das Technische Programm (TP) in drei Phasen ablaufen wird. Die Aufgabe der ersten Phase des TP sollte sein, die Rohrsysteme zu analysieren und zu kartographieren. Mit der so gewonnenen Information sollten in der zweiten Phase Ausschreibungsunterlagen erstellt werden, mit denen dann Bauaufträge zu vergeben sind. Erst in der dritten und letzten Phase des TP sollten die beauftragten Baufirmen die Anlagen instand setzen und erneuern. Dazu sollte dann endlich auch die Behebung der Leckagen gehören. Aus technischer Sicht ist dies eine logische Reihenfolge. Doch inzwischen wußte man, dass der Beginn der dritten Phase und damit der Instandsetzung noch in den Sternen steht, weil die Finanzierung unterdessen zweifelhaft geworden war. Gleichwohl war in dem Schreiben der NEB an uns zu lesen, dass das OEP nicht die Aufgabe habe, «[to] facilitate the immediate start of leak repairs». Damit war die erwähnte Satire eines hoch technisierten Leckagen-Ermittlungs-Programms, das sich über die Lokalisierung der Löcher in den Rohren freut, um dann weiter zu suchen, offiziell sanktioniert. Ebenso war dadurch festgelegt, dass wir eine unserer wichtigen Aufgaben – die Reorganisation der Zonen im Netz und den Einbau von großen Wasseruhren an wichtigen Verzweigungen des Netzes – erst dann erledigen können, wenn wir aus dem TP die neuen Netzkarten erhalten. Um die sich hier offenkundig abzeichnende Bauchlandung zu vermeiden, sollten wir uns mit den zwei Ingenieursfirmen abstimmen, die das TP ausführten.

Zuerst verursacht die NEB im Bereich des Schnittstellenmanagements von OEP und TP einen Koordinationsbedarf, der sich aus der NEB-internen Abteilungslogik ergibt. Diesen Koordinationsbedarf delegiert sie dann entsprechend O-Skript an die UWEs, die als Projektträger tatsächlich dafür verantwortlich wären. Nach I-Skript erwartet die NEB die Koordinationsleistung dann aber doch von den Consultants, weil sie genau weiß, dass die UWEs das nicht hinkriegen. Nun gibt es aber drei Consultants: zwei unabhängige und konkurrierende Ingenieursfirmen, die das TP machen, sowie unsere Firma, die nur für Organisations-Entwicklung zuständig sein soll. Keine dieser drei Firmen hat einen Koordinationsauftrag erhalten und keine wird mit den dafür notwendigen Mitteln und Informationen ausgestattet.

Projektbeginn

Obwohl die NEB den Einführungsbericht mit ihrer Stellungnahme von Mitte Mai 1996 zurückgewiesen hatte, stimmte sie gleichzeitig der Ausreise von zwei Projektmitarbeitern zu. Zwei so genannte ‹Langzeit-Experten› nahmen am 25. Mai ihre Arbeit in Mlimani auf, wo wir die Projektzentrale einrichteten. Wie in jedem Projekt ging es auch hier zunächst mit den praktischen Dingen los. Es mussten Geräte und Materialien bestellt, Arbeitsplätze eingerichtet und Telefonanschlüsse gelegt werden. Man musste herausfinden, wo genau anzufangen ist und man musste die Projektabläufe zwischen den drei Städten koordinieren.

Klarstellung eins: Es geht um Modelltransfer

Während diese Dinge ihren gewöhnlichen Lauf nahmen, reichten wir im Juni 1996 eine zweite Version des Einführungsberichtes ein. Darauf erhielten wir Anfang Juli eine Stellungnahme von den UWEs, die bis in die kleinsten Details von Stil und Ton eine Mimikry des NEB-Schreibens von Mai 1996 war. Entscheidend ist die wortlose Selbstverständlichkeit, mit der die drei Chefs der Wasserwerke die von der NEB vorgenommene Verschiebung der Autorenschaft auf den Consultant nicht nur hinnehmen, sondern offensiv aufgreifen. Indem die UWEs den Einführungsbericht kritisieren, tun sie so, als sei dies niemals ihr eigener Text gewesen. Damit ist vor allen Dingen eines erreicht: Ihre Verantwortung liegt nun nicht mehr darin, mit uns zusammen ein bisher noch unbekanntes Modell zu entwickeln, das ihren eigenen lokalen Verhältnissen angepasst ist. Ihre Verantwortung liegt vielmehr darin, uns dabei zu kontrollieren, wie wir ein universal gültiges Modell, das man den aktuellen Handbüchern der Managementlehre entnehmen kann, korrekt und kostengünstig installieren. Immer wenn etwas schief geht, weiß man prakti-

scherweise gleich, wer es war, da ja nur noch einer verantwortlich ist und das
Modell auch schon vorher feststeht. Entsprechend O-Skript übernehmen die
UWEs also die Rolle des Prinzipals, der das mangelhafte Ergebnis seines Agenten
moniert.

Dieser Perspektivwechsel schloss noch in einer zweiten Hinsicht an lokal
bewährte Vorstellung an: In Ruritanien hört man häufig die Geschichte, dass viele
Übel des Landes auf die Habgier und Inkompetenz ausländischer Beraterfirmen
zurückgehen. Die Pointe dabei ist, dass – anders als in Europa und den USA – hier
nicht die Weltbank und der IWF, schon gar nicht die NEB und andere nationale
Entwicklungsbanken die Sündenböcke abgeben, sondern die Consultingfirmen, die
die Projekte realisieren. Diese Deutung fügt sich in das ruritanische Bild des Unternehmers: Er ist ein Schurke, der vom Betrug anständiger Leute lebt. In Ruritanien
hat es der Sozialismus geschafft, Handel und Unternehmertum nicht nur praktisch
zu unterdrücken, sondern auch ethisch zu diskreditieren. In diesen Zusammenhang
gehört auch die Tatsache, dass die UWEs auf dem Weg von Verwaltungsbeamten
und ehemaligen ‹Genossen› zu Managern und Unternehmern Schwierigkeiten mit
den Regeln des Marktes haben. Manchmal scheint es mir, als würden sie sich
Marktwirtschaft als Realisierung des Wolfsgesetzes vorstellen.

Klarstellung zwei: Die Fakten und Zahlen kennt der Consultant

Auch in einer anderen Hinsicht schließen die UWEs (Urban Water Engineers) sich
in ihrer kritischen Stellungnahme von Juli 1996 der Ansicht der NEB an. Sie
fordern uns als Consultant auf, genauere Angaben über ihre eigenen Betriebe in
den gemeinsam erstellten Einführungsbericht aufzunehmen. Während ich schon
viele Realsatiren erlebt habe, übertrifft diese alle anderen bei weitem. In dem
Schreiben der UWEs werden *von uns* Zahlen über folgende Sachverhalte ange-
fordert: (1) die Wasserrationierung, (2) der Anteil des Verbrauchs, der mit Wasseruhren gemessen wird, (3) die Wasserqualität, (4) geschätzte Wasserverluste über
Leckagen, (5) Menge der unwiederbringlich verlorenen Schulden durch nicht
zahlende Kunden, (6) geschätzte Rechnungslegungs- und Hebeeffizienz und (7)
Einschätzung der Qualität und des Fortschritts der Erhebung der Kundendaten
«with respect to your expectation».

Nun wissen aber alle Mitspieler seit Jahren, dass das Fehlen eben genau dieser
Daten eines der Schlüsselprobleme der Wasserwerke ist. Spätestens die Sektorstudie von 1992 machte dieses Problem öffentlich. Unsere Durchführbarkeitsstudie

von 1994 bestätigte und präzisierte die Diagnosen von 1992. Von keiner Seite wurde jemals bestritten, dass das Hauptproblem der Wasserwerke schlicht darin besteht, dass ein Großteil des Wassers zu Kunden fließt, zu denen man wegen des Chaos in den Unterlagen schlicht den Kontakt verloren hat. Noch im März 1996, während der konkreten Arbeit mit den UWEs an ihren desolaten Listen und falschen Zahlen, konnten wir gemeinsam darüber scherzen, dass nahezu jede Zahl falsch sei und praktisch keine Zahl überprüft werden könne, ohne immer tiefer im Zahlensumpf zu versinken.

Wenn es nun im Juli «quantify» heißt, wird damit der Eindruck erweckt, als müsste man nur eine Schublade öffnen, einen Aktenorder aufschlagen oder eine Datei ausdrucken. In manchen Fällen müsse man in einem zweiten Schritt vielleicht noch einige Zahlen aggregieren. Es wird beispielsweise suggeriert: Um die Wasserrationierung zu quantifizieren, legt man die Tagesberichte der Rationierung hintereinander und ermittelt die Mittelwerte für ein Jahr. Um den Anteil des gemessenen am verteilten Wasser anzugeben, blicke man in die Rechnungslegung und addiere die entsprechenden Teilsummen. Und so weiter. Wenn es wirklich darum ginge, stellt sich allerdings die Frage: Wieso liefern die UWEs in ihrem Schreiben vom 4. Juli dann nicht einfach die Zahlen? Oder weshalb stellen sie nicht wenigstens die Schubladen, Aktenordner und Dateien zur Verfügung? Unser Team war seit Ende Mai 1996 vor Ort tätig. Man hätte sich rechtzeitig an einen Tisch setzen und zusammen in die angeblich vorhandenen Listen blicken können, sofern man das im März nicht schon ausreichend getan hat. Ich war im Juni und Juli sogar persönlich in Ruritanien, um genau diese Fragen weiterzuführen. Statt mit mir darüber zu reden, verschoben die UWEs die Arbeitstermine einige Male, bis sie mir schließlich das Schreiben am 4. Juli 1996 mit auf den Rückflug gaben.

Hier läuft also folgende Geschichte ab: Zunächst haben die drei UWEs – zusammen mit ihren Vorgängern – den mehr oder weniger vollkommenen Realitätsverlust ihrer Datensysteme herbeigeführt. Infolgedessen haben sie die Substanz ihrer Betriebe ausgehöhlt, so dass die NEB weitere Hard-Ware-Investitionen zunächst ausschloss. Daraufhin bekamen sie von der NEB Computersysteme und einen Experten in Aussicht gestellt – zusammen mit allen Begleitmaßnahmen für 2,5 Millionen Euro – um die Datensysteme wieder in den Griff zu bekommen. Am Ende der Maßnahme sollte es entsprechend dem vereinbarten Ziel dann möglich sein, korrekte Daten zu produzieren. Nun erteilen dieselben UWEs als frischgebackene Projektträger und als stolze Auftraggeber eines europäischen Consultants die Anweisung: «Quantify, how much for each town» am Anfang des Projektes. Das ist eine bisher unübertroffene Parodie der Zusammenarbeit.

Nun hat freilich auch diese Parodie ihre eigene Rationalität. Auf der Basis des O-Skriptes ist es nicht ratsam, das wahre Ausmaß der Datenunzuverlässigkeit einzuräumen. Die UWEs würden ihren Ruf in Baharini – wo die Projektberichte gelesen werden – untergraben. Weil ihre Karriere aber weiterhin dort gemacht wird, kann das nicht in ihrem Interesse sein. Auch gegenüber der NEB würden sie ihre Glaubwürdigkeit als Projektträger schmälern, wenn das ganze Ausmaß des Datensumpfes dort bekannt würde. Schließlich ist die NEB auch aus Eigeninteresse nicht daran interessiert, die Hoffnungslosigkeit der Lage ans Licht kommen zu lassen, weil die Machbarkeit des Projektes dadurch zweifelhaft erschiene.

Weil ich das von Anfang an durchschaut hatte, war ich ebenfalls zu einer gewissen Zurückhaltung bereit. Wir konzentrierten uns im Einführungsbericht mehr auf die Lösungen und die anstehenden Aufgaben, als auf irreführende Daten. Eher andeutungsweise erwähnten wir beispielsweise, dass in Mlimani von etwa 7.000 Kunden nur ungefähr 300 ihre Rechnungen regelmäßig bezahlten. Das Hauptproblem, die desolate Lage der Kundendaten, sparten wir indes aus, nachdem unser Versuch, diese Problematik in unsere Zuständigkeit zu bekommen, im März am Widerstand der UWEs gescheitert war. Aus meiner Sicht bestand ein Teil der Annäherung während der Einführungsphase im März eben darin, dass wir zwar deutlich über die Datenmisere sprachen, davon aber nicht alles in den Bericht aufnahmen. Ich verstand dies als einen notwendigen diplomatischen Deal zwischen den UWEs und mir als Consultant, um überhaupt mit dem Projekt anfangen zu können. Durch das Schreiben der NEB von Mai 1996 witterten die UWEs indes einen anderen Ausweg, von dem sie sich offenbar mehr versprachen: Es ist der Consultant, der es versäumt hat, die notwendigen Fakten und Zahlen zu beschaffen.

Im August 1996 waren die drei Vertragsparteien allerdings schon so weit miteinander verstrickt, dass sich niemand mehr an den immer noch ausstehenden Vertrag erinnern mochte. Auf ihre Juli-Kritik schrieben wir den UWEs im Klartext, dass wir nur solche Fakten und Zahlen im Bericht verändern würden, die sie uns selbst liefern. Ansonsten würden wir die Vorstudien für abgeschlossen betrachten, um uns endlich auf die eigentliche Arbeit konzentrieren zu können. Erwartungsgemäß bekamen wir weder neue Fakten und Zahlen geliefert, noch überhaupt ein Antwortschreiben. Indem die NEB zu dieser Angelegenheit schwieg und damit die UWEs auflaufen ließ, gab sie uns nach I-Skript das Signal, dass das Projekt ihrerseits nicht mehr zur Debatte stünde. Es gab auch insofern gar keinen Anlass mehr für eine formale Bestätigung des Vertragbeginns, als die NEB mit der Überweisung der Gelder den Vertrag schon vorher für gültig erklärt hat. Der Form halber lieferten wir im September eine endgültige Version des Einführungsberichtes ab, der unkommentiert zu den Akten gelegt wurde. Der offizielle Projektanfang wurde rückwirkend auf den 1. Juli 1996 datiert, so dass der erste Quartals-Bericht die Zeitspanne Juli bis September 1996 abdeckte. Weil zwischen dem Ende der Einführungsphase und dem Anfang der regulären Projektlaufzeit ab 1. Juli schon Leistungen erbracht wurden, die von keinem Vertrag gedeckt waren, erfand man zu Abrechnungszwecken eine so genannte ‹Vorlaufphase›.

Klarstellung drei: Dieses Stück wird mit zwei Skripten gespielt

Laut Auftrag und Plan mussten wir im ersten Quartal mit der Restrukturierung der Betriebe anfangen. Weil der ‹Meilenstein I› von ruritanischer Seite aber noch nicht erreicht war und es somit keine Rechtsgrundlage für die Restrukturierung gab, liefen wir langsam in eine Falle. In Anbetracht dieser Tatsache begann sich in Zethagen das Einsehen zu entwickeln, dass das Projekt tatsächlich scheitern könnte. Oder man erkannte, dass sich jetzt eine wirkliche Chance ergeben hatte, auf die Privatisierung des ruritanischen Wassersektors Einfluss zu nehmen. Jedenfalls wurden wir im August 1996 von der NEB damit beauftragt, einen ‹strategic planning workshop› in ihrem Namen zu organisieren.

Die auseinander laufenden Interessen, die in Einklang gebracht werden sollten, waren unterdessen einigermaßen bekannt: Die NEB wollte aus dem Organisations-Entwicklungs-Projekt (OEP) ein Pilotprojekt machen, in dem man nach einem konsequenten Privatisierungsweg sucht und dafür Modelle testet. Die UWEs wollten über das Projekt Training, Management-Tools und Computernetzwerke erhalten und sonst in Ruhe gelassen werden. Die Vertreter der ruritanischen Politik und der Staatsverwaltung wollten durchsetzen, dass das Projekt wie ursprünglich vereinbart im Rahmen des ‹Revolving Fund Act› läuft. Wir als Consultants waren schlicht darauf angewiesen, dass man uns spätestens am Ende des Workshops mitteilt, welche Rechtsform für die Wasserwerke in Zukunft gelten wird, damit wir unsere Arbeit tun können. Zur Vorbereitung des Workshops verteilten wir im Voraus eine Diskussionsvorlage. Darin umrissen wir das konkrete Problem, das zu lösen ist: Wenn der geltende ‹Revolving Fund Act› den Wasserbetrieben keine ausreichende Autonomie gewährt, dies aber eine Voraussetzung des Projektes ist (Meilenstein I), wie soll es dann weitergehen? Um die Diskussion ein wenig vorzustrukturieren, lieferten wir eine Liste von sechs Schlüsselaspekten, die zu beachten sind, wenn man ein Wasserwerk kommerziell oder privatwirtschaftlich betreiben möchte. Schließlich legten wir eine Tabelle mit fünf alternativen Betreiber-Modellen vor, für die wir auch entsprechende Organigramme entworfen hatten.

Der Workshop fand vom 31. Oktober bis zum 2. November 1996 in Mlimani statt. Am Vorabend des Workshops trafen sich alle ruritanischen Teilnehmer auf der Terrasse des Grand Hotel. Als mein Projektethnologe Martonoschy und ich auf unserem Routineweg zur Bar zufällig an diesem Tisch vorbeikamen, wurden wir auf ein Bier dazugebeten. Der Staatssekretär des Wasserministeriums saß am Kopfende der langen Tafel und gab als ranghöchster Beamter den natürlichen Sprecher der Gruppe ab. Mit einem Augenzwinkern ließ er uns wissen, dass man sich bereits jetzt auf eines der von uns entworfenen Modelle geeinigt habe. Diese Einigung auf eine gemeinsame Linie ist insofern beachtlich, als die vertretenen Parteien durchaus unterschiedliche Interessen haben. Doch in Anbetracht der Inszenierung eines ruritanisch-normesischen Workshops wurden die internen Differenzen im Vorfeld ausgeräumt und kamen während der Diskussionen tatsächlich nicht zum Vorschein. Noch beachtlicher war die Tatsache, mit welch stillschweigender Selbstverständlichkeit wir in dieser Situation als ‹die Anderen›, als ‹die normesische Partei› behandelt wurden. Dass wir entsprechend des O-Skriptes eigentlich als Consultant für die drei am Tisch sitzenden UWEs arbeiten und folglich in ihrem Auftrag genau den Job zu erledigen haben, den sie definieren, schien man hier vollkommen vergessen zu haben.

In dem anderen Hotel, aus dem wir gerade kamen und in dem die normesische Seite ihr Abendessen einnahm, lief das Vorbereitungsgespräch weniger harmonisch ab. Während ich zur Vereinfachung bisher immer von ‹der NEB› wie von einem einheitlichen Akteur sprach, muss hier differenziert werden. Die NEB-Delegation bestand aus drei Mitgliedern. Die beiden Vertreter der Länder- und der Technikabteilung betonten an diesem Abend unter Verweis auf das O-Skript, dass es bei dem Workshop vor allem darum ginge, dass die ruritanischen Teilnehmer in der Diskussion mit den anwesenden Parteien ein für sie geeignetes Modell erarbeiten sollten. Der Financier hat in diesem Prozess die Rolle des Zuhörers zu spielen, der nur eingreift, wenn er die getroffenen Entscheidungen nicht mitverantworten kann. Aus ihrer Sicht kam es ohnehin mehr auf handfestere Aspekte als auf den rechtlich-politischen Rahmen an.

Der Vertreter der Fachabteilung, Herr O., ging hingegen davon aus, dass man eigentlich schon ziemlich genau wüsste, welches das beste Modell sei. Wie die ruritanische Seite hatte auch er vergessen, dass wir eigentlich – also nach O-Skript – für die UWEs arbeiteten. Vielmehr nahm er nach I-Skript ganz selbstverständlich an, dass wir sein Konzept zu vertreten hätten. Dieses unterschied sich an zwei Punkten von dem Konzept, für das sich ‹die Ruritanier› stark machten: Erstens sah Herr O. als Rechtsform eine ‹private limited company› vor, die in den rechtlichen Rahmen der ‹Company Ordinance› fällt, so dass alle Bezüge der Wasserwerke zum öffentlichen Dienst abgetrennt würden. Zweitens wünschte er sich neben privater Beteiligung auch die Stadt als Mit-Eigentümerin. Sofern Herr O. Delegationsleiter war und seine beiden Kollegen sich weitgehend heraushielten, wurde sein Konzept für die Dauer des Workshops tatsächlich zu *dem* NEB-Konzept. Weil der ruritanische Staatssekretär irrtümlich annahm, dass die ‹normesische Seite› geschlossen hinter der Privatisierungsidee stand, konnte er seine Chancen nicht richtig erkennen.

Am nächsten Morgen ging es dann offiziell mit einem barocken Austausch von Artigkeiten und diplomatischen Markierungen unverrückbarer Positionen los; erst am Nachmittag kam man langsam zur Sache. Der Staatssekretär erklärte, dass man sich in Baharini auf der dazu autorisierten Ebene bereits auf ein Modell namens ‹executive agency› geeinigt habe und dass dieses Modell dem entspricht, was der Consultant ‹profit centre› nennt. Eine extra dafür eingerichtete Arbeitsgruppe des Ministeriums würde gerade an den Details sitzen. Die Bitte, doch einige dieser Details zu erläutern, winkte er mit dem Hinweis ab, dass er den Ergebnissen nicht vorgreifen möchte und die Details auch nicht kenne. – Während er sprach, saßen zwei Mitglieder dieser Arbeitsgruppe in der Runde, ohne sich zu erkennen zu geben. – Er sprach mit der selbstverständlichen Autorität eines Staatssekretärs eines souveränen Landes und erklärte damit implizit das Thema des Workshops, wie wir es im Namen der NEB vorbereitet hatten, für gegenstandslos.

Gleichzeitig wollte er die NEB nicht vor den Kopf stoßen, blieb also freundlich und scheinbar gesprächsbereit. Explizit begrüßte er die einmalige Gelegenheit, die Neugestaltung der Wasserversorgung grundlegend zu diskutieren. Herr O., der NEB-Wortführer, erklärte sich nun seinerseits erfreut über diese Gesprächsbereitschaft. Im Weiteren machte er aber kaum noch ernsthafte Anstalten, sich für eine Privatisierung der drei Wasserwerke einzusetzen. Mit erstaunlicher Leichtigkeit bahnte sich ein Einverständnis zwischen den beiden Hauptkontrahenten an: man sei auf dem richtigen Weg, und über einige interessante Details könne man nun in Ruhe diskutieren.

Das Gespräch, das sich nach der Erörterung des Staatssekretärs und nach der

Zustimmung der NEB entfalten konnte, musste nun allerdings ziemlich realitäts-
fern bleiben, um das Einverständnis nicht wieder zu zerstören. Der Moderator
verstand das ziemlich schnell und versuchte, pädagogisch eine Situation herbeizuführen, die nach dem Muster funktionieren sollte: «Nun tun wir alle mal so, als
wären wir das zuständige Gremium, das über diese Angelegenheit zu entscheiden
hat. Welche Argumente würden wir dann zusammentragen?» Man mühte sich über
einige Stunden damit ab, Gedanken über die Zusammensetzung des ‹boards› (einer
Art Aufsichtsrat), die Trennung zwischen politischer Regulation und wirtschaftlicher Leitung sowie über die Rolle der Stadt und der Kunden auszutauschen. Doch
die hier vorgetragenen Worte waren für Gottes Ohr bestimmt.

Logisch betrachtet kamen am Ende eigentlich nur zwei Lösungen in Frage.
Entweder: Das Projekt wird so lange unterbrochen, bis die ruritanische Seite den
Meilenstein I erfüllt, indem sie einen rechtlich-politischen Rahmen auf den Tisch
legt, innerhalb dessen man das konkrete Ziel des Projektes, wie die NEB es sieht,
ausführen kann. Diese Lösung wollte keine der versammelten Parteien, weil alle ein
primäres Interesse daran hatten, dass das Projekt weitergeht. Zudem hätte eine
Unterbrechung der ruritanischen Seite einen erheblichen Gesichtsverlust zugemu-
tet, sofern man damit demonstriert hätte, dass man weiteren Versprechungen zu
Meilenstein I nicht den mindesten Glauben schenkt. Weiterhin wäre die in Mlimani
versammelte Runde gar nicht autorisiert gewesen, diese Lösung zu beschließen –
man hätte sie allenfalls nach oben weiterreichen können. Und das wollte auch
niemand. Schließlich hatte auch die NEB mit dieser Lösung auf einem anderen
Spielfeld einen Gesichtsverlust zu befürchten. Es wäre vermutlich ziemlich blama-
bel gewesen, würde man nun gegenüber der AfE (Agentur für überseeische Entwicklung) und dem MEK (Ministerium für Entwicklungskooperation) einräumen
müssen, dass ausgerechnet das Projekt, für das man nach einjährigem Ringen eine
Sondergenehmigung erhalten hat, nun unterbrochen werden musste.

Oder: Der zurzeit bestehende rechtlich-politische Rahmen wird akzeptiert.
Allen Parteien war klar, dass der Entscheidungsprozess in Baharini noch ziemlich
lange dauern könnte. Gleichzeitig stand fest, dass das Projekt nur noch 20 Monate
Laufzeit hatte und für diese Zeitspanne – November 1996 bis Juli 1998 – ab sofort
unbedingt einen exakten Rahmen brauchte. Wegen dieses Widerspruchs wäre es
notwendig gewesen, die beiden Dinge – Projekt und Reform des öffentlichen
Sektors – voneinander zu trennen. Mit dieser Lösung hätte man aber Herrn O.,
dem Wortführer der NEB-Delegation, einen erheblichen Gesichtsverlust zu-
gemutet, sofern er seinen Beitrag zum Kompromiss ja schon dadurch geleistet hat,

dass er auf das Modell ‹executive agency› eingeschwenkt war. Nun konnte man ihn schlecht auf den status quo herunterhandeln, den man schon 1994 hatte. Weiterhin war sich die ruritanische Seite schmerzhaft der Tatsache bewusst, dass ihre Verhandlungsmacht nach 1989 bedrohlich abgenommen hat. Auf jeden Fall war klar, dass man sich hier in dem Bereich des ‹policy based lending› bewegte. Ein Spielfeld, auf dem man ein bestimmtes Wohlverhalten, das der Financier als Konditionalität definiert, gegen einen billigen Kredit oder eine Zuwendung tauscht.

Damit aber waren die zwei einzig klaren und auf der Hand liegenden Lösungen ausgeschlossen. Nach der Logik der Diplomatie und der Machtverhältnisse des Workshops stellte sich eine dritte Lösung ein. Man einigte sich auf das Konzept ‹Pilotprojekt›. Hier sollen neue Formen der Dezentralisierung und Deregulierung der Produktion öffentlicher Dienstleistungen ausprobiert werden, die dann später bei der nationalen Neuregelung des Wassersektors nützlich sein können. Man bekräftigte das Modell ‹executive agency› und wiederholte zugleich das alte Versprechen – unser Meilenstein I –, dass der neue rechtlich-politische Rahmen spätestens in sechs Monaten, im April 1997, auf dem Tisch sein würde.

Bei diesem Versprechen konnte ich meinen Ohren nicht mehr trauen: Der Workshop wurde überhaupt nur deshalb abgehalten, weil dieses Versprechen (Meilenstein I) nicht rechtzeitig eingehalten wurde. Im letzten Moment, als die anderen Teilnehmer schon ihre Taschen packten, gelang es uns darauf hinzuweisen, dass das Projekt unter diesen Umständen nicht weiterlaufen könne. Daraufhin erklärte sich der Staatssekretär bereit, in der Zeit, in der die Gesetzesnovellierung noch aussteht und wir als Consultant aber schon handeln müssen, bestimmte Sondergenehmigungen zu erteilen. Man verständigte sich sogar auf eine bereits bekannte Liste von Hindernissen, die mit Sicherheit bald auf der Agenda stünden. Diese Liste enthielt die Problembereiche, die wir schon 1994 in unserer Durchführbarkeitsstudie angaben: Damit das Projekt eine Chance hat, muss leistungsbezogen entlohnt werden, Personal muss umgesetzt und teilweise entlassen werden, neue Fachkräfte müssen eingestellt werden. Und es muss den Wasserwerken erlaubt sein, national und international auf dem freien Markt einzukaufen. Der Staatssekretär erklärte in Anwesenheit der NEB-Delegation, dass diese Hindernisse behebbar seien. Und er fügte hinzu: Sein Büro stünde uns, dem Consultant, jederzeit offen; wir sollten ihn persönlich auf dem Laufenden halten, und wenn wir in Baharini wären, sollten wir immer auf eine Tasse Kaffee vorbeischauen.

Am Ende des Workshops gab es also zwei Verbesserungen gegenüber der Ausgangslage: Zum einen war es nun gewissermaßen öffentlich, dass das Projekt auf *Durchlavieren* ausgelegt ist, und der Staatssekretär stand an diesem Punkt im Wort – und zwar auch gegenüber der NEB. Zum anderen war die Kritik, die die NEB in ihrem Mai-Brief an dem Einführungsbericht geübt hatte, nun widerlegt, denn man konnte auch in dieser Runde nicht konkreter werden.

Im Prinzip sollten wir aber weiterhin einen Laden privatisieren, der nicht zu privatisieren war. Diese Zwickmühle ist lediglich ein wenig transparenter geworden: Weil wir im Gegensatz zu den UWEs und der NEB schon länger der Auffassung waren, dass die Herauslösung der Wasserwerke aus der Staatsbürokratie eigentlich kaum von dem Fachministerium für Wasser im Alleingang betrieben werden konnte, luden wir auch Vertreter des Finanzministeriums und des ‹Prime Minister's Office› zu dem Workshop ein. Sofern diese Gäste weder erschienen, noch absagten, haben sie eines klargestellt: Die Frage der landesweiten Restrukturierung des öffentlichen Dienstes und der Regionalverwaltung wird auf anderen Arenen verhandelt. Wirft man unter diesem Gesichtspunkt einen Blick auf die Liste der Punkte, für die die Wasserwerke Sondergenehmigungen benötigten, fällt auf, dass der Staatssekretär des Wasserministeriums verschiedene Dinge in Aussicht gestellt hat, die gar nicht in seine Zuständigkeit fielen. Personal und Einkauf z.B. fallen in den Bereich der Regionalverwaltung und der allgemeinen Richtlinien des öffentlichen Dienstes und damit in die Zuständigkeit des ‹Prime Minister's Office› und des Finanzministeriums.

Einige Monate nach dem Workshop bekamen wir tatsächlich eine Kopie des ‹Bill Supplements› in die Hand, das das Wasserministerium am 3. Januar 1997 zur gesetzgeberischen Bearbeitung weitergereicht hat. Seit damals wissen wir, was einige Teilnehmer schon während des Workshops im Oktober 1996 gewusst haben müssen: Teil IV der ‹Bill› enthält das oft zitierte und langersehnte ‹Amendment of the Water Works Ordinance›. Die hier relevanten Paragraphen 32 und 33 besagen, dass der Minister eine ‹water authority› – also ein autonomes Wasserwerk – gründen und mit der Wasserversorgung eines Gebiets beauftragen kann. Zu der Frage, was eine ‹water authority› sein soll, heißt es an dieser Stelle sibyllinisch: «Shall be deemed as legal corporate.» Eine genaue Definition dieses Punktes ist jedoch der Dreh- und Angelpunkt der Verhandlungen seit Dezember 1995. Sie kann von diesem Gesetz jedoch nicht geleistet werden, weil sie einfach nicht in dessen Geltungsbereich fällt.

Bei dem Mlimani-Workshop von Oktober 1996 hat man also in höchster Runde den Holzweg bestätigt, auf den man sich 1995 begab und auf dem man seit damals vergeblich auf eine Lösung durch das angesagte ‹Amendment of the Water

Works Ordinance> wartete. Nun könnte man unterstellen, dass die Leute entweder aus Gerissenheit oder aus Unwissenheit zu dieser Scheinlösung gekommen sind. Doch ich mag beides nicht glauben. Ich kann weder annehmen, dass ein ruritanischer Staatssekretär so inkompetent ist, noch dass die Vertreter einer normesischen Entwicklungsbank nicht wissen, welche Instanzen für die Herauslösung einer Abteilung des öffentlichen Dienstes zuständig sind. Vielmehr glaube ich, dass in Mlimani das Interesse auf beiden Seiten dominiert hat, das Projekt unter allen Umständen weiterlaufen zu lassen. Aus diesem Grund wurde auf Zeit gespielt. Nur die UWEs und wir als Consultant konnten dadurch Schaden erleiden, doch wir hatten keine Stimmen. Zudem haben die UWEs nicht erkannt, dass sie mit ein wenig Mut das O-Skript hätten einsetzen und dadurch die Aushandlung bestimmen können.

Midlife-Crisis

Nach dem Workshop von Oktober 1996 in Mlimani war es also unsere Aufgabe, mit der Organisations-Entwicklung in Richtung ‹executive agency› konkret anzufangen. Mit diesem Teil des Projektes legten wir in Jamala los. Bis Dezember 1996 erarbeiteten wir im Dialog mit den Mitarbeitern des Wasserwerkes einen entsprechenden Maßnahmenkatalog. Dieser umfasste im Wesentlichen fünf Bereiche: (1) eine neue Organisationsstruktur mit einer veränderten Arbeitsteilung zwischen den umdefinierten Abteilungen, (2) einen Aufgabenkatalog für jede Position mit den dazugehörigen Anforderungen an den Stelleninhaber, (3) ein leistungsbezogenes Entlohnungssystem (das betriebswirtschaftlich durchkalkuliert war), (4) einen Vorschlag für eine neue innerbetriebliche Belegschaftsvertretung, sowie (5) eine Liste mit Stellen, die intern nicht zu besetzen waren. Der spätest mögliche Zeitpunkt für die Einführung der neuen Strukturen war Juli 1997, der erste Monat des Finanzjahres, an dessen Ende das Projekt im Juli 1998 zu Ende gehen wird.

Am 4. Januar 1997 konnte ich gemeinsam mit dem UWE von Jamala unseren Maßnahmenkatalog dem ‹board› vorstellen. Zunächst fiel auf, dass die Sitzung in der Landessprache geführt wurde, obschon alle Teilnehmer ausreichend Englisch sprachen. Dann wurde die Sitzung gleich in den ersten Minuten zu einem Seminar deklariert, d.h. es sollte kein reguläres ‹business meeting› des ‹boards› sein, bei dem Beschlüsse gefasst werden. Schließlich leitete der UWE meine englische Präsentation ein, indem er von einem S&P-Vorschlag sprach. In der anschließenden Diskussion wurde dann gleich die Frage aufgeworfen, was an dem bestehenden Arrangement eigentlich nicht in Ordnung sei. Man wollte von *mir* wissen, weshalb überhaupt eine Restrukturierung geplant sei, und ich wurde aufgefordert, eine entsprechende Studie durchzuführen und dem ‹board› vorzulegen. Hier war man also auf dem Stand vor der Durchführbarkeitsstudie von 1994.

Ein größerer Teil der Diskussion des ‹Seminars› drehte sich um den Entwurf des leistungsbezogenen Entlohnungssystems. Offenbar rief der Vorschlag ein grundlegendes Unbehagen hervor. Es wurden Bedenken angemeldet, ob er überhaupt in Einklang mit den ruritanischen Gesetzen und Vorschriften sei, und es wurde mir empfohlen, das doch besser zu überprüfen. Der Hintergrund dieser Bedenken war zum einen die Frage der Gerechtigkeit: Obschon auch die untersten Einkommensgruppen deutlich mehr als früher verdienen würden, stellte sich im ‹board› eher die Frage, ob es denn vertretbar sei, dass das Management so viel mehr verdiene. Mein Hinweis, dass das hohe Einkommen im Fall des Managements nur unter der Voraussetzung zustande käme, dass das Betriebsergebnis ausreichend gut sei, war offenbar keine befriedigende Antwort auf die Gerechtigkeitsfrage. Der andere Hintergrund der Bedenken bezog sich auf die öffentliche Meinung: Was werden die Leute in der Stadt sagen, wenn in der Zeitung steht, dass die Wasserwerkler sich zum Jahresende so hohe Summen auszahlen? Schließlich wurde angedeutet, dass es wohl besser wäre, das ganze Maßnahmenpaket erst einmal intern im Wasserwerk mit allen Mitarbeitern sämtlicher Hierarchieebenen ausführlich und in Ruhe zu diskutieren. Später war zu hören, dass der ‹board› gegen die Neueinstellung von Fachpersonal sei und den Angestellten eine Beschäftigungsgarantie gegeben habe. Ein schriftliches Protokoll wurde nicht angefertigt.

Das Seminar vom 4. Januar 1997 weckte im Wasserwerk von Jamala eine tiefsitzende Skepsis gegen das ganze Unterfangen, die davor allenfalls latent vorhanden war. Beispielsweise enthielt der Entwurf Vorschläge zur Krankenversicherung. Dies geschah unter der Annahme, dass die Angestellten ihre Positionen im öffentlichen Dienst kündigen und dafür privatwirtschaftliche Arbeitsverträge mit der neuen ‹executive agency› abschließen würden. Für diesen Fall hätten diverse Aspekte der sozialen Sicherheit neu geregelt werden müssen, die wir trotz fehlender gesetzlicher Vorlage skizzieren wollten, um – unter anderem – die finanziellen Implikationen vorauszuplanen und die Verunsicherung der Angestellten zu reduzieren. Ausgerechnet diese Überlegung schien die Leute besonders zu irritieren.

Um diesen Punkt richtig zu verstehen, muss man wissen, dass das öffentliche, für «civil servants» kostenlose Gesundheitssystem Ruritaniens kollabiert ist. Jeder vermeidet es, so gut er kann, in ein öffentliches Krankenhaus oder in eine öffentliche Poliklinik zu gehen, weil dort der Service auf ein inakzeptables Niveau gesunken ist. Bei den privat praktizierenden Ärzten wird indes kräftig in bar bezahlt. Dies ist ein ständiges Thema unter den Mitarbeitern. Um diese unhaltbare Situation aufzufangen, schlugen wir vor, eine Betriebskrankenkasse einzuführen. Darauf wurde indes so reagiert: «Heute ist die Krankenversorgung kostenlos. Warum sollen wir in Zukunft dafür zahlen? Das geht schon deshalb nicht, weil dann einzelne Mitglieder auf Kosten der anderen krankfeiern könnten.» Die Mitarbeiter des Wasserwerkes von Jamala hielten uns – den Consultant – für den Verursacher dieser heraufziehenden Ungerechtigkeit.

Im Juni 1997 akzeptierte der ‹board› dennoch eine nur leicht überarbeitete Version des Maßnahmenkatalogs. Als dann am 1. Juli 1997 das neue Finanzjahr und damit das letzte Projektjahr anfing, war die Organisation noch nicht umstrukturiert, die Leute waren nicht umpositioniert, es gab keine neuen Fachkräfte und kein leistungsbezogenes Entlohnungssystem. Schließlich gab es auch kein Schreiben des ‹boards› an den Staatssekretär, mit dem die notwendigen Sondergenehmigungen für diese Veränderungen hätten eingeholt werden sollen, und der UWE von Jamala versuchte nicht, auf ein solches Schreiben zu drängen. Der dafür angegebene Grund war mir nun schon seit März 1996 vertraut: weil die Sache jeden Moment in Baharini ohnehin grundlegend geklärt würde.

Tatsächlich wurde das erwähnte ‹bill supplement› im Februar 1997 vom Parlament angenommen. Doch bis heute, Juli 1997, ist es noch nicht in dem zuständigen Anzeiger erschienen und folglich auch noch nicht in Kraft. Dies ist indes kaum verwunderlich, da eine Novellierung der ‹Water Works Ordinance› für sich genommen keinen juristischen Sinn ergibt, wie wir nun schon länger verstanden haben. Dieser Sachverhalt konnte nach Februar 1997 auch in Baharini nicht länger übersehen werden. Dem üblichen Verfahren folgend machte man sich nämlich im Wasserministerium daran, nun eine *Durchführungsbestimmung* zu erstellen, die die Brücke von der novellierten ‹Water Works Ordinance› zur Praxis der Wasserwerke schlagen sollte. Die mit dieser Aufgabe befasste Arbeitsgruppe – zu der auch die UWEs von Baridi, Mlimani und Jamala gelegentlich dazugerufen wurden – fand sich in derselben Gesetzeslücke wieder, in der unser Projekt nun schon seit März 1996 steckt: Die Durchführungsbestimmung – genannt ‹Water Works Regulation› – soll die konkrete Umsetzung der novellierten ‹Water Works Ordinance› regeln. Der wichtigste Teil dieser Regelung, nämlich die Rechtsform der Wasserwerke, wird durch die ‹Water Works Ordinance› aber nicht festgelegt. Also kann man so lange keine Durchführungsbestimmung erstellen, bis nicht alle anderen betroffenen Gesetze auch novelliert sind.

Ein Verschwörungstheoretiker würde hier vermutlich sagen: Das Wasserministerium war von Anbeginn gegen die Autonomie städtischer Wasserwerke, weil dadurch sein Einfluss und seine Bedeutung ganz entschieden reduziert werden. Durch eine clever herbeigeführte Zwickmühle hat das Ministerium nun eine Situation geschaffen, in der es sagen kann: «Seht Ihr, wir haben alles getan, was in unserer Macht steht. Nun klappt es leider doch nicht mit der Autonomie, weil die anderen Ministerien ihre Aufgaben nicht erfüllt haben.» Aus der Verschwörungs-Perspektive sieht es so aus, als sei den Vertretern des Wasserministeriums im Herbst 1996 beim Workshop in Mlimani ein genialer Streich geglückt: Sie haben der NEB geschickt vorgetäuscht, dass die Novellierung der ‹Water Works Ordinance› sämtliche Aspekte der angestrebten Reform abdecken würde. Viel eher vermute ich aber, dass widersprechende Interessen und zufällige Kurzsichtigkeiten ein für alle unerwartetes Ergebnis hervorbrachten.

Wie dem auch sei, wir sitzen in der Zwickmühle. Mit dem vierten Quartalsbericht, der die Projektarbeit von April bis Juni 1997 darstellt und die Halbzeit des Projektes markiert, lieferten wir unlängst den so genannten ‹midway review› bei unseren Auftraggebern ab. Wir benannten darin die drei größten Hindernisse des Projektes. (1) Die Art und Weise, in der die NEB das Technische Programm (TP) mit unserem Organisations-Entwicklungs-Programm (OEP) verknüpft hat, führte dazu, dass die technischen Wasserverluste im ersten Jahr gar nicht in Angriff genommen wurden. Damit konnte die Servicequalität nicht verbessert werden und folglich blieb auch die erhoffte positive Wirkung auf die Zahlungsmoral der Kunden aus. Vor allen Dingen aber war der Elan verloren, als sich herausstellte, dass unser ganzheitlicher Ansatz doch nicht so ganzheitlich war. Es machte sich das Gefühl breit, dass wir nur ein wenig den Papierkram in Ordnung bringen und ein paar Computer hinstellen, während das richtige Ingenieurs-Projekt erst kommt. (2) Die anhaltende Verspätung des rechtlich-politischen Rahmens und das Ausbleiben von Ersatzlösungen hat dazu geführt, dass wir innerhalb des ersten Jahres im Bereich Organisations-Entwicklung nur sehr wenig zu Ende bringen konnten. (3) Das Ausbleiben der Kundendaten – die als Eigenleistung von den Projektträgern hätten geliefert werden sollen – hat dazu geführt, dass wir im Laufe des vierten Quartals die nun fertige Software nicht in Betrieb nehmen konnten. Damit stand der wirkungsvollste Hebel des Projektes am Anfang des zweiten Jahres immer noch nicht zur Verfügung.

Unterm Strich stand damit für uns fest: Weil die nötigen Voraussetzungen fehlen, können wir unsere Ziele nicht erreichen. Deshalb werden wir unverschuldet den zehnprozentigen Einbehalt auf die Summe der Projektpersonalkosten verlieren und folglich kein Geschäft machen. Die einzige Chance bestand darin, die Notbremse zu ziehen. Ich kündigte an, dass ich – entsprechend den vertraglichen Bedingungen – drei Monate nach dieser Anmahnung den Consultingvertrag kündigen werde, wenn der Projektträger seine Probleme mit den Rahmenbedingungen und den Kundendaten bis dahin nicht geklärt hat. Nun liegt es auf der Hand, dass ich daran interessiert bin, das Projekt so lange zu halten, wie es eine realistische Aussicht auf Erfolg gibt. Folglich schlug ich auch einen Lösungsansatz vor: Um die Projektziele zu retten, plädierte ich für eine Verlängerung der Projektzeit um ein Jahr bis Juli 1999. Eine solche Regelung würde ich nur unter den Umständen annehmen, dass adäquate Rahmenbedingungen vor Juli 1998 in Kraft treten, und dass der Projektträger die Kundendaten in einer noch zu vereinbarenden Zeit an uns liefert.

Was ich in meinem Lösungsansatz bewusst nicht genauer ausgeführt habe, war die Sache mit den fehlenden Kundendaten. Im März 1996 hatten die UWEs ja behauptet, sie hätten diese Aufgabe schon erledigt bzw. würden sie allein erledigen. Wir konnten sie damals nicht verprellen und ließen die Sache auf sich beruhen. Mir war schon damals klar, dass es eigentlich nur die Lösung gibt, dass wir die Kundendaten selbst überarbeiten. Inzwischen muss auch den UWEs klar geworden sein, dass sie aufgrund der Schnittstelle zwischen Software – auf unserer Seite – und Daten – auf ihrer Seite – am Ende nichts in der Hand haben werden, wenn es keine guten Daten gibt. Es muss ihnen zudem bewusst geworden sein, dass wir nur darauf warten, von *ihnen* endlich einen Vorschlag zu bekommen, durch den die Verantwortung für die Kundendaten auf uns übertragen wird, ohne dass sie deshalb ihr Gesicht verlieren müssen.

Zweifeln

3.

Die Enthüllungen der Wissenschaft

Vorbemerkung

Obwohl ich es hätte ahnen können, war ich doch unangenehm überrascht, als ich im Juli von Schilling erfuhr, dass es im Projekt bereits einen Ethnologen gab. Es ist einem heute nicht mehr vergönnt, ein ‹eigenes› Feld zu haben, auch wenn man sich eine vergleichsweise abseitige Thematik aussucht. Immerhin habe ich so die Chance, auch einen ethnologischen Beobachter im Feld zu beobachten. Ich ergriff also die Initiative und ging auf Dr. Samuel A. Martonoschy zu. Er arbeitet am ‹Zethagener Institut für Sozialforschung› und ist zugleich per Honorarvertrag als Projekt-Ethnologe von S&P engagiert. Von meiner etwas schmuddeligen und chaotischen Universität kommend, fühle ich mich am luxuriös ausgestatteten Institut für Sozialforschung, das sich mit den zentralen Fragen moderner Vergesellschaftung beschäftigt, etwas deplaciert. Wie meine beiden ersten Informanten lasse ich ihn selbst zu Wort kommen.

Erzähler: Samuel A. Martonoschy
Ort: Zethagen, Normland
Zeit: 15. August 1997

Positionierung in einem Feld

Im Vergleich zu Kollektiven ohne formale Organisation können Unternehmen und Bürokratien den Zugang von Fremden leicht steuern. Die erste Frage der empirischen Organisationsforschung ist also, wie man einen Feldzugang erhält, der auf Dauer zuverlässig ist und die Arbeit nicht nachteilig beeinflusst. Die zweite Frage hängt damit zusammen, dass man in Organisationen ‹Aufwärtsforschung› betreibt: Man hat es mit Leuten zu tun, die einem in jeder relevanten Hinsicht gleich gestellt oder überlegen sind. Solche Leute definieren souverän, welche Forschung sie über ihre eigene Arbeitswelt wünschen und zulassen und wie anschließend darüber zu berichten ist. Im Prinzip setzen sie durch, dass Forscher willkommen sind, wenn sie ihnen dabei helfen, Sachfragen zu klären oder ihnen zeigen können, an welchen *externen* Hindernissen die von ihnen angestrebten Lösungen scheitern. Wenn

Forscher aber daran interessiert sind, die Hintergründe der Organisationspraktiken zu untersuchen oder gar die Definition so genannter Sachfragen problematisieren wollen, sind sie in der Regel unerwünscht.

Mit dieser Grundkonstellation der Aufwärtsforschung in formalen Organisationen hängt nun die Tatsache zusammen, dass in der Literatur zur Entwicklungszusammenarbeit drei Herangehensweisen dominieren. Die erste interessiert sich vornehmlich für die wirtschaftlichen, politischen und soziokulturellen Strukturen der Gesellschaften, die sich nach allgemeinem Dafürhalten ‹entwickeln› oder ‹transformieren› sollten. Es geht hier um die Suche nach den Voraussetzungen, Hindernissen und Folgen von Entwicklung an jenen Orten, die Zielobjekte der Interventionen sind. Die zweite Herangehensweise interessiert sich primär für konzeptionelle Fragen: Welche Gesellschaft soll als ideales Modell angeboten werden? Wie soll die gepriesene Zivilgesellschaft im Einzelnen aussehen? Schließlich gilt das Interesse der dritten Perspektive übergeordneten Fragen wie der Globalisierung der Märkte oder dem Verhältnis von Kultur, Politik und Wirtschaft. In dem Raum zwischen diesen drei äußeren Polen findet die praktische und alltägliche Entwicklungsarbeit statt. Diese Praktik wird selten untersucht, weil man unterstellt, dass sie sich aus den drei Polen ableitet und folglich kein Gegenstand sui generis sei.

Auch wenn diese Unterstellung unbegründet ist, kann sie sich durchsetzen, weil das hier in Rede stehende Untersuchungsfeld eben ein Feld von Organisationen ist. Die beteiligten Organisationen betreiben das, was alle Organisationen tun müssen: Sie stellen sich nach außen so dar, als wären es Blackboxes, in denen sich nichts anderes abspielt als die regelgeleitete und zweckrationale Verarbeitung von Inputs zu Outputs.[19] Wenn die Wirkungen von Organisationen nicht so ausfallen, wie sie gemäß Auftrag hätten ausfallen sollen, ist man durch die Argumentationsfigur des Blackboxing darauf verwiesen, die drei soeben aufgezählten Themenbereiche zu untersuchen, die außerhalb der Blackbox liegen. Wer trotz alledem verstehen will, wie Entwicklung praktisch und alltäglich gemacht wird, der muss herausfinden, was innerhalb der Blackbox gespielt wird. Entsprechend den Zugangsregeln müssen die, die sehen wollen, wie das Spiel geht, selbst mitspielen. Die ‹echten› Spieler müssen sich darauf verlassen können, dass sich die Probe-Spieler genauso an die Regeln halten, wie sie selbst. Andernfalls würden sie sie nicht einweihen. Die höchste Absicherung ist gegeben, wenn die Probe-Spieler mit einem Einsatz und Risiko spielen, der dem Einsatz und Risiko der echten Spieler vergleichbar ist. Eine der wichtigsten Regeln, die die Probe-Spieler zu beachten haben, betrifft nun aber die Außendarstellung. Sie legt fest, dass innerhalb der

Blackbox eigentlich gar nichts Beachtenswertes geschieht. Alles nur Verfahren, Akten, Listen und Tabellen, nichts, was man sehen und erleben müsste, um es zu verstehen. In den Handbüchern kann man genau nachlesen, wie es gemacht wird. Wer also dennoch aus dem Inneren der Blackbox berichten möchte, nachdem er eingeweiht wurde, läuft Gefahr, in die Rolle des Spielverderbers zu gelangen.

Dies ist also der soziopolitische und ideologische Kontext, in dem Entwicklungsforschung betrieben wird. Die Ethnologie wird von den dominanten Spielern des Feldes – also jenen, die das Geld verteilen – mit fragloser Selbstverständlichkeit für das erste der drei genannten Themen zuständig erklärt: für die Sozialstruktur, die Kultur und das lokale Wissen der zu entwickelnden sozialen Welten. Wer sich unreflektiert auf dieses Spiel einlässt, operiert innerhalb des gesetzten Bezugsrahmens, der eine bestimmte Perspektive sowie ein Begriffs- und Deutungsschema vorgibt, ohne diesen Zusammenhang in den eigenen Problemhorizont aufzunehmen. Mit Luhmann kann man vielleicht etwas abgeklärter sagen: eine so ausgerichtete Kultur- und Sozialwissenschaft stellt sich neben die Experten des Feldes und blickt gemeinsam mit diesen auf denselben Gegenstand – auf die Probleme der so genannten Entwicklungs- und Transformationsländer und betreibt Beobachtung Erster Ordnung.[20]

Das Organisationsmodell

Aus der Beobachterperspektive Erster Ordnung hat man es mit einer klaren Problemdefinition zu tun: Auf der einen Seite gibt es rationale Modelle, die auf der anderen Seite von kulturgesteuerten Menschen angenommen werden sollen. Wenn diese Aneignung nicht richtig klappt, das Wissen der Ingenieure und Betriebswirte aber erschöpft ist, werden die Experten der Soziokultur zum ‹post-intervention criticism› eingeladen. Solange sich ihre Diagnosen auf die Soziokultur der Empfänger beschränken, liefern sie in jedem Fall Argumente dafür, mit etwas mehr Vorsicht als bisher weiter zu machen. Diese eingespielte Herangehensweise ist indes nicht so leicht kritisierbar, wie es aufgrund meiner Kontextualisierung jetzt scheinen mag oder wie diejenigen uns glauben lassen wollen, die sich als Fürsprecher des lokalen Wissens verstehen. Immerhin steht die große Modernisierungstheorie unterstützend im Hintergrund. Trotz Zweifel und Kritik bleiben die Fragen, die die klassische Modernisierungstheorie aufgeworfen hat, weiterhin brennend – leider auch im Wortsinn – aktuell und unbeantwortet. Ich will das Panorama, das aus dieser Warte sichtbar wird, hier nur in groben Strichen skizzieren.

Die zeitgenössischen komplexen Gesellschaften Afrikas sind in soziale Welten gegliedert, die intern als Konsensgemeinschaften wahrgenommen werden. In den voneinander getrennten sozialen Welten ist wirtschaftliches und politisches Handeln sozial und kulturell eingebettet, so dass ökonomische und politische Rationalität gemeinschaftlicher Rationalität weitgehend untergeordnet bleibt. In der Sprache Max Webers würde man sagen: Die sozialen Welten erleben sich als Binnenwelten, die sich von ihren Außenwelten dadurch abgrenzen, dass sie zwischen Binnen- und Außenmoral unterscheiden. Während die Verpflichtung zu gegenseitiger Hilfe in der Binnenwelt hoch oben in der Wertehierarchie rangiert, sinkt sie in der Außenwelt unterhalb des Nullpunktes. Eine Folge daraus ist, dass der soziale Raum zwischen den Binnenwelten moralisches Niemandsland ist: hier gilt ein hemmungsloser Erwerbstrieb und es kommt zu einer sich ausbreitenden Käuflichkeit bei allen, die sich hier begegnen.[21]

Die empirische Kasuistik, zu der man mit Hilfe dieser modernisierungstheoretischen Folie kommt, lässt in den komplexen Gesellschaften Afrikas folgendes Grundmuster erkennen: Transaktionen, die im Rahmen von Märkten oder Bürokratien stattfinden, werden nicht durch Systemvertrauen, sondern primär durch persönliches Vertrauen abgesichert. Dort, wo die Ethik des Marktes oder der Bürokratie gelten sollte, greifen die Akteure auf die Ethik der Binnenwelt zurück: Die Verpflichtung zu gegenseitiger Hilfe gegenüber konkreten Menschen wird höher eingeschätzt als die Verbundenheit gegenüber unpersönlichen Verfahrensregeln. Schutz- und Loyalitätsverpflichtungen im Rahmen von Verwandtschaft, Freundschaft und Nachbarschaft sowie im Rahmen von Patron-Klient-Beziehungen sind wichtiger und verbindlicher als die Befolgung von Regeln, deren Sinn darin besteht, dass sie gerade ohne Ansehen der Person gelten. Sobald sie einmal in Gang gebracht wurden, verstärken sich die Rückgriffe auf Brüderlichkeit rekursiv und werden endemisch. Haben zwei Leute sich erst einmal auf eine Transaktion eingelassen, die in Bezug auf die offiziellen Verfahrensregeln illegal ist, halten sie zukünftig wie Pech und Schwefel zusammen, um die wechselseitige Gefährdung zu minimieren. Das Ergebnis der so skizzierten Vergesellschaftungslücke ist oft eine spezifische Form der Anomie.[22]

Das Spezifikum zivilgesellschaftlicher Institutionen besteht im Gegensatz zu der persönlichen Verpflichtung darin, dass diese Institutionen für Menschen gelten, die sich wechselseitig fremd sind. Das aber bedeutet, dass sich die Verbundenheit der Spieler von den Personen auf die Spielregeln selbst verschieben muss.

Nur so kann eine Marktordnung und eine rechtlich-politische Ordnung entstehen, die eine zuverlässige Kalkulierbarkeit des Verhaltens der beteiligten Spieler erlaubt, die sich fremd sind oder sich andernfalls wie Fremde zu verhalten haben. Das Commitment gegenüber den Spielregeln der Arena setzt indes keine Unterordnung aller Rationalitäten unter eine Konsensgemeinschaft mit mechanischer Solidarität voraus, weil das eine Vergesellschaftung von Fremden gerade verhindern würde. Vielmehr verlangt das Commitment für die Regeln eine spezifische Durchdringung der ökonomischen, politischen, kulturellen und gemeinschaftlichen Rationalitäten. An dieser Bedingung scheint keine Gesellschaft als Zusammenschluss von Fremden vorbeizukommen. Dies ist meines Erachtens die bohrende Frage, die uns die Modernisierungstheorie aufgegeben hat und auf die ihre Kritiker, die gerne auf die verschiedenen Pfade der Modernisierung verweisen, keine bessere Antwort wissen.[23]

Für die Entwicklungszusammenarbeit stellt sich diese Frage auf eine ganz konkrete Weise. Die Organisationen, die sich als Träger für Entwicklungsprojekte eignen oder dafür geschaffen werden, liegen gemäß Definition und Auftrag genau in jener prekären Arena, in der kein Systemvertrauen herrscht. Offiziell gilt: die Trägerorganisationen der Entwicklungszusammenarbeit haben die Funktion, marktwirtschaftliche, demokratische und rational bürokratische Regeln zu institutionalisieren. Ihre Arbeit müsste – in der hier vorläufig verwendeten Terminologie – dementsprechend darin bestehen, die Grenzen zwischen Binnen- und Außenwelten neu zu definieren. Sie müssten dazu beitragen, dass die Regeln der Binnenwelten ausgedehnt werden, um rationales Wirtschaften und Verwalten moralisch ‹auszufüttern›, ohne es jedoch einer sachfremden Logik zu unterwerfen. Damit die Trägerorganisationen diese Funktion übernehmen können, müssten sie selbst bereits Organisationen des angestrebten Typs sein und die von ihnen erbrachten Dienstleistungen müssten als öffentliche Güter gelten, in denen somit alle Bürger des Landes – unabhängig von der Zugehörigkeit zu einer Binnenwelt – einen Nutzen für sich erkennen. De facto sieht es aber so aus, dass insbesondere die Arena der Entwicklungszusammenarbeit dazu prädestiniert ist, unter die Ägide der Außenmoral zu fallen. Gerade hier werden alle möglichen informellen Netzwerke geknüpft, um Ressourcen in Binnenwelten abzuzweigen. Dieser Sachverhalt ist gemeint, wenn man bei der Weltbank von ‹project ownership› spricht: die afrikanischen Eliten sollten endlich die Verantwortung für die Maßnahmen der Entwicklungszusammenarbeit in die eigene Hand nehmen.

Die verborgene Seite des Organisierens

Die auf dem Hintergrund der modernisierungstheoretischen Folie erkennbaren Probleme, die sich bei der Herstellung von Vorhersehbarkeit in den komplexen Gesellschaften Afrikas stellen, sehen natürlich anders aus, wenn man die theoretische Folie wechselt. Dabei geht es vor allen Dingen um einen Punkt: Jede Problemwahrnehmung setzt die Vision einer besseren Alternative voraus. Erst anhand dieser Vision kann etwas überhaupt zu einem Problem werden, für das man eine systematische Lösung sucht. Und erst anhand der Vision konturiert sich die Bewertung und Einstellung zu diesem Problem und den möglichen Lösungen. Im Diskurs der Entwicklungszusammenarbeit setzt an dieser Stelle folgender Mechanismus ein: Die westliche Gesellschaft und ihre Organisationsformen werden im Zuge der Problemanalyse zu idealen Modellen, anhand derer die Probleme der Entwicklungsländer ihre Konturen erhalten. Was zunächst nur eine Denkfigur ist, verschiebt sich im Laufe der Zeit zu einer objektivistischen Annahme. Am Ende glaubt man im Diskurs der Entwicklungszusammenarbeit daran, dass die idealen Modelle in den Ländern Euro-Amerikas – etwa ‹die Zivilgesellschaft›, ‹der Markt› oder ‹die rationale Bürokratie› – greifbare Realitäten sind.

Unterschwellig entsteht so der Eindruck, als hätten die Strategien der Pervertierung westlicher Wohlfahrtsstaaten durch ihre eigenen politischen Eliten nichts mit den Kleptokratien Afrikas zu tun. Damit wird die Chance verpasst, die Logik der inneren Aushöhlung des westlichen Wohlfahrtsstaates als raffiniertere und höher entwickelte Variante des gleichen Strukturproblems zu analysieren, das sich in der Aushöhlung der Bürokratie in den Ländern des subsaharischen Afrika eklatanter zeigt. Vor allen Dingen aber wird dadurch ein Schlüsselproblem des Kapitalismus auf die armen Länder des Südens projiziert. Kapitalistisch-industrielle Vergesellschaftung beruht auf der ungeheuerlichen Zumutung, sich gegenüber ihren Regeln verpflichtet zu fühlen, während diese Regeln darauf ausgelegt sind, die Spieler systematisch überflüssig zu machen und durch effektivere zu ersetzen. Zwischen Konkurrenz und Solidarität bzw. zwischen reziproker und distributiver Gerechtigkeit liegt im Kapitalismus eine explosive Spannung, für die nur äußerst prekäre Lösungen vorhanden sind. Auch in den Ländern Euro-Amerikas, in denen der Kapitalismus über mehr als hundert Jahre eingeübt, fest institutionalisiert, religiös und kosmologisch abgesichert werden konnte, ist er auf Wachstum angewiesen. Nur solange es Wachstum gibt und ausreichend viele Spieler die Aussicht auf eine Verbesserung ihrer Lebenslage haben – solange der ‹Bestechungsfond› ausreichend voll ist –, lässt sich das Commitment für solche Regeln aufrechterhalten, die die Spieler überflüssig machen.[24]

Im modernisierungstheoretisch informierten Entwicklungsdiskurs verschiebt sich diese ungelöste Kernproblematik westlich-kapitalistischer Vergesellschaftung in die armen Länder des Südens, wo sie in der Tat sehr viel augenfälliger und brutaler in Erscheinung tritt. Hier gibt es seit dem Ende des Kolonialismus kein Wachstum, der offizielle Bestechungsfond ist somit ständig leer, und es kommt zu endemischen Formen der Regelverletzung. Sobald der strukturelle Hintergrund dieser Phänomene vergessen wird, tritt das westliche Gesellschaftsmodell nicht mehr als *Ursache*, sondern als *Lösung* für die vorhandenen Probleme auf. Erklärungsbedürftig ist dann nicht mehr das Rätsel des Commitments für Regeln, die sich im Prinzip gegen die richten, die sie befolgen. Erklärungsbedürftig erscheinen dann umgekehrt die Strategien derjenigen, die sich gegen diese paradoxen Regeln wenden und sich dabei an altbewährte Loyalitäten halten. Wird diese Umkehrung nicht mehr als Umkehrung erkannt, ist damit schließlich das letzte Argument dafür gegeben, den Blick streng nach vorne auf die Gesellschaften zu richten, um deren Entwicklung es geht. Verletzt man jedoch diese Spielregel und lenkt den Blick auf das, was innerhalb der Blackbox gespielt wird, ergibt sich ein ganz anderes Bild.

Institutionelle Organisationen

Wer sich als Neuling dem normesischen Organisationsfeld der Entwicklungszusammenarbeit nähert, stolpert zuallererst über die Unterscheidung zwischen Technischer und Finanzieller Zusammenarbeit und damit über die Trennung zwischen den beiden Durchführungsorganisationen AfE (Agentur für überseeische Entwicklung) und NEB (Normesische Entwicklungsbank). Dies ist insbesondere auch deshalb verwirrend, weil in der Technischen Zusammenarbeit (TZ) viel über Menschen und Organisationen, in der Finanziellen (FZ) hingegen eher über Technik gesprochen wird. Während man irgendwann versteht, dass hier unterschiedliche Verfahren gemeint sind, mag man nicht ohne weiteres einsehen, weshalb sie jemals getrennt wurden, denn aus der Sache heraus macht diese Trennung keinen Sinn, wie selbst die Einheimischen des Feldes bestätigen.

Bei genauerem Hinsehen findet man dann heraus, dass die Unterscheidung zwischen TZ und FZ auf die Haushaltsordnung des Parlaments zurückgeht. Die dringende Anpassung dieser Ordnung an die Sachfragen des Feldes hängt nun aber

mit unzähligen Aspekten zusammen, die wiederum mit ganz anderen und übergeordneten Verfahren und politischen Prozessen verflochten sind, an denen niemand
gerne rührt, weil derlei Verfahrensänderungen immer auch unabsehbare Folgen
haben. Schließlich ist die gegenwärtige Ordnung fest institutionalisiert und in ein
Machtspiel eingebunden. Die AfE ist ein Staatsunternehmen, wobei der Eigentü-
mer durch das Ministerium für Entwicklungskooperation (MEK) vertreten wird.
Zugleich ist der Eigentümervertreter ex officio Vorsitzender des Aufsichtsrates der
AfE. Das MEK hat also das Sagen bei der AfE. Im Fall der ebenfalls staatseigenen
NEB wird der Eigentümer im Verwaltungsrat der Bank durch das Ministerium für
Finanzen vertreten. Hier hat der Finanzminister das Sagen. Eine Integration der
AfE in die NEB würde folglich die Rolle des Entwicklungsministeriums schmälern,
und umgekehrt würde eine Verlegung der Entwicklungsabteilungen der NEB in die
AfE die Rolle des Finanzministeriums schmälern.

Mit derlei tradierten und durchmachteten Konstellationen ist also die Unterscheidung zwischen Finanzieller und Technischer Zusammenarbeit verbunden,
und von solchen Konstellationen sind die Reformchancen abhängig. Die Sachfragen, die sich in der konkreten Projektarbeit ergeben – etwa die einjährige Verspätung unseres Projektes in Ruritanien –, sind auf dieser Ebene ziemlich be-
langlos. Das ist fast spiegelbildlich genau die gleiche Konstellation wie in Baharini
zwischen dem ‹Prime Minister's Office›, dem Finanzministerium und dem Wasserministerium. Diese haben seit 1992 ihre Schwierigkeiten damit, den Wasserwerken
von Baridi, Mlimani und Jamala mehr Autonomie einzuräumen, als durch das
Ausgraben des inzwischen beinahe vergessenen ‹Revolving Fund Act› von 1965.
Weitreichendere und zeitgemäßere Veränderungen würden die eingespielte institutionelle Ordnung und die eingeschliffenen ministeriellen Machtverhältnisse
empfindlich stören.[25]

Ein zweiter Aspekt, der dem Neuling beim Betreten des normesischen Organisationsfeldes der Entwicklungszusammenarbeit in die Augen springt, ist die Bank-
Rhetorik der NEB, um die es hier hauptsächlich geht. Weder stellt ihr jemand Geld
zur Verfügung – etwa Aktionäre –, um es seiner optimalen Verwertung zuzufüh-
ren, noch sucht sie sich ihre Kreditnehmer wie eine Geschäftsbank nach deren
Leistungsfähigkeiten und deren Sicherheiten aus. Sie operiert auf keinem Markt,
sondern explizit und absichtlich gerade dort, wo der Markt versagt. Gleichwohl
argumentieren die Vertreter dieser Behörde in ihren Verhandlungen mit afrikanischen Projektträgern und politischen Instanzen so, als würden sie der Vermeh-
rung eines Kapitals nach den Gesetzen des Marktes dienen. Ich habe das oft erlebt

und dabei beobachtet, wie britische Kollegen von der ‹Overseas Development Agency› (ODA) und amerikanische Kollegen von der ‹U.S. Agency for International Development› (USAID) die Banker-Rhetorik der NEB-Leute belächelten, zumal die afrikanischen Verhandlungspartner sich niemals von dieser Rhetorik blenden ließen.

Als Durchführungsorganisation ist die NEB entgegen ihrer eigenen Rhetorik ein typisches Beispiel für das, was Meyer und Rowan als eine ‹institutionelle Organisation› bezeichnen: Organisationen, deren Erfolg weniger von ihren Ergebnissen, als von ihrer Anpassung an institutionalisierte Erwartungen und der Befolgung von Verfahrensvorschriften abhängt. Aus dieser Grundkonstellation ergeben sich für die NEB ganz andere Probleme, als gewinnorientierte Privatunternehmen haben. Das Hauptproblem der Entwicklungsbank besteht darin, mit zwei unaufhebbaren Inkonsistenzen umzugehen, die die Organisationsumwelt ihr zumutet.[26]

Die erste Inkonsistenz besteht darin, *Effektivität und Legitimität* als gleichrangige Anforderungen zu befriedigen. Auf der einen Seite soll die Entwicklungsbank effektiv sein: sie soll mit den ihr zur Verfügung gestellten Mitteln ein Optimum an nachhaltiger Entwicklung in Gang setzen. Weil es sich aber um eine Verwaltungsbürokratie handelt, muss die NEB auf der anderen Seite besonders streng auf Einhaltung der intern oft zitierten Leitlinien – aufgelistet in einem dicken Handbuch – achten. Nun kann es aber nicht ausbleiben, dass die beiden Ziele, Effektivität und Verfahrenstreue, sich immer wieder in die Quere kommen. Unser Projekt hat inzwischen eine lange Liste dieses Typs von Dilemmata hervorgebracht. Um nur das gröbste Beispiel herauszugreifen: Vom Standpunkt der Effektivität hätte das Projekt entweder Mitte 1994 oder aber erst nach erreichter Autonomie der Wasserwerke beginnen dürfen. Spätestens bei dem Mlimani-Workshop im Oktober 1996 hätte man nach dieser Logik das Projekt abbrechen müssen. Doch derlei Effektivitätsgesichtspunkte sind für eine Verwaltungsbürokratie eben gerade nicht vorrangig. Die Einhaltung von Verfahren ist um keinen Preis zu verletzen. Meyer und Rowan bringen diesen Typus von Rationalität auf den Punkt: «A sick worker must be treated by a doctor using accepted medical procedures; whether the worker is treated effectively is less important.»[27]

Die zweite Inkonsistenz, mit der die NEB fertig werden muss, besteht darin, sowohl Kriterien des *Fortschritts* als auch Kriterien der *Emanzipation* gerecht zu werden. Die Entwicklungskooperation bezieht ihren Sinn und damit ihre Legitimität daraus, dass sie sich als Umsetzung des Metanarrativs vom Fortschritt der menschlichen Gesellschaft zu erkennen gibt. Diese große Erzählung enthält zwei

Aspekte, die im historischen Prozess ihrer Materialisierung tendenziell auseinander laufen. Auf der einen Seite steht die Idee des Fortschritts als technische Modernisierung der Welt: als Erhöhung des materiellen Wohlstands und der Naturbeherrschung, als Befreiung der Wissenschaft von außerwissenschaftlichen Rücksichtnahmen, als ein Immer-Mehr und ein Immer-Schneller. Der Anschluss an diese sinnstiftende und legitimierende Fortschrittserzählung wird im Organisationsfeld der Entwicklungskooperation dadurch gesucht, dass man ein entsprechendes Entwicklungsdefizit auf der Seite der Länder des Südens ausmacht und dessen Behebung im Sinne des universalen Fortschritts in Aussicht stellt. Dies soll dadurch geschehen, dass man etwas von hier nach dort transferiert, um dort eine nachhaltige und nachholende Entwicklung auszulösen. Ohne die Annahme eines Defizits wäre die Aufgabe der NEB sinnlos. Die Entwicklungsbank versteht sich als zweckrationale Instanz, deren Aufgabe es ist, Kredit, Technik und Know-how zur Behebung des Defizits bereitzustellen. Man nennt das unter Eingeweihten oft ‹technical fix›.

Die ursprüngliche Version des Metanarrativs vom Fortschritt zielt indes nicht nur auf die Befreiung aus den Zwängen der Natur durch wissenschaftlich-technische Entwicklung ab, sondern ebenso auf die soziale *Emanzipation* aus den Fesseln einer unfreien Gesellschaft. Hier geht es um gleichberechtigte Teilnahme am politischen Willensbildungsprozess. Im Anschluss an diesen Topos des Metanarrativs hat sich auf den relevanten Arenen die postkoloniale Vorstellung von der unantastbaren Selbstbestimmung und der bedingungslosen Gleichheit aller Nationen und Kulturen durchgesetzt. Damit Entwicklungskooperation legitim und sinnhaft erscheint, muss sie sich als praktische Umsetzung auch dieses zweiten Topos der großen Erzählung ausweisen.

Das aber bedeutet: Der Fortschritts-Topos der Erzählung wird im Entwicklungsdiskurs in Defizit-Behebung und somit in eine bestehende *Ungleichheit* übersetzt. Der Emanzipations-Topos der Erzählung wird in souveräne Selbstbestimmung und damit in eine ebenfalls bestehende *Gleichheit* übersetzt. Um die widersprüchlichen Anforderungen zu befriedigen, greift die NEB auf das Repertoire institutioneller Organisationen zurück: Sie achtet auf lose Kopplung, betont ihre Vertrauenswürdigkeit und Integrität, und betreibt Leistungskontrolle als rituelle Evaluation.

Erfolgsabsicherungen

Lose Kopplung

Ein anerkanntes Idealbild unterstellt, dass eine Organisation dann am besten funktioniert, wenn sie genau das tut, was sie entsprechend ihrer offiziellen Außendarstellung zu tun hat: Je enger die Kopplung der Praxis an die Außendarstellung und an die formale Kommandostruktur, desto höher der Determinismus, umso besser die Leistung. Während dies auch schon für Unternehmen, die primär an der Steigerung ihrer ökonomischen Effizienz orientiert sind, nicht stimmt, ist es für institutionalisierte Organisationen vollkommen irreführend. Institutionalisierte Organisationen müssen in erster Linie die aus ihrer Umwelt an sie herangetragenen Legitimationsnarrative bedienen, um bestehen zu können. Weil diese Narrative aber stets inkonsistent sind, besteht die einzige Überlebenschance darin, die Umsetzung der Narrative in offizielle Repräsentationen (Organisationszwecke und -strukturen) nur lose mit der Umsetzung dieser Repräsentationen in Organisationspraktiken zu koppeln. Konkret heißt dies für die NEB unter anderem: Der Emanzipations-Topos artikuliert sich in dem O-Skript (dem offiziellen Skript), wogegen es unter der Hand nach dem I-Skript (dem inoffiziellen Skript) stärker um den Fortschritts-Topos geht, der durch Defizitbehebung angegangen wird.[28]

Das Prinzip der losen Kopplung generiert eine Reihe typischer Organisationssymptome. Institutionelle Organisationen legen großen Wert auf die *professionelle Kompetenz* ihrer Mitarbeiter und der nachgeordneten institutionellen Organisationen, die sie mit der Erledigung von Aufgaben beauftragen.[29] In unserem konkreten Fall beginnt dieses Symptom bereits im MEK. Von diesem Ministerium, das die politische Verantwortung für die Entwicklungskooperation trägt, wird betont, dass es sich um eine sehr komplizierte Tätigkeit handelt, für die man das Know-how gar nicht besitzt. Dieses Know-how aber weiß man in der hoch professionalisierten Durchführungsorganisation NEB wohl aufgehoben und gepflegt. Die Aufsichtspflicht des Ministeriums gegenüber der Durchführungsorganisation wird mit diesem Argument auf rein *technische Aspekte* reduziert. Konkret läuft das darauf hinaus, die grundlegende Evaluation der Nachhaltigkeit der Entwicklungszusammenarbeit im Ganzen auf die Evaluation einzelner Projekte zu reduzieren. So wie Krankenhäuser nicht allgemeine Gesundheit, sondern korrekte Behandlungen einzelner Patienten und Universitäten nicht Wissen, sondern einzelne Diplome produzieren, bringen Entwicklungsbanken nicht Entwicklung, sondern einzelne Projekte hervor.

Die *Integration von Projekten* zu übergeordneten Programmen wird hingegen vernachlässigt, weil dies leicht dazu führen könnte, den Sinn der Programme in Frage zu stellen. Unser Wasserprojekt hat ein Musterbeispiel für dieses verbreitete Symptom institutioneller Organisationen hervorgebracht. Die detaillierte Verzahnung des Technischen Projektes (TP) mit dem Organisations-Entwicklungs-Projekt (OEP) gehörte am Anfang zum Kern eines umfassenden Programms, das auf die Reform der drei ruritanischen Wasserwerke abzielte. Diese Verzahnung wurde im Laufe der Durchführung jedoch aufgegeben. Während ihre Trennung in Wirklichkeit beide Projekte massiv in Frage stellt, übersieht man diesen Effekt bei der NEB und konzentriert sich heute stattdessen auf eine gesonderte Bewertung, die dann eher positiv ausfallen kann.

Institutionelle Organisationen zelebrieren ihre *Vertrauenswürdigkeit und Integrität* sowie die ihrer einzelnen Mitarbeiter als höchste Werte. Am besten kennt man dieses Phänomen aus dem Bereich der Universitäten, die ihren Professoren eine dermaßen hohe Integrität zuschreiben, dass jede Aufsicht entwürdigend erscheint. Sowohl die unverhohlene Häme, mit der die Öffentlichkeit die gegenwärtig stattfindende Delegitimation professoraler Integrität verfolgt, als auch die skandalisierte Beleidigung, mit der Fakultäten auf die Einführung von Systemen der Leistungskontrolle reagieren, legen ein beredtes Zeugnis von dem hier gemeinten Zusammenhang ab. Was aber an Universitäten so deutlich ins Auge springt, ist in allen institutionellen Organisationen in diversen Ausprägungen zu finden. Die NEB scheint mir ein Fallbeispiel dieser Kategorie zu sein, das es mit jeder Universität aufnehmen könnte.[30]

Der Mechanismus der losen Kopplung funktioniert also folgendermaßen: Die übergeordneten Zwecke einer institutionalisierten Organisation lassen sich nicht auf konkrete Einzelaufgaben herunter buchstabieren, weil sie inkonsistent sind und man sich folglich in Widersprüchlichkeiten verfangen würde. So kann die NEB nicht zugleich effektiv wie ein Unternehmen, bürokratisch korrekt wie eine Verwaltungsbehörde und politisch korrekt wie ein freiwilliger Verein von Gesinnungsgenossen sein. Die lose Kopplung ist die Voraussetzung dafür, dass trotz widersprüchlicher Zwecke die Dinge praktisch am Laufen gehalten und zu einem einigermaßen akzeptablen Ergebnis gebracht werden können. So entstehen Handlungsspielräume, die die Voraussetzung dafür schaffen, dass sich Vertrauen und Integrität als Orientierungsmuster entwickeln können. Diese Orientierungsmuster sorgen umgekehrt dafür, dass es zu keiner vollständigen Entkopplung von Repräsentationen und Praktiken kommt, dass also keine ‹potemkinschen Fassaden› errichtet werden, hinter denen sich etwas vollkommen anderes abspielt. Vielmehr sorgen sie dafür, dass die Außendarstellungen der Praktiken das ergeben, was man nach Meyer und Rowan «zeremonielle Fassaden» nennt. So wie Rituale und Mythen enthalten auch zeremonielle Fassaden keine falschen, sondern verdichtete Botschaften über den Sinn von Praktiken, ohne deren tatsächlichen Ablauf vorzugeben. Lose Kopplung und zeremonielle Außendarstellung sind also keine Formen des Versagens institutioneller Organisationen, sondern unverzichtbare Mittel der Erfolgsabsicherung.

Strukturelle Kurzsichtigkeit und Amnesie

Nun darf man freilich aus dieser Rehabilitation der Inszenierung nicht folgern, dass institutionelle Organisationen vor jeglichen Ausrutschern gefeit sind. Denn ungeachtet aller funktionalen Vorteile bleibt die hohe Abhängigkeit einer Organisation von der Vertrauenswürdigkeit ihrer Mitarbeiter natürlich auch eine Quelle für ganz spezifische Fehlleistungen.

Irgendwann im Jahre 1990 fuhr ich zur Besprechung meines Berichtes über die ruritanische Eisenbahn nach Zethagen. Beim anschließenden Mittagessen eröffnete mir einer der Mitarbeiter, mit dem ich mich während der Ruritanienreise angefreundet hatte, dass ich bei der Diskussion meines Berichtes glimpflich davonkam. In der Regel sei es nämlich so, dass die Berichte der Consultants von den Mitarbeitern der NEB schonungslos auseinander genommen werden. Dieser Hinweis verblüffte mich. Wieso kann ein Prinzipal, der einen Agenten mit der Erledigung einer Aufgabe betreut, weil ihm selbst die notwendigen Voraussetzungen dafür fehlen, den Bericht des Agenten anschließend «schonungslos auseinander nehmen»? Im Laufe der Jahre meiner Kooperation mit der NEB ergaben sich viele Beispiele, die mich erkennen ließen, dass den Mitarbeitern der NEB in solchen Fällen wenig anderes übrig bleibt, als sich auf ein Kreuzverhör einzulassen. Sie sind nämlich in der unangenehmen Situation, dass man sie leicht täuschen kann. Das liegt an der großen räumlichen und sozialen Entfernung zu der Realität, über die berichtet wird. Es liegt vor allem aber daran, dass ein Raster von gängigen und stabilen Orientierungsdaten, das in vergleichbaren Situationen zur Plausibilitätsprüfung spontan herangezogen werden kann, im Fall der Entwicklungskooperation fehlt. Man operiert ständig ohne festen Boden unter den Füßen. Dieser Sachverhalt führt dazu, dass Consultings im Entwicklungsgeschäft leichter als anderswo mit Blendwerk arbeiten. Durch schonungslose Kreuzverhöre versuchen die Projektmanager herauszufinden, ob sie es mit einem solchen Blendwerk zu tun haben. Das ergibt allerdings eine unübersehbare Schräglage in der Dramaturgie der Diskussion: Die eine Partei tritt mit dem Image unantastbarer Integrität auf und unterstellt der anderen Partei implizit einen prinzipiellen Integritätsmangel. Die Machtdifferenz der beiden Parteien ist so groß, dass diese Situationsdefinition unangreifbar bleibt.

Neben der Selbstzuschreibung höchster Integrität und Professionalität sowie der gleichzeitigen Hilflosigkeit des Prinzipals gegenüber dem stets verdächtigen Agenten gibt es noch einen weiteren Grund für die merkwürdigen Kreuzverhöre. Die NEB lässt die meisten Gutachten nicht deshalb erstellen, weil sie mehr und andere Sachinformationen benötigt. Vielmehr geht es darum, dass zwischen bereits vorhandenen und feststehenden Optionen besser entschieden werden kann, wenn man eine hausexterne Meinung dazuholt, die dann den Ausschlag gibt. Das hat einen doppelten Vorteil: Erstens werden intern bestehende Meinungsverschiedenheiten und sich aufbauende Konflikte entschärft, indem man einen Teil der Entscheidungsverantwortung nach außen abtritt. Letzteres ist dann zweitens für eventuelle Folgeprobleme günstig, denn nun kann man bei Fehlschlägen auf den externen Gutachter verweisen. Dieser Typ der Problemauslagerung und der Umgehung von Niederlagen für NEB-Mitarbeiter steht unter dem Vorzeichen der vorherrschenden Norm der Integrität und der Gesichtswahrung.

Übrigens gilt diese Figur der Auslagerung problematischer Aktivitäten natürlich in erster Linie für die Durchführung von Projekten. Gäbe es innerhalb der NEB neben den schon bestehenden Abteilungen noch eine weitere, die operative Projektimplementation betriebe – also genau das täte, was die Consultants tun –, wäre die Organisation mit einem internen Konfliktpotential beladen, das sie kaum verarbeiten könnte. Man stelle sich bloß einmal vor, was innerhalb der NEB geschehen würde, wenn die eine Abteilung für Projektvorbereitungsmaßnahmen ein gutes Jahr verwendet, dann aber von der Länderabteilung erwartet, dass sie das konkrete Projektdesign in vier Wochen vorlegt. Und dann gleich weiter: Die beiden Abteilungen einigen sich darauf, dass eine Eigenleistung der Wasserwerke von Baridi, Mlimani und Jamala darin bestehen soll, die Kundendaten bereitzustellen. Nach einem Jahr meldet die Durchführungsabteilung, dass die Kundendaten nicht in Sicht sind. Daraufhin antwortet die Länderabteilung: ‹Nun, das ist Euer Problem. Ihr seid schließlich die Experten. Das hättet Ihr vorher wissen müssen. Wir wollen jetzt Ergebnisse sehen.› Institutionelle Organisationen sind darauf angewiesen, derlei Probleme möglichst auszulagern. Die NEB ist eine in dieser Hinsicht besonders gelungene und raffinierte Organisation.

Nun ist es aber so, dass die beschriebenen Vorgehensweisen geradezu darauf angelegt sind, bei den Organisationsmitgliedern Unfehlbarkeitsgefühle zu fördern und damit *strukturelle Kurzsichtigkeit und strukturelle Amnesie* zu verursachen. Auch dazu hat unser Projekt schon diverse Musterbeispiele geliefert. So hat die NEB unsere Durchführbarkeitsstudie im Mai 1996 in dem überheblichen Tonfall desjenigen kritisiert, der unfehlbar ist, nur um dann im Oktober in Mlimani zu erfahren, dass alle Kritikpunkte unzutreffend waren. Die problematischste Einstellung, die sich aufgrund der strukturellen Kurzsichtigkeit und Amnesie breitmacht, ist aber folgende: Entsprechend dem geltenden O-Skript delegiert die NEB die Ausführung von Projekten an Projektträger und Consultants. Während in Wirklichkeit Projekte maßgeblich nach dem I-Skript – und damit nach den Vorstellungen der NEB – durchgeführt werden, darf offiziell davon nicht die Rede sein. Dank der strukturellen Kurzsichtigkeit und Amnesie beginnen die Mitarbeiter der NEB irgendwann selbst ihre eigene Konstruktion zwecks Außendarstellung als bare Münze zu nehmen. Dazu gibt es eine hervorragende Motivation, denn so gesehen – also nach O-Skript – können sie für das Scheitern von Projekten niemals zur Rechenschaft gezogen werden.

Für unseren konkreten Fall seien hier nur die zwei wichtigsten Fälle zu diesem Punkt herausgegriffen: Es war die NEB, die die unglückliche Schnittstelle zwischen Software-Entwicklung und Verbesserung der Kundendaten gegen den professionellen Rat des Consultants letztendlich durchgesetzt hat. Und es war ebenfalls die NEB, die gegen den Rat des Consultants darauf bestand, dass das Projektziel über die Möglichkeiten hinausgehen soll, die der 1996 in Ruritanien geltende rechtlich-politische Rahmen legitimierte, ohne gleichzeitig die dafür notwendigen Voraussetzungen eines Pilotprojektes garantieren zu können. Jetzt, ein knappes Jahr nach dem Mlimani-Workshop, wenn die Sache aus genau diesen zwei Gründen schief zu gehen droht, treten die zuständigen Mitarbeiter der Entwicklungsbürokratie mit jener Rhetorik der Unfehlbarkeit auf, die im Sinn ihrer institutionellen Organisation so funktional ist. Der Consultant habe sich diese Suppe eingebrockt, nun solle er sie auch auslöffeln. Schließlich wurde er doch als kompetentester Kenner der Materie mit dieser Aufgabe betraut. Und ganz im Sinn der hoch entwickelten Kunst der Gesichtswahrung halten sich die Vorgesetzten dieser Mitarbeiter elegant zurück. Dies erscheint insofern möglich, als institutionelle Organisationen neben der losen Kopplung und der Inszenierung einer nicht-hinterfragbaren Vertrauenswürdigkeit noch eine weitere Eigenart herausbilden, um mit den Inkonsistenzen ihrer Anforderungen fertig zu werden.

Rituelle Evaluation

Es gelingt institutionellen Organisationen – oder vielmehr: es muss ihnen gelingen –, *Leistungskontrolle in rituelle Evaluation* zu übersetzen.[31] Auch diese Übersetzungsleistung lässt sich am besten zunächst am Wissenschaftsbetrieb vergegenwärtigen. Ein beliebtes Beispiel ist die Bewertung der Lehrenden einer Universität durch die Lernenden. Im Land seiner Erfindung, in den USA, in denen die Studenten hohe Studiengebühren zahlen, mag dieses System einen gewissen Sinn machen: Die Bewertung wird im Rahmen vorgeschriebener Pflichtveranstaltungen durchgeführt, denen die Studierenden nicht ausweichen können. An manchen normesischen Universitäten, an denen dieses Verfahren eingeführt wurde, setzt man es nun auch in Lehrveranstaltungen ein, die die Studierenden freiwillig besuchen. Das bedeutet praktisch, dass all diejenigen, die mit dem Lehrenden nicht zufrieden sind, nach ein paar Sitzungen ohne Schaden wegbleiben. Diejenigen, die bis zur letzten Sitzung durchhalten und den Evaluationsbogen ausfüllen, sind also die, die aus Interesse geblieben sind. Obwohl das Verfahren nach jeder statistischen Stichprobentheorie zu keinen brauchbaren Ergebnissen führt, wird es weiter betrieben und generiert tatsächlich Legitimität.[32]

Im Organisationsfeld der Entwicklungskooperation sieht es ähnlich wie in der Wissenschaft aus. Gemäß Definition geht es um kein Geschäft und folglich kann sich auch kein Preismechanismus herausbilden, der Erfolg von Misserfolg trennen würde. Die Betonung kann deshalb nicht auf dem Ergebnis liegen, sondern muss auf das Verfahren verschoben werden. Weiterhin ist die Bedeutung der Verfahrens-Überwachung damit verbunden, dass die Beziehung des Kreditgebers zum Kreditnehmer aufgrund des geltenden Selektionsprinzips der Kreditunwürdigkeit von einem habituellen Misstrauen geprägt ist. Analog dazu herrscht ein habitualisiertes Misstrauen auch gegenüber den Consultings, weil diese durch ihren Wissensvorsprung den Financier relativ leicht täuschen können. Im Resultat entwickelt sich ein dichtes Netz an Verfahrensvorschriften und Überwachungsmechanismen, die offiziell sicherstellen sollen, dass die zur Verfügung gestellten Ressourcen effektiv und ausschließlich für die Zwecke eingesetzt werden, für die sie ursprünglich vorgesehen waren. Diese Beobachtung lässt sich präzisieren, wenn man berücksichtigt, dass man es mit institutionellen Organisationen zu tun hat.

Man einigt sich hier auf Prüfungsprozeduren, die so angelegt sind, dass sie das System nicht insgesamt in Frage stellen können. Vollkommen ausgeschlossen darf ein negatives Prüfergebnis indes aber auch nicht sein, weil hundertprozentige Erfolge sich selbst unglaubwürdig machen. In diesem Sinn geeignete Prozeduren werden dann wie Rituale in regelmäßigen Abständen zur Legitimation ausgeführt. Auch wenn dieses Argument nach einem harschen Vorwurf der Täuschung klingt, ist das gerade nicht der Punkt. Vielmehr soll damit gesagt sein: Institutionalisierten Organisationen, die widersprüchliche Erwartungen befriedigen müssen, bleibt nichts anderes übrig, als bei der Evaluation auch wieder so zu verfahren, wie schon bei der losen Kopplung formaler Strukturen und konkreter Praktiken. Evaluationen müssen so angelegt sein, dass sie die unvermeidlichen Inkonsistenzen institutioneller Organisationen nicht aufdecken.

Konkret heißt dies: Auf der einen Seite weiß alle Welt, dass am Ende eigentlich nur die Frage zählt: ‹Hat der Input durch die Entwicklungskooperation eine nachhaltige Entwicklung in Gang gesetzt, die zu einem menschenwürdigeren Leben führt oder nicht?› Auf der anderen Seite ist das ganze Organisationsfeld ständig damit beschäftigt, Fakten und Zahlen zu produzieren, die die unmittelbaren Wirkungen einzelner Projekte in klar definierten Kontexten messen sollen. Dafür geeignete Indikatoren müssen von Anbeginn so definiert werden, dass genau der Punkt ausgeklammert bleibt, um den es eigentlich geht. Daran haben nicht nur die Manager der institutionalisierten Organisation NEB ein Interesse, sondern auch die übergeordneten Instanzen. Die Aufsichtsbehörden – also die beiden Ministerien für Finanzen und für Entwicklung – sind selbst daran interessiert, dass die von ihnen beaufsichtigte NEB so evaluiert wird, dass es zu keiner öffentlichen Blamage kommt. In diesem Sinn erstaunt es mich kaum, dass – wie Sie sagen – ein MEK-Mitarbeiter Ihnen eröffnet hat, ein «NEB-Fan» zu sein.

Sowohl die Notwendigkeiten als auch die Möglichkeiten der Ritualisierung von Evaluation sind im Bereich der Entwicklungskooperation höher, als in anderen Feldern institutionalisierter Organisationen, wie etwa Gesundheit und Bildung im eigenen Land, wo es ähnlich läuft. Die *Notwendigkeiten* sind allein schon deshalb höher, weil der Widerspruch zwischen den offiziellen Darstellungsgeboten, die sich aus dem Narrativ der Gleichheit, und den praktischen Handlungsanweisungen, die sich aus dem Narrativ des Forschritts ergeben, schärfer ausfällt, als vergleichbare Widersprüche in anderen Feldern. Die *Möglichkeiten* der Ritualisierung von Evaluation sind hingegen deshalb vergleichsweise höher, weil die praktische Arbeit der Entwicklungskooperation weit weg, etwa in Ruritanien, stattfindet. Die sonst üblichen Mechanismen der kritischen Korrektur durch die Medien oder das politische System greifen im Organisationsfeld der Entwicklungskooperation gar nicht oder nur sehr zögerlich: Der soziopolitische Raum, in dem die Leistungen der Entwicklungszusammenarbeit erbracht werden, ist von dem soziopolitischen

Raum, in dem über die Konzeption und die Evaluation der Entwicklungszusammenarbeit entschieden wird, mehr oder weniger vollkommen getrennt.

Oder anders gesagt: Diejenigen, die kontrolliert und evaluiert werden sollen – die institutionellen Organisationen, die im Namen des Steuerzahlers Ressourcen in die armen Länder transferieren, um dort eine nachhaltige Entwicklung in Gang zu setzen – sind gleichzeitig auch diejenigen, die ein weitgehend unangefochtenes Darstellungsmonopol ihrer eigenen Wirkungen haben. Und der Prinzipal MEK, der die NEB als Agent beauftragt, in seinem Namen bestimmte Aufgaben wahrzunehmen, ist selbst daran interessiert, dass dieses Darstellungsmonopol zumindest gegenüber der Öffentlichkeit erhalten bleibt. Einen untrüglichen Hinweis auf diesen Zusammenhang hat man Ihnen bei Ihrem Besuch im Ministerium gegeben, wie Sie selbst erzählt haben: Das MEK kontrolliert die NEB nicht, sondern löst mit ihr gemeinsam und partnerschaftlich Probleme.

Im Endeffekt müssen die beschriebenen Mechanismen der Erfolgsabsicherung institutioneller Organisationen in der Überzeugung münden, dass Entwicklungskooperation darin bestünde, feststehende Modelle zu transferieren. Ohne diese Überzeugung – im Jargon des Feldes als ‹blueprint approach› bekannt – ließe sich die rituelle Erfolgsabsicherung der federführenden institutionellen Organisationen nicht aufrechterhalten. Denn ohne Interventionsziele, die *im Voraus* festgelegt wurden, könnte man keine Rechenschaft über erzielte Erfolgsquoten ablegen, und ohne Rechenschaft wäre die Legitimität der ganzen Entwicklungszusammenarbeit radikal in Frage gestellt. Es gibt zwar eine verbreitete und vehemente Kritik an dem ‹blueprint approach› auch innerhalb der Organisationsfelder der Entwicklungszusammenarbeit, doch die kann unter den gegebenen Umständen wenig mehr als ein Lippenbekenntnis sein.[33]

Nun hat die Überzeugung, dass Entwicklungszusammenarbeit in einem Modelltransfer besteht, insbesondere eine weitreichende Konsequenz: Wenn die Interventionen nicht das bewirken, was sie bewirken sollten, bietet sich im Rahmen des vorherrschenden Deutungsschemas für dieses Misslingen vor allen Dingen die Erklärung an, dass die Modelle an ihrem Zielort, etwa in Ruritanien, nur wie potemkinsche Fassaden aufgebaut wurden, um dahinter das alte Spiel fortzuführen. Auch wenn man dieser Diagnose eine gewisse empirische Plausibilität zugestehen muss, beruht sie auf einem *elementaren Irrtum*. Die implizite Annahme der Diagnose des substanzlosen Fassadenbaus ist nämlich diese: Der Modelltransfer könnte dadurch verbessert werden, dass man versucht, eine enge Kopplung zwischen dem Modell und den lokalen Praktiken herzustellen. Damit wird die Tatsache verborgen, dass der Erfolg der Modelle an der Stelle, wo man sie herholt – also in Euro-Amerika –, eben nicht auf einer engen, sondern auf einer losen Kopplung beruht. Mehr noch: Die Tatsache, dass die Organisation der Entwicklungskooperation selbst überhaupt erst durch lose Kopplung ermöglicht wird, fällt bei diesem Deutungsschema unter den Tisch.

Das wiederum führt schließlich dazu, dass alle Fehlerdiagnosen, die im Rahmen dieses Deutungsschemas erstellt werden, nicht greifen, weil sie sowohl von den Mechanismen, die in Wirklichkeit zum erfolgreichen Funktionieren von Organisationen führen, als auch von den tatsächlichen Mechanismen der Entwicklungszusammenarbeit selbst ablenken. Damit ist aber auch der Blick auf die Fehler der Entwicklungszusammenarbeit selbst verbaut. Das einzige Problem, das sich von dieser Warte offiziell zeigt, liegt in den Soziokulturen der Empfängergesellschaften. An dieser Stelle betritt die Ethnologie die Arena und hat sich folglich nur für diese Gesellschaften bzw. Problemlagen zu interessieren. Damit erweist sie der Selbstinszenierung der Entwicklungskooperation einen unbezahlbaren Dienst.

Das Erkenntnismodell

Das institutionelle Arrangement, das den Blick der Entwicklungs-Ethnologie entsprechend den Vorgaben des Organisationsfeldes diszipliniert und auf die soziokulturellen Faktoren lenkt, enthält neben den erwähnten durchmachteten Organisationsmechanismen eine epistemologische Voraussetzung. Es wird davon ausgegangen, dass es «dort draußen» in der Realität objektive Strukturen gibt. Dabei macht es hier keinen Unterschied, ob die Ansätze, die auf dieser Basis operieren, skeptisch-resigniert von einem stählernen Gehäuse, empört-revolutionär von einer Kolonisierung der Lebenswelten durch Systemrationalität oder affirmativ-hoffnungsvoll von Fortschritt sprechen. Unabhängig von den politischen Bewertungen wissen die Vertreter dieser unterschiedlichen Ansätze hinter den beobachtbaren Entwicklungen objektiv gegebene Kräfte am Werke. Und alle drei Ansätze meinen, dass sie selbst außerhalb dessen stünden, was sie beobachten und beschreiben. Damit argumentieren sie innerhalb der Basisfigur der Moderne: Wissenschaftliches Wissen zielt darauf ab, die gesellschaftliche und natürliche Welt dadurch beherrschbar zu machen, dass man ihre inneren Gesetzmäßigkeiten entdeckt, um sie anschließend für die Errichtung einer besseren Welt zu nutzen.

Alle entsprechenden Ansätze der Entwicklungszusammenarbeit beruhen damit auf einer gemeinsamen Unterscheidung, die sie nicht problematisieren: Indem sie an der Bereitstellung eines nomologischen Wissens arbeiten, mit dessen Hilfe in fernen sozialen Welten etwas errichtet werden soll, das seine inneren Gesetzmäßigkeiten hat, verschieben sie die sozial- und kulturwissenschaftliche Erklärungsnotwendigkeit auf die Seite solcher Phänomene, die nicht im Einklang mit diesen Gesetzmäßigkeiten stehen. Entsprechend dieser Unterscheidung sind auf einer konkreteren Ebene nicht die Pflastersteine – Organisation, Staat, Markt –, sondern allein das Gras soziokulturell erklärungsbedürftig, das in den Ritzen zwischen den Pflastersteinen wächst. Für die einen mag es störendes Unkraut sein, für die anderen ein grüner Hoffnungsschimmer auf die authentische Lebenswelt unterhalb des Pflasters. Für beide aber ist klar, dass sich die Pflastersteine selbsterklärend aus dem Lauf der Dinge ergeben und deshalb hart sind.

Man erstellt überprüfbare Befunde sozialer Gemengelagen und interpretiert die Ergebnisse als Wirkungen dahinter steckender Ursachen. Die Denkfigur lautet immer: Das ist der Fall, und das steckt dahinter. Das, was man nun hinter dem Fall vermutet (etwa Ausdifferenzierung und Rationalisierung) hält man für das Reale – für die harten Pflastersteine –, das unabhängig von seiner Beobachtung und Repräsentation existiert, obschon man es sich gerade ausgedacht hat. Die Dinge, die Sozial- und Kulturwissenschaften ursprünglich erklären wollten – Strukturen und Gesetzmäßigkeiten von Gesellschaft und Kultur, eben die Pflastersteine –, werden aus dieser Art von Analyse ausgeklammert bzw. explanans und ad explananda werden vertauscht. Solange man diese Vorgehensweise für selbstverständlich richtig und in der Sache begründet hält, findet eine wechselseitige Stabilisierung zwischen hegemonialen Gesellschaftsmodellen und Gesellschaftsanalyse statt. Zu dieser Stabilisierung kommt es aufgrund einer *Verwechslung von Ursache und Wirkung*.[34]

Bei der Analyse von Entwicklungs- bzw. Transformationsprozessen läuft diese Vertauschung von Ursache und Wirkung darauf hinaus, die westliche Welt als Höhepunkt der Systemrationalität zum Normalfall der Geschichte zu stilisieren. Alle anderen Gesellschaften scheinen hingegen auf die Erlösung aus dem Dunkel ihrer Kultur zu warten. Dieses Ergebnis widerspricht freilich den meist ehrenhaften Absichten der häufig emanzipatorisch orientierten Autoren, die eigentlich Menschen und Lebenslagen repräsentieren wollten, die keine Stimme haben. Doch gerade diese Fixierung auf das Informale, Marginale, Unterdrückte – eben auf das Gras – führt dazu, dass das Formale, Zentrale, Dominante – die Pflastersteine – in

die unerreichbare Sphäre der Systemrationalität abdriftet und infolgedessen un-
hinterfragbar und alternativlos stehenbleibt. Einer der Nebeneffekte dieser Unterscheidung macht die Ökonomie zur Leitwissenschaft, die für das Fortschreiten der
Systemrationalität unter dem Namen ‹Markt› zuständig ist. Dies drückt sich unter
anderem darin aus, dass die großen Entwicklungsorganisationen selbstverständlich
von Ökonomen dominiert werden. Die anderen Wissenschaften sind dann automatisch für die Folgen der Rationalisierung und für die Widerstände zuständig, die
sich ihr hin und wieder in den Weg stellen: das Informale, die Kultur und das so
genannte lokale Wissen. Der Vordenker dieser grundlegenden Unterscheidung ist
Descartes, worauf Ernest Gellner in pointierten Sätzen hinweist:

Descartes will auf der Ebene der Erkenntnis ein self-made-man sein. Er ist der
Samuel Smiles der Erkenntnisbranche. Irrtum ist kulturbedingt, und Kultur ist eine
Art systematischer, gemeinschaftlich verursachter Irrtum. Es gehört zum Wesen
des Irrtums, dass er gemeinschaftlich herbeigeführt wird und sich im Laufe der
Geschichte immer weiter vermehrt. Durch Gemeinschaft und Geschichte versin-
ken wir im Irrtum, und wir entkommen ihm durch einsame Entwürfe und Pläne.
(...) Der wichtigste Punkt in Descartes' Darstellung der Situation des Menschen ist
dieser: Um sich der Vernunft zu bemächtigen und der Kultur zu entkommen, muss
man alle Irrtümer transzendieren, die der Kultur entstammen, und auf die inneren
Zwänge einer besonderen Art achten.[35]

Sobald diese Position dermaßen kompromisslos ausgesprochen wird, ist heute
kaum noch jemand bereit, sich dazu zu bekennen. Gleichwohl behaupte ich, dass
diese Position der feste Boden ist, auf dem Entwicklungszusammenarbeit stattfindet. Dieser Boden sieht in der treffenden Zusammenfassung Gellners folgendermaßen aus:

Die Rationalisierung der Welt hat zwei unterschiedliche, aber miteinander
zusammenhängende Aspekte. Auf der einen Seite geht es um die fortschreitende
und umfassende Durchsetzung des Prinzips der Effektivität: um die kühle Auswahl
des besten verfügbaren Mittels für gegebene, klar formulierte und isolierte Ziele.
Dieses Prinzip gilt insofern als rational, als für die Wahl der Mittel idealerweise
keine anderen Kriterien zugelassen werden, als das der Optimierung der Zweck-
Mittel-Relation. Auf der anderen Seite geht es um die fortschreitende und umfassende Durchsetzung des Prinzips der Symmetrie: gleiche Fälle sind gleich zu
behandeln. Das Symmetrieprinzip ist eine unwillkürliche Folge des Effektivitäts-
prinzips: Ein effektiver Akteur wird nicht nur alle für ein gegebenes Problem
irrelevanten Überlegungen ausschalten, sondern immer die gleiche Lösung wählen,

wenn er an ein Problem des gleichen Typs gerät. Auf diese Weise kann er seine
Effektivität vervielfachen. Die Rationalität besteht hier somit darin, gleiche Fälle
gleich zu behandeln, Regelmäßigkeit und Kohärenz einzuhalten und so eine wohl-
bestimmte Ordnung des Handelns zu schaffen. Das Handeln wird dadurch trans-
parent, voraussehbar und kontrollierbar. Die Macht der Kontrolle wird indes
weitgehend unsichtbar, insofern sie sich mit den inneren Gesetzmäßigkeiten der
Abläufe gleichschaltet.[36]

Obschon beide Seiten der Rationalisierung – Effektivität und Ordnung –
offenkundig für Wirtschaft, Bürokratie und Wissenschaft gleichermaßen wichtig
sind, haben sich unterschiedliche Nuancen herausgebildet, so dass die unternehme-
rische Organisation für Effektivität, die bürokratische Organisation für symmetri-
sche Ordnung und die wissenschaftliche Organisation für Objektivität steht. Dies
liegt daran, dass die Berücksichtigung des Ordnungsprinzips ab einem gewissen
Punkt die Effektivität reduziert, wie umgekehrt die Befolgung des Effektivitäts-
prinzips ab einem gewissen Punkt das Ordnungsprinzip verletzt. Schließlich würde
man die Wahrheit verfehlen, wenn man auf dem Weg dorthin zu viel Gewicht auf
Kosten und starre Ordnungsprinzipien legen würde.

Den beiden Seiten der Rationalität – Ordnung und Effektivität – liegt etwas
Drittes zugrunde und darauf möchte ich hinaus: Es wird korrespondenztheoretisch
unterstellt, dass rationale Aussagen über externe Referenten dem entsprechen, was
diese Referenten tatsächlich sind. Daraus resultiert die Vorstellung, dass es ein
gemeinsames Maß für alle Tatsachen gibt, eine universelle begriffliche Währung.
Das bedeutet, dass alle Tatsachen innerhalb eines einzigen, kontinuierlichen logi-
schen Raumes liegen. Aus dieser Prämisse folgt wiederum, dass alle Aussagen über
Tatsachen in diesem Raum verbunden und aufeinander bezogen werden können.
Ebenso ergibt sich daraus, dass man jede beliebige Sprache in ein einheitliches
Idiom übersetzen kann, das sich auf eine kohärente Wirklichkeit bezieht und diese
auch erfasst: auf einen *Metacode*, in den sich alle *Kulturcodes* übersetzen lassen.

Zur Angleichung und Homogenisierung von Fakten gehört schließlich noch
das Prinzip der Trennung alles Trennbaren, das im Anschluss an Descartes als
‹esprit d'analyse› bekannt ist. Konkret heißt das beispielsweise: zur Optimierung
der Zweck-Mittel-Relation muss der Wissenschaftler / Bürokrat / Unternehmer
moralische, ästhetische, ökonomische, rechtliche und politische Dimensionen
trennen können. Rationalisierung ist in diesem Sinn instrumentell und läuft auf
eine restlose Durchsetzung von Kohärenz und Effektivität hinaus. Entsprechend
der großen sinnstiftenden und legitimierenden Erzählung der Moderne ist Fort-

schritt somit zunächst Rationalisierung als Erkenntnisfortschritt. Was die Modernen heute noch nicht wissen, meinen sie später einmal herauszufinden. Das Wissen der Moderne scheint sich wie das Kapital ständig zu akkumulieren.

Die Art der Entwicklungszusammenarbeit, wie sie seit knapp fünfzig Jahren betrieben wird, macht nur auf dem so skizzierten Boden Sinn. Allerdings wird dieser Boden seit ungefähr zwanzig Jahren im Entwicklungsdiskurs äußerst wirkungsvoll durch eine kulturrelativistische Rhetorik verschleiert. Entsprechend einer Schlüsselunterscheidung der Moderne wird epistemischer Relativismus mit fragloser Selbstverständlichkeit negiert, wogegen ethischer und ästhetischer Relativismus mit viel Aufwand zum Schleier der Entwicklungszusammenarbeit verwoben werden. Meines Erachtens hängt die unendliche Fehlerschleife, in der sich die Entwicklungszusammenarbeit bewegt, mit der offiziellen Beschränkung auf das skizzierte Erkenntnismodell zusammen. Um einen möglichen Ausweg zu finden, muss man eine Perspektive einnehmen, aus der man beobachten kann, wie sich die Spielregeln des Organisationsfeldes der Entwicklungszusammenarbeit aus den organisatorischen Gegebenheiten und den epistemologischen Voraussetzungen des Feldes ergeben, noch bevor man den rationalen Zweck der Praktiken dieses Feldes ins Auge fasst.

Die verborgene Seite des Erkenntnismodells

Die vorhin mit Gellner beschriebene Institutionalisierung der Rationalisierungsidee ist die einzige Institutionalisierung, die sich unweigerlich selbst delegitimiert und sich damit auf Dauer selbst de-institutionalisiert. Es ist diese Abklärung der Aufklärung, die vor unseren Augen läuft, während über Kernspaltung, Klimaveränderungen, Rinderwahn, Bio- und Anthropotechnologie, aber eben auch über nachhaltige und globale Entwicklung gestritten wird. An diesem Prozess der unaufhaltsamen Selbstdelegitimierung des Rationalismus lassen sich drei miteinander verbundene Mechanismen unterscheiden.

Ein besonderes Charakteristikum postindustrieller Vergesellschaftung besteht darin, dass sich der Charakter der Arbeit radikal verändert hat. Arbeit ist im wesentlichen nicht mehr Manipulation von Dingen, sondern von Bedeutungen. Zusammen mit der industriellen Arbeitsteilung und der Mobilität der Arbeitskräfte erfordert dieser Sachverhalt von den Menschen eine besondere Kompetenz: Sie müssen in dem einzig zugelassenen Standardidiom kommunizieren, um sich kontextunabhängig verständlich machen zu können. Wer seinen Beruf – wie beispielsweise unsere drei Ingenieure in den Wasserwerken von Baridi, Mlimani und Jamala – in Indien gelernt hat, muss in Ruritanien oder in Normland arbeiten und die teils noch gar nicht geschriebenen Handbücher seines Berufs lesen können.[37]

Wissen, das sich in dem einen zugelassenen universellen Standardidiom kommunzieren lässt, muss sich selbst als objektives – und damit immer als wissenschaftliches – Wissen verstehen, das im Gegensatz zu narrativem Wissen losgelöst von sozialen Kontexten existiert. Nun entsteht es aber nicht im luftleeren Raum, sondern in abgetrennten, darauf spezialisierten Institutionen (auf die ich später noch unter dem Namen Rechen(schafts)zentren zurückkommen werde). Durch die Auslagerung der Wissensproduktion hinter die Mauern solcher Institutionen verändert sich wiederum das Verhältnis der Gesellschaft zu ihrem eigenen Wissen, das ihr zunehmend suspekt vorkommen muss, wo es kein wissenschaftliches Gutachten ohne Gegengutachten gibt.

Mit seiner Einbettung ist auch die Selbstbegründung des Wissens problematisch geworden, was den zweiten Mechanismus der Selbstdelegitimierung ausgelöst hat. Das unauflösbare Rätsel, wie sich Wissen selbst begründen kann und welche Rolle Ideologie und Macht dabei spielen, ist vermutlich zwar so alt wie die Menschheit. Doch seine volle Entfaltung hat dieses Rätsel in der Phase erreicht, als sich die modernen Industriegesellschaften – die transzendentale Autoritäten ablehnen und sich ausschließlich auf selbst begründetes Wissen berufen – zu postindustriellen Informationsgesellschaften gewandelt haben. Erst Informationsgesellschaften können sich ihrer eigenen Kommunikation als Realität und Problem bewusst werden, und Lyotard ist einer der frühen konsequenten Analytiker diese Aporie:

Um die Frage: Wie beweist man den Beweis? oder allgemeiner: Wer entscheidet über die Bedingungen des Wahren? zu beantworten, wendet man sich von der metaphysischen Untersuchung eines ersten Beweises oder einer transzendenten Autorität ab und anerkennt, dass die Bedingungen des Wahren, also die Spielregeln der Wissenschaft, diesem Spiel innewohnen, und dass sie nicht anders als im Rahmen einer selbst schon wissenschaftlichen Auseinandersetzung begründet werden können und es keinen anderen Beweis für die Güte der Regeln gibt als den Konsens der Experten.[38]

Die Anwendung des wissenschaftlichen Objektivitätsanspruchs auf diesen Anspruch selbst beweist somit die Unmöglichkeit eines Objektivitätsbeweises. Damit verändert sich die Konstitution der Spielregeln rationalistischer Beweisverfahren, denn die Beobachtung, dass diese Regeln nur durch den Konsens der Experten autorisiert sind, zieht sogleich die Frage nach sich: «Wer entscheidet, was Wissen ist, und wer weiß, was es zu entscheiden gilt?» Diese Frage führt wiederum zu der rechtlich-politischen Ordnung derjenigen, die sich auf Spielregeln zu verständigen haben und dafür die Autorisierung und die Anerkennung einer Öffentlichkeit brauchen. Am Ende steht somit eine *rechtlich-politische Setzung*, mit deren Hilfe man richtige von falschen Aussagen unterscheiden kann. Objektivität ist danach nicht mehr und nicht weniger als die Konformität einer Aussage mit den Begründungs-normen, die in der Gemeinschaft gültig sind, welche darüber zu befinden hat, ob die Aussage richtig oder falsch ist.[39]

Der dritte Mechanismus, der zu einer Selbstdelegitimierung des Rationalismus geführt hat, kommt von dem anderen Strang des Metanarrativs der Moderne. Auch hier gilt vermutlich die Beobachtung, dass das Thema zwar so alt wie die Mensch-heit ist, doch erst im Kontext des Postkolonialismus seine gegenwärtige Zuspit-zung entfalten konnte. Aus der Perspektive des Emanzipationsnarrativs sieht es so aus, dass der rationale Diskurs seine Legitimität primär aus der Autonomie und Gleichheit der Gesprächspartner bezieht. Nun bedeutet diese Autonomie und Gleichheit der Gesprächspartner vor allen Dingen aber, dass sie ihren freien Willen keinen andernorts gültigen Wahrheiten unterordnen müssen. Diese Spielregel ist legitimiert durch die Unmöglichkeit zu beweisen, dass eine ‹wahre› Aussage zwin-gend zu einer normativ und dann wieder zu einer präskriptiv ‹richtigen› Aussage führt. Das Emanzipationsnarrativ fordert deshalb eine Teilung der Vernunft in eine kognitiv-theoretische und eine praktische Vernunft. Diese Teilung entzieht dem an der Wahrheit orientierten wissenschaftlichen Diskurs die Befugnis, lebens-praktische Entscheidungen zu reglementieren. Das Verhältnis von Wahrheit auf der einen Seite und Gerechtigkeit und Konsens bzw. Solidarität auf der anderen Seite ist damit vertrackter geworden. Nach der Emanzipation der Emanzipations-erzählung von der Rationalisierungserzählung laufen beide Narrative nun als Sprachspiele mit je eigenen Regeln nebeneinander her. Sofern die Gültigkeit des Metanarrativs vom Fortschritt davon abhängt, beide Erzählungen integrieren zu können, hat es sich durch diese Trennung selbst delegitimiert.[40] Nun macht aber Entwicklungskooperation ohne Glauben an einen Fortschritt, der eben gerade durch die Beherrschbarkeit gesellschaftlichen Wandels Emanzipation herbeiführt, schlicht keinen Sinn. Die Frage ist also, wie wird mit diesem Widerspruch umge-gangen?

Übersetzungsketten

Während die Fortschrittserzählung in ihren heimischen Gefilden ziemlich angeschlagen ist, bleibt sie in der Entwicklungskooperation davon weitgehend unberührt. Noch erstaunlicher ist aber die Tatsache, dass Weltanschauungen, die in den
Ländern des Südens lebendig sind und die moderne Fortschrittserzählung radikal
anzweifeln, im Entwicklungsdiskurs so gut wie gar nicht in Erscheinung treten.[41]
Genauer gesagt treten sie schon in Erscheinung, allerdings in einer aufschlussreichen Reduktion: nicht als alternative *Reflexionsdispositive*, die eine andere Welt in
Aussicht stellen, sondern als *soziokulturelle Faktoren*, deren Wirkung man berechnen
möchte, um den Fortschritt noch besser steuern zu können. Woher also kommt
diese eigentümliche Verblendung?

In der offiziellen Legitimation der Entwicklungspolitik müssen zwei sich
wechselseitig widersprechende Narrative untergebracht werden. An erster Stelle gilt
die Erzählung von der ungleichen Verteilung des Fortschritts und der sich daraus
ergebenden Pflicht der Fortgeschrittenen, in diesem Sinn etwas mehr distributive
Gerechtigkeit herzustellen. Damit gilt aber unweigerlich auch die Vorstellung von
der Gestaltbarkeit des Fortschritts. Sonst hätte die Pflicht der Fortgeschrittenen,
den Nachzüglern unter die Arme zu greifen, gar keinen Sinn. Mit der Gestaltbarkeit kauft man sich zudem die Möglichkeit universeller Objektivität ein, sonst wäre
wiederum die Gestaltbarkeit nicht vorstellbar. An zweiter Stelle gilt indes die
Erzählung von der Gleichheit und Souveränität aller Kulturen und Nationen.
Damit geht es zwar ebenfalls um *Gerechtigkeit*, nur eben aus einer anderen Perspektive. Gerechtigkeit durch gestaltbaren Forschritt verweist auf ein Weltbild des
Universalismus, Gerechtigkeit durch souveräne Gleichheit hingegen auf ein Weltbild
des *Relativismus*. Im Prinzip können diese beiden Entwürfe nicht gleichzeitig gelten.
Die Lösung besteht darin, sie unterschiedlichen Kontexten zuzuweisen.

Zwischen Idee und Materialisierung wandert dieses Paradox durch mehrere
Abschnitte einer langen *Übersetzungskette*, die mit anderen Ketten zu einem Netz
verwoben ist, in dem Ideen und Artefakte global zirkulieren.[42] Der erste Abschnitt
dieser Kette – auch wenn sie keinen Anfang hat, muss man bei der Darstellung
irgendwo ansetzen – verbindet das Ministerium für Entwicklungskooperation
(MEK) mit der Öffentlichkeit, die hier in Form von Medien, einzelnen Politikern
und Parteien auftritt. Eine einflussreiche Strömung des entwicklungspolitischen
Diskurses ruft nach mehr distributiver Gerechtigkeit auf der Welt. In diesem Sinn
fordert sie mehr Fortschritt in den armen Ländern durch mehr Engagement der
Regierung von Normland, die zu diesem Zweck einen höheren Prozentsatz des

Bruttosozialproduktes zur Verfügung stellen soll. Das professionelle Know-how der Experten des Feldes besagt hingegen, dass die Kapazitäten der Entwicklungs- länder zur produktiven Aufnahme von Inputs ohnehin schon überschritten sind. Von der Sache her müsste man die Inputs also eher reduzieren. Der Nachweis dieses Argumentes könnte aber nur gelingen, wenn man öffentlich macht, dass Programme scheitern, weil eben jene Kapazitäten überschritten sind.

Ein solcher Nachweis würde indes die Vertrauenswürdigkeit des ganzen Systems erschüttern, das sich zwischen Steuerzahler und Leistungsempfänger entfaltet hat, um einen korrekten Transfer von Ressourcen zu gewährleisten. Denjenigen, die ihr Steuergeld in der Entwicklungskooperation gut aufgehoben wissen, muss man den Einblick in die Kontingenzen und Unsachlichkeiten der getroffenen Entscheidungen ersparen. Frau Kunz, die einen Teil ihrer Lohnsteuer dafür abzweigt, dass Frau Kimambo in Jamala einen besseren Wasserservice bekommt, sollte die vielen Klippen, die zwischen ihrem Konto und dem Was- serhahn von Frau Kimambo liegen, besser nicht zu genau kennen. Einblick und daraus folgende Ernüchterung könnten für das ganze institutionelle Arrangement schwerwiegende Konsequenzen haben. Eine Offenlegung der tatsächlichen Pro- bleme würde gar auf die Demontage eines ganzen Weltbildes abzielen: Es liefe nämlich darauf hinaus, dass die wohlmeinenden Europäer sich mit einer Lebens- erwartung von 50 Jahren und einer Kindersterblichkeit von 30% in manchen Ländern des subsaharischen Afrikas abfinden müssten, weil diese Länder die Hilfe gar nicht verarbeiten können. Fortschritt erschiene dann nicht mehr. Eine solche Erschütterung ist aber nicht politikfähig und kann folglich nicht das Ziel der politischen Führung eines Ministeriums sein. Auch würde die Bekanntmachung der geringen Erfolgsaussichten den Ruf nach mehr Hilfe kaum revidieren. Eher würde die Bekanntmachung dazu führen, dass man die Kompetenz derjenigen, die mit der Entwicklungskooperation beauftragt sind, in Frage stellt. Weil man diesen Mechanismus aber durchschaut, hängt man die kritische Erfahrung nicht an die große Glocke. Zurück bleibt nur die Möglichkeit, eine zeremonielle Fassade zu errichten, hinter der man dann versuchen kann, die eingebauten Widersprüche geschickt auszubalancieren.[43]

Vom Ministerium aus kann man innerhalb des Übersetzungsnetzes unter vielen anderen Ketten derjenigen zur Entwicklungsbank folgen. Bei der Übertragung der paradoxen Aufgabe an die NEB geraten zwei andere Gesichtspunkte stärker in den Vordergrund, die aus der Logik dieser institutionellen Organisation stammen. In diesem Abschnitt der Übersetzungskette geht es primär um *Verfahrenskorrektheit und*

Effektivität. Damit wird das Narrativ der rationalen Gestaltbarkeit der Welt in einer bestimmten Weise verstärkt und konkretisiert: Die Durchführungsorganisation muss in erster Linie darauf achten, dass sie das MEK und die Öffentlichkeit davon überzeugt, dass sie ihren Auftrag korrekt ausführt und dafür nicht mehr Geld ausgibt, als unbedingt notwendig. Nun besteht zwischen Verfahrenstreue (als bürokratischer Methodik) und Effektivität (als Zielorientierung, die gerade weniger nach dem Weg als nach den Ergebnissen fragt), nicht nur ein wechselseitiges Bedingungsverhältnis, sondern gleichzeitig ein unaufhebbarer Widerspruch. Innerhalb des institutionalisierten Ausschnitts des Organisationsfeldes – soweit dieser Ausschnitt in den Geberländern liegt – wird dieser Widerspruch in einer spezifischen Weise entschärft: Es bilden sich zeremonielle Fassaden und lose Kopplungen, eine Aura der unzweifelhaften Vertrauenswürdigkeit sowie eine Ritualisierung der Evaluationsmechanismen heraus.

Von der NEB führt eine Kette direkt zu den ruritanischen Wasserwerken, während eine zweite über das private Unternehmen S&P ebenfalls zu den ruritanischen Projektträgern führt, wo die beiden Stränge also wieder zusammenkommen. Innerhalb der ersten Kette – zwischen Financier und Projektträger – kommt das *Gleichheitsprinzip* stärker zur Geltung. Die Partner der Entwicklungszusammenarbeit treten als Projektträger auf, denen Ressourcen zur Verfügung gestellt werden, die sie im Prinzip souverän bewirtschaften sollen. Hier sind wir also vom Emanzipationsnarrativ zum O-Skript gekommen, von dem schon häufiger die Rede war. Innerhalb der parallel verlaufenden zweiten Kette – zwischen Financier und Projektträger via Unternehmen – kommt hingegen vor allen Dingen das *Effektivitätsprinzip* zum Zug. Hier muss zeremonielle Evaluation in kaufmännische Rechenschaft übersetzt werden, denn andernfalls würde die NEB wegen Verschwendung von Steuergeldern in Verruf geraten.

Was also im vorausgehenden Abschnitt der Kette – zwischen MEK und NEB – noch zusammen lief, wird hier getrennt: in der einen Kette dominiert das Gleichheitsprinzip (und damit der Relativismus), in der anderen das Effektivitätsprinzip (und damit der Universalismus). Sofern es aber um die gleiche Sache geht, ist hier eine Falle in das Verfahren eingebaut. Der Versuch, diese Falle zu umgehen, besteht darin, ein zweites Skript einzuführen: Entgegen den Prämissen des O-Skripts wird der Unternehmer unter der Hand nach I-Skript direkt unter die Aufsicht des Financiers gestellt, um dessen Effektivität besser überprüfen zu können. Damit wird vermieden, dass das relativistische Gleichheitsprinzip, das den politisch korrekten Umgang zwischen Financier und Projektträger regelt, durch das universalistische Effektivitätsprinzip offen in Frage gestellt wird. Nun ist aber eine Aufführung mit zwei Skripten eine schwer kalkulierbare Angelegenheit. Die im Organisationsfeld überall zu hörende Sorge um die Vertrauenswürdigkeit der Verhandlungspartner und die weit verbreitete Obsession mit Fakten und Zahlen sind ein Ausdruck davon, dass die Trennung des Gleichheits- vom Effektivitätsprinzip nur streckenweise funktioniert und es bei der Zusammenführung regelmäßig zu Inkonsistenzen kommt.

Im Abschnitt der Übersetzungskette, in dem die alltägliche und praktische Entwicklungszusammenarbeit zwischen Consultant und Projektträger letztlich stattfindet, muss eine neue, für diesen Kontext angemessene Umgehung des Widerspruchs zwischen Partizipation (Relativismus / Partikularismus) und Modelltransfer (Objektivismus / Universalismus) gefunden werden. Offiziell heißt es dazu etwa von der tonangebenden Weltbank, dass die *Selbstbestimmung* der afrikanischen Projektpartner die wichtigste Voraussetzung für den Erfolg einer Maßnahme ist.

It is the actions of the Bank's borrowers that will ultimately have the greatest impact on project quality. For this reason, stronger borrower commitment to, participation in, and *ownership of Bank-financed operations* [Hervorhebung ED] are essential to success. (...) The challenge for the Bank is to change the ways it interacts with borrowers, from a pattern dominated by prescription, imposition, condition-setting, and decisionmaking to one characterized by explanation, demonstration, facilitation, and advice. Such a perspective (...) will lead to stronger borrower commitment and institutional capacities, better accountability for project performance, and ultimately a better Bank loan portfolio.[44]

In dieser offiziellen Formulierung wird indes unterschlagen, dass Selbstbestimmung mit den Vorgaben der so genannten ‹Geber› leicht in eine grundlegende Kollision geraten kann. Wenn man darüber hinaus von der Weltbank hört, dass die afrikanischen Partner das ‹project ownership› oder den ‹driver's seat› doch endlich übernehmen sollten, dann darf man folgern, dass diese Selbstbestimmung offenbar nicht ohne weiteres gegeben ist. Wenn aber die Durchsetzung ihrer Selbstbestimmung für die so genannten ‹Nehmer› ohnehin ein natürliches Interesse sein muss und für die so genannten ‹Geber› ebenfalls erstrebenswert erscheint, so mag man sich fragen, was in diesem Abschnitt der Übersetzungskette überhaupt das Problem sein soll.

Vertreter der afrikanischen Elite in Verwaltung und Management – in unserem Fall etwa die ruritanischen UWEs (Urban Water Engineers) – treten ihren Gesprächspartnern, die in der Rolle von Experten aus dem euro-amerikanischen

Fortschrittslager hierher kommen – etwa unserem S&P-Team –, mit zwei plausiblen Unterstellungen entgegen. Erstens nehmen sie an, dass wir von der universellen Gültigkeit unserer Modelle überzeugt sind. Denn sonst würden wir nicht als Experten auftreten und wären nicht so hoch bezahlt. Oder allgemeiner formuliert: Sonst würden die Weltbank, der IWF, die NEB und andere Organisationen dieser Art im Rahmen des ‹policy based lending› keine Bedingungen für die Kreditvergabe aufstellen. Solche Bedingungen können schließlich nur in der Überzeugung gründen, im Besitz eines objektiven Wissens und daraus abgeleiteter Modelle zu sein. Was wäre sonst der Sinn von Konditionalitäten, und wie könnte man sie ohne Modelle überhaupt definieren? Es wird zweitens unterstellt, dass an dieser Überzeugung auch etwas dran sein muss, denn sonst wäre der Westen nicht so überlegen.

Wenn diese hoch bezahlten Experten nun aber vorschlagen, dass die Gespräche dialogisch verlaufen sollen, weil es doch nur relative Gültigkeiten geben kann und es am Ende hauptsächlich auf Selbstbestimmung ankäme, unterstellen ihre ruritanischen Gesprächspartner, dass es sich hier um einen hintergründigen Spielzug handelt. Sie folgern, dass die Experten den eigenen Standpunkt nur für relativ erklären, um durch diese Täuschung etwas zu erreichen. Als Motive für diesen Spielzug werden je nach Kontext verschiedene Interessen vermutet, die sich auf wenige Themen reduzieren lassen. An erster Stelle argwöhnen die afrikanischen Gesprächspartner hier ein berüchtigtes Muster der Herrschaft, die sich als Partizipation ausgibt. Wie der Kolonisierte am ehesten erkennt, steht der Kolonisator auf dem Standpunkt:

Wir geben uns nicht zufrieden mit negativem Gehorsam, auch nicht mit der kriecherischen Unterwerfung. Wenn Sie sich uns am Schluss beugen, so muss es freiwillig geschehen.[45]

Das ‹policy based lending› der Entwicklungskooperation, das mit dem Motto der Partizipation verknüpft wird, gibt ein Musterbeispiel dieses Phänomens ab. Und unser Projekt macht hier keine Ausnahme: Zuerst wird mit aller Macht durchgesetzt, dass der Wassersektor restrukturiert werden müsse, dann wird das Modell der Privatisierung vorgeschlagen, und dann heißt es: Partizipation. Die Reaktion auf dieses durchmachtete Spiel ist ebenso klassisch wie das Kolonisierungsmuster selbst: Die ruritanischen Projektpartner bevorzugen die Übergabe fertiger Modelle und wehren die Einmischung des Consultants in die Übersetzung des Modells in den lokalen Kontext möglichst ab. Auf diese Weise möchten sie wenigstens an diesem letzten Punkt das Heft nicht auch noch aus der Hand geben.

In manchen Fällen wird unterstellt, dass die von Consultants geforderte Partizipation den Zweck hat, die afrikanischen Gesprächspartner zum Ausplaudern von verborgenen Schwächen zu verleiten, um ihnen anschließend den Schwarzen Peter anzudrehen. Meist wird befürchtet, dass es um die Zuschreibung von Schuld für das Ausbleiben von Projektergebnissen geht. Als Consultants der ruritanischen Wasserwerke kommen wir beispielsweise immer wieder in die Situation, im Laufe der Berichtsquartale mehr Mannmonate als geplant abzurechnen. Bei der Begründung dieser Mannmonate sind wir darauf angewiesen, uns mit den Projektträgern über die Notwendigkeit des zusätzlichen Inputs zu einigen. Je mehr unerwartete Schwächen und Lücken auf Seiten des Projektträgers auftauchen, desto mehr Input müssen und können wir leisten. Es liegt auf der Hand zu unterstellen, dass hinter unserem vorgetragenen Interesse an Partizipation das Motiv steht, Fehler und Schwächen des Projektträgers zu finden, die sich als Begründung für mehr Input und damit für mehr Gewinn eignen. Unser Streit mit den UWEs um die Kundendaten gehört unter anderem auch in diese Kategorie. Mit arroganter Überheblichkeit gehen euro-amerikanische Experten – so lautete eine andere Beschwerde der UWEs – davon aus, dass ihre Botschaft in Afrika nicht auf Anhieb begriffen werden kann, weil es eben Afrika ist. Deswegen wird – wie in der Schule – so getan, als würde ein de facto schon im voraus bekanntes Modell erst gemeinsam entwickelt, um Motivation und Verständnis der ‹Schüler› pädagogisch zu erhöhen. Mit diesem Verdacht im Hinterkopf sinkt die Bereitschaft für dialogische Verfahren bei der Entwicklung lokal adäquater Lösungen gegen Null.

Unter dem Strich lautet also die ruritanische Interpretation, dass der offizielle Ruf nach Partizipation in Wirklichkeit ein Deckmantel für hegemoniale Dominanz ist. Dieser Verdacht resultiert in der berüchtigten defensiven Kommunikation, die für durchmachtete Aushandlungsprozesse typisch ist. In unserem Projekt ist dieser Mechanismus in jenem Moment besonders deutlich aufgefallen, als ein eher randständiger Spieler sich überraschenderweise nicht an die Regeln der defensiven Kommunikation hielt. Die Mitglieder des ‹boards› von Jamala nahmen das O-Skript und die Rede von Selbstbestimmung und Partizipation zwischen Ende 1996 und Anfang 1997 plötzlich wörtlich und brachten damit den ganzen Projektablauf durcheinander. Im Grunde forderte der ‹board› ganz im Sinne des korrekten Verfahrens, dass das gesamte Projektkonzept neu überdacht werden müsse, weil es ihm davor noch gar nicht vorgestellt wurde und es zudem mit den lokalen Verhältnissen inkompatibel sei. Während Financier und Consultant davon ausgingen, dass man diese Leute im Grunde nur zu informieren bräuchte, weil sie von der Materie ohnehin nichts verstünden, griffen sie selbstbewußt in das Geschehen ein. Auch wenn die einzelnen Sachargumente dann tatsächlich kaum überzeugend waren, machte diese Intervention auf die normalerweise ablaufende defensive Kommunikation aufmerksam und ließ somit durchschimmern, dass es in den Wasserwerken sehr wohl eigene Auffassungen über den richtigen Betrieb gab, diese in der Regel aber tunlichst zurückgehalten werden.[46]

Im Laufe der inzwischen gut einjährigen Projektgeschichte lassen sich nahezu alle wichtigen Probleme als Folgen dieser machtverzerrten Kommunikation erklären. Während der Einführungsphase des Projektes im März 1996 haben wir als Consultant mit allen Mitteln versucht, die Partizipation der UWEs zu erreichen. Der dafür betriebene Aufwand war enorm, und Schilling war schließlich überzeugt, dass der Einführungsbericht ein gemeinsames Produkt war. Als die NEB in ihrem Schreiben von Mai 1996 diesen Bericht verheerend kritisierte, reagierten die drei UWEs mit einer impliziten Klarstellung der Rollenverteilung. Indem sie sich der Kritik der NEB anschlossen, verschoben sie die Autorenschaft des Berichtes mit verblüffender Selbstverständlichkeit auf den Consultant. Ein weiterer Höhepunkt war der Workshop von Mlimani im Oktober 1996. Während es offiziell darum ging, in einem Werkstattgespräch herauszufinden, welches die beste Organisationsform der Wasserwerke von Baridi, Mlimani und Jamala sei, konnte überhaupt kein sachbezogenes Gespräch geführt werden. Die ganze Veranstaltung drehte sich darum, für den im Voraus feststehenden hegemonialen Anspruch des Privatisierungsmodells und für die ebenfalls im Voraus etablierte Abwehr des Modells durch defensive Kommunikation einigermaßen diplomatische Formen zu finden. Erst in dem Moment, als das Projekt auf seiner Reise durch die Übersetzungskette ein paar Monate später bei dem ‹board› von Jamala ankam, wurde dieses von den Profis gut eingeübte Spiel durchbrochen. Das lag daran, dass die Mitglieder des ‹boards› mit den Realitätsdefinitionen, Relevanzhierarchien, den Spielregeln und der Machtverteilung des Organisationsfeldes der Entwicklungszusammenarbeit nicht vertraut waren. Auch sie haben diese Lektion dann ziemlich schnell bis Juni 1997 nachgeholt.

Das Technische Spiel und die Hegemonie von Rechen(schafts)-zentren

In der Übersetzungskette von Frau Kunz zu Frau Kimambo, auf die ich vorhin näher einging, lassen sich also mehrere Abschnitte unterscheiden. In diesen Abschnitten wird das grundlegende Paradox der Entwicklungskooperation – zugleich universalistisch und relativistisch zu sein – jeweils so übersetzt, wie es unter den dort vorherrschenden Gegebenheiten nahe liegend oder möglich erscheint. Nur eine Annahme beansprucht in allen Abschnitten der Kette unangefochtene Gültigkeit: Das ist die Überzeugung, dass sich der Relativismus auf alles mögliche, aber nicht auf Fakten und Zahlen bezieht. Man kann umgekehrt formuliert auch sagen: Die Übersetzungskette besteht aus aneinander gereihten Mechanismen zur Prozessierung absolut objektiver Fakten und Zahlen. Bei genauerem Hinsehen erweist sich diese Definition der Übersetzungskette als der elementare *Schöpfungsakt von Hegemonie* schlechthin. Indem man den Fakten und Zahlen eine universelle Evidenz zuschreibt, die in den Dingen als solchen angelegt sein soll, invisibilisiert man die unausweichliche Abhängigkeit der Evidenz von Bezugsrahmen und Verfahren. Rechtlich-politisch gesetzte und damit durchmachtete Verfahren erscheinen dann als sachbegründet und können unter diesem Deckmantel ohne Prüfung universell verbreitet werden. Mit traumwandlerischer Sicherheit sprechen die Spieler des Feldes hier von einem ‹technical fix›. Ohne es zu ahnen, befinden sie sich damit auf der richtigen Fährte.

Mit Lyotard unterscheidet man zwischen einem *denotativen* Spiel, bei dem es um Erkennen und somit um wahr / falsch geht, einem *präskriptiven* Spiel, bei dem es um Sollen und folglich um gerecht / ungerecht geht, und einem *technischen* Spiel, bei dem es um Bessermachen, also um effizient / ineffizient geht. Ein technischer Spielzug ist ‹gut›, wenn er ‹es besser macht› als ein anderer und / oder ‹weniger verbraucht›. Mit einer Einschränkung meinen Entwicklungspraktiker eben dieses ‹Technische Spiel›, wenn sie in ihrer Sprache ‹technical fix› sagen: nämlich eine Maßnahme, bei deren Begründung man die Unterscheidungen wahr / falsch, gerecht / ungerecht sowie schön / hässlich durch die Unterscheidung effizient / ineffizient scheinbar folgenlos ersetzen kann. Man tut dabei so, als sei das Technische Spiel deshalb angemessen, weil die ausgeklammerten Dimensionen des Wollens (Evaluation), des Sollens (Präskription) und des Schönen (Ästhetik) gar nicht tangiert werden bzw. erst danach hinzugezogen werden können: Zuerst werden die objektiven Fakten ermittelt. Dann lassen sich auf dieser Basis die

Prozesse effektiver gestalten. Am Schluss kann man dann vielleicht noch die Fragen der Bewertung, der Präskription und der Ästhetik als soziokulturelle Faktoren in Betracht ziehen.[47]

Im Gegensatz zu den Entwicklungspraktikern möchte Lyotard mit seinem ‹Technischen Spiel› auf das Begründungsproblem des Wissens aufmerksam machen, über das man im offiziellen Entwicklungsdiskurs unbedingt hinwegsehen möchte. Das Begründungsproblem resultiert aus dem vorhin erwähnten Bruch zwischen einerseits Skepsis / Erkenntnis und andererseits Wollen / Sollen. Oder mit anderen Worten: Das Begründungsproblem resultiert aus der Trennung des Dispositivs der Erkenntnis von dem Dispositiv der Emanzipation. Die Trennung der beiden Dispositive ist die Bedingung der Möglichkeit, überhaupt ein denotatives Sprachspiel mit universeller Gültigkeit zu postulieren. Damit eine Erkenntnis als ‹wahr› angenommen wird, muss zunächst ihre Unabhängigkeit vom Wollen anerkannt werden. Dieselbe Trennung bedeutet aber eben auch umgekehrt, dass eine als ‹wahr› angenommene Erkenntnis keine zwingenden Folgen für das Sollen haben kann. Der Preis für die Objektivität einer Aussage ist somit ihre Trennung vom Emanzipationsdispositiv, aber daraus folgend eben auch ihre politische Belanglosigkeit. Auf den Bereich der Entwicklungskooperation übertragen bedeutet dies: Sofern das Technische Spiel universelle Gültigkeit beansprucht, kann es sich nicht aus *diesem* Grund für das Emanzipationsdispositiv anbieten. Sofern aber ein Grund dazugezogen wird, der dem Emanzipationsdispositiv entstammt, verliert das Technische Spiel seinen universellen Anspruch. Beide Varianten laufen also darauf hinaus, dass Entwicklungskooperation als rein Technisches Spiel gar nicht möglich ist.

In Wirklichkeit läuft es leider nach einer dritten Variante: Damit ein Technisches Spiel gespielt werden kann, muss auf Evaluationen, Präskriptionen und ästhetische Entscheidungen zurückgegriffen werden, die immer nur relativ zu einem politisch gesetzten Rahmen Gültigkeit beanspruchen können. Weil dieser Relativismus aber zugleich die Bedingung der Möglichkeit des Technischen Spiels untergräbt, muss er unsichtbar gemacht werden. Sofern diese (wie Latour sagen würde) ‹Reinigungsarbeit› gelingt, kann sich der unvermeidliche Relativismus des Technischen Spiels als Universalismus ausgeben. Wenn dann eine soziale Praktik in diesem Sinn als Technisches Spiel aufgefasst wird, ist die Verbindung von Wissen und Macht ausgeblendet, und die in das Spiel eingelassenen politischen Bestimmungen können umso effektiver durchgesetzt werden. Mit der offiziellen Konzeptualisierung der Entwicklungszusammenarbeit als Technisches Spiel ist man demnach beim Gegenteil dessen gelandet, was im Sinne des offiziell ebenfalls geltenden Emanzipationsdispositivs mit ‹Selbstbestimmung› gemeint sein kann. Wie ist das möglich, wenn doch alle Welt davon redet, dass der Dreh- und Angelpunkt der Entwicklungskooperation die selbstbestimmte Eigenverantwortung derjenigen Menschen sei, um deren Entwicklung es gehe?

Die von mir herausgegriffene Übersetzungskette ist mit vielen anderen zu einem weltumspannenden Netz verbunden. Innerhalb dieses Netzes sind nicht alle Knoten gleichbedeutend, auch wenn überall lokal angemessene Übersetzungen vorgenommen werden. Manche Knoten schaffen es, die Verfahrensregeln des Technischen Spiels so zu bestimmen, dass sich andere daran halten müssen. Bruno Latour hat hierfür die Bezeichnung «centres of calculation» eingeführt, die ich mit ‹Rechen(schafts)zentren› übersetze.[48] *Rechen*zentren weil es hier hauptsächlich darum geht, die Welt berechenbar und dadurch auf Distanz kontrollierbar zu machen. Rechen*schafts*zentren, weil diese Zentren der Öffentlichkeit gegenüber, die ihre Institutionalisierung erlaubt, Rechenschaft schuldig sind, was wiederum auf Kalkulation hinausläuft.

Ein Rechen(schafts)zentrum ist also eine Instanz, die *weit hergeholte Fakten* sammelt. Dazu gehört ein Naturkundemuseum, in dem alle Arten aller Spezies zusammengeführt, klassifiziert, analysiert und dokumentiert werden, ebenso wie ein kartographisches Zentrum oder eine nationale Wetterbehörde. Dazu gehört aber auch das ‹Colonial Office› in London, die Weltbank und der Internationale Währungsfond in Washington, die Normesische Entwicklungsbank in Zethagen, das ‹Royal Anthropological Institute› in London und im Prinzip jeder Knoten in einem Netz, an dem Daten über entfernte Welten gesammelt werden (wie etwa in den ethnologischen ‹Human Area Relation Files›). In Miniatur ist die formale Organisation jedes großen technischen Systems – eines Wasserwerkes, einer Eisenbahngesellschaft, einer Fluglinie usw. – ebenfalls ein Rechen(schafts)zentrum. In Rechen(schafts)zentren wird dadurch neues Wissen hergestellt, dass man Dinge zusammenführt, die in Wirklichkeit nur an getrennten Orten vorkommen. Dadurch erkennt man Zusammenhänge, auf die man an keinem der getrennten Orte hätte kommen können. Das Wissen des Rechen(schafts)zentrums zielt darauf ab, die Abhängigkeit von weit entfernten Wissensbeständen zu überwinden, indem man diese unter Kontrolle bringt. Das Mittel der Kontrolle sind Techniken, mit denen man das stets überlegene lokale Kontextwissen einer sozialen Welt dem Rechen(schafts)zentrum einverleibt, ohne sich gleichzeitig den Beschränkungen der Lokalität zu unterwerfen.

Als Urbild kann man sich den im Jahre 1584 fertig gestellten Palast von Escorial neben Madrid vorstellen. Während Karl V. noch auf Kontrolle durch persönliche Präsenz setzte und deshalb in seinem Riesenreich, in dem die Sonne bekanntlich niemals unterging, ständig unterwegs war, bewegte sich Philipp II. nicht vom Fleck. Er hielt das Reich aus der Mitte, von seinem Schreibtisch im Palast von Escorial aus zusammen. Zu diesem Zweck richtete er einen Beamtenapparat ein, der ein System der Aktenführung ausklügelte, mit dem die entfernten Provinzen vom Zentrum her überwacht und gesteuert wurden. Die Rechen(schafts)zentren, die mit Entwicklungskooperation befasst sind, haben ein ähnliches Problem. Die kniffligste Stelle dieses Problems liegt in der Chance jedes lokalen Kontextes, die Vorgaben von Rechen(schafts)zentren scheinbar anzunehmen, sie in Wirklichkeit aber zu unterlaufen. An dieser Stelle kommt somit Kultur als *Reflexionsdispositiv* und damit als *Subversionsstrategie* ins Spiel. Dagegen hilft kein formales Mittel und keine Macht. Ein brennendes Anliegen von Rechen(schafts)zentren muss also darin bestehen, lokale Reflexionsdispositive zu überlisten und in das eigene Programm zu integrieren. In diesem Sinn versucht man fremde Kulturen in ‹soziokulturelle Faktoren› zu zerlegen und ihre Beeinflussbarkeit zu prognostizieren. Die Kehrseite dieses Geschäftes hat Arturo Escobar treffend auf den Punkt gebracht, so dass ich ihn abschließend zitieren möchte:

The local situation is inevitably transcended and objectified as it is translated into documentary and conceptual forms that can be recognized by the institutions. In this way, the locally historical is greatly determined by nonlocal practices of institutions.[49]

Mein Argument lautet zusammengefasst also so: Die institutionelle Ordnung des Feldes, die Machtkonstellation und der unaufhebbare Widerspruch zwischen der universalistischen und der relativistischen Seite des Narrativs vom Fortschritt führen dazu, Projektarbeit als Technisches Spiel aufzufassen. Die hegemoniale Durchsetzung des Technischen Spiels durch die Rechen(schafts)zentren invisibilisiert die politisch-kulturellen Aspekte der Wirklichkeitsdefinitionen, auf deren Basis das Technische Spiel überhaupt erst funktioniert. Dadurch wird auf der anderen Seite das Reflexionsdispositiv der Kulturen ausgeblendet, von denen man gleichzeitig selbstbestimmte Verantwortung für die eigene Entwicklung erwartet. Das notorische Ausbleiben nachhaltiger Entwicklung im subsaharischen Afrika liegt meines Erachtens daran, dass Entwicklungskooperation in ein Technisches Spiel übersetzt wird.[50]

Suchen

4.
Zwischenräume

Vorbemerkung

Den Sinn und Zweck des Projektes hat Johannes von Moltke (Normesische Entwicklungsbank) dargelegt: Zu jeder Stadt gehört eine zentrale Wasserversorgung. Betrieb und Instandhaltung einer solchen Anlage kosten Geld. Dieses Geld muss von den Verbrauchern eingeholt werden. In den drei ruritanischen Städten Baridi, Mlimani und Jamala ist der Anteil des bezahlten am produzierten Wasser so gering, dass die Wasserwerke ökonomisch nicht lebensfähig sind. Also muss man etwas tun. Ohne dem zu widersprechen, hob Julius C. Schilling hervor, dass das Projekt zur Behebung dieses Mangels große Schwierigkeiten hat und folglich selbst bald am Ende sein könnte. Die Hauptursache der Projektschwierigkeiten sah Schilling in dem, was er Skriptwechsel nannte. Offiziell gilt ein Skript (das O-Skript), das den ruritanischen Projektträgern Souveränität und Kompetenz zuschreibt. Auf der Hinterbühne gilt indes ein Skript (das I-Skript), wonach die ruritanischen Projektträger wegen ihrer Inkompetenz eher passive Empfänger einer Leistung sind, die der Financier und der Consultant am besten bestimmen können. Die Inkonsistenzen, die sich aus dem Wechsel zwischen O-Skript und I-Skript ergeben, führen zu allen möglichen Formen der Heuchelei und der Nötigung. Schilling setzt darauf, dass man sich unter solchen Umständen am besten dadurch über Wasser hält, dass man über objektive Fakten und Zahlen verfügt, um so gegen die machtbedingten Verzerrungen des Skriptwechsels gefeit zu sein.

Samuel A. Martonoschy vertrat dagegen die Auffassung, dass die größte Schwierigkeit der Entwicklungszusammenarbeit eben gerade daraus resultiert, dass man sie auf ein Technisches Spiel mit Fakten und Zahlen reduziert. Dieses Spiel beruht auf der unhinterfragten Grundannahme, dass man die Wirklichkeit objektiv – also: kulturfrei – erfassen könne. Diese selbstverständliche und folglich invisibilisierte Annahme lässt transkulturelle Aushandlungsprozesse über die Grundfragen eines Projektes unnötig erscheinen und erweist sich – laut Martonoschy – als geschickt verpackte Hegemonie. Allerdings fiel bei seinen Ausführungen auf, dass er zwar ständig die Realitätsannahmen der anderen Spieler des Feldes dekonstruierte, dabei aber selbst darauf abzielte, ein korrektes Bild der Realitätskonstruktionen der anderen Spieler herzustellen: also ein Bild, das korrespondenztheoretische Treue versprach. Der wesentliche Unterschied zu den ersten beiden

Berichten liegt also in dem externen Referenten der Geschichte Martonoschys und in der implizit mitgeführten Mitteilung: ‹Es ist so, es könnte aber auch anders sein.›

Durch die drei Interviews habe ich Material auf der Ebene des ‹Redens über› gesammelt und analysiert. Es gehört indes zu den wichtigsten Grundannahmen der Ethnologie seit Malinowski – und nicht erst seit Wittgenstein –, dass der Sinn von Worten und Sätzen sich erst aus ihrer Verwendung ergibt. Das heißt, man muss vom ‹Reden über› zum ‹Reden um zu› kommen. Zu diesem Zweck geht man ins Feld, also dorthin, wo die Leute reden, um etwas innerhalb des Feldes, in dem sie reden, zu bewegen.

Auf dem Weg ins Feld

Baharini, Dienstag, 2. September 1997

Am frühen Morgen des 2. September 1997 traf ich Schilling und Martonoschy auf dem Flughafen, um die Dienstagsmaschine nach Baharini zu nehmen. Der Airbus A 300 trägt den Namen ‹Audrey Hepburn›. Meine beiden Begleiter biegen mit routinierter Selbstverständlichkeit in die kleine Kabine der Business-Class in der Flugzeugspitze, wo sie sich ohne links und rechts zu blicken auf ihren Stammplätzen niederlassen. Schon bald nach dem pünktlichen Abflug der Maschine beugen sich die meisten mitreisenden Herren der halbleeren Kabine – Damen sind hier nicht zu sehen – über ihre Akten und Notebooks. Anders als ich es von Flügen nach Johannesburg, Nairobi und Accra kenne, scheinen auf diesem Flug nur wenige der unverhältnismäßig teuren Sitze der Business Class von Geschäftsleuten besetzt, die auf eigene Kosten fliegen.

Die Zusammengehörigkeit der Business-Class-Kunden geht über deren zufällige Fluggemeinschaft des heutigen Tages hinaus. Ich sehe hier zum ersten Mal bewusst leibhaftige Akteure jenes weltumspannenden Organisationsfeldes der Entwicklungskooperation, von denen ich in den Interviews schon viel erfahren habe. Die meisten steuern eine ministeriale Behörde in Baharini an, wo sie über Projekte sprechen werden. Manche werden einen nächsten Schritt wagen und ‹in ein Projekt gehen›. Das heißt, sie werden entweder in Baharini oder irgendwo in der Provinz in einer nachgeordneten Behörde wiederum über das Projekt sprechen und sich neue Dokumente geben lassen. Das wichtigste Medium ihrer Aktivität ist – wie man in dieser Kabine leicht erkennen kann – der *Bericht*. Berichte enthalten eine Menge von Listen, Tabellen, Kalkulationen, Graphiken, Organigrammen und so genannte ‹flow charts›. Die Kunst der Experten besteht offenbar darin, Berichte lesen und beurteilen zu können. Um diese Kunst zu erlernen, ist es notwendig, ab und zu *vor Ort* zu sein. Der Zweck der transkontinentalen Flüge der Entwicklungsreisenden besteht darin, Projektaktivitäten und -ergebnisse in Augenschein zu nehmen. Sie versuchen die Papierwirklichkeit der Berichte mit der sinnlich erfahrbaren Wirklichkeit der Projekte zu konfrontieren.

Während des lieblosen Mittagessens über dem Mittelmeer unterhalte ich mich mit Martonoschy. Er meint, dass die Konfrontation von Papier und Wirklichkeit ungefähr folgendermaßen verläuft: Im Projekt angekommen, versorgt man die Reisenden vor allen Dingen mit weiteren Papieren, die weitere Tabellen und Listen enthalten. Am Rande erzählt man ihnen Geschichten vom Projektverlauf, zeigt ihnen ein paar technische Anlagen und erklärt ihnen deren sachgerechte Verwendung. Der Anblick einer laufenden Brunnenanlage gibt aber keine Auskunft über die Frequenz von Stromausfällen, sagt wenig über die Wartungsregelmäßigkeit aus und lässt auch nicht erahnen, wie sich der Grundwasserspiegel durch die Anlage verändert. Das frisch gestrichene Holzhäuschen zum Schutz der Brunnenanlage soll Wartungsdisziplin demonstrieren, doch die Disziplin selbst wird man nicht sehen können. Und der Anblick eines neuen Computers in der Abteilung für Rechnungswesen gibt keine Auskunft über die Hebeeffizienz des Projektträgers. Statt zu der ersehnten Gegenüberstellung von Repräsentation und Realität kommt es zu einer Gegenüberstellung verschiedener Repräsentationen: abstraktere, allgemeinere, weitreichendere Repräsentationen werden in Bezug gesetzt zu kleineren, weniger abstrakten Repräsentationen.

Langfristig geht es den Vertretern der Entwicklungsbanken und der Beratungsunternehmen darum, sich ein Erfahrungswissen aus erster Hand aufzubauen, mit dem sie in ihrem Hier – beispielsweise in der Normesischen Entwicklungsbank in Zethagen – Berichte über ein Dort – beispielsweise über städtische Wasserwerke in Ruritanien – besser auf ihre Plausibilität überprüfen können. Man könnte auch sagen: Die Entwicklungsexperten bekommen Berichte voller Listen, Tabellen und Kalkulationen geliefert, die so lange keinen Sinn machen, als sie die dazugehörigen Bilder und Narrative nicht kennen. Also müssen sie sich gelegentlich auf den Weg machen und diese Bilder und Narrative suchen. Allerdings bedeutet der Aufstieg in der Hierarchie eines Unternehmens oder einer Entwicklungsbürokratie, dass man seltener ‹ins Feld› kommt und folglich stärker von ‹der Aktenlage› abhängig ist.[51]

Später am Nachmittag kündigt der Kapitän an, dass er heute nicht wie üblich entlang des Niltals über den Nordsudan fliegen wird, sondern weiter westlich über El Obeid und von dort hinüber nach Malakal, bevor er über Äthiopien wieder südlichen Kurs aufnimmt. Für mich bedeutet dies, dass wir bei wolkenfreiem Himmel Südkordofan überqueren, wo ich drei Jahre gelebt habe. Ich eile in das Cockpit, um mein verlorenes Paradies auf Erden endlich wieder zu sehen, wenn auch nur aus der Luft. Der Kapitän – ein gebürtiger Nigerianer – findet es dermaßen exotisch, dass ich die Namen der Berge und Flüsse unter uns benennen kann, dass er mir den dritten Sitz in der Kabine anbietet. Ihm ist bekannt, dass es im Südsudan einen bewaffneten Konflikt gibt, und er denkt, dass dies auch der Grund sei, weshalb er schon bei Malakal über äthiopisches Territorium fliegen muss. Von dem Völkermord in Südkordofan hat er indes noch nie etwas gehört. Zum ersten Mal seit Dezember 1983 sehe ich den Berg Lebu, den ich auch aus der Vogelperspektive sofort erkenne. Aus Briefen, die ich aus Khartoum erhalte, weiß ich, wer von den Leuten im Moment meines Überflugs auf dem Hochplateau des Berges auf Steinzeitniveau dem Grauen des Ethnozids zu entgehen versucht. Als ich oberhalb von Malakal auf meinen Platz muss, weil im Cockpit ein Imbiss eingenommen wird, fällt mir dieser Gang zurück zu den Entwicklungsexperten schwer. Die meisten dieser Experten halten die afrikanischen Kriege für Rückfälle in die barbarische Vergangenheit und nicht für neuartige Reaktionen auf die Zumutungen der fehlgeleiteten Modernisierung, die sie selbst mit ihren Projekten mitproduzieren.

Im äthiopischen Luftraum widme ich mich nun auch den mitgebrachten Papieren. James Wolfensohn, der Präsident der Weltbank, hat das Ziel verkündet, die Erfolgsquote seiner Bank in wenigen Jahren auf 75 bis 80% aller Projekte zu erhöhen, nachdem sie 1996 mit 71% schon deutlich über den 61% der sechs davorliegenden Jahre gelegen haben soll. Im ‹Zehnten Bericht zur Entwicklungspolitik (Berichtszeitraum 1992-1994)› erklärt das MEK dem Parlament, dass 76% der NEB-Projekte erfolgreich waren und 13% noch eine positive Wirkung erzielt hätten. Die AfE-Erfolgsquote kann man interessanterweise nicht ohne Weiteres damit vergleichen, weil eine andere Berechnungsgrundlage gewählt wurde. Je nach Deutung waren entweder 52 oder 78% der Projekte erfolgreich; 17% hatten Mängel, aber noch einige positive Ergebnisse.

Indes finden sich auch im offiziellen Diskurs Zwischentöne. Zwei weltbankinterne, aber anscheinend doch irgendwie unabhängige Bewertungsbüros kamen zu dem Ergebnis, dass es bei 50% der Projekte der Weltbank höchst zweifelhaft sei, ob sie einen langfristigen Nutzen bringen werden. Nur 39% der Projekte haben eine Komponente für den Aufbau der institutionellen Kapazitäten der Darlehensnehmer – von Erfolg ist hier bezeichnenderweise gar keine Rede. Bereits 1988 kommt eine ähnliche Studie, die im Auftrag der ‹US Agency for International Development› durchgeführt wurde, zu folgendem Fazit: Die Hauptursache des großen Versagens, «to generate self-sustaining improvement in human capacity and well-being» ist darin zu sehen, dass fast alle Einzelprojekte trotz oftmals anderslautender Rhetorik so konzipiert sind, dass sie kurzfristige und messbare Produktivitätssteigerungen um jeden Preis erzielen müssen. Dagegen halten die Autoren:

The design process should be based on documents which explain that the *highest priority for the project is to build capacity and not to achieve highly visible, short-term results.* Until donors begin to define capacity-building as the primary objective of the project, it is unreasonable to expect TA [Technical Assistance] personnel to interpret their role as one that extends beyond the performer model. Likewise, evaluation will continue to reinforce the performer and product approach that predominates in design documents.[52]

Eine beachtliche Feststellung, wenn man bedenkt, dass das Wasserprojekt, das ich besuchen will, offenbar an einer einzigen Leistungskennziffer orientiert ist: der Erhöhung der Hebeeffizienz. Im selben Aufsatz finde ich auch noch deutlichere Worte:

Many donor-supported projects are based on the assumption that the efforts initiated will take on a momentum of their own, or at least that the host government will continue to support them. In fact, the development landscape is littered with the remains of projects that died when donor funding ended. Although these efforts were intended to foster a process of self-sustaining development, they provided little more than a temporary infusion of assets, personnel, and services.

Es handelt sich hier um einen praxisorientierten und politikberatenden Text, der zudem auf Forschungen beruht, die eine private Consulting-Firma in Kooperation mit einer Universität *im Auftrag* der ‹US Agency for International Development› durchgeführt hat. Man wird diese Beobachtungen also kaum als Vorurteile eines ideologisch belasteten Kritikers vom Tisch wischen können. Es wird in dieser Studie sogar festgestellt, dass es großen Teilen der Bevölkerung in den 47 Staaten südlich der Sahara Ende der 80er Jahre schlechter als dreißig Jahre zuvor geht. Schließlich wird noch festgehalten, dass es statt zu einer Kapazitätssteigerung afrikanischer Institutionen eher zu einer Hilfeabhängigkeit gekommen ist.

Laut einer Studie der ‹US Agency for International Development› ist es in keinem Land der Welt so schwierig Geschäfte zu machen wie in Ruritanien. 1997 lag das Bruttosozialprodukt pro Kopf der Bevölkerung 50% unter dem eines

Nachbarlandes. Die seit der Liberalisierung der Märkte berechneten Wachstumsraten sind halb so hoch wie die eines anderen Nachbarlandes. Auf der anderen Seite fällt auf: Kein anderes Land des subsaharischen Afrika hat während der letzten dreißig Jahre pro Kopf der Bevölkerung so viel Entwicklungshilfe erhalten wie Ruritanien. Allein aus Normland flossen zwischen 1962 und 1998 rund 1,38 Milliarden Euro. Heute hört man, dass in wenigen Ländern so viel Geld verpuffte wie in Ruritanien.

Härter wird der Ton, wenn man in die wissenschaftliche Literatur blickt. Hier wird inzwischen fast schon selbstverständlich davon ausgegangen, dass nahezu alle Entwicklungsprojekte in Afrika bestenfalls wirkungslos bleiben, auf keinen Fall aber ihren Zweck erfüllen. Im Grunde wird davon ausgegangen, dass beispielsweise die sudanesischen und äthiopischen Zustände eine Folge der Entwicklungszusammenarbeit sind:

The developmentalist transformation of the Third World has largely produced chaos and poverty.

The debt crisis, the African famine, and widespread poverty and malnutrition are only the top of the iceberg of the development record.

The development fraternity has been casting around for several years for alternative approaches with mounting evidence of resources wasted in ill-conceived, frequently centrally imposed schemes that have not only failed to improve matters in lesser developed countries but have on occasion made them worse.[53]

Interessant ist, dass auch weit auseinander liegende Einschätzungen in der Regel an einem Punkt übereinstimmen: Soweit sie Fehlschläge und Versagen einräumen, gehen sie davon aus, dass die Ursache evident sei. Die meisten Interventionen / Infusionen werden nicht angenommen, weil sie nicht zu der Welt passen, in der sie etwas Wünschenswertes bewirken sollen. Der ‹blueprint approach› setzt einen allwissenden Experten voraus, der ein objektiv und universell gültiges Modell implantiert und sich folglich auch nicht persönlich zu engagieren braucht, geschweige denn etwas lernen muss. Umgekehrt gilt für den so genannten ‹process approach›:

But implementation of such an approach [process approach] calls for an admission on the part of ‹experts› such as ourselves that we do not know everything and, furthermore, that we are prepared to learn from our mistakes. But most importantly, this model asserts that development involves personal transformations that can take place, only if individuals themselves are intimately part of the process – that is, if they shape it and are transformed by it.[54]

Doch das würde eben ausbleiben. Es scheint also in der Tat – wie Martonoschy in Zethagen hervorhob – rätselhaft, wieso trotz offensichtlich gegebener Übereinstimmung darüber, dass man keine fertigen Modelle transferieren kann, diese teuer erkaufte Erfahrung immer noch keine praktischen Veränderungen nach sich gezogen hat, die der Rede wert wären.

Am späten Abend landet die Maschine pünktlich in Baharini und Schilling gibt mir erste Erläuterungen. Baharini ist weder Industrie- und Handelsstadt, noch Verwaltungs- und Kulturstadt. In Baharini – einer mit rund zwei Millionen Einwohnern nicht besonders großen und etwas verschlafenen Stadt – würde man ständig daran erinnert, dass man sich an einem Ort befindet, der nicht in den Weltmarkt, sondern in das System geplanter und geförderter Entwicklung eingebunden sei. Für die meisten Reisenden der Business Class macht es keinen Unterschied, in welcher afrikanischen Hauptstadt sie ankommen. Es handelt sich aus ihrer Sicht um austauschbare Knotenpunkte im globalen Netz der Entwicklungskooperation. In der Skala möglicher Geduldsproben der Grenzüberschreitung ist Baharini ein vergleichsweise harmloser Ort für Reisende mit ‹guten› Pässen. Die vielen Kofferkuli, Taxifahrer und andere Fremdenführer, die sich vor dem Ausgang tummeln, sind deutlich zurückhaltender als in Kairo oder Lagos.

Deregulierung

Während wir am Gepäckband warten und langsam ins Schwitzen geraten, weil offenbar die Luftkühlung der Ankunftshalle ausgefallen ist, fällt auch die gesamte Stromversorgung aus. Es dauert eine ganze Weile, bis das Flughafenpersonal ausreichend viele Petroleumlampen beschafft. Während dieser langen und dunklen Minuten strahlt unsere Maschine als einzige Lichtquelle auf dem ganzen Flughafen von Baharini: sogar der Tower und die Landepisten scheinen an keine automatische Notstromeinrichtung angeschlossen zu sein. Kaum sind die Petroleumlampen installiert, geht das Licht wieder an: Die Techniker des Flughafens haben es – wie mir Schilling erklärt – inzwischen geschafft, von RURESCO, dem para-staatlichen Stromhersteller, auf den eigenen Dieselgenerator umzuschalten. Eigentlich hätte das automatisch funktionieren müssen, weil Landemanöver bei unbeleuchteten

Pisten besser nicht stattfinden sollten.

Im September ist in Ruritanien Trockenzeit. Wie schon in den meisten vorhergehenden Jahren führte das Austrocknen der meisten Flussbetten dazu, dass der
Stausee des Wasserkraftwerkes auf ein bedrohlich niedriges Niveau gesunken war.
Da die technische Infrastruktur der Metropole gegenüber Stromausfällen freilich
sehr empfindlich ist, gibt es für diesen Fall eine Noteinrichtung, die die Stadt
übergangsweise durch Dieselgeneratoren versorgen kann. Im Hafen von Baharini
liegt seit August ein Schiff vor Anker, das den nötigen Treibstoff auf Bestellung
von RURESCO geladen hat. Um diesen Treibstoff nun zu importieren, müsste
RURESCO eine beträchtliche Summe Einfuhrzoll bezahlen. Entsprechend dem
Hauptprinzip der Strukturanpassung – «to get the prices right» – soll es keine
staatliche Subventionierung des Strompreises durch Zollerlass geben. Nun ist der
Stromversorger aber nicht in der Lage, den Zoll zu bezahlen. Die Ursache dafür ist
überall bekannt und häufig in der Zeitung nachzulesen.

Die ruritanische Regierung ist von der Weltbankgruppe dazu angehalten, über
Mechanismen politischer Regulation darauf zu achten, dass RURESCO als einziger
Stromversorger des Landes nach privatwirtschaftlichen Prinzipien kostendeckend
arbeitet. Das bedeutet unter anderem, dass die Kunden einen angemessenen Preis
zahlen müssen. Gegenüber privaten Kunden scheint es zumindest einigermaßen
möglich zu sein, diese Geschäftspolitik notfalls durch Lieferungsunterbrechung
durchzusetzen. Doch gegenüber staatlichen Behörden ist RURESCO offenbar
machtlos. Die Schulden der Kategorie «institutional customers» haben inzwischen
Ausmaße angenommen, die ein privatwirtschaftliches Betreiben des Unternehmens
zweifelhaft erscheinen lassen. Der sinkende Wasserpegel des Stausees und die
existentielle Abhängigkeit der Metropole von Elektrizität haben die Verhandlungs-
position der RURESCO erheblich gestärkt. (Später war zu erfahren, dass man sich
aus politischen Gründen für die Lösung durch Zollerlass entschieden hatte.)

Während das Gepäckband anläuft und der erste Reisende seinen schwarzen
Hartschalenkoffer auf seinen wackeligen Kuli hievt, meint Schilling: «Das ist
bestimmt der Mann von der Weltbank, der schnell herbeigeeilt ist, um noch im
letzten Moment zu verhindern, dass man den Treibstoff zollfrei importiert.» (In
der Stadt hören wir dann später: «Die wollen, dass wir hier in Afrika ohne Strom
und Wasser dahinvegetieren.») Tatsächlich sind heute nahezu alle Entwicklungsexperten mehr oder weniger direkt daran beteiligt, Deregulierung als letzte Idee, die
noch einer globalen Verbreitung wert scheint, in Umlauf zu bringen. Im Rahmen
der Strukturanpassung (von Moltke erklärte mir das) gilt es, den Verantwortungs-

bereich des Staates als Hüter des Gemeinwohls auf ein absolutes Minimum zurück-zudrängen (Devolution) und die Verteilungsrationalität des Markts auf das absolu-te, gerade noch zu vertretende Maximum zu steigern (Deregulierung). Zu diesem Zweck sind selbst die Organisationen, die den institutionellen Rahmen der neuen Ordnung abstecken, so weit es eben geht den Gesetzen des Markts auszusetzen (Privatisierung und Kommerzialisierung), und die demokratischen Entscheidungs-strukturen sind so zu gestalten, dass die Probleme dort gelöst und bezahlt werden, wo sie entstehen (Subsidiarität, Dezentralisierung, Partizipation und Empower-ment).

Die Weltbank, der Internationale Währungsfond, aber auch die nationalstaatli-chen Agenturen der Entwicklungszusammenarbeit der gesamten westlichen Welt behaupten gegenwärtig, sie würden alle ihnen zur Verfügung stehenden Mittel dafür einsetzen, neben den erforderlichen polit-ökonomischen Rahmenbedingun-gen (wie Währungs- und Steuerpolitik, Subventions- und Verteilungsfragen, Im-portlizenzen und -quoten, etc.) auch die erforderlichen institutionellen Vorausset-zungen für die angestrebte Strukturanpassung zu schaffen. In diesem Zusammen-hang steht unser Wasserprojekt. Konkret bedeutet dies, dass die Wasserversorgung – genau wie die Stromversorgung – so gestaltet werden muss, dass sie sich rechnet. Wenn diese Bedingung nicht gegeben ist, muss die Organisation entsprechend geändert werden – aber eben so geändert werden, dass es ohne subventionierende Transferzahlungen geht, die aus der Besteuerung anderer wirtschaftlicher Aktivitä-ten kommen. Die Zauberformel lautet: ‹cost-benefit-analysis›.

Als routinierte Experten, die in ‹ihr Projekt kommen›, müssen wir uns um kein Taxi bemühen. Der Chauffeur des Projektes begrüßt uns mit unaufdringlicher Freundlichkeit und führt uns durch das Gedränge zu einem silbernen Toyota RAV mit Klima- und Stereoanlage, der noch intensiv den Geruch neuer Autos aus-dunstet. Im Kontrast zu den Straßen der Stadt funktioniert der staubfreie Gelände-wagen so überraschend makel- und geräuschlos, dass man sich merkwürdig exterri-torial vorkommt. Gerne würde ich die modrige Luft der tropischen Großstadt riechen, doch der Chauffeur erlaubt mir nicht, das elektrische Fenster zu öffnen. Er bringt uns ohne weitere Fragen ins Hotel ‹Tulip›, in dem meine Begleiter regel-mäßig absteigen, seitdem ihr altes Lieblingshotel ‹Africa› heruntergekommen ist. Die britische Managerin des ‹Tulip› untersagt den in Baharini üblichen Zugang von Prostituierten zur Hotelbar, um den anständigen Ruf ihres Hauses zu wahren.

Übersetzungsarbeit

Baharini, Mittwoch, 3. September 1997

Der erste Arbeitstag beginnt mit dem üblichen Versuch, telefonisch Termine zu vereinbaren. Laut einer Berechnung der Telefongesellschaft von 1997 werden 45% der versuchten Anrufe im Festnetz von Baharini erfolgreich vermittelt. Doch inzwischen gibt es ein Funknetz, das deutlich zuverlässiger funktioniert, weil – wie Martonoschy erklärt – die Abhängigkeit dieses technischen Systems von Organisation und Mensch auf ein Minimum reduziert ist. Per Funktelefon erreichen wir also unseren ersten Ansprechpartner, den wir auch gleich zu Fuß aufsuchen können.

Herr J. ist Ingenieur und im Wasserministerium für alle normesischen Projekte zuständig. Heute soll es um Probleme der Zollabfertigung von Wasseruhren gehen, die aus Normland importiert wurden und nun im Hafen liegen. Martonoschy meint, dass wir großes Glück haben, denn J., den er seit fünf Jahren kennt, ist – wie alle seine Kollegen – nur selten zu erreichen. 1992, während einer gemeinsamen Rundreise durch das Land, wurden die beiden etwas vertrauter miteinander, und J. begründete seine häufige Abwesenheit vom Arbeitsplatz unverhohlen: Sein Einkommen sei so niedrig, dass er seine Familie davon nicht ernähren könne. Während seine Frau im Gärtchen hinter dem Haus Hühner züchtet, um sie an Garküchen zu verkaufen, beschafft er das Futter und widmet sich auch sonst diversen Nebentätigkeiten. Deshalb müsse er jeden Vormittag zwischen 11 und 13 Uhr unterwegs sein. Neben seinem offiziellen Diensttelefon, das aus britischer Zeit auf seinem Schreibtisch stehen geblieben scheint, liegt sein Handy. Dank dieses Geräts kann er seine diversifizierte ökonomische Strategie weitgehend auch vom Arbeitsplatz aus verfolgen, was angesichts des ständig drohenden Verkehrsinfarkts der Stadt besonders hilfreich ist.

Am Rande des Gesprächs über die Zollbefreiung der Wasseruhren für Baridi, Mlimani und Jamala geht es um zukünftige Wasserprojekte in anderen vier Städten und mit anderen Geldquellen. Das Ministerium wurde von einem multilateralen Geldgeber, der hier anonym bleibt, aufgefordert, eine Liste mit möglichen Bewerbern für die Durchführung dieses neuen Projektes zu überprüfen und eventuell zu ergänzen. Während des Gesprächs baut sich bei Herrn J. unausgesprochen die Vorstellung auf, dass S&P an diesem neuen Projekt interessiert sei und er dabei behilflich sein könnte. In diesem Zusammenhang überreicht er dem Gast eine Visitenkarte, auf der er sich selbst als Mitarbeiter einer privaten ruritanischen Ingenieursconsulting zu erkennen gibt, die offenbar gerne im Organisationsfeld der Entwicklungszusammenarbeit mitspielen würde. Die Beteiligung einer ruritanischen Consulting an einem Projekt der Entwicklungskooperation ist allerdings nur über eine Zusammenarbeit mit einer westlichen Firma möglich, weil westliche Geldgeber eher Firmen aus dem eigenen Land oder Kulturkreis vertrauen. Aus Sicht der professionellen Elite Baharinis muss diese Vergabepraxis als Gipfel postkolonialer Arroganz erscheinen.

Martonoschy erklärt mir auf dem Rückweg, dass man für einen Mannmonats-Satz einer westlichen Firma mehrere ruritanische Experten beschäftigen könnte. Dieser Sachverhalt sei vor Ort allgemein bekannt und ständig gegenwärtig. Insbesondere Leute wie J. haben hierfür ein scharfes Auge, da sich auf ihren Schreibtischen die Informationen bündeln. Anders als J. haben die Chefs der Wasserwerke von Baridi, Mlimani und Jamala zwar keinen Überblick über die Gesamtsummen, doch aus ihrer Perspektive als Projektträger sieht die Sache aus einem anderen Grund nicht weniger skandalös aus: Sie bekommen vom Financier eine bestimmte Summe zur Verfügung gestellt, von der sie den normesischen Consultant mit Honoraren bezahlen müssen, die im lokalen Rahmen unanständig hoch wirken. (So rechnete beispielsweise das erste Angebot von S&P mit rund 2,1 Millionen Euro, von denen 1,5 Millionen für Honorare, Reise und Unterkunft der normesischen Experten vorgesehen waren.) Dies führt unvermeidlich zu einer erheblichen Anspannung in der Zusammenarbeit. Die Möglichkeiten jedes Dialogs sind empfindlich beeinträchtigt, wenn einer der Gesprächspartner während des gemeinsam verbrachten Arbeitstages fünfhundert Euro verdient, der andere für diese Summe hingegen einen ganzen Monat und oft länger arbeiten muss. Eine solche Ungleichheit verletzt das für eine fruchtbare Kommunikation notwendige Gefühl der Reziprozität so massiv, dass es allein schon deshalb fragwürdig ist, welche Art von Verstehen unter solchen Umständen überhaupt zustande kommen kann.

Der Minister für Wasser habe laut Martonoschy sogar in einer öffentlichen Rede im Herbst des Jahres 1996 im Rahmen der so genannten ‹Wasserwoche› in der Stadt Jamala verkündet, dass ein Großteil der Entwicklungsprobleme des Landes damit zusammenhinge, dass die Geldgeber ihre Aufträge an westliche Consultingfirmen erteilen. Diese Firmen hätten weder das notwendige Know-how, noch ein Herz für das Land und seien folglich bei der Gestaltung der Projekte primär an ihren Gewinnen interessiert. Das sei der wahre Grund dafür, dass so viele Entwicklungsprojekte keine nachhaltigen positiven Folgen zeigten. Ruritanien käme erst dann auf den rechten Pfad der Entwicklung, wenn es in diesem Bereich die Dinge in die eigene Hand nehmen würde. An dieser Deutung des Ministers erscheint zudem beachtlich, dass sie mit den öffentlichen Verlautbarungen der westlichen Entwicklungsagenturen übereinstimmt. In Zethagen hört man sowohl vom Ministerium als auch von der Entwicklungsbank, dass es in der Entwicklungskooperation vor allen Dingen darauf ankäme, die Verantwortung endlich in die Hände der Menschen zu legen, die ihre Verhältnisse entwickeln wollen.

In den Rechen(schafts)zentren der Geberländer weiß man im Prinzip, dass die ausbleibende Aneignung der Entwicklungsmaßnahmen wesentlich auf die Haltung der afrikanischen Eliten zurückgeht, die sich häufig ihrer Verantwortung entziehen. Das kann öffentlich aber nicht gesagt werden, weswegen man es diplomatisch eher sich selbst ankreidet oder als unerklärliches Versagen vergangener Tage anprangert. Auf der Oberfläche sieht es dann so aus, als wäre man in Baharini, Washington und Zethagen der gleichen Auffassung. Wenn Projekte dann tatsächlich schief gehen – so lautet die nahe liegende Schlussfolgerung aus der Perspektive von Leuten wie J. –, muss es an den westlichen Consultants liegen.

Schilling und Martonoschy gelang es, für den späten Vormittag auch einen Termin beim Staatssekretär des Wasserministeriums zu bekommen. Sie wollten herausfinden, wie weit die Erarbeitung der rechtlich-politischen Voraussetzungen ihres Projektes inzwischen gediehen sei und wie es um die Durchführungsbestimmung stehe. Weil sie möglichst sofort mit der leistungsbezogenen Entlohnung und der Einstellung neuer Mitarbeiter anfangen wollten, ging es ihnen ganz konkret um entsprechende ‹Sondergenehmigungen›, wie man sie im Oktober 1996 in Mlimani unter maßgeblicher Beteiligung des Staatssekretärs beschlossen hatte. Ich selbst muss solange in einem Café auf die beiden warten, weil meine Anwesenheit als neutraler Beobachter eine Verhandlung verhindern würde, wie man mir sagt. Verhandlungsergebnisse setzen Nachgeben und damit verbunden einen gewissen Gesichtsverlust der einen oder der anderen Partei voraus. Die Bereitschaft zu einem Einlenken sei aber nur so lange zu erwarten, als alle Anwesenden potentiell auch etwas zu verlieren haben. Sobald aber jemand dabei ist, der durch seine Teilnahme so gut wie nichts zu verlieren hat, ist die notwendige Reziprozität der Verhandlungsrunde gestört. Ein neutraler Beobachter ist zudem ein gefährlicher Zeuge, wogegen ein engagierter Teilnehmer zumindest so lange nichts gegen das gemeinsame Interesse aussagen wird, wie es diese Interessengemeinschaft noch gibt.

Nach knapp zwei Stunden kommen die beiden Freunde in das Café Zebra in der Independence Avenue, wo wir einen Imbiss nehmen. Schilling legt gleich sarkastisch los. Für ein viertelstündiges Gespräch haben sie anderthalb Stunden gewartet. Sie liefen in einem fensterlosen Gang auf und ab, wo er unter den dort herrschenden Sauna-Temperaturen und Martonoschy unter der klaustrophoben Enge litt, während sie die Türschilder auswendig lernten, die in ruritanischen Bürogebäuden meist keine Gültigkeit haben. Der Staatssekretär – ein älterer Professor der Medizin mit einem jener 20°C-Büros – habe sich nicht lange mit Details aufgehalten. Vor allen Dingen aber soll er sich empfindlich der Tatsache bewusst gewesen sein, dass ein normesischer Staatssekretär wohl kaum jemals mit Vertretern einer ausländischen Beraterfirma über hoheitliche Fragen debattieren würde, wenn sie etwa das Entlohnungssystem des Wasserwerkes von Ypsilonia zu restrukturieren haben. Er gab den beiden Entwicklungsexperten zu verstehen, dass die Dinge schon ihren rechten Lauf nehmen würden, dass sie lieber bei ‹ihren Leisten› bleiben sollten, und dass das normesische Volk wegen seiner Inflexibilität einen schlechten Ruf genieße.

Im Anschluss an den Mlimani-Workshop von Oktober 1996 wäre es darauf angekommen, das Pilotprojekt durch Sondergenehmigungen zu ermöglichen, doch das ist nicht geschehen. Heute Morgen ist der Versuch, sich deswegen direkt an die höchste Ebene zu wenden, schief gegangen. Als Fazit dieses ernüchternden Vormittags einigen sich die beiden darauf, in den nächsten Wochen noch entschlossener als bisher darauf zu drängen, dass es nun an den Projektträgern sei, Lösungen für die verrannte Situation anzubieten. Offenbar hat S&P noch keine Antwort auf den ‹midway review› des Projektes erhalten, von dem ich schon wiederholt gehört habe.

Die Leistung, die ein Unternehmer in diesem Kontext verkauft, scheint also darin zu bestehen, auf der globalen Arena der Entwicklungszusammenarbeit zwischen sozialen Welten zu vermitteln. Zu diesem Zweck setzt er selbst, meist körperlich, aus der einen in die andere soziale Welt über und kehrt anschließend wieder zurück: Insofern ist er ein Spezialist des raum-zeitlichen Übergangs, des Zwischenraums. Die Mitglieder der sozialen Welten, zwischen denen der Unternehmer vermittelt, sind selbst nicht in der Lage, direkt miteinander zu kommunizieren, weil sie im übertragenen Sinn keine gemeinsame Sprache haben. Zudem dürfen sie über bestimmte Themen gar nicht verhandeln, weil sie dadurch eine bestehende und auf anderer Ebene schützenswerte Ordnung und Rollenverteilung verletzen würden.

Man stelle sich vor, heute Morgen wäre beispielsweise statt Schilling ein dem Staatssekretär angemessener Gesprächspartner aufgetreten: idealerweise also sein normesischer Kollege aus dem MEK in Zethagen. In diesem Fall wäre die Statusfrage zwar angemessen gelöst, doch nun wüsste keiner der beiden Gesprächspartner, worum es bei dem konkreten Projekt überhaupt geht. Im Weiteren könnten sie auch mit Hilfe von sachkundigen Souffleuren im Hintergrund nicht über Details sprechen, weil sie die jeweils andere Seite damit in Verlegenheit brächten. Dies würde aber den guten Ausgang ihrer sonstigen Verhandlungen bedrohen, die ihnen aber wichtiger sein müssen. Ihre Verhandlungen können sinnvollerweise also nur auf einer übergeordneten Ebene liegen, auf der allgemeine Rahmenbedingungen und keine Einzelprojekte geklärt werden.

Die nahe liegende Lösung, dass die beiden Consultants heute Morgen nicht zu dem Staatssekretär, sondern zu ministeriellen Beamten hätten gehen sollen, die hierarchisch für sie erreichbar sind, ist indes auch blockiert. Kompetenz, Macht und Entscheidungsbefugnis sind in ruritanischen Bürokratien so verteilt, dass diejenigen, die formal zuständig sind, weder das Sachwissen noch die Entscheidungsbefugnis haben. (Deshalb konnte man heute Morgen mit Herrn J. lediglich über die Zollangelegenheit sprechen und deshalb ist Schilling gar nicht erst mitgekommen.) Auf übergeordneten Ebenen findet man zwar die nötige Sachkompetenz, doch hier darf ebenfalls noch nicht entschieden werden. Dort, wo schließlich entschieden werden kann, fehlt indes das nötige Sachwissen. In dem vorliegenden Fall ist es zusätzlich noch so, dass die beiden sachkompetenten Schlüsselfiguren des Ministeriums – Herr N. und Herr S., die auch in den ‹boards› der Wasserwerke von Baridi und Jamala sitzen – dem Projekt skeptisch gegenüberstehen, weil es die Rolle des Ministeriums und damit ihre eigene Bedeutung untergräbt. Es handelt sich um zwei ältere Herren, die ihren Aufstieg im Ministerium schon in sozialistischen Zeiten gemacht haben. Heute verhehlen sie nicht, dass sie die ganze Deregulierungs- und Dezentralisierungskampagne für verfehlt halten.

Die Aufgabe des Unternehmers im Organisationsfeld der Entwicklungszusammenarbeit besteht weiterhin also darin, auch solche Kommunikationsbarrieren zu überwinden, die durch die Struktur der lokalen Arena gegeben sind. Was durch Anwendung anerkannter Normen und Regeln nicht klappt, was eigentlich unmöglich ist, das soll er möglich machen. Er muss es beispielsweise schaffen, mit jemandem zu verhandeln, mit dem es für ihn im Prinzip ausgeschlossen ist, überhaupt zu sprechen.

Im vorliegenden Fall ist das Kunststück indes noch nicht gelungen. Meine beiden Consultants haben keinen Allianzpartner im Wasserministerium gefunden, der – etwa aus Überzeugung, Freundschaft oder Karrieregründen – ein *Eigeninteresse* daran hätte, die beiden mit vertraulichen Informationen zu versorgen und auch sonst ein wenig nachzuhelfen. Martonoschy erzählte mir davon, dass es im Herbst

1996 für eine Weile so aussah, als habe er einen Partner dieses Typs gefunden. Er habe damals einen aufgeweckten ministeriellen Mitarbeiter der dritten Hierarchieebene kennengelernt, dessen Karriere von seinem unmittelbar Vorgesetzten, einer der beiden grauen Eminenzen des Hauses, behindert wurde. Deshalb war er daran interessiert, die Spitze des Hauses mit Gegenkonzepten auf sich aufmerksam zu machen, zumal er wusste, dass der Minister reformfreudiger war als sein anscheinend etwas betonköpfiger Direktor. Aus dieser Allianz ist nichts geworden, weil dieser Mann das Ministerium gewechselt hat.

Die Tatsache, dass das unmögliche Kunststück bisher unmöglich blieb, liegt zweitens daran, dass das nötige Maß an *Konsens* unter den betroffenen Parteien fehlt. Man hat es hier mit einem Fall von Kooperation unter Bedingungen der Heterogenität zu tun, so dass ‹Konsens› genauer zu bestimmen ist. Es geht nicht darum, dass sich eine Interpretationsgemeinschaft herausbildet, die möglichst in allen Fragen der Weltdeutung übereinstimmt. Es ist eher umgekehrt: Damit man unter solchen Bedingungen etwas zustande bringt, müssen so viele Ansichten wie möglich ausgeklammert bleiben und nur so viele wie pragmatisch unbedingt nötig thematisiert werden. Auf diese Weise reduziert man in einer ‹Aushandlungszone› den Konfliktstoff auf das unvermeidbare Minimum und stellt sicher, dass es weitergehen kann. Die übliche Technik, sich in Organisationsfeldern vom wackeligen Konsens der Spieler möglichst unabhängig zu machen, besteht in der Formalisierung und Standardisierung von Verfahren.

Als Experte des Zwischenraums besteht die Kunst des Entwicklungs-Entrepreneurs offenbar darin, Situations- und Problemdefinitionen zu finden, die für alle betroffenen Seiten akzeptabel erscheinen, also genügend offen für lokale Umdeutungen, aber zugleich verbindlich genug sind, um eine konkrete Projektpraxis vorhersehbar, translokal zurechenbar und unabhängig von kultur- und interessegeleiteten Deutungsschwankungen zu machen. Als Ver-Mittler muss er standardisierte Verfahrensmodelle und Artefakte – ‹Standardisierungspakete› und ‹liminale Objekte› – entwickeln oder finden, die hart genug sind, um unbeschadet als ‹immutable mobiles› zwischen den Welten hin und her zu zirkulieren, die aber auch weich genug sind, um an verschiedene lokale Kontexte anschlussfähig zu sein. Unter den Umständen, die für unser Projekt gelten, hat man sich zwar auf ein Technisches Spiel geeinigt, das diesen Voraussetzungen Rechnung trägt – wie es Martonoschy erklärt hat –, doch offenbar läuft es nicht gut. Zumindest ein Grund scheint darin zu liegen, dass die lokalen Umdeutungen der Standardisierungspakete und der liminalen Objekte zu groß ausfallen.[55]

Während meine zwei entnervten Begleiter den Espresso austrinken, sehe ich auf dem gegenüberliegenden Bürgersteig einen Bettler in der prallen Sonne zusammensacken. Es ist ein verschrumpelter Greis, der nur ein schmutziges Tuch um die Lenden gewickelt hat. Noch im Ohnmachtsanfall versucht er, die Büchse mit dem ergatterten Metallgeld festzuhalten, was ihm schließlich misslingt, so dass die Münzen in alle Richtungen davon rollen und von bettelnden Straßenkindern aufgelesen werden. Wir drängen uns in Richtung Hotel durch das dichte Gewusel der Independence Avenue, am Helden-Denkmal vorbei, wo jeder versucht, alles Mögliche und Unmögliche zu verkaufen und wo man instinktiv seine Taschen aufmerksamer hütet.

Das Technische Spiel als Code der Gegenseitigkeit

Am Abend des ersten Arbeitstages treffen wir den ‹Managing Director› (MD) der Wasserwerke von Baharini in einem indischen Lokal in der Independence Avenue, wo ein anständiges Dinner zu viert mehr als den Monatslohn eines Kellners kostet. Meine beiden Begleiter möchten vom MD das Neueste aus dem Wassersektor erfahren, sie treffen aber auch einen alten Bekannten wieder, mit dem Martonoschy schon 1992 zwei Wochen zusammenarbeitete. Damit ich dem Gespräch folgen kann, erläutern mir die drei Fachleute den Hintergrund.

Die verheerenden Folgen der sozialistischen Wasserpolitik und des zentralistischen Verwaltungsapparats zeigten sich schon in den siebziger Jahren und lassen sich in dem Satz zusammenfassen: ‹Nun ist das Wasser kostenlos, doch es fließt nicht mehr.› Infolgedessen wurde 1984 ein erster Rettungsversuch unternommen. Man gründete die ‹National Urban Water Authority› (NUWA) als autonome, kommerziell operierende, staatseigene Organisation, die in einer ersten Phase zunächst nur für Baharini zuständig war, um dann nach und nach auf alle übrigen ruritanischen Städte ausgeweitet zu werden. Dieser Lösungsversuch war von Anbeginn mit zwei Inkonsistenzen behaftet. Zum einen wurde im selben Jahr durch die Wiedereinführung der Stadträte die Verantwortung für städtische Wasserversorgung per Gesetzesnovellierung den ‹urban councils› zugewiesen, so dass das zeitgleich erlassene NUWA-Gesetz dazu im Widerspruch stand. Zum anderen ging nach einem in Ruritanien verbreiteten Prinzip des organisatorischen *Anbaus* die Gründung der NUWA mit keinem konsequenten Abbau der alten Strukturen einher. Die NUWA schaffte es niemals zu einer eigenständigen, geschweige denn nationalen Organisation, sondern wurde im Rahmen einer Reorganisation von 1997 auf die Metropole Baharini beschränkt und in ‹Baharini Urban Water and Sewerage Authority› umbenannt.

Der Minister hatte zwischen 1984 und 1997 die Aufgabe, den Aufsichtsrat zu ernennen. Damit war es ihm möglich, die Trennung von Ministerium und NUWA nicht so weit gedeihen zu lassen, dass die Rolle seines Ministeriums geschwächt würde. Noch wichtiger war vielleicht die Tatsache, dass er bis Anfang der neunziger Jahre als Minister für Wasser, Energie und Mineralien sowohl die Verantwortung für den Wassertarif als auch für den Stromtarif trug. Während er sich auf der einen Seite an der Bezahlbarkeit des Trinkwassers orientierte, achtete er auf der anderen Seite darauf, den Stromtarif stets mit den Produktionskosten ansteigen zu lassen. Hinter dieser ungleichen Behandlung von Strom und Wasser steckte die unterschiedliche Symbolkraft der beiden Güter. Bei Wasser denkt man an die Grundbedürfnisse von Armen, Kranken und Kindern, an eine unverzichtbare Voraussetzung des Lebens schlechthin, die wie Luft nicht den Gesetzen des Marktes ausgesetzt werden sollte. Bei Strom denkt man hingegen an Überfluss, Luxus und Fortschritt; Güter, für die man bezahlen muss. Wenn ein Ministerium für beide öffentlichen Güter zuständig ist, bietet es sich an, das ethische durch das weniger ethische Gut zu subventionieren.

Da in Baharini nun aber ein Großteil der Wassergestehungskosten Stromkosten sind, manövrierte der Minister die NUWA systematisch in eine immer weiter eskalierende Schuldenkrise hinein. Gleichzeitig unterließ er es, ein transparentes System der Subvention einzuführen. Dank dieser selbst gemachten Ursache der Verschuldung der NUWA hatte der Minister als oberster Krisenmanager zwar viele Sorgen, doch gleichzeitig verschafften ihm gerade das Nicht-Funktionieren der Struktur und die Intransparenz unverhältnismäßig viel Macht und Einfluss. Die NUWA konnte gewissermaßen nur von seinen Gnaden existieren, denn nur er konnte ihr die Stromschulden erlassen. Von einer wirtschaftlichen Autonomie des Wasserwerkes, die mit der Gründung der NUWA 1984 offiziell angestrebt wurde, konnte unter diesen Umständen also keine Rede sein. Der MD meint bitter lachend, inzwischen würden die privaten Händler der Stadt noch nicht einmal einen Sack Zement herausrücken, wenn seine Einkäufer nicht gleich bar bezahlen.

Während des Dinners erfährt der abgebrühte MD über sein Funktelefon, dass er am nächsten Tag ein TV-Interview geben muss. Er soll sich über den möglichen Zusammenhang von Cholerafällen, die in einem bestimmten Stadtteil von Baharini gehäuft auftreten, und der dort nicht funktionierenden Wasserversorgung äußern. Ihn treffen zur Zeit nicht nur die dürrebedingten Stromausfälle, die die Wasser-Aufbereitungsanlage immer wieder lahm legen. Gravierender und unmittelbarer wirkt sich der niedrige Wasserstand des Flusses aus, aus dem die Stadt nahezu ihr gesamtes Trinkwasser bezieht. Die ohnehin ständig notwendigen Wasserrationierungen haben nun ein Ausmaß erreicht, bei dem andernorts der Notstand ausgerufen würde. (Ich erfahre, dass Baharini einen täglichen Wasserbedarf von 90 Mio. Gallonen hat, die Produktionskapazität des Wasserwerkes aber nur 60 Mio. Gallonen beträgt. Weil die Produktionskapazität aufgrund technischer Mängel niemals voll genutzt werden kann und aufgrund von Leckagen und anderen Fehlern 30% der produzierten Wassermenge im Verteilersystem verloren geht, ist der Fehlbetrag in Wirklichkeit viel höher.)

Der MD führt diesen Zustand hauptsächlich auf den notorischen Mangel an Geldmitteln und damit auch an neuen Technologien zurück. (Heute Abend werde ich also Zeuge der Rhetorik von ‹lack of funds›, auf die mich Schilling bei unserem Gespräch in Ypsilonia aufmerksam machte.) Schilling bemüht sich darum, das Gespräch vorsichtig in Richtung der Frage umzulenken, ob die notwendigen Geldmittel zum Betreiben des Wasserwerkes nicht am besten über den Verkauf des Wassers zu erwirtschaften seien. Doch der MD findet schnell zurück zu seinem Argument: Um nämlich die Gelder von den Kunden einzutreiben, bräuchte man zunächst Geld für Computer, Trainingskurse, aufgebesserte Kundendaten, aktuelle und möglichst digitalisierte Karten des Leitungsnetzes, Wasseruhren, sonographische Suchgeräte für Leckagen usw. Wie man es auch dreht und wendet: Für den MD geht es um den ‹technical fix›.

Um sich die Chancen ihres eigenen Projektes besser ausrechnen zu können, möchten meine beiden Begleiter vom MD beim letzten Glas südafrikanischen Weins noch wissen, wie eine Ausschreibung in der Presse zu verstehen sei: Während sie nämlich vom Staatssekretär am Morgen erfuhren, dass die Kommerzialisierung städtischer Wasserwerke in naher Zukunft möglich würde, man aber noch nichts Näheres dazu sagen könne, las man in der Zeitung, dass ein privater Betreiber für die Wasserwerke von Baharini gesucht würde. Das Wasserministerium scheint an einen Betreiber zu denken, der nach dem BOOT-Prinzip (Build, Own, Operate, Transfer) die Verantwortung für Baharini übernehmen soll. Als erster Betroffener bestätigt der MD diese Nachricht mit jenem Lachen, das einen daran erinnert, dass man in Afrika ist. Er bezweifelt, dass man aus dieser Übernahme ein Geschäft machen kann. Es sei denn, das Unternehmen bekäme die Kosten, die es seinen Kunden für das verteilte Wasser in Rechnung stellt, von der Stadtverwaltung erstattet. Das würde aber lediglich darauf hinauslaufen, dass nun statt des Wasserwerkes die Stadtverwaltung in den Bankrott getrieben würde, da auch sie niemals in der Lage sein wird, die Wasserrechnungen einzutreiben.

Während Schilling und Martonoschy an der Hotelbar noch einen Whisky trinken, halte ich meine Überlegungen im Feldtagebuch fest. Martonoschy hat mir in Zethagen zu erklären versucht, dass Entwicklungskooperation auf ein Technisches Spiel reduziert wird, in dem es nur um die Unterscheidung effektiv / ineffektiv geht. Seiner Meinung nach liegt der Hauptgrund dieser Reduktion am vorhandenen Machtgefälle und dem hegemonialen Anspruch derjenigen, die die Rolle so genannter ‹Geber› spielen. Nun war es heute Abend aber so, dass der MD der Wasserwerke von Baharini das Technische Spiel vorgegeben und Schilling nur aus Höflichkeit nicht widersprochen hat. Der Zusammenhang könnte also auch anders gelagert sein.

Eine der größten Schwierigkeiten der Wasserwerke von Baharini scheint genau wieder die zu sein, die mir Schilling für die Wasserwerke von Baridi, Mlimani und Jamala kurz geschildert hat. Es geht um einen Mechanismus, der dazu führt, dass vorhandene Listen mit Fakten und Zahlen sich im Zuge ihres Gebrauchs gewissermaßen selbst ungültig machen, sozusagen von innen und untereinander auffressen. Martonoschy spricht deshalb von einer geheimnisvollen *Listen-Autophagie*. Die vermeintlich triviale Fähigkeit, die eigenen Kunden aufzufinden, um sie zu betreuen und das Geld für den Service einzuholen, ist offenbar nicht ausreichend vorhanden. Während man denken könnte, dass man das Problem an der Wurzel packen und zuerst die Ursache der Listen-Autophagie herausfinden muss, scheint man sich darum zu bemühen, eben dies nicht zu tun. Mit fragloser Selbstverständlichkeit kommt man immer wieder auf die Lösungstriade des Technischen Spiels zurück: Kredit, Technik, Know-how. Inzwischen vermute ich, dass es für diese suspekte Ausklammerung der Ursachenfrage noch andere Gründe geben könnte, als die hegemoniale Dominanz des Technischen Spiels.

Angenommen, man würde unterstellen, die Ursache der Listen-Autophagie sei *rationales Kalkül*. Die Mitarbeiter der Wasserwerke würden also die Listen bewusst fälschen und verschlampen lassen, weil sie davon einen finanziellen Nutzen hätten. Einem auf der Liste nicht erfassten Kunden kann man gegen das Versprechen, ihn auch weiterhin nicht auf die Liste zu setzen, einen Teil des Geldes abknöpfen, das er als erfasster Kunde legalerweise zahlen müsste. Diese Argumentation liefe darauf hinaus, dass man es mit einem korrupten Haufen zu tun hat, und der MD wäre als Hauptverantwortlicher automatisch diskreditiert. Auf dieser Basis kann man sich also nicht an einen Tisch setzen und über die auf der Hand liegenden Probleme diskutieren.

Oder angenommen, man würde unterstellen, die Listen-Autophagie sei eine Sache der *Kultur*. In der evolutionistischen Variante dieser Erklärung wäre der MD heute Abend als Vertreter einer Kultur dagestanden, die mit dem Prinzip der Aktenführung noch nicht zurechtkommt, weil sie zwar den Schrift*gebrauch* bereits angenommen, aber noch keine entsprechende Schrift*kultur* hervorgebracht hat. Über die relativistische Variante der kulturalistischen Erklärung landet man indes schnell in einer lähmenden Unentscheidbarkeit. Mit der Behauptung, dass Realitätsdefinitionen maßgeblich von Orientierungsrahmen geformt werden, würde man eine unüberwindbare Grenze zwischen Menschen ziehen, die gerade dabei sind, über eventuell vorhandene Grenzen hinweg eine gemeinsame Realitätsdefinition zu finden. So gesehen wäre der MD heute Abend als Vertreter einer Kultur dagestanden, die wegen ihrer andersartigen Realitätsdefinitionen auch ganz andere Formen des Austauschs zwischen den im Trinkwasserbereich beteiligten Parteien hervorbringt. Formen, die wiederum seine beiden Gesprächspartner aufgrund ihres kulturspezifischen Orientierungsrahmens kaum für rational halten könnten. Auf dieser Basis kann man sich also auch nicht an einen Tisch setzen, um über die auf der Hand liegenden Probleme zu diskutieren.

Die Möglichkeit des Gesprächs hängt davon ab, dass man Aussagen machen kann, die von jedem Orientierungsrahmen unabhängig sind. Dieses Kriterium erfüllen nur solche Aussagen, die für sich in Anspruch nehmen, dass ihre Evidenz allein auf ihre Übereinstimmung mit der äußeren Wirklichkeit zurückgeht. Der Ausschluss der ersten beiden Erklärungsmuster der Listen-Autophagie, Kalkül und Kultur, weist einem dritten Muster die ganze Gültigkeit zu: Die Wasserwerke haben den Zugriff auf ihre Kunden verloren, weil es an Geld, an Computern sowie anderen zeitgemäßen Technologien und ausgebildetem Personal fehlt. Nur auf dieser Ebene kann das Spiel laufen. In den Aushandlungszonen der Entwicklungskooperation kommunizieren Fachleute aller Nationalitäten und Kontinente auf der Basis einer universellen Rationalität und unter Ausklammerung all solcher Fragen, die das Weitermachen erschweren. Sie alle haben sich in einer Art unausgesprochener, aber höchst wirksamer *Geschäftsordnung* auf eine gereinigte Situations- und Problemdefinition geeinigt. Danach geht es um die Behebung behebbarer Mängel: Mangel an Kredit, veraltete und kaputte Technik, fehlendes technisches Knowhow. Der Sinn des so genannten ‹technical fix›, von dem mir Martonoschy als hegemonialer Strategie erzählte, könnte also eher darin liegen, dass er als *Code der Gegenseitigkeit* für die Aushandlungszone unentbehrlich ist.

Mit der Geschichte von der Ausschreibung der Wasserwerke von Baharini wird die weit reichende und zurzeit langsam wieder aktuell werdende Frage aufgeworfen: Wo findet die Heilungsmethode der Privatisierung, die im Organisationsfeld der Entwicklungszusammenarbeit so euphorisch gefeiert wird, eigentlich ihre Grenzen? Staatsbürokratien verfehlen ihren Auftrag, im Namen des Gemeinwohls zu handeln, vor allem weil sie durch den Utilitarismus ihrer Mitglieder und ihrer strategischen Gruppen davon abgebracht werden – das ist der Vorwurf, der gegenüber afrikanischen Bürokratien besonders vehement erhoben wird. Aus dieser Warte betrachtet, besteht das Problem afrikanischer Staaten weniger darin, dass der Markt die ihm zugeschriebene Aufgabe nicht erfüllt, weil die unsichtbare Hand ihn behindern würde. Das Problem scheint eher umgekehrt darin zu liegen, dass die sichtbare Hand des Staates durch die vielen unsichtbaren Hände des Marktes gestört wird. Wenn das aber so ist, erscheint es verfehlt, Deregulierung als Heilmittel der öffentlichen Hand anzupreisen. Für beide Varianten des Abweichens vom rechten Pfad – Kleptokratie durch zu viel Markt im Staat und Marktversagen durch zu viel Staat auf dem Markt – kommt es einer Halbierung der Geschichte gleich, wenn man als Lösung die Parole ‹vom Plan zum Markt› ausruft. Wenn nämlich das Kernproblem gesellschaftlicher Entwicklung darin liegt, dass sich partikulare Interessen nur unzureichend zu allgemeinen Interessen bündeln, und wenn man zudem noch vermutet, dass dies eine Folge von hemmungslosem Utilitarismus sei, dann ist es widersinnig, wiederum Utilitarismus als Lösung anzubieten.[56]

Objektive Daten

Baharini, Donnerstag, 4. September 1997
Am Morgen des zweiten Arbeitstages darf ich Martonoschy in das ‹Prime Minister's Office› (PMO) begleiten. Hier hatte er 1992 – wie ich schon wusste – von der Möglichkeit erfahren, die drei Wasserwerke auf der Grundlage des ‹Revolving Fund Act› zu betreiben, und hier hat man diese Maßnahme 1994 eher gegen das als mit dem Wasserministerium durchgesetzt. Das wiederum war die Voraussetzung dafür, dass die NEB das Organisations-Entwicklungs-Projekt seit 1996 finanziert. Heute möchte Martonoschy in Erfahrung bringen, wie sich die weitere Dezentralisierung und Kommerzialisierung der ruritanischen Wasserbetriebe aus der Sicht des PMO

gestaltet. Während der Taxifahrt erklärt mir Martonoschy, dass sein Gesprächspartner von 1992 inzwischen als Staatssekretär im Verteidigungsministerium
arbeite. Stattdessen habe er den heutigen Termin von Zethagen aus per E-Mail mit
einem dänischen Soziologen vereinbart, der als Regierungsberater im ‹Prime Minister's Office› tätig ist. Der dänische Regierungsberater kennt das Debakel mit der
Autonomie der städtischen Wasserwerke inzwischen ganz gut und bringt Martonoschy zu Herrn K., der hier vielleicht weiterhelfen kann.

Im ‹Prime Minister's Office› ist nämlich jenes übergeordnete Programm angesiedelt, durch das der öffentliche Dienst Ruritaniens schlanker gemacht werden
soll, was eine Konditionalität der Weltbank für bestimmte Kredite ist. Die Um-
strukturierung der städtischen Wasserbetriebe ist – wie mir Schilling bereits im
Zusammenhang des Workshops von Mlimani erklärte – nur ein kleiner und eher
unbedeutender Aspekt dieses übergeordneten Programms, das beispielsweise auch
den riesigen Gesundheitsbereich und das noch größere Schulsystem einschließt.
Herr K. ist zurzeit derjenige, dessen Erfolg daran gemessen wird, wie viele Beamte
er von der Gehaltsliste des Staates streichen kann. Es stellt sich heraus, dass K.
zwar über die Personallisten aller städtischen Wasserwerke verfügt, aber nicht
darüber informiert ist, dass die drei Wasserwerke, die zum Projekt von S&P gehören, ihre gesamten Personalkosten bereits gegenwärtig selbst tragen könnten, wie
die Budget-Analysen ergeben haben. Martonoschy versucht ihm diesen Sachverhalt
vorsichtig zu erklären, doch entgegen seinen Erwartungen bedarf es hier gar keiner
Überzeugungsarbeit. Herr K. macht die Sache spontan zu seinem Anliegen. Er
wird sich dafür einsetzen, dass die Mitarbeiter der drei städtischen Wasserwerke
bald von der Gehaltsliste des öffentlichen Dienstes entfernt werden. Noch während wir um seinen Tisch sitzen, ruft er verschiedene Kollegen im Haus und im
Wasserministerium an, um eine erste Besprechung dieser Angelegenheit gleich für
den nächsten Tag einzuberufen. Im Wasserministerium erreicht er schließlich den
für alle städtischen Wasserwerke des Landes zuständigen N., den Martonoschy und
Schilling am Vortag nicht aufgesucht hatten, weil er von Anbeginn unverhohlen
gegen das Konzept ‹Pilotprojekt mit Sondergenehmigungen› war.

Während ich staunend daneben sitze, wird Martonoschy blass. Auf der Rückfahrt im Taxi frage ich ihn, ob sein Farbwechsel damit zusammenhinge, dass Herr
N. aus dem Wasserministerium nun möglicherweise von seinem Besuch im ‹Prime
Minister's Office› erfahren und eventuell negativ intervenieren könne. «Nein»,
meint Martonoschy, diese Gefahr bestünde zwar, doch sei sie eher unwahrschein-
lich, denn die beiden Behörden haben bisher noch nie an einem Strang gezogen.

Es war vielmehr die überraschend verbindliche und schnelle Reaktion des ambitiösen K., die eine bohrende Frage in ihm aufwarf: Was ist, wenn die Betriebe ihre Personalkosten nun doch nicht bezahlen können? Für die damit zusammenhängenden existentiellen Folgen für das Personal und für die städtische Wasserversorgung habe er nun einen Teil der Verantwortung übernommen. Diese Verantwortung beruhe nun ausgerechnet auf so genannten Fakten und Zahlen! Keiner, der auch nur einigermaßen genau weiß, wie diese Zahlen gemacht worden sind, könne wirklich an sie glauben. Abgesehen von der Unzuverlässigkeit der elementaren Daten komme bei dieser Zahl noch erschwerend hinzu, dass sie auf einer spekulativen Hochrechnung basiere: Die geplanten Ausgaben könne man noch einigermaßen sicher vorhersagen (Katastrophen immer ausgeschlossen), aber bei den Einnahmen musste man sich auf Prognosen über den Anstieg der Hebeeffizienz verlassen. Tröstend werfe ich ein, dass man in derlei Entscheidungssituationen offenbar einen festen Boden unter den Füßen brauche, dessen Konstruktion man zumindest im Moment der Entscheidung nicht in Frage stellen kann. Handlungsfähigkeit erfordere die Suspendierung von Zweifel und Selbstreflexion. Man dürfe halt den Skeptizismus nur dort pflegen, wo er hingehört, um ihn dann schnell wieder hinter sich zu lassen. Doch Martonoschy wird durch meinen akademischen Kommentar noch nervöser.

Die Evidenz der Aussage: ‹Die Wasserwerke von Baridi, Mlimani und Jamala können die Personalkosten aus ihren Einnahmen bezahlen› ist vermutlich deshalb so prekär, weil sie nicht Teil eines Netzes von anderen Aussagen ist, die sich wechselseitig stützen und härten. Die Gültigkeit der Aussage muss sozusagen allein zwischen Aussage und Realität als Korrespondenz ausgemacht werden. Das scheint aber eine Überfrachtung des Konzeptes der Gültigkeit zu sein. Hinter den scheinbar kulturfreien Budget-Zahlen verbirgt sich eine Prognose, die auf einer kulturspezifischen Annahme beruht: Es wird unterstellt, dass der Anstieg der Hebeeffizienz dadurch gefördert würde, dass die Wasserwerke ihre Lohn- und Gehaltskosten aus den eigenen Einnahmen bestreiten und ein leistungsabhängiges Entlohnungssystem einführen. Hinter den Zahlen, auf deren Basis man nun zu entscheiden hat, steht damit ein ganzes Weltbild, dessen Gültigkeit für den lokalen Kontext zweifelhaft ist und das eben genau wegen dieser Zweifelhaftigkeit von beiden Seiten aus den Projektverhandlungen tunlichst herausgehalten wurde. Nun wird es aber plötzlich zur Grundlage einer weit reichenden Entscheidung. Martonoschy wurde es schwarz vor den Augen, als er merkte, wie die Überfrachtung des Evidenzverfahrens und die Zahlen-Rhetorik betriebswirtschaftlicher Prognostik

auf seine Schultern geschoben wurden, bloß weil er auf Herrn K. stieß, der un-
erwartet verbindlich wurde.

Dezentralisierung

Während Martonoschy und ich im ‹Prime Minister's Office› waren, führte Schilling
Gespräche mit Vertretern der Europäischen Union in der ‹Delegation of the
Commission in Ruritania›. Er wollte deren Einschätzung des zukünftigen rechtlich-
politischen Rahmens urbaner Wasserversorgung in Erfahrung bringen und hören,
wie weit das geplante Engagement der EU im Wassersektor gediehen sei. In einer
gemeinsamen Kaffeepause auf der Terrasse unseres Hotels tauschen wir uns über
die Erkenntnisse der ersten Hälfte des Vormittags aus. Das EU-Engagement sollte
seinen ersten Niederschlag in einem Projekt finden, das auf die organisatorische
Verbesserung der Wasserversorgung in vier ruritanischen Städten nach dem Vorbild unseres Projektes abzielt. Es handelt sich offenbar – wie ich erst jetzt merke –
um dasselbe Projekt, über das Herr J. gestern im Wasserministerium sprach, als wir
wegen der Zollabfertigung bei ihm waren. J. erwähnte eine Liste von Bewerbern
und signalisierte seine Empörung darüber, dass ruritanische Consultings nicht
berücksichtigt und die so genannte ‹short list› der interessantesten Bewerber nicht
vom Ministerium erstellt würde. Auch im EU-Büro von Baharini gab es anscheinend Empörung wegen dieser Liste: Die lokalen EU-Vertreter sind der Auffassung, dass sie es sein sollten, die aufgrund ihres überlegenen Sachwissens die ‹short
list› erstellen. In Brüssel ist man hingegen der Auffassung, dass es insbesondere um
eine faire Verteilung von Projektaufträgen an Consultings aus allen Staaten der EU
ginge, so dass die ‹short list› selbstverständlich in Brüssel aufgestellt wird.

Nach unserer Kaffeepause begleite ich Schilling ins Büro der Weltbank, das
sich in dem nahe gelegenen, einzigen Hochhaus von Baharini befindet, in dem eine
ganze Reihe internationaler Firmen untergebracht sind. Es war nicht leicht, den
Termin zu bekommen, da die Mitarbeiter der Weltbank sich äußerst geschickt
hinter technischen Sicherheitsvorkehrungen, unbeugsamen Formalitäten und
professionellen Vorzimmerdamen verbergen, die man kaum überwinden kann,
wenn die gesuchte Person nicht selbst ein Interesse an der Begegnung hat. Schilling
versucht seit mehr als einem Jahr herauszubekommen, was die Weltbank im
Einzelnen mit dem so genannten ‹Urban Infrastructure Rehabilitation Programme›
vorhat, wie weit man damit gekommen ist, was das für Auswirkungen auf die

Arbeit innerhalb des Projektes von S&P haben könnte und an welchen Punkten man sich am besten abstimmen sollte.[57]

Ein uns schließlich gegenübersitzender junger Amerikaner, offenbar frisch von der Universität, erklärt uns zunächst seinen Aufgabenbereich: Er sei für die Öffentlichkeitsarbeit des Weltbank-Büros Baharini sowie die Finanzbuchhaltung aller ruritanischen Projekte zuständig. Sein Thema sind nicht Programme und Projekte, sondern das ‹country portfolio›. Im Weiteren sei es so, dass das Programm, für das wir uns interessieren, selbstverständlich – wie ja alle Weltbankprogramme – einen lokalen Koordinator habe, der natürlich am besten Bescheid weiß. Schilling winkt den Tip wie einen üblen Scherz ab: den ruritanischen Koordinator habe er bereits vor knapp einem Jahr getroffen, doch dieser wisse so gut wie nichts über das Programm. Der junge Amerikaner fühlt sich offenbar ertappt und weiß für einen Moment nicht, wessen Image er nun verteidigen soll: sein eigenes, das des ruritanischen Kollegen, oder das der Weltbank. Er entscheidet sich für die Weltbank und meint, dass die Stelle des lokalen Programmkoordinators neu ausgeschrieben wurde, weil man mit dem Stelleninhaber tatsächlich unzufrieden war. Sein Nachfolger würde wahrscheinlich Herr S. aus dem Wasserministerium, ein ganz tüchtiger Mann. Als den ohnehin besten Informanten in dieser Angelegenheit bekommen wir nunmehr den zuständigen Programmleiter der Weltbank in Washington genannt. Es klingt so, als wolle der junge Banker sagen: ‹Noch höher in die Hierarchie kann ich Euch beim besten Willen nicht vermitteln.› Schilling winkt mit demselben Lachen ab: Dieser Herr sei doch nur zwei bis drei Mal pro Jahr und dann immer nur tageweise in Baharini; auf E-Mails würde er prinzipiell nicht antworten – deswegen seien wir ja heute hier. Der inzwischen deutlich verunsicherte junge Mann fängt endlich an, in seinem Regal nach Berichten des Programms zu kramen. Nachdem Schilling seinen Reisepass als Pfand hinterließ, durfte er eines der noch am ehesten aufschlussreichen Dokumente von 1996 zum Kopieren mitnehmen.

Zum Abschluss dieses Vormittags machen wir einen Spaziergang entlang der Meerespromenade zum Hafen und von dort hoch zu unserem Hotel. Schilling meint, nun könne ich langsam erahnen, welche irrwitzigen Probleme dabei entstehen, wenn man die unzähligen Projekte eines Entwicklungslandes zu koordinieren versucht. Sogar unser relativ kleines Projekt zur Restrukturierung der Wasserwerke von Baridi, Mlimani und Jamala ist Teil eines komplexen Geflechts anderer Projekte und Programme, die im Prinzip verzahnt sein sollten. Da ist zum einen das riesige ‹Civil Service Reform Programme›, zu dem die Restrukturierung der

Regionalverwaltungen und der städtischen Verwaltungen ebenso gehört, wie die drastische Reduzierung des personellen Umfangs der öffentlichen Verwaltung. Auch eine Neuordnung sämtlicher Ministerien ist in diesem Rahmen vorgesehen und wird seit 1996 mit unterschiedlicher Entschlossenheit betrieben. Eines der Ziele dieser Neuordnung besteht darin, die operativen Aufgaben an nachgeordnete Instanzen zu übertragen, die in diverse Formen der Autonomie überführt werden sollen. Deshalb der Besuch im ‹Prime Minister's Office› heute morgen. Die drei Wasserwerke des Projektes von S&P sind in diesem Zusammenhang also gleich mehrfach betroffen.

Da ist zum anderen das ebenfalls umfangreiche ‹Urban Infrastructure Rehabilitation Programme› der Weltbank, dem wir soeben auf der Spur waren. Dieses Programm zielt auf grundsätzliche Fragen des Stadtmanagements ab und sieht kleinere Maßnahmen sogar direkt in den Städten Baridi, Mlimani und Jamala vor. Weiterhin gibt es in den meisten Ministerien in Baharini so genannte Regierungsberater, deren Aufgabe es ist, sektorspezifische Neuorientierungen zu fördern. Im Ministerium für Wasser ist ein Mitarbeiter der normesischen ‹Agentur für überseeische Entwicklung› (AfE) für diese Aufgabe vorgesehen, während im ‹Prime Minister's Office› der Soziologe aus Dänemark sitzt, den wir heute Morgen trafen.

Schilling meint, ein üblicher Irrtum bestehe nun darin, das offensichtliche Koordinationschaos auf das Fehlen oder Versagen einer zentralen Planung zurückzuführen.[58] In Wirklichkeit läge das Problem hauptsächlich an einer ‹Aufwärtsspirale›, die wir bereits gestern im Anschluss an den Besuch beim Staatssekretär besprochen hatten. Wie zwischen den Hierarchieebenen des Wasserministeriums läuft es auch zwischen den Organisationen ganzer Verwaltungssektoren: In einer Art Umkehrung des Subsidiaritätsprinzips werden die Aufgaben und Kompetenzen nach oben gezogen, bis die Entscheidungsbefugnisse bei übergeordneten Instanzen landen, die über die notwendigen Sachkenntnisse nicht verfügen, durch den Druck anstehender Probleme nicht tangiert werden und die Folgen von Fehlentscheidungen kaum jemals direkt zu spüren bekommen. So fragt man beispielsweise in den Regionalverwaltungen von Baridi, Mlimani und Jamala vergeblich danach, wie die Reform dieser Verwaltungen im Einzelnen aussieht und wie sie den Wassersektor genau betrifft. Man wird hier regelmäßig nach Baharini an dieses oder jenes Ministerium verwiesen. Wenn man aber in den Ministerien mit solchen Fragen ankommt, wird man zurück in die Regionen geschickt. Das führt am Ende dazu, dass die Koordination komplexer und weiträumiger Prozesse ziemlich störungsanfällig verläuft.

Ich werfe ein, dass mir diese Geschichte wie ein Streich vorkommt, mit dem die
ruritanische Verwaltungselite unliebsame Fragen abwimmelt. Es werden Inkompetenz und fehlende Zuständigkeit vorgetäuscht, um sich ein Minimum an Handlungsspielraum zu sichern. Diese Abwehrstrategie muss wohl eine Reaktion auf die
flächendeckende Durchdringung des Landes durch fremdgesteuerte Programme
und Projekte sein, die nach den Prinzipien von ‹empowermenb und ‹by-passing› die
vorhandenen Verwaltungsstrukturen aushöhlen und auch allgemein die lokalen
Akteurskonstellationen von außen verändern. Diese These kann Schilling präzisieren. Das Verwirrspiel mit den Zuständigkeiten findet nämlich dann seinen Höhepunkt, wenn die so genannten Geberorganisationen die Arena betreten. Von
diesem Höhepunkt haben wir soeben im Büro der Weltbank eine kleine Kostprobe
erhalten: Die großen Geberorganisationen sind untereinander noch schlechter
abgestimmt als die ruritanischen Ministerien. Vernünftigerweise hätte es im Fall des
eigenen Projektes möglich sein müssen, den Stand des ‹Civil Service Reform Programme› und die damit einhergehende Etablierung privatwirtschaftlich betriebener
Einrichtungen vor Beginn des Projektes in Erfahrung zu bringen, um die eigenen
Ziele darauf abzustimmen. Nun sagen aber die Geberorganisationen mit einem
gewissen Recht, dass es nicht ihre Aufgabe sein kann, die diversen Programme bis
auf die Durchführungsebene abzustimmen. Das wäre nicht nur ein immenser und
kostspieliger Aufwand, sondern käme auch einer Bevormundung der ruritanischen
Partner gleich – es liefe tatsächlich auf eine zynische Fortführung der genannten
Aufwärtsspirale hinaus.

Weil aber die Geberorganisationen ständig erleben, dass es in Ruritanien zu
keiner adäquaten Koordination kommt, schieben sie das Problem am Ende den
Consultants zu. Dadurch wird der politisch unmögliche Effekt vermieden, dass
Ruritanien etwa vom Weltbankbüro aus gesteuert wird. Die Koordinationsleistung
wird an die Stelle verschoben, an der das größte und unmittelbarste ökonomische
Interesse dafür besteht. Die Consultants stehen als einzige Mitspieler unter einem
existentiellen Erfolgszwang: Wenn sie versagen, sind sie zum ‹Marktaustrit› gezwungen, während die anderen Spieler unter allen Umständen weitermachen
können. Nun ist es auf der anderen Seite freilich so, dass es den Consultants
eigentlich gar nicht zusteht, sich in Koordinierungsfragen einzumischen. Durch
Schillings Ausführungen wird mir klar, was ich heute Morgen im ‹Prime Minister's
Office› beobachtet habe: Herr K., der zuständige Beamte, ließ sich auf einen Deal
mit einem dänischen Regierungsberater und einem normesischen Consultant ein.
Die drei halfen sich gegenseitig dabei, ihre Arbeit zu erledigen. Gleichzeitig be-

mühten sie sich darum, es nicht so aussehen zu lassen, als fände hier ein Deal statt, denn in einem ‹Prime Minister's Office› kann es nur um die Unterstützung eines Unternehmers gehen, der eine Sache von nationaler Bedeutung erledigt. Es musste vertuscht werden, dass die Initiative zur Koordination der Entwicklungsprogramme auf die beiden Ausländer zurückgeht.

Die Vermittlerrolle, die dem Consultant in diesem Spiel zugeschrieben wird, zwingt ihn zu einer fortwährenden und immer tieferen Einmischung in die Angelegenheiten der lokalen Verwaltungselite: eben zu dem, was wir die letzten beiden Tage getan haben. Wenn es – anders als heute Morgen im PMO – zu keinen intelligent kaschierten Deals kommt, setzt ein spezifischer Abwehrmechanismus ein – wie gestern Morgen im Wasserministerium. Schilling erzählt mir, wie er vor Jahren ein Projekt bei der ruritanischen Eisenbahngesellschaft durchgeführt hat, das ein Musterbeispiel dieser Problematik abgab. Die erstaunlich vielen Projekte, die es innerhalb der Eisenbahngesellschaft gab, waren nicht nur mangelhaft koordiniert, sondern behinderten sich regelrecht gegenseitig. Ihr Hauptproblem schien die Unfähigkeit zu sein, die Steuerungsleistungen zu erbringen, die für eine positive Wirkung aller Projekte notwendig gewesen wären. Bei genauerem Hinsehen konnte man indes erkennen, dass die Reibungsverluste zwischen den Projekten wohl kaum auf schiere Unfähigkeit zurückgingen. Vielmehr bestand die einzige, zumindest aber die einfachste Chance des lokalen Managements, sich eine minimale Handlungsautonomie zu bewahren, eben darin, die diversen Beraterfirmen gegeneinander auszuspielen oder sie zumindest im Dunkeln über die Zusammenhänge zwischen den Projekten zu halten. In jenem Projekt habe Schilling auch einen anderen Aspekt der Abwehrstrategie kennengelernt, den er nun im Wasser-Projekt wiederfindet. Immer wieder würde er erleben, dass ruritanische Gesprächspartner, mit denen er schon lange und vergeblich an der Klärung einer Frage arbeitet, später in unerwarteten Zusammenhängen Aussagen machen, die beweisen, dass sie schon Monate zuvor zur Klärung hätten beitragen können. Die Leute ziehen es vor, als uninformiert, inkompetent oder gar als dumm dazustehen, ehe sie gegen ihre Überzeugung handeln, dass es prinzipiell immer und überall vorteilhafter ist, weniger zu sagen, als man weiß.

Soziologisch gesprochen hat Schilling eine selbst erfüllende Prophetie beschrieben: Die Abwehrstrategien der lokalen Projektträger produzieren systematisch Widersprüchlichkeiten und Pannen. Diese bedrohen dann die Erfolge der ausländischen Consultants. Weil es um deren ökonomisches Überleben und ihre Karrieren geht, versuchen sie die Hürden zu überwinden. Zu diesem Zweck müssen sie sich einmischen und dabei ihre ganze Raffinesse und ihre Netzwerk-strategien einsetzen. Dabei kann es dann nicht ausbleiben, dass sie manchmal mit dem Blick auf ihr Einzelprojekt die Lösung eines übergeordneten Problems er-schweren. Es kann ebenso nicht ausbleiben, dass sie den Handlungsspielraum der lokalen Akteure reduzieren. Diese reagieren dann oft mit weiteren und verschärf-ten Abwehrstrategien und produzieren neue Widersprüchlichkeiten, um sich Auswege offen zu halten. Natürlich verlieren sie gelegentlich auch ganz einfach den Überblick, wenn jedes Projekt und jeder Financier in eine andere Richtung ziehen und mit einer anderen Instanz im Land verhandeln. Im Ergebnis wird der ursprüngliche Verdacht, dass die Ruritanier ihre Gesellschaft nicht organisieren können, zur Realität.

Auf unserem Spaziergang unter Palmen sind wir inzwischen in der Nähe des Hafens angekommen, wo man von einer schattigen Bank aus sehen kann, wie weiße Luftkissenboote zu den Inseln nahe der Küste starten. Wir lassen uns auf eine Zigarette nieder und Schilling blättert in der Studie, die wir von dem jungen Amerikaner zum Kopieren erhielten. Er findet eine Stelle, die besagt, dass sich das ruritanische Finanzministerium im April 1996 gegenüber der Weltbank verpflichtet hat, einen Novellierungsvorschlag der juristisch-administrativen Rahmenbedingun-gen für einen privatwirtschaftlichen Betrieb der städtischen Wasserwerke bis März 1999 dem Parlament vorzulegen. Dies geschah folglich, wie Schilling mit Freude an der Groteske feststellt, genau zur selben Zeit, als ihm die drei Chefs der Wasser-werke von Baridi, Mlimani und Jamala in Absprache mit dem Wasserministerium während der Einführungsphase erklärten, dass die Novellierung der Rahmenbedin-gungen für Juli 1996 vorgesehen sei. Diese Behauptung wurde dann als ‹Meilens-tein I› in den Projektvertrag aufgenommen und von allen drei Parteien unter-schrieben. Nun könnte man wirklich meinen, dass die NEB mit einem von langer Hand geplanten Schachzug dazu bewegt wurde, ein Projekt zwischen 1996 und 1998 zu finanzieren, obwohl man wusste, dass die notwendigen Voraussetzungen dafür frühestens 1999 erfüllt sein würden. Doch Schilling glaubt nicht, dass ein einzelner Spieler den Ausgang des Spiels so souverän und auf so lange Sicht be-stimmen kann. Auch hier habe man es mit zufälligen Verstrickungen zu tun, die sich aus dem allgemeinen Chaos des Feldes ergeben.

Gleichwohl veranlasst ihn diese üble Entdeckung zu einer Bilanz: Ein Reisetag und zwei Arbeitstage mit zwei Experten kosten die Firma 0,2 Mannmonats-Sätze plus Spesen. Offiziell habe er gar keinen Auftrag für diesen Einsatz, so dass er nicht wisse, ob er die Kosten abrechnen könne. In der Quartalsrechnung von Juli

1997 habe er bereits 1,75 MM für ähnliche Einsätze geltend gemacht (Abbildung
4.1). Das sei in den meisten Projekten dieser Art so. Während die Erfolge oft von
einem erheblichen Aufwand für die Koordination externer Prozesse abhängen,
kann ein Consultant diese Koordinierungstätigkeit offiziell nicht als solche zugeschrieben bekommen, weil es sich um souveräne, lokale Angelegenheiten handelt.

Man könne sich hin und wieder kaum des Eindrucks erwehren, dass die
Geberorganisationen diesen Zusammenhang auch aus einem weiteren Grund nicht
allzu genau kennen wollen. Wenn die Koordinierungsaufgaben bei Projektbeginn
realistisch eingeschätzt und offiziell eingeplant würden, so könnte dies aus diplomatischen Gründen nur in der Rubrik der notwendigen Eigenleistungen des
Projektträgers geschehen. Dies aber würde in vielen Fällen eine optimistische
Erfolgsprognose in Frage stellen, da schon bei oberflächlichen Recherchen die
unverzichtbare Eigenleistung gar nicht ernsthaft erwartet werden könne. Der
Geldgeber wäre dann gezwungen, das Projekt zu verschieben oder einen wesentlich größeren Projektbetreuungsaufwand in Kauf zu nehmen. Gelegentlich müsse
er ein Projekt sogar ganz absagen. Doch Projekte, die einmal zugesagt und konzipiert wurden, haben eine sehr geringe Chance, jemals wieder abgesagt zu werden:
Die einen müssen ihr Geld verteilen, die anderen glauben sowieso mehr an die
‹frindge benefits› und die dritten wollen etwas verdienen. So drückt der Financier
lieber ein Auge zu und ruft zu einem Zeitpunkt nach der Eigenverantwortung des
ruritanischen Partners, an dem es eigentlich zu spät ist.[59] Da diese Initiative dann
nicht kommt – wie alle aus Erfahrung genau wissen, aber wegen der vorgeschriebe-
nen Diplomatie nie laut sagen –, erwarten die Entwicklungsbürokratien inoffiziell
von den Consultants, dass sie die Kohlen aus dem Feuer holen. Genau damit,
meint Schilling, waren wir die ersten beiden Arbeitstage beschäftigt.

Inzwischen sind wir bei unserem Hotel angekommen, wo Martonoschy auf der
Terrasse mit einem Kollegen von der Universität Baharini zusammengesessen
hatte. Sie sprachen hauptsächlich über die Reform des ‹local government›, womit
im englischen Sprachraum die Kommunalverwaltung von Gebietskörperschaften
gemeint ist. Martonoschy fasst das Gespräch kurz zusammen: Aus der Sicht des
ruritanischen Kollegen ist die Universität Baharini, die in solchen Angelegenheiten
eine wichtige Stimme hatte, vom Tempo der Ereignisse und von der wachsenden

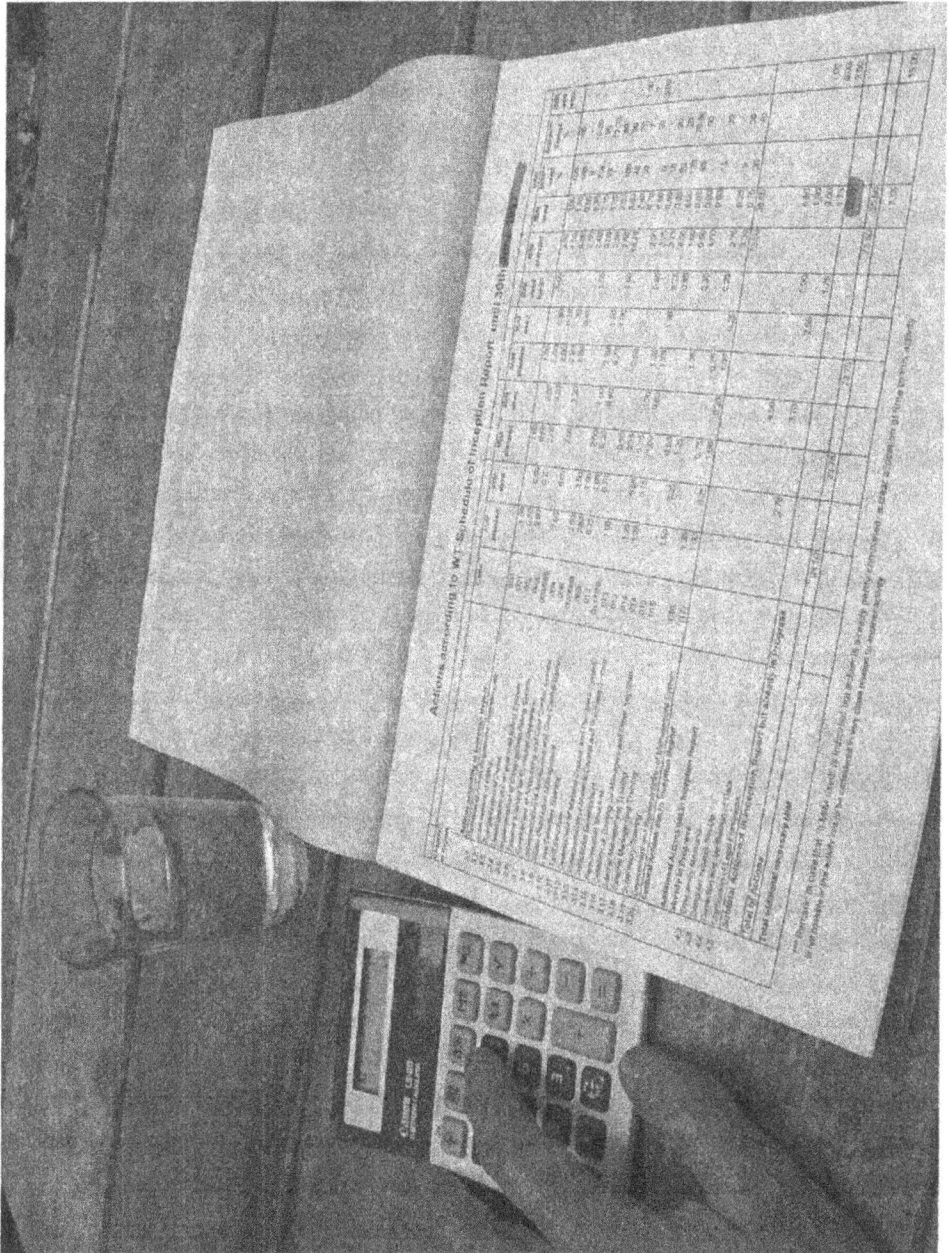

Abbildung 4.1
Rechenschaftsbericht (4. Quartal, 30. Juni 1997)

Bedeutung kommerzieller Beraterfirmen überrollt worden. Er selbst sucht einen Job im Consulting-Geschäft.

Ich lasse mir von Martonoschy genauer erklären, was Schilling heute Morgen mit dem Wort ‹Aufwärtsspirale› bezeichnen wollte. Er meint, für das Zustandekommen und den Fortbestand des damit gemeinten Mechanismus sind mehrere Ursachen verantwortlich, die sich wechselseitig verstärken: Zunächst treibt die traditionelle Autoritätsvorstellung im Rahmen moderner Bürokratien die Verantwortung dysfunktional nach oben. Dann ist es so, dass die Inhaber einer Position sich fürchten, die ihnen formal zustehende Verantwortung auch wirklich zu tragen, weil die Hierarchie ihnen unkalkulierbar in den Rücken fallen kann. Hinzu kommt, dass die Verantwortung bisweilen in der Hierarchie nach oben gezogen wird, um sie auszubeuten: Wenn beispielsweise diverse Lizenzen, Aufträge, HIV-Negativ-Zeugnisse etc. gegen Bestechung zu haben sind, leuchtet es ein, dass die autorisierende Unterschrift in der Hierarchie immer weiter nach oben wandert.

Der ausschlaggebende Punkt hängt aber mit der Tatsache zusammen, dass das Ringen um ein ausgewogenes Verhältnis zwischen Zentralisierung und Dezentralisierung zu jeder Staatsverwaltung gehört. So kann etwa die Entscheidung über den Ort, an dem eine Müllverbrennungsanlage errichtet wird, nicht allein von den unmittelbar betroffenen Interessengruppen gefällt werden, weil es sonst nie zum Bau einer solchen Anlage käme. Die Logik dieser Entscheidung erfordert immer übergeordnete Instanzen. Gleichzeitig müssen die Interessen der lokalen Akteure wenigstens annähernd berücksichtigt werden, weil sie die Angelegenheit sonst sabotieren könnten. In den armen Ländern des Südens ist dies ohnehin heikle Problem mit Prozessen exogener Modernisierung und der Entwicklungszusammenarbeit verbunden. Das bedeutet, dass jene übergeordneten und zentralen Instanzen mehr Befugnisse und Macht auf sich ziehen können, als es ohne die Entwicklungszusammenarbeit auf der lokalen Arena möglich wäre. Auf diese Weise reduziert sich die Abhängigkeit der zentralen Instanzen von der Zustimmung lokaler und peripherer Kontexte, so dass sich ein hemmungsloser Politikstil entwickelt. Das wiederum reduziert das ohnehin dünne Vertrauen in die Eliten des Landes und in die zentralen Institutionen soweit, dass deren Maßnahmen prinzipiell zweifelhaft erscheinen und oft boykottiert werden. Folgerichtig werden noch mehr Kompetenzen ins Zentrum abgezogen, was dann das allgemeine Misstrauen gegenüber dem Zentrum weiter bestätigt. Sobald die Zuständigkeiten einmal gebündelt im Zentrum sind, ist es schwer, sie wieder zu dezentralisieren. An dieser Stelle versucht die Entwicklungspolitik mit den Prinzipien der Dezentralisierung und der Deregulierung gegenzusteuern. Während dieser Ansatz unbestreitbar seinen guten Sinn und Zweck hat, wird leicht übersehen, dass er das zentrale Problem weiter verschärft: Die vorhandenen Strukturen zur Herausbildung des allgemeinen Willens und die Verwaltungselite Ruritaniens werden durch extern geförderte Maßnahmen der Dezentralisierung und der Deregulierung noch weiter delegitimiert, als dies ohnehin schon der Fall ist.[60]

Baharini, Freitag, 5. September 1997

Nach ein paar Stunden Schreibtischarbeit im Hotelzimmer fahren wir am Nachmittag an den weißen Sandstrand im Norden Baharinis. Während Schilling unter dem Schattendach des Ocean View Bier trinkt und den ‹Spiegel› liest, gehe ich mit Martonoschy barfuß am Meer spazieren. Doch die uniformierten Wächter der Hotelanlage warnen uns schon nach wenigen hundert Metern vor Dieben, die Touristen in Badekleidung die Uhren abnehmen, so dass wir lieber im lauwarmen Ozean zurückschwimmen. Nach dem Abendessen gibt es Freitags im Ocean View Hotel Diskothek mit wild zusammengemischter Musik und einer Gemengelage von weißen Experten, initiativlustigen Prostituierten, studentischen Touristen, biederen Wochenend-Besuchern und der Jeunesse dorée von Baharini. Besonders ausgelassen tanzen die Stewards und Stewardessen, die immer zwischen Freitag und Dienstag hier auf den Crew-Wechsel warten. Später erfahre ich, dass die Prostituierten hier deshalb so jung und aufgeputzt sind, weil der Wachschutz des Hotels nur solche Mädchen zulässt, zumal sie auch höhere Bestechungssummen zahlen. Irgendwann nach Mitternacht kommt Martonoschy mit einer schönen Frau von der Tanzfläche, die er offenbar schon vorher kannte und mir als Eva, Miss Ruritanien 1995, vorstellt. Nach einem Baileys-Likör geht die junge Frau zurück an den Tisch ihres europäischen Begleiters, der offenbar schon ungeduldig wurde. Auf der Rückfahrt übernimmt Martonoschy das Steuer. Er legt eine Kassette von Tracy Chapman ein, stellt die Stereoanlage etwas lauter und fährt mit sinnlichem Vergnügen und sicheren Ortskenntnissen durch das nächtliche Baharini. Als ein paar finstere Gestalten sich an einer roten Ampel um das Auto stellen, höre ich noch kurz das mechanischen Klicken der Zentralverriegelung, bevor Martonoschy mit Vollgas durchstartet.

5.
Aushandlungszonen

Vorbemerkung

Jamala, Samstag und Sonntag, 6.-7. September 1997
Nachdem man den schleppenden Verkehr von Baharini hinter sich gelassen hat
und sobald die Asphaltstraße hinter dem Fluss besser wird, geben alle Vollgas, um
die verlorene Zeit aufzuholen. Hinter Büschen lauern blütenweiß uniformierte
Polizistinnen mit neuester Laser-Technologie auf Verkehrssünder, doch wir haben
Glück und kommen durch. An einer großen Kreuzung holen wir uns gegrillte
Fleischspieße und beobachten, wie verschwitzte Leute in zerrissenen Kleidern von
überladenen Kleinbussen steigen. Die meisten Frauen tragen sperriges Gepäck auf
dem Kopf, einen Säugling auf dem Rücken und führen ein Kleinkind hinter sich
her. Ihre Männer schreiten ihnen gravitätisch mit einem Wanderstock bewaffnet
voraus und peilen die Berge am Horizont an. Nach der Kreuzung führt die Straße
entlang eines Flusses wieder hinunter an den Ozean. Über Kilometer sieht man
soweit das Auge reicht Baumwollfelder, von denen die meisten nicht mehr bebaut
sind.

Von den Industrieanlagen entlang der Einfahrtsstraße nach Jamala sind die
meisten außer Betrieb; aus Fenstern und Dachrinnen wachsen Sträucher. Der
stillgelegte Rangierbahnhof am Stadtrand ist mit seinen Gleisanlagen, Dampf-
lokomotiven und Reparaturgebäuden Zeuge einer längst vergangenen Zeit. An der
Straßenfront des Personenbahnhofs sind Abfahrts- und Ankunftszeiten von Zügen
angeschrieben, die nicht mehr verkehren. Unsere erste Station machen wir bei
einem Obelisk, der an den Heldentod kolonialer Soldaten erinnert. Auf den Stufen
des Denkmals rauchen wir in der Abendsonne eine Zigarette und genießen den
Ausblick auf das Meer. Direkt vor uns liegt der funktionslose Hafen, der von einer
ganzen Flotte vor sich hin rostender Schiffe umgeben ist, die das Ende moderner
Seefahrt für Jamala markieren. Dazwischen wird eine Dhau aus dem Jemen per
Hand entladen, eines jener Segelschiffe, mit denen die arabischen Händler schon
vor 1500 Jahren die Küste Ostafrikas aufsuchten.

Wir holen uns den Schlüssel zum Wohnhaus aus dem Projektbüro im Wasserwerk. Die neu instand gesetzten Verwaltungsgebäude stehen auf dem Gelände, auf
dem die Kolonisatoren 1908 die erste Grundwasserpumpe errichtet hatten. Damals
lag das Gelände am Stadtrand, doch heute gehört es zur Stadtmitte, wo das Grundwasser verseucht ist. Dies war eine der Ursachen, weshalb man mit Unterstützung

der NEB eine neue Gewinnungs- und Förderanlage weit draußen am Fluss baute. Das Wohnhaus von S&P liegt in einem ehemals wohlhabenden Villenviertel auf einem Hügel am Stadtrand. Die hohen Palmen in dem gepflegten Garten, die doppelte Toreinfahrt, die Größe des Hauses und die Edelholzausstattung erinnern an andere Zeiten. Heute ist der Wasserkessel am Dach leer und der Kühlschrank warm, weil es tagsüber kaum Strom gab. Zum Abendessen fahren wir in das einzig akzeptable Restaurant am Ort.

Auf dem bewachten Parkplatz stehen hauptsächlich typische Projektautos: neue japanische Jeeps mit den Namen der Projekte auf den Vordertüren. Auf unserem silbernen Toyota ist «Baridi Water Supply Project» zu lesen. Die Inschriften der anderen Autos dokumentieren die Spannweite der hier engagierten Organisationen und Länder sowie der ausgewählten Problembereiche: Aids-Bekämpfung, Bekämpfung der Küstenerosion, Wasserressourcen-Management, Eisenbahn-Rehabilitation, Hafen-Rehabilitation, Förderung der Dorfentwicklung, Straßenwartung, Waldbewirtschaftung, Kokoswirtschaft, usw. Im Restaurant ist nur ein einziger Tisch von einer ruritanischen Familie besetzt. An allen übrigen Tischen sitzen Projekt-Menschen – das sind Menschen, die nicht hierher gehören, aber keine Touristen sind. Die längste Tafel ist für eine christliche Gemeinschaft reserviert, die einen Evangelisten aus Nigeria zu Gast hat und am Nachmittag zum Thema «Wirtschaft und Glauben» getagt hat.

Die Kellner heißen meine beiden Begleiter willkommen und bieten ihnen ihre Lieblingsspeisen an. Dankbar lerne ich, dass die kleinen importierten Bierflaschen den großen ruritanischen zu bevorzugen sind, weil sie schneller getrunken werden können, als sie brauchen, um sich durch die heiße Luft zu erwärmen. Nach dem Essen fahren wir nass geschwitzt zum Hotel am Hafen. Eine kühle Abendbrise macht den Hotelgarten zum angenehmsten Platz der Stadt, wo man in zerfallenden Holzsesseln um wackelige Holztische sitzt, Whisky mit Eis trinkt und den tropischen Sternenhimmel bestaunt. Leider ist der Rasen, der früher immer saftig grün und makellos englisch geschnitten war, von der Sonne versengt. Dies ist eine der ersten sichtbaren Folgen des Projektes in der Stadt: Das Hotel wird seit 1996 korrekt zur Kasse gebeten und hat das Rasensprengen eingestellt. Weil heute Samstag ist, treibt der Wind Disko-Klänge herüber, und ein paar Frauen und Männer suchen noch nach Begleitung. Das Routineprogramm endet mit einem zweiten Whisky und der Rückfahrt in das Wohnhaus, wo der Nachtwächter schon fest schläft.

Am Sonntag Nachmittag, dem 7. September, kommen der Teamchef T., der

Projektingenieur I. und der EDV-Experte S. mit zwei weiteren Toyotas aus Mlimani bzw. Baridi angereist, um an einer Team-Sitzung des Projektes teilzunehmen. Von den sechs Experten fehlt nur B., der für die Finanzbuchhaltung der Wasserwerke zuständig ist.

Im Projekt

Jamala, Montag, 8. September 1997

In den Gesprächen des Teams, die sich über den ganzen Tag hinziehen, wird ständig auf Dinge verwiesen, die mir unbekannt sind, und alles ist voller Anspielungen auf die Vorgeschichte. Nur nach und nach beginne ich zu verstehen, worum es geht. Der erste Teamchef war der Projektingenieur I. Er wurde schon nach wenigen Monaten, Ende 1996, von T. abgelöst. Der erste Teamchef konnte die inhaltlich und zeitlich verflochtenen, an drei auseinander liegenden Orten stattfindenden Tätigkeiten der sechs Experten verschiedener Fachrichtungen nicht gut koordinieren. Man verkrachte sich und fing an, den ‹Schwarzen Peter› hin und her zu schieben. Im Endeffekt hatten die Projektträger – also die drei UWEs (Urban Water Engineers) von Baridi, Mlimani und Jamala – den Eindruck, dass das Projekt mit mehreren Stimmen spricht und kein Konzept hat.

Die Konflikte scheinen sich im Laufe des Jahres 1997 auf zwei Themen konzentriert zu haben. Zunächst steckt der Ingenieur in der schwierigen Position, in einem Organisations-Entwicklungs-Projekt technische Aufgaben zu lösen, ohne dafür ausreichende Mittel zur Verfügung zu haben. Hier käme es auf jene viel beschworene Improvisationskunst an, mit knappen Mitteln unter widrigen Umständen kleine, lokal angepasste technische Lösungen zu finden, die gleichzeitig die organisatorische Kompetenz der Wasserwerke stärken sollten. Doch diese Überlebenskunst beherrschen die drei UWEs ihrer Auffassung nach selbst am besten – dafür brauchen sie nicht die Unterstützung eines hoch bezahlten normesischen Ingenieurs. Infolgedessen schließen sie ihn aus ihren alltäglichen Tüfteleien zur Aufrechterhaltung des technischen Betriebs aus. Ihm bleibt nur übrig, ständig neue Schwachstellen aufzudecken und nach umfassenden technischen Lösungen zu rufen. Damit redet er den UWEs das Wort, die am liebsten die ganze technische Anlage über das normesische Entwicklungsprojekt erneuert bekommen würden. Gleichzeitig demonstriert er dadurch aber seine eigene Überflüssigkeit im Organisations-Entwicklungs-Projekt, das für solche Lösungen nicht zuständig ist. Das zweite Thema und der harte Kern des Projektes ist die Reform der Prozess-

Steuerung. Diese zielt darauf ab, eine höhere Zuverlässigkeit der Arbeitsabläufe durch Delegation menschlicher Kompetenzen an Computer zu erreichen. Die Zuspitzung der ganzen Maßnahme auf ein EDV-Programm bedeutet für alle anderen Teammitglieder, dass sie auf etwas hinarbeiten, das sie letztlich nicht nachvollziehen können. Allein der Experte S. – so jedenfalls muss es den anderen erscheinen – kann das EDV-System beherrschen. Die ohnehin immer bedrohlich wirkende Rolle eines obligatorischen Passagepunktes ist in diesem Fall noch dadurch erhöht, dass man sich für ein maßgeschneidertes Programm entschieden hat, um den lokalen Besonderheiten gerecht zu werden. Sollte S. das Handtuch schmeißen, wäre es für S&P schwierig, das noch nicht ganz installierte und noch nicht einwandfrei laufende System zu gleichen Kosten und zum selben Termin bereitzustellen.

Bei maßgeschneiderter Software ist es üblich, dass bei den ersten Probeläufen mit echten Daten die eine oder andere Schwierigkeit auftritt. Im vorliegenden Fall scheinen diese kleinen und normalen Pannen die Geschichte zu nähren, dass der Experte S. und sein ‹Water Management System› (WMS) größere Probleme haben. Weil Schilling sich der zersetzenden Wirkung einer derartigen Legende bewusst ist, legt er Wert darauf, sie bei jeder Gelegenheit richtig zu stellen. Dadurch, dass die von den UWEs zur Verfügung gestellten Daten unvollständig und inkonsistent sind, das Projekt aber nicht länger auf eine Verbesserung der Daten warten kann, musste S. das WMS wiederholte Male umschreiben.

Man habe sich das etwa so vorzustellen: Ursprünglich war das Programm so konzipiert, dass man an einem Tag X den vollständigen Datensatz durch die einzige dafür vorgesehene ‹Tür› in das System importiert und diese anschließend endgültig ‹zumauert›. Das hätte den Zweck gehabt, dass es eine originale Datenbank gibt, an der nie wieder Veränderungen vorgenommen werden können. Das wiederum hätte bedeutet, dass alle Veränderungen nur in bestimmten Nebendateien gespeichert würden, die wiederum auch nicht überschreibbar sind. Mit jeder neuen Änderung eines Datensatzes würden zudem das Datum und die Code-Nummer des Anwenders registriert. Auf diese Weise hätte man die Differenz zwischen dem Originaleintrag und dem ersten Neueintrag sowie zwischen allen weiteren Neueinträgen untereinander kontrollieren und damit verhindern können, dass die Benutzer des Programms Datensätze unbeobachtet manipulieren. Da die Datenqualität, die für einen einmaligen Großimport notwendig ist, nicht vorlag, musste S. die aufwendig erstellte Schutzvorkehrung des Programms wieder zurücknehmen und den Import von Einzeldaten auf Dauer ermöglichen. Deshalb musste er auch von der Sicherheitsvorkehrung absehen, die das Überschreiben von Daten verhindern sollte. Der Dauerimport hätte entsprechend des ursprünglichen Designs nämlich zu einer Explosion von Nebendateien geführt, die die Korrekturen der Korrekturen der Korrekturen etc. ad infinitum festhalten und das Programm schließlich lahm legen würden. Somit blieb von einem der Oberziele des Projektes – Datenbetrug und Datenkonfusion durch die Maschine zu verhindern – nurmehr eine Farce zurück, die die Ambition des EDV-Fachmanns S. verletzt.

Wenn man den Leuten zuhört, besteht kein Zweifel: Das WMS ist ein *Hauptakteur* des Projektes, der mit menschlichen Eigenschaften ausgestattet ist. Es geht ihm besser oder schlechter, er hat Kinderkrankheiten, ist das Baby von S., und am Ende muss das WMS alles herausreißen. Das heißt aber auch umgekehrt: Wenn das Projekt schief geht, dann liegt es am WMS. Das WMS ist die Materialisierung der ganzen Projektidee. Da nur S. über diese Hauptfigur des Dramas Kontrolle hat, ist es kaum verwunderlich, dass er bald der Retter und bald der Sündenbock der ganzen Geschichte ist. Besonders prekär wird die Sündenbockfunktion in Kombination mit dem Hauptproblem des Projektes: der Schnittstelle zwischen Daten- und Software-Verantwortung. Seit Juni 1997 gehen die meisten Kinderkrankheiten des WMS auf die Tatsache zurück, dass der Experte ungeplante Veränderungen vornehmen muss, um der Datenlage gerecht zu werden. Die UWEs behaupten dagegen: Nicht ihre Daten seien fehlerhaft, sondern das WMS würde nicht zu den Daten passen. Diese Argumentation treibt S. zur Weißglut: «Mein WMS importiert jedes beliebige Datenformat, solange die Datensätze konsistent sind.» Martonoschy meint, dass an dieser Stelle etwas Grundsätzliches unternommen werden muss, sonst ginge am Ende noch alles schief. Er will nicht an der Lösung eines *Sachproblems* ansetzen, sondern an der Lösung eines *Kommunikationsproblems*. Seine erste Frage lautet: «Wie kriegt man es hin, dass man sich überhaupt darauf einigt, was das Sachproblem ist?»

Nachdem das Team den Ingenieurs- und den EDV-Bereich des Projektes durchgegangen ist, geht es zum Schluss um die Finanzbuchhaltung. B. ist dafür verantwortlich, ein kaufmännisches Rechnungswesen einzuführen. Verglichen mit den anderen Projektbereichen scheint es hier reibungslos zuzugehen. Wie überall gibt es aber Verzögerungen, die darauf zurückzuführen sind, dass die Computernetzwerke ungefähr sechs Monate verspätet in Betrieb genommen wurden, die Ausbildung der Leute viel langsamer vorangeht und die Erstellung der *Listen* mit dem Anlage- und Umlaufvermögen für die Eröffnungsbilanz schleppend verläuft. Die Krux der ganzen Sache liegt hier, ähnlich wie im Fall des WMS, in den alten, unvollständigen und inkonsistenten Daten. Nachdem man viel Zeit darauf verwenden musste, die Daten zusammenzutragen, wird man sie nun mit den vorhandenen Lücken und Fehlern importieren müssen und darauf setzen, dass sie im Laufe der Jahre korrigiert werden.

Ein entscheidender Punkt der ganzen Geschichte der Daten-Listen wird im Fall des Rechnungswesens deutlicher als im Fall der Kundenlokalisierung: Man kann auch im Notfall – also wenn die vorhandene Datenmisere gar nicht zu lösen ist – nicht bei Null anfangen, weil es sich um vertraglich geregelte Forderungen und Schulden handelt. Schließlich liefe das auf ein öffentliches Eingeständnis eines Totalversagens hinaus, das sich keine Organisation leisten kann, die in Zukunft ihre Forderungen durchsetzen möchte. Dem verzweifelten S. fällt zum Ende der zehnstündigen Diskussion als rettende Lösung Brandstiftung ein. Nur so wäre man die Last der Vergangenheit los, hätte sein Gesicht gewahrt und könnte endlich eine neue, unbeschriebene Seite aufschlagen. Dank der disziplinierenden Wirkung seiner Software könnten die Mitarbeiter zukünftig nur noch konsistente Datensätze eingeben – gleichgültig wie ihre Einstellung dazu ist.

Die Trivialität von Listen

Jamala, Dienstag, 9. September 1997

Die gestrige Projektbesprechung kreiste hauptsächlich um die Frage der Kundendaten. Im Grunde – so erklärt mir S. – sei alles ganz einfach, und daran müsse man sich immer wieder selbst erinnern, um hier nicht irre zu werden. Damit man einen Wasseranschluss – ökonomisch gesprochen einen Verkaufspunkt, einen ‹point of sale› – verwalten und technisch betreiben kann, braucht man einen Satz von sechs Daten sowie eine zuverlässige Querverbindung der sechs Daten:

(1) Nummer des Verkaufspunktes (account number)
(2) Lokalisierung des Wasseranschlusses
(3) Name des Kunden, der dieser Nummer zugeordnet ist und die Rechnung bezahlt
(4) Postalische Adresse dieses Kunden
(5) Nummer der Wasseruhr oder ggf. durchschnittliche Berechnungsrate
(6) Kontostand des Kunden am Tag der Aufnahme in das neue System
(7) Zuverlässige Zuordnung von 2-6 an 1.

Diese Liste ist logisch so aufgebaut, dass im Zentrum die Nummer des Verkaufspunktes steht (1). Ein Verkaufspunkt ist natürlich nur so lange ein Verkaufspunkt, wie man ihn im Versorgungsgebiet zuverlässig lokalisieren kann (2). Andernfalls ist es ein illegaler Anschluss, durch den man Wasser in unbestimmter Höhe verliert, ohne etwas dagegen unternehmen zu können. Zwischen (1) und (2) geht es um die zuverlässige Verbindung einer einfachen Liste von Kundennummern mit Punkten auf einer Landkarte. Die übrigen vier Daten (3-6) bzw. ihre zuverlässige Zuordnung zu (1) sind dafür unentbehrlich, einen in diesem Sinn existierenden Verkaufspunkt zu verwalten. Wenn eine dieser vier Angaben fehlt bzw. falsch ist, klappt die ganze Sache nicht mehr.

S. ist überzeugt, dass die triviale Logik dieses Systems von Anbeginn allen Beteiligten klar war. Die UWEs konnten die Korrektur der Kundendaten gerade deshalb nicht an einen hoch bezahlten westlichen Consultant abtreten, *weil* die Logik eben so zwingend ist. Sofern S. bei dieser Interpretation bleibt, muss ihm die Frage, wieso die Kundendaten trotzdem nicht korrigiert werden, entweder schleierhaft bleiben, oder er muss auf andere Erklärungen zurückgreifen. Tatsächlich beschleicht ihn der Verdacht, dass man ihn an der Nase herumführt und dass es in Wirklichkeit um etwas anderes geht. Die weiteren Ausführungen von S. zur Datenmisere scheinen mir aber weniger seine Boykott-These zu belegen, als auf ein kulturelles Muster zu verweisen, das in diesem Projekt offenbar nicht zur Sprache kommt.

S. stößt regelmäßig auf diverse Fehler. Stichproben ergaben, dass sogar elementare Listen in einem verblüffenden Ausmaß nicht *valide* sind. Elementare Listen – so lerne ich von S. – enthalten Daten (meist numerische), die auf der Darstellungsebene erster Ordnung liegen. Es sind also Zahlen, die nicht auf andere, vorausgehende numerische Repräsentationen verweisen, sondern direkt auf eine an sich schon zählbare Wirklichkeit bezogen sind, etwa auf eine Menge von Wasseruhren. Die meisten Zahlen, mit denen man es in Organisationen zu tun hat, liegen auf höheren Darstellungsebenen und sind folglich aus Zahlen der niedrigeren Darstellungsebenen aggregiert – etwa die berüchtigte Hebeeffizienz. Doch am untersten Ende stehen immer Zahlen erster Ordnung: elementare Daten.

Wenn es nun heißt, dass die Zahlen erster Ordnung nicht valide sind, ist damit gesagt, dass ihr Deckungsverhältnis mit der Realität nicht stimmt: Wenn auf dem Papier z.B. steht, dass von 1000 vorhandenen Wasseruhren noch 750 funktionieren, kann S. sich nicht darauf verlassen, dass es tatsächlich 750 sind. Mit der Frage: ‹Welche Uhren funktionieren?›, begibt man sich auf die nächste Aggregationsstufe, wo eine zweite Liste ins Spiel kommt. Jede Wasseruhr braucht, um ihre Identität als Wasseruhr zu bewahren, eine Nummer, die einerseits in die Uhr eingraviert und andererseits in einer Liste erfasst wird. Wenn man dann noch wissen möchte, wo sich die kaputten Wasseruhren befinden, kommt eine dritte Liste ins Spiel, die selbst schon aggregiert ist. Führt man diese drei Listen mit jeweils mangelhafter Validität zusammen, reduziert sich die Validität noch weiter. Im Ergebnis findet man in Jamala kaum jemals von der Liste der Wasseruhren zu dem Ort, an dem sich eine Wasseruhr mit einer bestimmten Nummer befindet. Das führt laut S. zum nächsten systematischen Schwachpunkt.

Es hat sich herausgestellt, dass die meisten Listen oberhalb der Darstellungsebene erster Ordnung nicht ausreichend *reliabel* sind. Die vorhandenen Verfahren zur Aggregation von Zahlenreihen und zur Verknüpfung von Listen werden unregelmäßig befolgt. Innerhalb ein und derselben Liste sind die einzelnen Zahlen dementsprechend oft nach verschiedenen Generierungsmustern entstanden, ohne dass man das hinterher noch nachvollziehen kann. Häufig werden informale Korrekturen vorgenommen, die etwa auf das Gedächtnis eines Mitarbeiters zurückgehen und der Zahl nicht mehr anzusehen sind. Die Mitarbeiter haben eine weit größere Wertschätzung für den Einzelfall und ihr eigenes Gedächtnis als für das Verfahren bzw. für das Gedächtnis der Organisation. Aus diesen Gründen kann eine unzuverlässige Liste durch den Abgleich mit anderen Listen nicht überprüft und korrigiert werden.

Stichproben haben schließlich ergeben, dass in Listen, die aus zusammengesetzten Datensätzen bestehen, die einzelnen Datensätze unterschiedliche Vollständigkeitsgrade haben und in unterschiedlichen Formaten vorliegen. Die Listen sind folglich *inkonsistent*. Die Ursache dafür sind wiederum fehlende Verfahrenstreue und überhaupt fehlende Verfahrensstandardisierung.

Die Wasserwerke von Baridi und von Jamala haben seit 1994 einen gewissen Aufwand betrieben, um ihre Kundendaten zu korrigieren und zu vervollständigen. Man nannte diese Großaktionen zur Primärdatenerhebung ‹customer survey›, also Kundenerhebung. Hier in Jamala hat sich S. die Ergebnisse und den Verlauf der Erhebung genauer angesehen, weil er in die Vollendung dieses Werkes hereingezogen wurde, obschon er damit vertragsgemäß nichts zu tun hat. Um mir diesen Problemfall zu demonstrieren, führt mich S. in einen extra dafür vorgesehenen Raum des Wasserwerkes von Jamala, wo das so genannte ‹customer survey team› arbeitet.

Anhand von Aktenordnern und Karten erklärt er mir, dass die Erhebung

entgegen anders lautender Behauptungen des Managements in Wirklichkeit abge-
brochen wurde, bevor das ganze Versorgungsgebiet überarbeitet und bevor die
zahlreichen Lücken in den bereits überarbeiteten Quartieren geschlossen waren.
Während seiner Darstellung des Vorgehens steigert sich S. langsam in ein ratloses
Staunen hinein, so als ob er das Ausmaß der Sache zum ersten Mal erfassen würde:
Das Versorgungsgebiet wurde vor dem Beginn der Aktion irgendwann 1994 in 23
‹Karten› gegliedert. Die Grenzen der Karten fügten sich sinnvollerweise in die
Grenzen der 9 bereits früher definierten technischen Zonen des Netzes. Weiterhin
erhielten die 23 Karten Eigennamen. Auf den Kundenbogen, die das Erhebungs-
team auszufüllen hatte, gab es wiederum die Rubrik ‹Area: ...›. Soweit schien also
alles gut vorbereitet. Doch während der Erhebung trugen die Mitarbeiter auf den
vorgefertigten Bögen nicht die vorgegebenen Kartennamen ein, sondern die
geläufigen Quartiersnamen, die die befragten Kunden angaben. Diese Quartiere
sind aber weder eindeutig benannt – jedes Quartier kann je nach Kontext und
Sprecher anders heißen und anders bemessen sein – noch deckungsgleich mit den
9 technischen Zonen oder den 23 Karten. Es kamen so 110 verschiedene Namen
für ‹areas› zustande.

Der Sinn der Erhebung bestand darin, die Kunden wieder auffindbar zu
machen. Es sollten also Punkte im Territorium – die einzelnen Wasseranschlüsse
– mit Stellvertretern dieser Punkte auf einer Karte und in einer Liste so verbunden
werden, dass man jederzeit anhand der Repräsentation zurück ins Territorium
findet, um etwa den Anschluss zu reparieren oder um eine Rechnung zu kassieren.
Doch am Ende dieser Aktion war auf den einzelnen Kundenbogen der zugehörige
Kartenname nicht verzeichnet, und auf der einzelnen Karte waren die Kundennummern nicht eingetragen. Zur endgültigen Verblüffung von S. erkannte man
diesen Fehler nicht, sondern erfasste nahezu alle Kundenbogen samt der sinnlosen
Eintragungen zum Punkt ‹area› auch noch in einer EDV-Datei.

Zu diesem Verfahrensfehler kamen andere hinzu. In Jamala fehlt das Prinzip
der Hausnummerierung als postalische Institution. Die ‹National Housing Corpora-
tion› (NHC) hat sich als ehemalige (sozialistische) Eigentümerin der meisten
Häuser dadurch beholfen, dass sie ihre eigene Nummerierung an die Häuser
pinselte. Dieses System wurde auch für die Kundenerhebung des Wasserwerkes
übernommen. Doch die Häuser wurden nach und nach an ihre alten Besitzer
zurückgegeben, und diese übermalten die Nummern. Damit nicht genug: Während
der Erhebung spaltete sich das Team oft in zwei Gruppen, die jeweils von ent-
gegengesetzten Enden einer Straße mit der Recherche loslegten. Bei Häusern ohne

NHC-Nummerierung erteilten die zwei Gruppen in vielen Fällen eigene Nummern und fingen jeweils mit der Nummer 1 an. Auf diese Weise gibt es in den Listen für viele Straßen jeweils zwei Häuser mit derselben Nummer. Wie um diesen Akt der Verwirrung auf die Spitze zu treiben, wurden die abgelieferten Kundenbogen im Büro durcheinandergemischt, so dass auch die Erhebungsroute als Notbehelf im Zweifelsfalle nicht mehr zur Verfügung stand.

Schließlich fing man erst im Oktober 1996 damit an, die teils schon 1994 gesammelten Daten in die Datenbank zu übertragen, die man für die Rechnungslegung benutzte. In unzähligen Fällen wurden somit gute durch schlechte Daten ersetzt. Dies geschah beispielsweise immer dann, wenn der Wasserzähler inzwischen – also nach der Erhebung von 1994 – ausgetauscht wurde oder der Kunde gewechselt hat. Diese neuen Informationen wurden nämlich in der Zeit nach der Erhebung nur in die laufende, nicht aber in die frisch erhobene Datensammlung eingetragen.

Der EDV-Experte ist der Überzeugung, dass sich ein derartiges Fiasko unmöglich auf ein kulturell oder wie auch immer zu erklärendes Nicht-Wissen zurückführen lässt. Er vermutet neben Desinteresse und Schlamperei, wie schon erwähnt, hauptsächlich eine Intrige gegen ihn selbst. Mich macht hingegen die Beobachtung stutzig, dass man hier überhaupt jemals die Idee hegen konnte, es käme schlicht auf eine Neuerhebung der sechs genannten Primärdaten an, die man dazu braucht, um einen Kunden zu identifizieren. Spätestens der Versuch dieser Neuerhebung unter dem Namen «customer survey» scheint mir eher zu belegen, dass man es hier mit einer folgenreichen kulturspezifischen Ausblendung der *Priorität der Verfahren gegenüber elementaren Daten* zu tun hat. Vereinfacht kann man behaupten: Die Datenerhebung ist zu einem Fiasko geworden, weil ihr kein durchdachtes Verfahren zugrunde lag. Weil derselbe Punkt aber auch die Ursache dafür war, überhaupt an eine neue Datenerhebung zu denken, hätte man eigentlich wissen können, wo die Priorität anzusetzen ist.

Stutzig macht mich auch eine weitere Beobachtung. Unser Gespräch fand im Raum des «customer survey teams» statt. Hier verhandelte S. mit Mitarbeitern der untersten Hierarchieebenen des Betriebs, die für diese vermeintlich triviale Arbeit abgestellt wurden, sie aber offenbar nicht kapierten. Anschließend gingen wir zusammen zu Mutahaba, dem UWE von Jamala, dessen gekühltes Zimmer kaum zwanzig Meter davon entfernt liegt. Hier geriet S. durch die kritischen Nachfragen von Mutahaba immer wieder in die Situation, etwas belegen und erklären zu müssen, was sich im gegenüberliegenden Raum des «customer survey teams» abspielt. Mutahaba vertrat die Position, dass die von S. dargelegten Zusammenhänge dermaßen trivial sind, dass er nicht glauben könne, dass es damit Schwierigkeiten gäbe. Eher würde er vermuten, dass S. die Leute des ‹customer survey teams› nicht richtig verstehe, weil diese nur rudimentäres Englisch sprechen. Schließlich wurde der junge Ingenieur C. dazugerufen, der auf der zweiten Hierarchieebene angesiedelt und für die Datenerhebung zuständig ist. Sein Bericht über die neuesten Entwicklungen der Datenkorrektur enthielt keines der Probleme, die S. kurz zuvor geschildert hatte.

Mit anderen Worten: Der EDV-Experte des Projektes und der Chef der Wasserwerke als Projektträger können sich – seit nunmehr einem Jahr – nicht darüber verständigen, was im Nachbarzimmer eigentlich los ist. Die Option, sich einfach gemeinsam an den Ort des Geschehens zu begeben, scheint es nicht zu geben.

Mlimani, Donnerstag, 11. September 1997
Gestern fuhr Schilling nach Baharini, um in ein anderes Projekt zu fliegen. Nach letzten Gesprächen im ‹departmenb› von Jamala brechen die übrigen Projektarbeiter nach Mlimani auf. Den zurückbleibenden Menschen muss unser Besuch wie ein Orkan vorgekommen sein, nach dem nun endlich wieder Ruhe einkehrt.

Auf der neuen, kaum befahrenen Straße kommen wir zügig voran. Am Wegesrand sind immer wieder die Wracks von verunglückten Bussen und Lastwagen zu sehen. Martonoschy berichtet, wie sich diese Straße nach ihrer Instandsetzung vor wenigen Jahren in einen regelrechten Todesstreifen verwandelt hat. Die Polizei hat inzwischen ein Nachtfahrverbot durchgesetzt und kontrolliert auch die Geschwindigkeit effektiver als früher. In den Ortschaften, die von dieser Straße in der Mitte durchschnitten werden, hat man Wellen aufgeschüttet, die zum Abbremsen zwingen. Als es auf einer längeren Strecke bergab geht, überholt uns einer dieser berüchtigten Busse, während wir schon 120 Stundenkilometer fahren. Auf der Seite des Fahrzeugs kann man die Bestimmung ‹Video-Coach Baharini – Baridi› lesen und hinten steht der Name des Autos: ‹Fax from USA›. Die ruritanischen gleichen den Fernbussen vieler armer Länder der südlichen Hemisphäre bis ins Detail: die Scheiben sind dunkel getönt, dahinter zugezogene Gardinen; die Fahrgäste schlafen in ihren Sitzen oder versuchen einem Kung-Fu-Film auf dem kleinen Bildschirm vorne zu folgen; das ohrenbetäubende Motorengeräusch des japanischen Dieselmotors wird durch eine Stereoanlage noch übertönt. Europäische Mitreisende, meist junge Studenten, geraten durch den Lärm, die beklemmende Enge und die wahnsinnige Geschwindigkeit leicht in Panik. Diese verschlimmert sich noch dadurch, dass sich die ruritanischen Mitreisenden offenbar wohl fühlen. Es baut sich so ein Gefühl unüberbrückbarer Fremdheit auf, das die Reise mit dem billigsten Verkehrsmittel gerade überwinden sollte. Aus der Distanz unseres Toyotas, wo wir gerade eine Schubert-Kassette hören, haben wir bessere Chancen, dieser unangenehmen Erfahrung zu entgehen.

Vor Sonnenuntergang kommen wir in Mlimani an. Hier befindet sich die Projektzentrale, wo S&P drei Wohnhäuser gemietet hat, in denen die ‹long-term experts› mit ihren Familien untergebracht sind. Da von der Aura des Grandhotel nicht mehr viel übrig geblieben ist, kommt man in Mlimani lieber in der kirchlichen Hotelfachschule für verwaiste Mädchen unter. Das ist auch insofern praktisch, als die Tagungsräume der Schule von den UWEs für ihre Meetings genutzt werden. Die Leiterin ist gleichzeitig die Vorsitzende des ‹boards› des Wasserwerkes von Mlimani und als Parlamentsmitglied überall einflussreich. Martonoschy macht mich darauf aufmerksam, dass der erwähnte ‹strategic planning workshop› vom Oktober 1996 an diesem Ort stattfand. Da ich inzwischen einen geübten Blick für Wasserfragen habe, fällt mir sofort der verdächtig grüne Hotelgarten auf. Später lerne ich, dass es in der Tat eine lange Geschichte ist, die nie ganz geklärt wurde; doch inzwischen gäbe es einen Wasserzähler und es würde bezahlt, nur die alten Schulden seien noch strittig.

Die List von Listen

Mlimani, Sonntag, 14. September 1997
Auf dem Grundstück des Wasserwerks von Mlimani gibt es hinter einem Bürogebäude eine kleine Teeküche, die nicht mehr in Betrieb ist. Nach Beseitigung der Spinnweben erkennt man Holzregale mit Kartons, die jemand vor langer Zeit mit Papieren voll gestopft hat. Martonoschy zieht ein Papier heraus, um es im Büro genauer zu studieren (Abbildung 5.1 und 5.2). Es handelt sich um eine Karteikarte im A3-Format, die für einen Wasserkunden vorgesehen war (‹house payment record card›). Einige Besonderheiten springen schnell ins Auge: Links oben sind mehrere Felder unbeschrieben. Das bedeutet, dass man den Namen des Kunden nicht kennt und nicht weiß, in welcher Sektion von Zone 0 er wohnt; auch das Datum des Erstanschlusses ist nicht festgehalten. Rechts oben fällt auf, dass bei ‹account number› eine ‹9› steht, was aber mit der Zugehörigkeit des Kunden zu Zone 0 nicht zusammenpasst. Die richtige ‹account number› ‹0009› steht links

oben, außerhalb des Rahmens. In der Rubrik rechts oben, wo die monatliche Rate stehen sollte, findet man hinter einer durchgestrichenen Zahl den Eintrag ‹N/M – 1026›; hier wurde also eine neue Wasseruhr (‹new meter›) mit der angegebenen Nummer installiert.

Wie man an der unteren Hälfte erkennt, wurde die Karte nicht wie vorgesehen zur Kontrolle der Einzahlungen des Kunden verwendet, sondern als Notizpapier. In der linken Spalte sind die Monate von Juli bis Juni aufgelistet (so läuft in Ruritanien das Finanzjahr), und vier der übrigen Spalten enthalten handschriftliche Zählerstand-Eintragungen. Allerdings fehlen die Jahresangaben auf der Vorderseite (Abbildung 5.1), so dass man zunächst nicht wissen kann, auf welchen Zeitraum sich die Zahlen beziehen; dafür befinden sich auf der Rückseite (Abbildung 5.2) zwischen den beschriebenen Spalten drei Jahreszahlen (1988, 1989, 1990), von denen man im Prinzip zur ersten Spalte auf das Jahr 1983 zurückrechnen kann. Auf der Rückseite findet sich dann auch das Datum (7/3/89) der Installation der neuen Wasseruhr mit der Nummer 1026. Hier überrascht wiederum die Tatsache, dass die neue Wasseruhr denselben Zählerstand gehabt haben soll wie die alte.

Was die registrierten Zahlen anbelangt fällt auf, dass zwischen Januar 1984 und September 1985 der Verbrauch des Kunden wesentlich höher lag als sonst. Das geht wahrscheinlich darauf zurück, dass der Kunde zu jener Zeit entweder Glück hatte und es mehr Wasser als gewöhnlich gab, oder dass er Pech hatte und eine Leckage hinter dem Zähler nicht bemerkte. Schließlich sieht man auf der Rückseite, dass zwischen Juni 1987 und Januar 1988 nur zwei Einheiten verbraucht wurden. In der letzten Spalte, ab August 1992, ist der Zähler vermutlich stehen geblieben, wurde sporadisch aber bis Mai 1993 abgelesen. Danach brach man die ganze Sache ab.

Offenbar stammt das Formular aus einem der vielzähligen älteren Versuche, im Wasserwerk von Mlimani neue Systeme der Aktenführung zu etablieren. Diese Systeme mögen die eine oder andere Design-Schwäche gehabt haben. Doch das kann nicht der Grund sein, weshalb sie sich alle totgelaufen haben. In anderen Organisationen werden Design-Fehler im Laufe der Nutzung nach und nach korrigiert. Um dieser problematischen Entwicklung auf den Grund zu gehen, muss man die Verbindung zwischen verschiedenen Formularen und Listen ins Auge fassen.

So kommen beispielsweise die Zahlen des abgebildeten Formulars von der ‹route-list› eines ‹meter-readers›, der von Kunde zu Kunde zieht, um den jeweiligen Zählerstand zu erfassen. Nachdem man die Zahlen der ‹route-list› in die Kunden-

formulare übertragen hat, berechnet man die Differenz zwischen altem und neuen
Zählerstand und trägt das Ergebnisse in eine weitere Liste ein. Verfolgt man alle
diese Wege weiter, ergibt sich ein komplexes System, in dem die Zahlen von einem
Papier auf das andere wandern und dabei häufig ihre Aggregationsform wechseln.
An vielen Stellen werden sie mit anderen Zahlen kombiniert, und schließlich
müssen sie in zwei getrennte Kreisläufe eingehen, damit Rechnungslegung ‹billing› und Buchhaltung (‹accounting›) sich gegenseitig kontrollieren können. Während der Einführungsphase haben Schilling und Martonoschy in Mlimani herausgefunden, dass die Querverbindung zwischen ‹billing› und ‹accounting› gewissermaßen eingeschlafen war. Man ließ in der ‹billing section› bei der Erstellung von
Rechnungen den Durchschlag weg, der normalerweise zur ‹accouting section› geht,
damit man später von dort aus überprüfen kann, wieviel der in Rechnung gestellten
Summe auch tatsächlich bezahlt wurde.

Im Zuge der Lösung dieses Problems durch die Projektmitarbeiter fiel weiterhin auf, dass die vollständige Kundenliste der ‹billing section› auf den ‹route-lists›
der ‹meter-reader› basierte. Diese Improvisation wurde nötig, weil die alte Kundenliste irgendwann weitgehend obsolet war. In diesem Fall wurde der Prozess der
Degeneration dadurch auf die Spitze getrieben, dass die Liste von der EDV-Ab-
teilung des Ministeriums in Baharini geführt wurde, welche die Korrekturen aus
Mlimani ignorierte. Als Ergebnis davon entwickelten sich die lokal geführte und
die zentral geführte Liste immer weiter auseinander, bis man letztere endgültig für
Makulatur erklärte. Interessant ist die gewählte Lösung. Die ‹meter-reader› sind die
einzigen, die außerhalb des Büros regelmäßig mit der Wirklichkeit der Kunden
zusammenkommen. Also sind sie es, die am besten wissen, wie viele Kunden es in
ihren Straßen gibt, wie sie heißen, wo sie genau wohnen, ob sie eine Wasseruhr
haben, ob diese funktioniert und schließlich, was der Zählerstand ist. Folglich trug
man die ‹route-lists› aller ‹meter-reader› zusammen und definierte das Ergebnis als
neue Kundenliste. Damit hatten die ‹meter-reader› die Möglichkeit, Kunden unbe-
merkt von der Liste zu nehmen und sich dafür von diesen bestechen zu lassen.

Der Eindruck, dass hier eine bestimmte Herangehensweise mit einer bestimmten instrumentellen Logik der Nutzenmaximierung günstig zusammenflossen,
konnte zwar nie widerlegt werden, doch meines Erachtens sind die Prämissen der
Unterstellung falsch. Es wird nämlich angenommen, dass die Leute das System der
Aktenführung durchschauen. Die gesammelten Beispiele scheinen mir indes eher
das Gegenteil zu belegen. Es ist auch nicht überzeugend, derlei Vorgänge auf das
Ausbildungsniveau der Mitarbeiter zurückzuführen. Die Degeneration ausgetüftel-

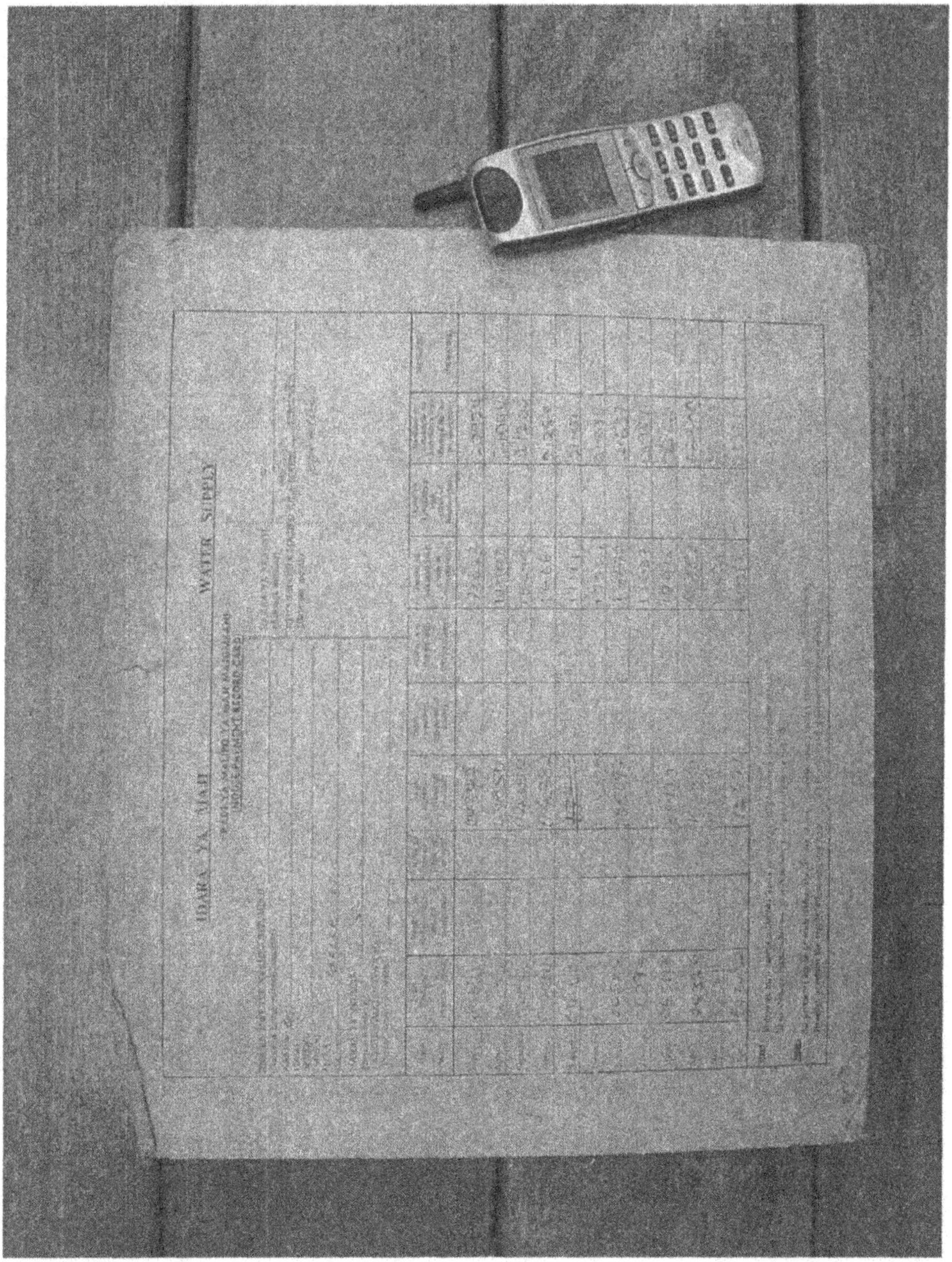

Abbildung 5.1
Kundenkarte (Vorderseite)

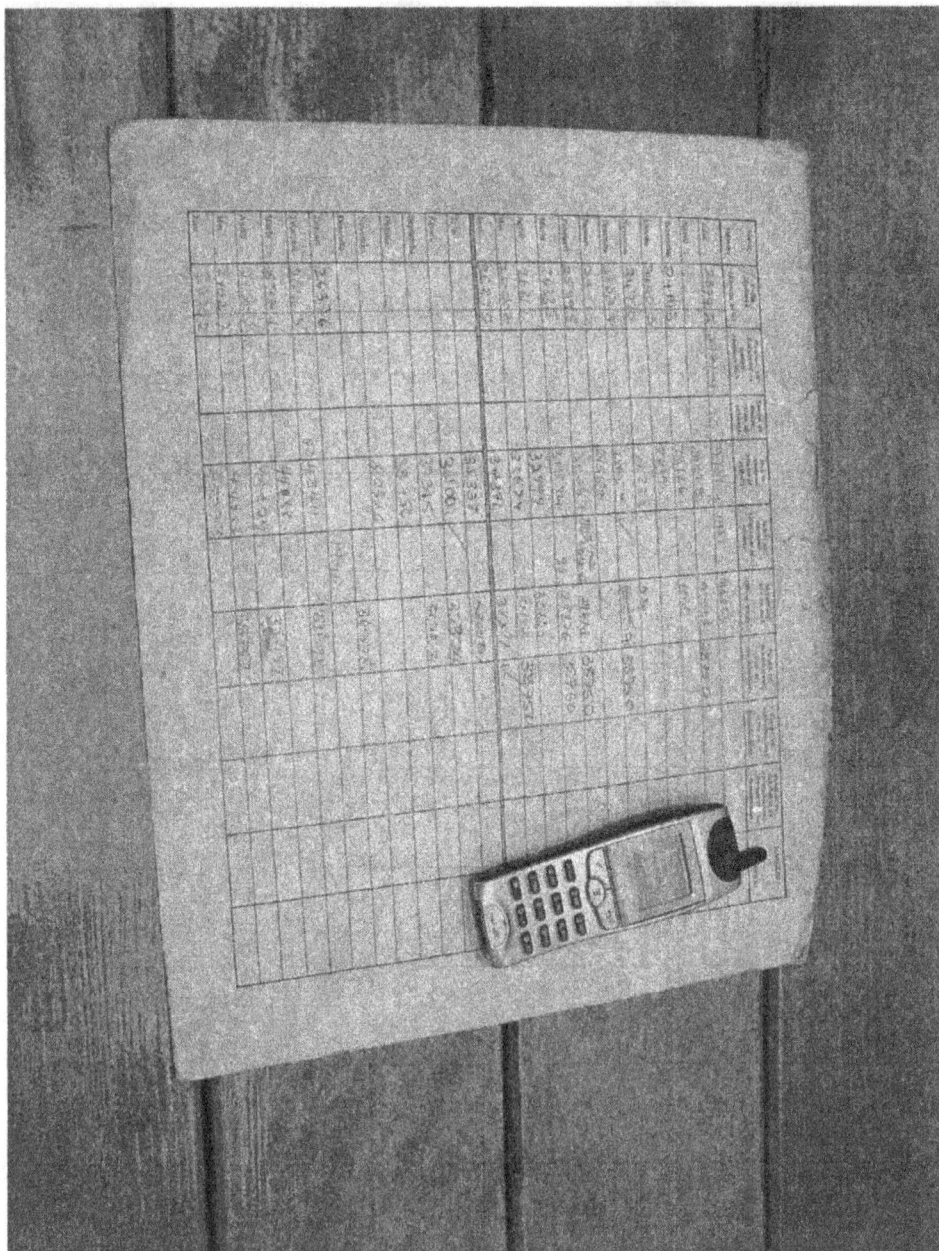

Abbildung 5.2
Kundenkarte (Rückseite)

ter Ordnungssysteme ist ein Vorgang, der in jedem Fall von der Betriebsleitung zu verantworten ist. Dem Management mangelt es aber nicht wirklich an Ausbildung.

Der ganze Mechanismus leidet unter dem, was Martonoschy und Schilling *Listen-Autophagie* nennen. Damit ist konkret also folgendes gemeint: Wenn man in den Wasserwerken ein neues System der Aktenführung einrichtet und in Gang setzt, frisst es sich selbst nach und nach auf. Mit jeder Runde der Zahlenzirkulation verlieren die Listen ihre Treffsicherheit, bis sie nutzlos sind. Am Ende führt das dazu, dass die Mitarbeiter sich in einer Art selbst erfüllenden Prophetie beweisen, dass die Verfahren unsinnig sind. Das individuelle Gedächtnis der Mitarbeiter und das kollektive Gedächtnis informaler Netzwerke leisten in den drei Wasserwerken allemal mehr als das institutionalisierte Gedächtnis der Aktenlage. Wer etwas wissen möchte und zu dem Zweck in den Papieren blättert, demonstriert nur seine Naivität. Wäre er nicht so gutgläubig, würde er stattdessen herausfinden, welcher Mitarbeiter die Information im Kopf hat.

Gleichwohl beruht das Projekt auf der Annahme, dass der zweckdienliche Umgang mit Schrift und Zahl, mit Akten und Verfahren selbstverständlich vorausgesetzt werden kann. Aus meiner Sicht drängt sich indes die Frage auf: *Könnte die Ursache darin liegen, dass die grundlegende Funktionsweise bürokratischer Ordnungssysteme nicht angenommen wird?* Martonoschy mag diese Frage nicht leiden. Er verschiebt sie immer wieder auf die Ebene der durchmachteten Aushandlungsprozesse, die bei der Einführung der Systeme hegemonial verhindern würden, dass lokale Gesichtspunkte zum Zug kommen. Aus *diesem Grund* würden die Formulare nicht zu dem lokalen Kontext passen.

Während es im Rahmen des Technischen Spiels legitim erscheint, die Unzuverlässigkeit der Listen auf das Ausbleiben materieller Anreize für bessere Leistungen, auf Trainingsdefizite und sogar auf Bevormundung zurückzuführen, ist es illegitim, eine zivilisatorische Differenz in Anschlag zu bringen. Unter der Hand scheinen sich indes alle einig, dass es diese Differenz gibt. Der Teamchef meint, «es wird noch Generationen dauern», der Ingenieur sieht überhaupt keine Chancen, Schilling pflegt einen sarkastischen Zweckoptimismus, der EDV-Experte flüchtet sich in Verschwörungstheorien, und Martonoschy klammert das Problem elegant aus, sofern er die hegemoniale Grundstruktur der Aushandlungsprozesse dafür verantwortlich hält, dass lokale Wissensformen gar nicht erst ins Spiel gebracht werden.

Das Geheimnis von Listen

Mlimani, Montag, 15. September 1997

Heute lege ich einen Schreibtisch-Tag ein, um die Notizen zum Thema ‹Liste› zu durchdenken. Zunächst studiere ich die Aufzeichnungen, die ich schon in Zethagen dazu angefertigt habe.

Eine *Liste* ist eine Aufzählung von Dingen oder abstrakten Aussagen, die aus ihren Kontexten herausgetrennt und als *Fakten* hintereinander geschrieben werden. Das Klassifikationssystem und das Selektionsprinzip, nach dem die Fakten einer Liste ausgewählt werden, ist in der Liste nicht enthalten. Meist ist das Anordnungsprinzip der Fakten in der Liste weder mit dem ursprünglichen Kontext der Fakten noch mit deren Selektionsprinzip verbunden, sondern mit der Logik der Liste selbst, etwa mit dem Kriterium der Auffindbarkeit durch das Alphabet, die Zahlenreihe oder das Datum. Die Verknüpfung mehrerer Listen ergibt eine *Tabelle*. In einer Tabelle werden durch die Querverbindung von Listen in horizontalen Reihen mit Listen in vertikalen Spalten Aussagen gemacht, die über die Aussagen der einzelnen Listen hinausgehen. Beziehen sich die Punkte einer Tabelle nicht auf Gegenstände, sondern auf die Sequenz von Handlungen, hat man es oft mit *Rezepten* zu tun. Im Fall des Projektes gehört beispielsweise der Tätigkeitsplan zu den hier gemeinten Rezepten. Ein weiterer Typ der Verknüpfung von zwei Listen besteht darin, Kausalverbindungen herzustellen. In der einen Liste hat man eine Aufzählung von Erscheinungen – im Fall des Projektes etwa die Mängelliste der Durchführbarkeitsstudie – und in der gegenüberliegenden Liste hat man eine Aufzählung der Ursachen für jene Erscheinungen – hier also die Lösungsliste der Durchführbarkeitsstudie, die an den Ursachen anknüpft. Je kürzer die Ursachenliste im Vergleich zu der Symptomliste ist, desto stärker ist die Erklärung.[61]

Diese Beobachtungen sehen auf den ersten Blick trivial aus, weil die Klassifikations- und Selektionsarbeit, die jeder Liste vorausgeht, erfolgreich invisibilisiert wurde. Oder in der Sprache von Mary Douglas: Das zugrunde liegende Klassifikationssystem ist so gut institutionalisiert, dass man es irrtümlich als Eigenschaft der Dinge selbst wahrnimmt. Erst wenn eine Liste sozusagen in falsche Hände gerät, wird deutlich, wie viele Voraussetzungen notwendig sind, um die Liste überhaupt zu verstehen, geschweige denn für gültig zu halten. Diesen Sachverhalt bringt jene Taxonomie am prägnantesten zum Ausdruck (weshalb sie Borges aufgegriffen und Foucault zitiert hat), nach der sich die Tiere «nach einer gewissen chinesischen Enzyklopädie» wie folgt unterteilen: «a) dem Kaiser gehörige, b) einbalsamierte, c) gezähmte, d) Milchschweine, e) Sirenen, f) Fabeltiere, g) streunende Hunde, h) in diese Einteilung aufgenommene, i) die sich wie toll gebärden, j) unzählbare, k) mit feinstem Kamelhaarpinsel gezeichnete, l) und so weiter, m) die den Wasserkrug zerbrochen haben, n) die von weitem wie Fliegen aussehen.» Viele Listen, die ihren gewohnten Anwendern völlig natürlich und logisch erscheinen, müssen bei distanzierten Betrachtern, wenn sie nur fern genug sind (deshalb «chinesisch»), ein ähnliches Erstaunen hervorrufen. Denn «bekanntlich existiert keine Klassifikation des Universums, die nicht willkürlich und mutmaßlich wäre. Aus einem sehr einfachen Grund: wir wissen nicht, was das Universum ist.»[62]

Das Denken in Listen bzw. in den darin enthaltenen Fakten und Zahlen beruht zudem auf einer zweiten Invisibilisierung. Aus dem Kontext gelöste Fakten, die unverbunden in einer Liste aufgereiht sind und damit keine sinnhafte Verbindung zu einer Geschichte oder einem Bild aufweisen, können schlecht erinnert werden. Als Ersatz für den narrativen Kontext bedarf es der *Verschriftlichung*. Listenwissen ist folglich immer schriftliches Wissen. Kulturhistorisch ist es, nach allem was man weiß, tatsächlich so verlaufen, dass Schrift im Bereich der Buchhaltung als Speicherung von Daten entstanden ist. Die ersten Schriftstücke waren Listen von Steuereinnahmen, von Forderungen und Schulden, von Herkunftsangaben für Produkte. Schrift entstand und verbreitete sich demnach nicht als Mittel der Kommunikation von Narrativen, sondern als Mittel der Datenspeicherung – als *Exteriorisierung von Gedächtnis*. Nach dieser Unterscheidung entsteht der Eindruck, als gehöre narratives Wissen zum Alltag und in den Bereich interpretativ-spekulativen Wissens. Dagegen bemühen sich die Wissenschaft und das rationale Organisieren darum, sich tunlichst von jedem narrativen Wissen – von Mythen und Legenden – fern zu halten. Sie müssen offiziell davon unberührt bleiben und sich auf dem Boden der Tatsachen bewegen, weil sie sonst Gefahr laufen, ihre Legitimität zu verlieren. Hier wird also mit der Dichotomie operiert:

objektiv / schriftlich / listenförmig ↔ fiktiv / mündlich / narrativ.

Die neue Forschung hat indes gezeigt, dass sich auch Organisationen von der Priorität narrativen Wissens de facto nicht entledigen und dies eigentlich auch gar nicht anstreben. Pointiert formuliert: ‹Zu den Akten legen› ist eine Form des systematischen Vergessens verschriftlichter Erinnerungen, die dem narrativen Wissen bzw. der mündlichen Erinnerung den nötigen Entfaltungsspielraum verschafft. Natürlich bekommt in einer durchgehend verrechtlichten und verschrift-

lichten Gesellschaft im Konfliktfall – im Unterschied zum reibungslosen Routine-
betrieb – die Aktenlage eine ausschlaggebende Bedeutung. Spätestens vor Gericht
kommt es auf schriftliche Verträge, Vereinbarungen und allerlei Dokumente an.
Doch auch hier werden die unvermeidlichen Lücken letztlich wieder durch Interpretationen, narratives Wissen und Machtworte geschlossen.

Das Wissen von der Existenz und der potentiell ausschlaggebenden Bedeutung
einer im Prinzip umfassenden *Aktenlage* und dem darin enthaltenen exteriorisierten
Gedächtnis muss also eine wichtige Rolle für die Ausgestaltung mündlicher Narrative und für deren Beziehung zur Macht spielen. Das aber heißt: im Kontext
formal-rationalen Organisierens, das im Notfall auf die Aktenlage zurückgreift,
müsste eine ganz andere Art von Mündlichkeit vorherrschen als in schriftlosen
Gesellschaften.[63]

So weit meine Notizen aus der Literatur, doch was heißt das nun für den
konkreten Fall? Zunächst muss man das *praktische Ziel* im Auge behalten: In den
Wasserwerken geht es um die Frage, wie man es schafft, dass die Übersetzungskette zwischen zwei weit auseinander liegenden Übersetzungen, A und Z, richtig
funktioniert. A ist der kleine Schritt vom Wasserfluss im Rohr über die Drehung
der Zahnräder der Wasseruhr zu einem Zählerstand. Z ist die letzte Übersetzung
in der Kette: Der Schritt des Kunden in die Zahlungsabteilung des Wasserwerkes,
wo er für den erhaltenen Service Geld einzahlt und der Kassier den Vorgang
korrekt verbucht, so dass das Klingeln der Kasse die erfolgreiche Transsubstantia-
tion von Wasser in Geld verkündet. Wenn es von A bis Z funktioniert, dann ist die
Hälfte der Aufgabe erledigt. Anschließend muss die Kette von Z auch wieder
zurück zu A laufen: Von der Einzahlung geht es über praktisch alle Abteilungen
und Arbeitsgänge, die den Prozess am Laufen halten zurück zu Punkt A, jenem
Rohrende als ‹point of sale›, wo Wasser fließen soll, um erneut gemessen und
schließlich wieder in Geld verwandelt zu werden. Damit dieser Kreislauf funktioniert, müssen Menschen, technische Geräte und Papiere intelligent verwoben
werden. In der Management-Sprache ausgedrückt: *Der Prozess muss gesteuert werden.*
Von den vielfältigen Problemen, die sich in diesem Bereich in den Wasserwerken
von Baridi, Mlimani und Jamala stellen, ist die Aufrechterhaltung der Übersetzungskette über bürokratische Repräsentation das verzwickteste.

Nach den bisherigen Beobachtungen und den theoretischen Vorüberlegungen
geht es um die *Evidenz* bürokratischer Repräsentationen bzw. um das Verhältnis
zwischen *Zählen* – schriftliches Wissen in Listenform – und *Erzählen* – mündliches
Wissen in narrativer Form. Man kann hier drei Ebenen unterscheiden:

(1) Elementare Zahlen und Fakten, für die ein simples korrespondenztheoretisches Objektivitätskriterium adäquat ist. Entweder man hat 1000 oder man hat 3000 Wasseruhren.

(2) Elementare Verfahren zur Aggregation von Zahlen und Fakten. Entweder ist ein elementares Verfahren logisch richtig oder es ist falsch. Wer von der täglich produzierten Wassermenge auf den täglichen Wasserverbrauch pro Stadtbürger schließt, liegt falsch. Wer von dem in Rechnung gestellten Wasser ausgeht, ist auf dem richtigen Weg, wenn er dann noch Verfahren findet, mit denen sich das versickerte und das unbezahlt konsumierte Wasser ermitteln lässt.

(3) Strategische Verfahren, die damit verbunden sind, wie man eine Realität definiert, worauf man hinauswill, welchen Konsens es unter den Experten über diese Fragen gibt. Hier kann man nicht zwischen richtig / falsch unterscheiden, sondern nur zwischen effektiv / ineffektiv und gerecht / ungerecht. Wer über die Erhöhung der Hebeeffizienz ein Projekt konzipiert und bewertet, führt ein strategisches Verfahren ein, das im Zweck, aber nicht in der Sache begründet ist.

Nun handelt es sich bei dieser Unterscheidung aber um ein heuristisches Verfahren, das nur so lange sinnvoll und nützlich ist, als man es als solches benutzt und nicht verabsolutiert. In Wirklichkeit ist es nämlich so, dass es zwischen den drei unterschiedenen Ebenen auch eine umgekehrte Verursachungslogik gibt, als der Aufstieg von (1) zu (3) suggeriert. Zuerst hat man immer ein Paradigma (3), dann werden die dazu passenden elementaren Verfahren bestimmt (2), und schließlich ergeben sich durch die Anwendung dieser Verfahren die elementaren Fakten und Zahlen (1). Wenn sich auf der Ebene des Paradigmas etwas ändert, wird das nach unten weitergegeben, so dass andere elementare Fakten und Zahlen Bedeutung erlangen oder die alten mit einer veränderten Bedeutung ausgestattet werden. Damit soll nicht bestritten werden, dass sich auch dadurch Veränderungen ergeben, dass im Rahmen geltender Paradigmen neue Fakten ans Licht kommen. Es soll lediglich darauf hingewiesen werden, dass die unterstellte einseitige Aufbaulogik von (1) zu (3) die Rückwirkung von (3) zu (1) systematisch unterschlägt.[64]

Diese Unterschlagung betrifft das Spezifikum bürokratischer Systeme. Jeder kennt dieses Spezifikum aus eigener Erfahrung: Will man gegenüber einer Bürokratie eine Sache geltend machen, deren Objektivität sich leicht nachweisen lässt, kann die Bürokratie diesen Geltungsanspruch dennoch mit Recht zurückweisen, wenn sie für diesen Fall keine Kategorie vorgesehen hat. In den Augen der Bürokratie gibt es den vorgetragenen Fall gar nicht. Dies mag Betroffene gelegentlich zur Verzweiflung treiben, doch die Rationalität, Effektivität und Legitimität der Bürokratie beruht in sturem Festhalten an Verfahren. Was hier zählt, ist somit nicht Objektivität durch Übereinstimmung mit einer externen Realität, sondern Objektivität als Übereinstimmung mit einem Verfahren.

Im Rahmen des Organisations-Entwicklungs-Projektes, wegen dem ich hier in Mlimani sitze, geht es im Kern um die Einführung des *Prinzips der Verfahrensobjektivität*. Materiell heißt dies: Im Zentrum des Projektes steht das ‹Water Management System› (WMS), das vorgeben soll, was die relevanten Daten sind, wie sie formatiert sein müssen, um als Daten anerkannt zu werden, und wie sie zu Informationen verknüpft werden. Erstaunlicherweise wird nun aber genau der Kern des Projektes unter falschem Namen gehandelt. Im Rahmen des Technischen Spiels ist davon die Rede, dass neutrale, elementare Verfahren eingeführt werden, deren Funktion es ist, einer problemlos gegebenen Realität von Fakten und Daten zu entsprechen. Die Frage der Verfahrensobjektivität kommt in den offiziellen Darstellungen, aber auch in den laufenden Aushandlungen gar nicht vor. Damit werden die offenbar heikelsten Punkte, von denen der Erfolg des Projektes maßgeblich abhängt, ausgeblendet.

Zum einen wird über die Tatsache hinweggegangen, dass das Prinzip der Verfahrensobjektivität in jedem Fall eine Zumutung gegenüber dem ‹gesunden Menschenverstand› bedeutet, in Ruritanien jedoch offenbar das Maß des noch Erträglichen überschreitet. Die Leute sind einfach nicht bereit, den Realitätssinn ihres Alltagsdenkens von der fraglos gegebenen Wirklichkeit auf das geheimnisvolle Verfahren zu verschieben. Die historisch gewachsene institutionelle Ordnung scheint dafür keinen Anlass zu geben. Doch genau das erfordert jede Standardisierung, die von der komplexen und stets besonderen Realität des Einzelfalls auf die ‹Realität› umstellt, die durch die vorgegebenen Kategorien eines Formulars definiert ist.

Zum anderen wird über die Tatsache hinweggegangen, dass das Prinzip der Verfahrensobjektivität auf einem historisch gewachsenen und soziokulturell eingebetteten Verhältnis von Schriftlichkeit und Oralität gründet. In Ruritanien besteht offenbar kein Anlass, schriftlichen Dokumenten Priorität gegenüber narrativem Wissen einzuräumen. In beiden Aspekten – Verfahren geht vor Sache, Zählung vor Erzählung – befindet man sich offenbar unterhalb des Punktes, ab dem sich eine Verfahrensordnung selbst legitimieren könnte. Bürokratie vermag hier keinen wünschenswerten Zustand herbeizuführen, der stark genug wäre, um einzelne Ungerechtigkeiten und Inkonsistenzen zu überlagern.

Bis zu diesem Punkt stimmt meine Interpretation mit der von Martonoschy überein. Doch was die Möglichkeiten einer Überwindung dieses Dilemmas ausmachen, gehen unsere Meinungen auseinander. Für ihn ist die Tatsache, dass das Kernproblem durch das Technische Spiel ausgeblendet wird, die Folge einer *hegemonialen Konstellation*. Die Modelle, die transferiert werden sollen, umgeben sich seines Erachtens deshalb mit dem Nimbus der Neutralität und Objektivität, weil sie damit ihre kolonisierende Macht verschleiern. Als Folge davon wird eine Gleichung aufgemacht: So wie überall und zu jeder Zeit gilt: ‹2 + 2 = 4›, soll auch der Satz stimmen: ‹Wer ein Wasserwerk betreiben will, muss das tun, was überall zu tun ist.› In Wirklichkeit funktioniere das Technische Spiel aber wie ein trojanisches Pferd, mit dem eine neue Gesellschaftsordnung eingeschmuggelt wird. Es würde so lange von elementaren Daten und Verfahren geredet, bis man darüber vergisst, dass es um einen grundlegenden Eingriff in die Herstellung urbaner Ordnung geht, zu der es viele Alternativen gäbe. Diese möglichen Alternativen, die eine gelungenere Aneignung des Projektes und damit auch mehr Nachhaltigkeit in Aussicht stellen, würden durch die Objektivitätsrhetorik unsichtbar gemacht. Martonoschys Ambition zielt darauf ab, die hier dringend anstehende Debatte zu entfachen. Von außen herangetragene Interpretationen über die lokal existierende Einbettung von Schriftgebrauch und Verfahrensobjektivität, wie ich sie soeben angestellt habe, bedienen sich notwendigerweise selbst wieder einer Objektivitätsrhetorik und würden folglich die angestrebte Debatte erst recht vereiteln. Aus diesem Grund interessiert er sich kaum für das, was andere ‹lokales Wissen› nennen.

Dagegen verfolge ich die These, dass das Technische Spiel kein Instrument der Hegemonie, sondern eher der einzige Code ist, in dem unter postkolonialen Bedingungen transkulturelle Aushandlungen geführt werden können. Wenn aber die Folgen des Technischen Spiels so bescheiden oder gar verheerend sind, wie man hier leicht den Eindruck gewinnt, dann ist meine Position noch viel pessimistischer als die von Martonoschy.

Die Politik von Listen

Mlimani, Samstag, 21. September 1997

Wie ich von dem desillusionierten Teamchef erfahre, lässt sich die Projektsituation Ende September 1997, nach fünfzehn Monaten Laufzeit, in fünf Punkten zusammenfassen:

(1) Der Consultant kommt im Bereich der Organisationsentwicklung nicht weiter, weil der ruritanische Staat die erforderlichen Rahmenbedingungen nicht bereitgestellt hat und keine Sonderregelungen zulässt. (2) Der Kern des Projektes, das WMS, hätte im Juni 1997 in Betrieb genommen werden müssen. Ende September sieht es so aus, als würde sich dieser Schritt in den Dezember verschieben. Es zeichnet sich ab, dass man weiterhin nur die alten, unzuverlässigen Daten zur Verfügung hat. Das wichtigste Projektziel – die Erhöhung der Hebeeffizienz auf 90% – ist so nicht zu erreichen. (3) Der Consultant hat in seinem ‹midway review› mitgeteilt, dass er den Vertrag kündigt, falls der Auftraggeber seine Eigenleistung – Bereitstellung der Kundendaten – nicht erbringt oder eine alternative Lösung vorschlägt, und falls die Konsequenzen der fehlenden Rahmenbedingungen bis zum 15. November nicht neu diskutiert werden. (4) Der Consultant hat bis Ende des vierten Quartals 17,55 MM (Mannmonate) und bis Ende des fünften Quartals rund 20 MM für Leistungen verwendet, die vertraglich nicht vorgesehen waren. (5) Während der Einführungsphase im März 1996 wurden 20 MM, die dem Projekt zur Verfügung stehen, zurückgelegt. Man wollte auf die Studienergebnisse des Technischen Programms warten, um die Mannmonate möglichst zweckrational verwenden zu können. Der Consultant betonte damals, dass er spätestens im Oktober 1996 eine Entscheidung bräuchte, um diese Mannmonate in die Projektplanung aufnehmen zu können. Diese Entscheidung steht im September 1997 weiterhin aus. Theoretisch gibt es drei Optionen für die Fortführung des Projektes:

Option 1. Wenn die vereinbarten Projektziele nicht zur Disposition stehen, mit den einkalkulierten Mitteln aber nicht erreicht werden, muss das *Projektvolumen* erweitert werden. Inzwischen hat sich der Anfangsverdacht bestätigt, dass es um eine umfassende Prozess-Steuerung geht, in die man die technische Seite einbeziehen muss. Wenn man dafür die anfangs zurückgestellten 20 MM nimmt, ist das Projektvolumen von 94 MM bzw. 2,5 Millionen Euro ausgeschöpft. Nun muss diese Summe um die 20 MM erweitert werden, die als zusätzliche nicht-vertragliche Leistung notwendig war. Nach den bisherigen Erfahrungen erscheint es darüber hinaus angebracht, dass der Consultant im Bereich des ‹customer surveys› die

Verantwortung für die Konzeption der Datenkorrektur und für die Supervision der Umsetzung übernimmt. Der dafür notwendige Aufwand beträgt schätzungsweise 20 MM. In Option 1 geht es also um eine Erweiterung des Projektes um 42,55% von 94 auf 134 MM. Unter Option 1 kann man auch den symmetrisch umgekehrten Fall zählen: Wenn das Projektvolumen nicht zur Disposition steht, müssen die *Projektziele* so heruntergeschraubt werden, dass sie mit den noch vorhandenen Ressourcen erreichbar sind. Die 20 bereits geleisteten nicht-vertraglichen werden mit den 20 zurückgestellten Mannmonaten verrechnet.

Option 2. Wenn sowohl eine Erweiterung des Volumens um 42,55% als auch eine Reduktion der Ziele ausgeschlossen sind, muss man sowohl *neue Ziele* definieren als auch darüber verhandeln, *welche Mittel* dafür noch notwendig sind.

Option 3. Theoretisch kann man dagegen halten, dass der Consultant die von ihm angemeldeten nicht-vertraglichen Mannmonate insgesamt selbst zu finanzieren hat. Man würde in diesem Fall behaupten, die Leistungen seien entweder vorhersehbar oder überflüssig gewesen. Nimmt man zusätzlich an, dass der Consultant vertraglich dazu verpflichtet ist, die Verantwortung für die Korrektur der Kundendaten zu tragen, und stellt sich weiterhin auf den Standpunkt, dass die Verzögerung des Technischen Programms sowie das Ausbleiben der rechtlich-politischen Rahmenbedingungen keinen Einfluss auf den Projektverlauf haben, so gilt die Schlussfolgerung: Der Consultant muss die vereinbarten Ziele mit 94 MM erreichen. Alles andere geht auf seine Rechnung.

Klammert man die Frage der Objektivität der Argumente ein, erscheint Option 1 für den Consultant, Option 3 hingegen für den Financier und den Projektträger optimal. In Anbetracht dieser unvermeidlichen Ausgangslage liegt es auf der Hand, dass die Aushandlungsprozesse mit Behauptungen extremer Positionen anfangen, um dann irgendwo innerhalb von Option 2 zu einem einvernehmlichen Ergebnis zu kommen.

Soweit also die Bestandsaufnahme des Teamchefs. Zu den epistemischen und kulturspezifischen Dimensionen einer Liste kommt somit noch ihre Verstrickung mit den durchmachteten Mechanismen von Aushandlungsprozessen hinzu. Um möglichst gut abzuschneiden, braucht man einerseits gute Listen mit ‹harten› Fakten und Zahlen. Andererseits verfügt derjenige Spieler, der den längeren Hebel hat, über Mittel und Wege, seine Liste als die ‹objektivste› durchzusetzen.

Verhandeln: Erste Runde

Mlimani, Montag, 22. September 1997

Seitdem Herr T. Teamchef ist, gibt es jeden Monat das so genannte UWE-Meeting,
um die Abstimmungsprobleme des Projektes in den Griff zu bekommen. Heute
geht es um ein außergewöhnliches Meeting, weil morgen eine Delegation der NEB
erwartet wird. Wie üblich nehmen die drei UWEs (Urban Water Engineers) teil, die
mit ihren jeweiligen Vize-Chefs kommen. Nachdem ich in Jamala bereits Mutahaba
kennengelernt habe, sehe ich nun auch die Ingenieure Mapunda und Mbiti aus
Mlimani und Baridi. Alle drei haben ihr Grundstudium an der Ingenieursfakultät
der Universität von Baharini absolviert, haben dann in Madras, Indien, ihr Studium
fortgeführt und in Europa abgeschlossen. Das S&P-Team wird durch den Teamchef T., den Ingenieur I. sowie Martonoschy vertreten.

Man kommt bald auf den springenden Punkt, und die Atmosphäre wird
angespannt: Die UWEs behaupten, dass es die vertragliche Verpflichtung des
Consultants sei, die vorhandenen Kundendaten zu korrigieren. Im Fall Mlimani sei
sogar von Anbeginn klar gewesen, dass es dort niemals einen «customer survey» gab
und man folglich von vorne anfangen müsse. Der Consultant hingegen behauptet,
dass sein bisheriges Engagement im Bereich der Kundendaten hundertprozentig
außervertraglich gewesen sei.

Um ihren Punkt zu belegen, verweisen die UWEs auf den Tätigkeitsplan des
Einführungsberichtes. Als Bezeichnung der Tätigkeit steht im Fall Baridi und
Jamala: «Reorganization of zones / customer survey», im Fall Mlimani hingegen:
«Update of customer master file / reorganization of zones / customer survey». Im
Fall der Städte Baridi und Mlimani ist der entsprechende Balken, der die kalen-
darische Zeit und die Dauer der Tätigkeit angibt, in den Farben grün und gelb
eingezeichnet. Im Fall Jamalas ist der Balken ganz gelb (Abbildung 2.3). Gelb steht
für den Projektträger, grün für den Consultant. Mutahaba argumentiert nun so: Die
Tatsache, dass die Balken für Baridi und Mlimani grün / gelb eingezeichnet sind,
belege, dass sich der Consultant dazu verpflichtet habe, die Verantwortung für den
«customer survey» zu tragen. Zudem könne man dem Tätigkeitsplan die vorgesehenen Mannmonate entnehmen: jeweils vier halbe Monate sind grün eingezeichnet,
woraus zu folgern sei, dass der Consultant für Baridi und Mlimani jeweils zwei
Monate für «customer survey» eingeplant habe. Aus der Tatsache aber, dass der
Balken für Jamala durchgehend gelb ist, könne man entnehmen, dass der Consultant hier keine Verpflichtungen übernommen habe, weshalb er – Mutahaba – ja

auch bereit sei, die nicht-vertraglichen Mannmonate für diesen Zweck zu bezahlen.

Der Teamchef T. erwidert: Aus der herangezogenen Tabelle sei der Aufwand für die eingezeichneten Tätigkeiten nicht zu entnehmen. Das könne man durch einen kurzen Blick auf die anderen Zeilen der Tabelle sofort erkennen: Die Summe der Kästchen addiere sich in keinem Fall zu dem im Maßnahmenkatalog (Abbildung 2.2) festgehaltenen Input. Die Rechnung mit den zwei Mannmonaten sei also auf jeden Fall falsch. Im übrigen sei es so, dass sich die grünen Kästchen gar nicht auf «customer survey», sondern auf «reorganization of zones» beziehen. Mit dem letzten Argument hat sich T. indes ein neues Problem eingehandelt, denn nun lautet die Antwort Mutahabas: «Und wieso kommt es dann, dass im Fall Jamalas keine grünen Kästchen vorkommen?» T. räumt schnell ein, dass die grünen Kästchen für die Reorganisation der Zonen in Jamala offenbar vergessen wurden (was bisher anscheinend niemandem aufgefallen war, obschon der Einführungsbericht dreimal revidiert wurde). «Oder», meint er, «will jemand etwa behaupten, dass S&P keine Verpflichtung für die Reorganisation der Zonen von Jamala übernommen und keine Mannmonate eingeplant hat? Wenn ja, müsse man das jetzt protokollarisch festhalten.»

Niemand will das behaupten. Folglich kann eigentlich auch niemand bestreiten, dass der durchgehend gelbe Balken im Fall Jamalas falsch ist. Inzwischen muss Mutahaba aufgegangen sein, dass er einen schlechten Zug gemacht hat: Wenn der durchgehend gelbe Balken für Jamala sowieso falsch ist, hätte er heute genauso gut behaupten können, dass S&P bei ihm in Jamala dieselbe Verantwortung für die Kundendaten trägt, wie in den anderen beiden Städten. Von der Schlussfolgerung, dass man von den grünen Kästchen der Balken für Baridi und Mlimani auf eine Verpflichtung des Consultants für den ‹customer survey› schließen kann, wollen die drei UWEs aber nicht abrücken. Sie beharren nun auf der Gültigkeit ihres schriftlosen *Gedächtnisses*, was in diesem Kontext zunächst etwas hilflos wirkt, wo doch alles darauf ausgelegt ist, der Aktenlage und dem schriftlichen Vertrag das letzte Wort zu erteilen.

Bei seinem Versuch, sich durch den Rückgriff auf unstrittige Dokumente durchzusetzen, tappt T. gleich in das nächste Problem: Der Maßnahmenkatalog, auf den es hier als relevante Referenz ankommen soll, ist in der letzten Fassung des Einführungsberichts nicht enthalten. Als Martonoschy den Maßnahmenkatalog endlich in der vollständigen Fassung des ursprünglichen Vertrags gefunden hat, bestreiten die UWEs, dass dieses Dokument hier ausschlaggebend sein soll, weil die Tätigkeitstabelle des Einführungsberichtes den alten Maßnahmenkatalog doch überschreibt. Über diesen Zug freut sich nun der Teamchef, denn nun kann er folgende Passage aus dem Einführungsbericht triumphierend vorlesen:

The reorganization of billing zones has the aim to achieve a technical-commercial ideal correlation between town areas (geographical space), pressure zones (technical space) and billing zones (meter-reader walking areas and categories of customers within the software package). Among other things, this difficult task requires a full compound / customer survey and a fully detailed network analysis. While the customer surveys are underway in the three towns, they need to be finalized, and the new information needs to be incorporated into the master files. *The customer survey was originally expected to be completed by now without any input by the OIP; necessary additional inputs made by the consultant's staff into this activity now have to be separately accounted for.* The exact amount of this input can be assessed in October 1996.

Mutahaba, der UWE von Jamala, greift den letzten Satz des Zitats dankbar auf: Genau so sei es gewesen. Der Consultant habe ehemals zugesagt, im Oktober 1996 zu überprüfen, wie es um die Kundendaten bestellt ist, was noch im Einzelnen zu tun ist und was sein eventueller Aufwand dafür wäre. Das sei aber nicht geschehen. Dagegen erwidert T., dass die Qualität der Kundendaten im Oktober 1996 nicht überprüft werden konnte, weil erstens die Daten noch nicht in den Computer eingegeben waren – was die UWEs zu verantworten haben – und zweitens die neuen Computer mit der notwendigen Software für Konsistenzprüfungen noch nicht liefen, was auch nicht dem Consultant anzulasten sei. Als die neuen Computer mit der neuen Software im Februar 1997 endlich liefen und ausreichend viele Daten eingegeben waren, habe der EDV-Experte S. den Konsistenztest in Jamala sofort durchgeführt. Anschließend wurde das katastrophale Ergebnis Mutahaba mitgeteilt. Bis heute wurde das Problem nicht behoben, obschon der Consultant entsprechende Verfahrenshinweise schon im März des Jahres gegeben hat.

Statt also ein Beweisstück zu finden, das alle akzeptieren, kommen die Spieler dieser Runde von einem Papier auf das nächste. Ein Dokument verweist auf ein anderes und irgendwann ist nicht mehr zu übersehen, dass man sich im Kreis bewegt. Appelle an die selbstverständliche Evidenz des jeweils eigenen Gedächtnisses bieten keine konsensfähigen Notausgänge aus diesem Teufelskreis. Man kann sich lediglich darauf einigen, dass der Consultant – unabhängig von der Zuständigkeitsfrage – bis Mitte Oktober einen Vorschlag vorbereitet, in dem er vorrechnet, welche Inputs von welcher Seite nötig sind, um die Kundendaten zu korrigieren. Die Frage der Zuständigkeit wolle man hingegen morgen mit den Vertretern der NEB klären.

Was die nicht-vertraglichen Mannmonate anbelangt, die bis zum 30. Juni 1997 in Rechnung gestellt wurden, konnte man sich nach zähen Diskussionen auf einen Teil der Forderungen des Consultants einigen. Die Projektträger waren damit einverstanden, dass folgende Mannmonate notwendig waren:

1,90	MM	Installation der Computer-Netzwerke
1,75	MM	Klärung der rechtlich-politischen Rahmenbedingungen
2,55	MM	Überprüfung der Kundendaten von Jamala
6,20	*MM*	*Summe akzeptierter MM*

Einen anderen Teil der Mannmonate, die nicht-vertraglich geleistet und in Rechnung gestellt wurden, wollten die Projektträger nicht anerkennen. Aus ihrer Sicht waren dies Leistungen, die zu dem vertraglichen Umfang des Projektes gehören:

4,90	MM	Umsetzung der Notmaßnahmen bei der Rechnungslegung in Mlimani
2,75	MM	Überprüfung der Kundendaten von Baridi
3,70	MM	Überprüfung der Kundendaten von Mlimani
11,35	*MM*	*Summe nicht akzeptierter MM*
17,55	MM	Gesamtsumme nicht-vertraglicher MM bis 30. Juni 1997

Die 4,90 MM für so genannte Notmaßnahmen bei der Rechnungslegung in Mlimani werden von dem zuständigen UWE Mapunda für unbegründet erklärt, weil der Consultant das Problem doch bereits während der Einführungsphase erkannte und folglich in das reguläre Programm hätte aufnehmen können. Der Teamchef T. erwidert, dass man sich schließlich zwischen März und September 1996 gemeinsam auf diese Vorgehensweise eingelassen habe. Er sei überrascht, heute, ein Jahr später, diese Interpretation zu hören, nachdem Mapunda sowohl den Einführungsbericht als auch den ersten Quartalsbericht schon vor langer Zeit abgenommen habe. Die 2,75 und die 3,70 MM, die zur Überprüfung der Kundendaten in Baridi und Mlimani aufgewendet wurden, sind nicht anerkannt worden, weil diese Aufgabe ohnehin die vertragliche Aufgabe des Consultants sei.

Der Teamchef T. ist über den Ausgang dieser Debatte entsetzt. In einer Kaffeepause erklärt er mir noch einmal – als ob er das Unfassbare dadurch magisch in den Griff bekommen wollte –, dass die Frage der nicht-vertraglich geleisteten Inputs bei jedem Projekt in die Quartalsberichte gehört. Es ist eine der wichtigsten

Funktionen dieser Berichte, den tatsächlichen mit dem anvisierten Verlauf des Projektes zu vergleichen und die auftretenden Differenzen zu erklären und zu lösen. Wie in jedem Projekt ist auch in diesem von Anbeginn regelmäßig Rechenschaft abgelegt worden. Der erste Quartalsbericht erfasste die Periode 1. Juli bis 30. September 1996 und seit damals wurden alle nicht-vertraglich geleisteten Mannmonate aufgelistet und im Einzelnen begründet. Es gab zwar immer wieder Auseinandersetzungen, doch die Differenzen konnten stets beigelegt werden. Alle Diskussionen von heute sind mindestens schon einmal geführt und damals auch einvernehmlich gelöst worden. 14,25 MM (die bis zum 31. März 1997 anfielen) wurden von den drei UWEs bei einem Meeting im Juni 1997 ein weiteres Mal als notwendig bestätigt, und der Financier hat sie bereits bezahlt. Aus diesem Grund konnte das Ziel der heutigen Verhandlungen somit nur darin bestehen, die nicht-vertraglichen 3,30 MM, die im vierten Quartal (1. April bis 30. Juni 1997) hinzukamen, abzusegnen, nachdem ihre Notwendigkeit im Bericht erklärt wurde. Dieser Punkt war wiederum nur die Voraussetzung, um zu dem eigentlichen Thema des Tages vorzustoßen: zur Antwort der UWEs auf den ‹midway review› des Consultants. Statt dort anzukommen, ist das Team weit hinter die Position zurückgefallen, in der es sich schon im Juni des Jahres wähnte. Nun geht es nicht mehr nur um 3,30, sondern um 11,35 MM.

Nach der letzten Pause wird der Vorschlag des Consultants diskutiert, das Programm um ein Jahr auszudehnen, ohne die Mannmonate aus diesem Grund zu erhöhen. Man stellt einvernehmlich fest, dass die immer noch fehlenden rechtlich-politischen Rahmenbedingungen und deren Folgen für das Projekt sowie die Verspätung des WMS dazu geführt haben, dass der notwendige einjährige Probelauf unter den neuen Bedingungen nicht wie geplant im Finanzjahr 1. Juli 1997 bis 30. Juni 1998 stattfinden konnte. Ohne einen solchen Probelauf hätten die Auftraggeber aber keine Chance, die Leistung des Consultants richtig zu beurteilen. Nachdem man sich vorher über die Bedeutung der grünen und gelben Kästchen im Tätigkeitsplan partout nicht einigen konnte, verständigt man sich hier schnell auf die Notwendigkeit einer Verlängerung. Das Meeting endet mit dem Beschluss, die angefertigte Liste mit den 6,20 akzeptierten und den 11,35 nicht akzeptierten Mannmonaten zusammen mit einigen anderen Punkten morgen der NEB-Delegation vorzulegen.

Listen in Machtspielen

Am frühen Abend setze ich mich mit Martonoschy auf die Terrasse des Restaurants, wo wir bei Bier und Erdnüssen die Verhandlung der Mannmonate durchgehen.

Ausgangspunkt ist jeweils eine Zahl, beispielsweise 2,75 MM für die Überprüfung der Kundendaten in Baridi. Hinter dieser Zahl verbergen sich drei weitere Zahlen: Herr T. 0,25, Herr I. 2,00 und Herr S. 0,50 MM. Hinter jeder dieser drei Zahlen steht – so die Implikation des zugrunde gelegten Prinzips – eine lange Kette von Zahlen von immer niedrigeren Aggregationsstufen, bis man schließlich den Boden der Tatsachen erreicht. Zunächst ist laut Martonoschy festzustellen, dass die drei hier in Rede stehenden Zahlen in Wirklichkeit keine zählbaren Dinge repräsentieren. Erstens ist die von der Zahl – beispielsweise I.: 2,00 MM – repräsentierte Arbeitspraxis viel zu heterogen und unregelmäßig, um sich einem standardisierten Messverfahren zu fügen. Die Arbeit wird viel zu häufig in ganz andere Bahnen gelenkt, als man es geplant hatte. Es ist schlicht unmöglich, die täglichen Erledigungen eines Experten in einem Projekt dieser Art entsprechend den dafür vorgesehenen Kategorien von Inputs aufzuteilen. Zweitens ist jeder Input eines Consultants in der Entwicklungskooperation unaufhebbar doppelt verursacht: Was auch immer er tut, er tut es in Abhängigkeit des Tuns seiner lokalen Partner. Während man sich aus Gründen der Abrechnung an dem Ideal der eindeutig klassifizierbaren Tätigkeiten und der eindeutig geschiedenen Zuständigkeiten orientiert, ist eine solche Trennung de facto unmöglich.

Ausschlaggebend ist laut Martonoschy aber weniger die Unmöglichkeit einer solchen Trennung, sondern eher die Tatsache, dass sie gar nicht erstrebenswert sein kann. Es geht hier um das allgemeine Phänomen der *Schnittstellendefinition* bei Kooperationen. Im Fall der Entwicklungskooperation kann man sagen, dass das berüchtigte ‹hit-and-run-Prinzip› genau daraus folgt, dass sich der Consultant an das Prinzip nicht-überlappender Zuständigkeiten und Klassifikationen hält, um leichter abrechnen zu können. Wenn die neuen, vom Consultant bereitgestellten Systeme keine Verbindung zu dem lokalen Kontext eingehen und deshalb bald wieder absterben, liegt das daran, dass schon bei der Entwicklung und Installation der Systeme nicht-überlappende Schnittstellen eingerichtet wurden. Zu einer erfolgreichen Verknüpfung der neuen Systeme mit dem lokalen Kontext kann es hingegen nur kommen, wenn man von Anbeginn mit *überlappenden* Schnittstellen arbeitet. Wenn das Wort ‹zusammen› im Namen ‹Entwicklungszusammenarbeit› überhaupt etwas bedeuten soll, dann genau dies. Während das ‹hit-and-run-Prinzip› – auch ‹blueprint approach› genannt – offiziell überall verurteilt wird, hält man an der Abrechnungslogik fest, die nicht-überlappende Schnittstellen voraussetzt. *Die Vorstellung, dass die Zahlenketten, die den Input des Consultants belegen, an souverän zu verantwortenden, abgrenz- und zählbaren Arbeitseinheiten hängen, verhindert die Verankerung der neuen Systeme im lokalen Kontext.*

Wir verfolgen die Biographie der Zahl ‹Herr I.: 2,00 MM› weiter zurück. Einen guten Teil dieser Zeit hat I. damit verbracht, die auf losen Bögen festgehaltenen Daten der letzten Kundenerhebung, die in Baridi unter Federführung einer normesischen Ingenieursconsulting durchgeführt wurde, aufzutreiben und die Eingabe in das Standard-Softwareprogramm Excel zu überwachen. Dieser Arbeitsschritt war die Voraussetzung dafür, die Daten auf Konsistenz überprüfen und stichprobenartig auf Validität untersuchen zu können. Schließlich sollte auf dieser Basis ein Verfahren entwickelt werden, mit dem die Daten bereinigt, ergänzt und korrigiert würden. Nachdem I. die notwendigen Schritte eingeleitet hatte, überließ er die Verantwortung den lokalen Spielern. Er tat damit genau das, was das Technische Spiel vorsieht. Nach einiger Zeit stellte sich heraus, dass die Aktion eingeschlafen war, weil der UWE das Personal, das für die Dateneingabe bereitgestellt wurde, wieder abgezogen hatte.

Als dann der EDV-Experte S. im Juni 1997 nach Baridi kam, um diese Daten in das WMS zu importieren, musste man ihm eröffnen, dass sie nur zu einem geringen Teil eingegeben wurden. Für S. wiederholte sich damit die Situation, in die er Anfang des Jahres in Jamala geraten war. Diesmal entschied sich S&P dafür, die Kundenerhebung zu ignorieren und mit den alten Daten zu arbeiten, um nicht weitere Monate zu verlieren. Sofern diese Daten aber unzuverlässig und inkonsistent waren, entwickelten I. und S. Verfahrensregeln zur Korrektur der älteren Daten durch die Daten der letzten Erhebung bei gleichzeitiger Überprüfung und Korrektur dieser neuen Daten durch weitere Erhebungen. Zu diesem Zweck wurde das Wasserwerk dazu bewegt, ein so genanntes ‹customer survey team› einzusetzen (ein Ingenieur und drei unqualifizierte Tagelöhner). Das Team kam mit seiner Aufgabe aber nicht so recht voran und produzierte im Laufe des Korrekturprozesses ständig neue Fehler. Die Projektmitarbeiter I. und S. fingen deshalb an, die Arbeit zu supervidieren; zusätzlich stellte S&P auf eigene Kosten zwei Leute dafür ab, ganztags im ‹customer survey team› mitzuarbeiten. Manche der Daten, die vom ‹customer survey team› äußerst mühsam korrigiert wurden, waren trotz alledem bereits nach der nächsten Runde durch den organisatorischen Prozess wieder unzuverlässig und inkonsistent.

Durch die überlappende Zuständigkeit entfaltete sich indes zum ersten Mal echte Kooperation. Dadurch kam etwas zum Vorschein, das – nach dem, was ich bisher gelernt habe – von Anfang an zu vermuten war: Hinter den sich wiederholenden Fehlern verbirgt sich ein Problem, dessen Konturen und Ausmaße den bisher gewählten Ansatz sprengen. Es gibt im Wasserwerk so gut wie keine formalisierte Prozess-Steuerung. Die Mitarbeiter haben kein ausreichendes Verständnis für die Prinzipien der Verschriftlichung, der systematischen Aktenführung, der formalisierten Verfahrensprinzipien und der Kartographie.

Am Ende dieser Geschichte erscheint im Rechenschaftsbericht von S&P eine nackte Zahl in einer Liste mit anderen Zahlen: 2,75 MM ‹verification of customer data Baridi›. In der Verhandlung von heute Morgen wurde so getan, als ginge es um die Frage, ob die hinter dieser Zahl stehenden Tätigkeiten entweder links oder rechts von der Schnittstelle liegen, die man sich als klare Trennungslinie zwischen den Zuständigkeitsbereichen des Consultants und des Projektträgers vorstellt. Indem man auf diese Weise der Abrechnungslogik folgt, vertuscht man den eigentlichen Inhalt der Kooperation: die sich überschneidenden Zuständigkeitsfelder, die einen Projekterfolg überhaupt erst möglich machen.

Der Gipfel des Problems besteht laut Martonoschy nun aber darin, dass man durch das Einfügen einer zusätzlichen Tätigkeitskategorie die Notwendigkeit überlappender Schnittstellen nur weiter verleugnet. Am Beispiel argumentiert: Ursprünglich gab es für die Arbeit am WMS die Kategorien: (1) ‹development›, (2) ‹implementation› und (3) ‹training›. Wegen der nicht funktionierenden Schnittstelle mit der Eigenleistung der Projektträger kam eine neue Kategorie hinzu: (4) ‹verification of customer data›. In die neue Kategorie gehören folgende Tätigkeiten: (a) ‹analysis of data consistency problems›, (b) ‹organizing of customer survey› und (c) ‹organizing of data input›. Durch die Ergänzung der Tätigkeitsliste mit einer neuen Kategorie wird eingeräumt, dass es eine unvorhergesehene Entwicklung gab. Doch die prinzipielle Gültigkeit der Liste als Aufzählung von eindeutig zuzuweisenden Tätigkeiten, die entweder nur zum Projektträger oder nur zum Consultant gehören, wird dadurch erst recht bestätigt.

Dies sei laut Martonoschy nun das eigentliche Problem; er nennt es *Schnittstellen-Falle*. Das Technische Spiel delegitimiert und invisibilisiert eben das, worum es geht: Übersetzungsarbeit als Kooperation. Diese Arbeit läßt sich in *keine* Kategorie einer Tätigkeitsliste übertragen, da sie sich der Zuschreibung entweder nur auf die linke oder nur auf die rechte Seite einer scharfen Schnittstelle entzieht. Es ist der ganze Sinn von Kooperation, zwei Parteien so miteinander zu verweben, dass man die Beiträge nicht mehr auseinander dividieren kann. Der Schnittstellen-Falle scheint aber noch etwas anderes als die Abrechnungslogik von Projekten vorauszugehen. Die Kommunikation zwischen Consultant und Projektträger basiert auf der Annahme, dass beide Parteien in einem gemeinsamen und fraglos gegebenen Bezugsrahmen handeln. Demnach kann es nur um die eine oder andere Korrektur innerhalb des Technischen Spiels gehen. Meines Erachtens muss man wegen des Syndroms der Listen-Autophagie daran zweifeln, ob es diese Gemein-samkeit wirklich gibt. Doch dieses Zweifeln ist in den Aushandlungszonen des Projektes tabuisiert. Das wiederum führt dazu, dass genau der Punkt ausklammert wird, um den es geht: die Listen-Autophagie bzw. positiv formuliert, die Frage der Schriftlichkeit, die Verschiebung von Erzählen auf Zählen und damit das Problem der Objektivität durch standardisierte Verfahren. Den auf diese Weise entstehen-den blinden Fleck des Technischen Spiels nenne ich *Objektivitäs-Falle*. Wenn das stimmt, dann ist die Schnittstellen-Falle primär eine Folge der Objektivitäts-Falle.

Man sollte glauben, dass von den drei Parteien – Financier, Projektträger und Consultant – der Projektträger das stärkste Eigeninteresse daran hat, dass sein Projekt nicht deshalb schief geht, weil ein Modell, das vielleicht im Westen funktio-niert, unbedacht in seinen Kontext transplantiert wird. Während alle Kommentato-ren des Organisationsfeldes und alle offiziellen Stimmen betonen, dass Modell-transfer die primäre Ursache des Scheiterns ist, haben wir heute gesehen, wie ausgerechnet die Projektträger sich für einen Modelltransfer einsetzen. Mit allen Mitteln wollen sie das Technische Spiel mit dem dazugehörigen ‹blueprint› und den trennscharfen Schnittstellen durchziehen. Die UWEs haben den ganzen Aufwand, der von dem Consultant betrieben wurde, um hinter der Fassade des Technischen Spiels dennoch etwas zu erreichen, mit dem Beharren auf den trennscharfen Schnittstellen des Technischen Spiels delegitimiert. Das aber bedeutet für den Consultant im Endergebnis, dass er gegenüber dem Financier in eine *Rechenschafts-Falle* gerät: Das, was er tatsächlich an Leistungen erbringen muss, damit das Projekt läuft, kann er zum Teil nicht verrechnen. Das läuft wiederum darauf hinaus, dass er die Leistungen irgendwann nicht mehr erbringt, so dass das Hauptproblem – die Listen-Autophagie – auch inoffiziell nicht angegangen wird.

Die Spieler des Feldes sind – sofern sie an das Technische Spiel glauben – überzeugt, dass man dem Teufelskreis (Abbildung 5.3) entkommen kann, wenn man Fakten und Zahlen auf den Tisch legt, die nicht zu widerlegen sind. Insbesondere Schilling scheint daran zu glauben, dass man die Zahlenkette vom Re-

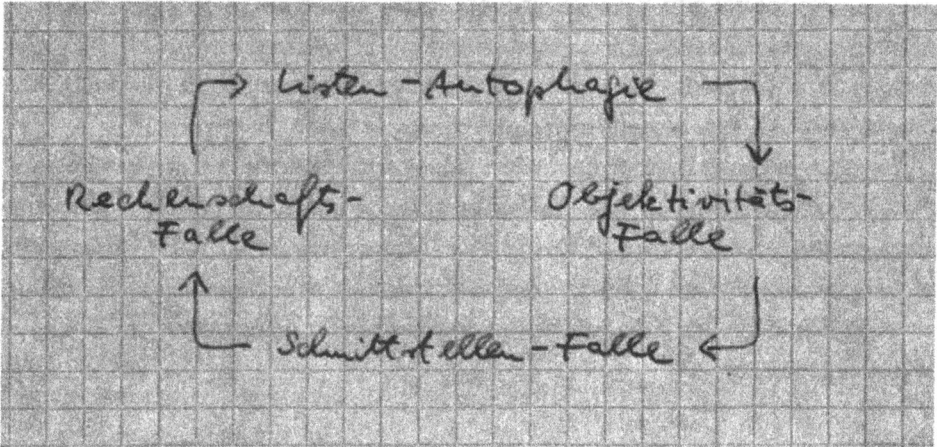

Abbildung 5.3

chenschaftsbericht bis hinunter auf den Boden der Tatsachen zurückverfolgen kann. Wenn man das geschafft hat, ist die Kontroverse um Rechenschaft durch Objektivität beigelegt und es kann weitergehen. Die beste Gelegenheit für diesen Akt der Objektivierung sei laut Schilling der ‹midway review›, denn zu diesem Zeitpunkt kann man die Dinge offen ansprechen, die man am Anfang aussparen musste. Martonoschy ist überzeugt, dass die Kontroverse nur dadurch sinnvoll geschlossen werden kann, dass man in einer *selbstreflexiven Wendung* die Liste der Kategorien von Inputs um die Zeile ergänzt: ‹Wie funktioniert diese Tätigkeitsliste?› Erst wenn man sich darüber verständigt hat, kann man sich auch über den Rest verständigen. Mit dieser Auffassung steht er in dem Projekt alleine da.

Ich hingegen frage mich am Ende dieses Tages in Mlimani: Jeder Mitspieler wusste heute Morgen, dass es bei der Kontroverse um die nicht-vertraglichen Mannmonate weniger um die Aufklärung eines zurückliegenden Sachverhalts ging. Jedem musste klar sein, dass man mit der Kontroverse eher das Terrain für die Entscheidung vorbereitet, wie das Projekt fortgeführt werden kann. Die vorgegebene Choreographie war eindeutig: Der Consultant trägt Argumente zusammen, die belegen, dass es vernünftigerweise nur um eine Entscheidung nach Option 1 gehen kann (Erhöhung des Inputs und Beibehaltung der Ziele oder umgekehrt, Beibehaltung des Inputs und Reduktion der Ziele). Die Projektträger argumentieren, dass es unmöglich um etwas anderes als um Option 3 gehen kann

(Beibehaltung der Ziele ohne Erhöhung des Inputs). Beide müssen im Prinzip wissen, dass man am Ende irgendwo im Rahmen der Option 2 landen wird (Veränderung des Inputs und Veränderung der Ziele). Innerhalb dieser Option gibt es freilich dann noch diverse Kompromissformeln, die sehr unterschiedlich zu Buche schlagen. Auf der Suche nach diesen Kompromissformeln haben die UWEs ihre Karten, wie es Herr S. hinterher ausdrückte, anscheinend überreizt.

Ist es unter derlei Bedingungen eines *Machtspiels* überhaupt möglich, Martonoschys Vorschlag zu folgen und die Funktionsweise der Liste innerhalb des Aushandlungsprozesses zu thematisieren? Wie könnte man dann noch vorteilhafte Spielzüge machen? Und wie könnte man jemals zu einem Verhandlungsergebnis kommen, wenn die ins Feld geführten Argumente nicht den Anspruch absoluter Objektivität haben?

Verhandeln: Zweite Runde

Mlimani, Dienstag, 23. September 1997

Am nächsten Morgen trifft sich die gleiche Runde um acht Uhr mit der NEB-Delegation. Diese besteht aus Herrn P., dem Projektmanager, und Herrn W., dem Wasserbau-Ingenieur der Entwicklungsbank. Hier kommen also die drei Parteien zusammen, von deren besonderer Konstellation ich schon so viel gehört habe.

Die Sitzungsleitung fällt ohne Worte an Herrn P., den Leiter der NEB-Delegation, und es gibt offenbar keine vorbestimmte Tagesordnung. Zuerst lässt sich Herr P. über den Stand der Dinge berichten. Dann wird festgehalten, dass der Consultant in Absprache mit den UWEs einen Verwendungsvorschlag für die zurückgestellten 20 Mannmonate unterbreiten solle. Zwischen den Zeilen wird damit (entsprechend I-Skript) gesagt: Der Projektträger, der von der NEB das Geld für die Bezahlung von 20 Mannmonaten Consultingleistungen zur Verfügung gestellt bekam, weiß offenbar immer noch nicht, welches die beste Verwendung dieser Mannmonate ist, so dass man hier den Consultant einschalten muss. Über dieses Thema kommt man auf die beiden wunden Punkte: die nicht-vertraglichen Mannmonate, die der Consultant in Rechnung gestellt hat, und die Zuständigkeit für die Korrektur der Kundendaten.

Die am Vortag (nach O-Skript) getroffene Vereinbarung zwischen Projektträger und Consultant über die Akzeptanz von 6,20 MM wird von den Repräsentanten des Financiers (nach I-Skript) als Vorlage zur kritischen Überprüfung wahrgenommen. Herr P. befindet, dass alle nicht-vertraglichen Mannmonate fraglich sind und einer ausführlichen Begründung harren. Während es an der Oberfläche so aussieht, als ginge diese Intervention gegen den Consultant, wird damit die Geschäftsfähigkeit der UWEs in Frage gestellt, die am Vorabend ihre Unterschrift unter die 6,20 MM gesetzt haben. Doch die UWEs nehmen ihre Entmündigung nicht wahr oder sie ziehen es vor, lieber zu schweigen. Durch ihre «provokante Passivität» (Jean-Paul Sartre) verschieben sie das Problem auf die Seite des Consultants.

Die Verhandlung der nicht-vertraglichen Mannmonate im Bereich des «customer survey» führt notgedrungen zu der übergeordneten Frage nach den Zuständigkeiten und den Schnittstellen zwischen diesen Zuständigkeiten. Damit ist man endlich beim Hauptthema gelandet. In seinem «midway review» vom 15. August hatte der Consultant angegeben, dass er den Vertrag nach Ablauf der dafür vorgesehenen neunzig Tage, also zum 15. November, kündigen wird, falls die drei Projektträger die Fragen nach dem Ausbleiben ihrer Eigenleistungen insbesondere im Bereich der Kundendaten nicht weiterführend beantworten können. Sofern Herr P. vorzeitig auf den Zweck des Meetings hingewiesen wurde, ging das S&P-Team davon aus, dass er heute seine Interpretation der Vertragssituation verkünden wird, um den beiden anderen Parteien aus der nun seit Monaten anhaltenden Pattsituation zu helfen. Als Herr P. stattdessen einräumt, dass ihm die vertragliche Situation nicht präsent sei, er folglich in Zethagen noch einmal die Akten studieren und eventuell die Rechtsabteilung befragen müsse, lässt er das Team sprachlos zurück. Man verbleibt schließlich folgendermaßen: Spätestens am 15. Oktober soll der Consultant den Projektträgern drei Papiere vorlegen: (1) Eine ausführliche Begründung sämtlicher nicht-vertraglicher Mannmonate, (2) ein Konzept für die Verwendung der 20 zurückgestellten Mannmonate, und (3) ein Konzept zur Korrektur der Kundendaten.

Während die Teilnehmer schon ihre Taschen packen, fällt Martonoschy auf, dass es für S&P keinen Sinn macht, mit der Arbeit an den drei Papieren anzufangen, ohne *vorher* zu wissen, wie der Financier die Vertragslage sieht. Sollte nämlich der Financier am Ende doch meinen, der Consultant sei schon im Rahmen des geltenden Vertrags für den «customer survey» von Baridi und Mlimani zuständig, dann würde S&P wie geplant ohne weitere Umstände am 15. November kündigen. Herr P. findet diese Argumentation nachvollziehbar. In einer Woche wird Mutahaba, der UWE von Jamala, in einer anderen Angelegenheit in Zethagen sein. Bis zu diesem Treffen würde P. die Vertragslage nochmals durchgehen und das Ergebnis seiner Recherchen dann mit Mutahaba erörtern. Das Meeting wird bereits um elf Uhr beendet, weil die NEB-Delegation für diese Verhandlung nur drei Stunden vorgesehen hatte, bevor sie zum nächsten Projekt in Ruritanien weiterfliegt. Während die UWEs und die beiden Herren von der NEB sich mit Umarmungen verabschieden, nicken die beiden normesischen Parteien sich etwas befangen zu, ohne sich die Hände zu reichen.

Nachträglich erfahre ich, dass heute der Vize-Chef des Wasserwerkes von Mlimani das Protokoll geführt hat. Er würde in ein paar Tagen mit dem Protokoll-Entwurf zu Teamchef T. kommen, damit dieser es sprachlich korrigiert. Anschließend wird es verteilt und abgeheftet. Es sei noch nie vorgekommen, dass der NEB-Projektmanager Protokolle von Sitzungen, an denen er teilnahm, anschließend moniert hätte. Während man also bei dem gestrigen UWE-Meeting großen Wert darauf legte, die gefassten Beschlüsse aufzuschreiben und von den verantwortlichen Parteien unterschreiben zu lassen, gilt heute offenbar das gesprochene Wort und anschließend das schriftlose Gedächtnis an das, was mündlich vereinbart wurde.

Nach dem Abendessen fahre ich mit Martonoschy zum Grandhotel, wo wir auf der heruntergekommenen Terrasse bei häufigen Stromausfällen und alten Schlagern Bier trinken. Nach dem ersten Glas kommen noch der EDV-Mann und der UWE von Baridi dazu. Wir reden über den Verlauf der beiden Sitzungen und reißen bissige Witze über Spielzüge, die nach hinten losgingen. Mir scheint, als würde der UWE Mbiti betonen wollen, dass die Härte der Auseinandersetzungen keine Rolle für das Vertrauen spielen darf, das er dem Consultant entgegenbringt. Was aber Mbiti am meisten beschäftigt, ist die Tatsache, dass Martonoschy den beiden Herren von der NEB unverhohlen widersprach und sie sogar auf mögliche Fehler ihrerseits hinwies. Aus seiner Sicht hat Martonoschy eine Höflichkeitsnorm verletzt, und er versucht ihn vor zukünftigen Fehlern dieser Art zu schützen. Der südamerikanische EDV-Mann S., der in den USA studiert hat, kontert mit einer kulturalistischen Interpretation: Für ihn war der Auftritt der NEB-Delegation ein Beispiel für den typisch normesischen Autoritarismus. Dieser könne in Ruritanien ungestört gedeihen, weil man hier einflussreichen Personen unterwürfig gegenübertritt. Das Groteske daran sei, dass die NEB-Manager dieser Umgangsform auch noch auf den Leim gingen und die Höflichkeit der Ruritanier für Offenheit hielten. Am späten Abend kommt der Teamchef auch noch auf ein Bier ins Grandhotel. Aus seiner Sicht konnte S&P in beiden Meetings keine Punkte machen, weil die Sache schlecht vorbereitet war. Die meisten seiner Spielzüge gingen nicht auf, weil die Dokumentation, auf die er verwies, lückenhaft oder falsch war, was er nicht ahnen konnte, weil er damals noch nicht zuständig war. Mich hat am Verlauf des heutigen Morgens vor allen Dingen eine implizite Botschaft beschäftigt. Es klang die ganze Zeit so, als würde das Projekt allein hier vor Ort und allein von dem Consultant gemacht. Die UWEs und die NEB schienen sich weder selbst, noch wechselseitig einen Einfluss auf den Lauf der Dinge zuzuschreiben.

Baridi, Dienstag, 14. Oktober 1997

Am 10. Oktober kehrte Schilling zurück. Martonoschy, der ihm den Verlauf der letzten Verhandlungen schilderte, nutzte die Gelegenheit, um seine These zum Kernproblem des Projektes noch einmal zu wiederholen: Die beiden Meetings vom 22. und 23. September hätten bestätigt, dass Listen mit Fakten und Zahlen nicht die *Ausgangsbasis* von Verhandlungen, sondern deren *Ergebnis* seien. Schilling hingegen findet, dass nun gerade die Zeit gekommen sei, harte Fakten und Zahlen auf den Tisch zu legen. Seit seiner Rückkehr sitzt er täglich viele Stunden vor seinem Notebook im Container-Büro des Projektes auf dem Gelände des Wasserwerks von Baridi. Er versucht in einem ersten Schritt das bisher Erreichte und die dafür verwendeten Ressourcen in wenige übersichtliche Tabellen zu bringen, um so das erste der drei zugesagten Papiere zu erstellen.

Martonoschy arbeitet an den beiden anderen Papieren: an einem Konzept zur Verwendung der zurückgestellten 20 MM und an einem Konzept zur Korrektur der Kundendaten. Zu diesem Zweck begleitet er die Arbeit des ‹customer survey teams› von Baridi und versucht aus der Fehleranalyse Schlussfolgerungen zu ziehen. Mit den 20 MM soll eine umfassende Prozess-Steuerung entwickelt werden, die unter anderem auch die Kundendaten im Vollzug des Routinegeschäfts regelmäßig überprüft und korrigiert. Dieser Ansatz steht im Kontrast zu der Lösung, die sich im Projekt unter dem Druck der Verhältnisse jetzt anbahnt: nämlich eine einmalige Neuerhebung der Kundendaten in Form einer ‹Großrazzia› des ganzen Stadtgebiets unter der Federführung des Consultants. Martonoschy ist überzeugt, dass diese Lösung das Problem nur scheinbar aus der Welt schaffen würde. Auch wenn eine vollständige Neuerhebung eine relativ hohe Trefferquote erzielen könnte, würden viele der korrigierten Daten im Handumdrehen wieder korrumpiert sein. Vor allen Dingen aber würde eine Neuerhebung die Aufmerksamkeit von der Ursache des Problems – nämlich der Listen-Autophagie – auf einen trivialen Punkt innerhalb des Technischen Spiels verschieben. Die Botschaft dieser Verschiebung wäre eindeutig: «Wenn der Consultant die Primärdaten einmal korrigiert und in den Computer eingegeben hat, läuft alles von allein.» Damit wäre man wieder an dem Punkt angelangt, mit dem das ganze Drama vor bald einem Vierteljahrhundert überhaupt angefangen hat, als man in Jamala eine robuste technische Anlage in die Landschaft stellte und sich um deren organisatorische Einbettung nicht kümmerte.

Einen Lerneffekt könnte es für die Organisation nur geben, wenn man die Korrektur der Kundendaten in die alltäglichen Arbeitsroutinen mit Formularen und Karten integrieren und diese Integration zum vorrangigen Gegenstand der Projektarbeit machen würde. Dies liegt daran, dass die Qualität der Daten allein von der Konsequenz abhängt, mit der die Organisationsmitglieder *standardisierte Verfahren* befolgen. Das würden sie bei der Wahl dieses Ansatzes nach und nach begreifen. Sicherlich ginge alles langsamer voran und die Abweichungen vom Plan wären noch gravierender. Wo es aber schon die Spatzen von den Dächern pfeifen, dass die Orientierung an imposanten Produktivitätserhöhungen – in unserem Fall: «90%-Hebeeffizienz» – eine der Hauptursachen für Projektversagen ist, sollte es möglich sein, diesen Fehler zu vermeiden. Schließlich gibt es im Jargon des Feldes auch schon passende Schlagwörter für die bessere Alternative: «capacity building› oder ‹institution building›. Und genau damit hatte dieses Projekt ursprünglich einmal angefangen.

Die fieberhafte Arbeit an den drei Papieren, die zum 15. Oktober fertig sein sollten, verlief trotz aller Bemühungen ohne eine vorausgehende Klärung der vertraglichen Situation. Offenbar konnte S&P es sich nicht leisten, die Erstellung der Konzeptpapiere glattweg abzulehnen und riskierte damit den Verlust zwei weiterer Mannmonate, die in diese Arbeit einflossen. Da die Antwort der NEB, die sie mit dem UWE von Jamala etwa am 1. Oktober schicken wollte, ausblieb, rief Martonoschy am 8. Oktober in Zethagen an. Er schöpfte neuen Mut, als er hörte, dass laut NEB-Interpretation die UWEs für die *Bereitstellung* der Daten verantwortlich seien. Weiterhin einigte man sich darauf, die Neunzig-Tage-Frist um zwei Wochen bis zum 30. November 1997 zu verlängern und gab damit per Implikation den 15. Oktober als Abgabetermin der drei Papiere auf. Als dann am 14. Oktober Mutahaba, der UWE von Jamala, zu einem Meeting nach Baridi kam, waren alle Hoffnungen wieder dahin. Er meinte, in Zethagen sei man der Auffassung, die Behebung der problematischen Datenlage sei von Anbeginn Teil des Vertrags gewesen. Ein paar Tage später kam dann endlich ein Fax aus Zethagen. Darin wurde festgehalten, dass die UWEs für die konkrete *Durchführung* der Datenerhebungen zuständig seien. Was aber den bereits geleisteten und den zukünftigen

Input des Consultants im Bereich der Datenverbesserung anbelangt, warte man auf seinen ausführlichen Bericht.

Baridi, Samstag, 18. Oktober 1997

Gestern, am Tag vor unserer Abreise, rief Martonoschy noch jenen Herrn K. aus dem ‹Prime Minister's Office› in Baharini an, den wir in seinem Büro besucht hatten. K. meldet stolz, dass ab 1. November 1997 die Löhne der Angestellten der Wasserwerke von Baridi, Mlimani und Jamala nicht mehr aus der Kasse des öffentlichen Dienstes via Regionaladministration bezahlt werden. Das Finanzministerium hat eine Sonderregelung eingeführt, wonach die Löhne für eine Übergangszeit direkt vom Wasserministerium kommen. Nach der ersten Erregung stellen wir ernüchtert fest: Hier wurde offenbar ein intelligenter Spielzug gemacht. Gegenüber der Weltbank kann man nun sagen, dass die Lohnliste des öffentlichen Dienstes um die Zahl der Angestellten der drei Wasserwerke gekürzt worden sei. Indem man die Lohnsumme provisorisch über das Wasserministerium laufen lässt, bleibt aber eigentlich alles beim Alten. Allerdings wird das Finanzministerium diese Sonderüberweisungen an das Wasserministerium sicherlich nicht auf Dauer aufrechterhalten können. Dadurch wird auf das Wasserministerium ein Druck ausgeübt, der den letzten Schritt zur Finanzierung der Löhne aus den Einnahmen durch den Wasserverkauf wahrscheinlicher macht. Auf jeden Fall hat das Wasserministerium nun endgültig seine komfortable Stellung verloren, über die Städtischen Wasserwerke bestimmen zu können (zuletzt durch die Ernennung der ‹board›-Mitglieder), während jemand anderes die Rechnung bezahlt. Der von K. eingefädelte Spielzug ist auch insofern intelligent, als er die Finanzautonomie der Wasserwerke vorsichtig angeht, um die Gefahr einer Zahlungsunfähigkeit zu vermeiden. Und natürlich ist Martonoschy auch persönlich ganz erleichtert, denn für diese Zahlungsunfähigkeit wäre er am Ende mitverantwortlich gewesen.

Am Nachmittag verabschiedet sich Martonoschy von dem UWE von Baridi. Die beiden kennen sich schon seit 1992, als Mbiti noch in einer nachgeordneten Position arbeitete. Mir scheint, als würden beide darunter leiden, dass sie sich nicht näher kommen können. Mbiti erwartet, dass Martonoschy ihn als ebenbürtigen Fachmann – als ‹professional› – eines universellen Geschäftes anerkennt. Martonoschy hingegen erwartet von Mbiti, als jemand anerkannt zu werden, der afrikanische Lebenslagen versteht. Sofern dieses Verstehen aber die Anerkennung einer Differenz zum ‹professional› einschließt, kann Mbiti diese Erwartung nicht erfüllen. Umgekehrt kann Martonoschy die Erwartung von Mbiti nicht erfüllen, weil er damit ebenfalls eine seiner teuersten Überzeugungen aufgeben müsste.

Am Abend verabschieden wir uns von Schilling. Auch hier kommt ein Schimmer von Wehmut auf. Weil das Semester beginnt, muss Martonoschy zurück an die Universität. Schilling muss hier bleiben, weil diese Arbeit sein Leben und nicht seine Forschung ist. Am nächsten Tag bringt uns der Chauffeur zum Flughafen. Diesmal heißt der Airbus, der uns nach Zethagen bringt, ‹Marlene Dietrich›.

Verhandeln: Dritte Runde

Zethagen, Donnerstag, 27. November 1997

Einen guten Monat nach unserer Rückkehr aus Ruritanien treibt mich die Neugier dazu, mich mit Martonoschy zu verabreden. Bei einem langen Spaziergang durch den Stadtpark erfahre ich das Neueste aus dem Projekt. Am 22. November haben es Projektträger und Consultant in Mlimani endlich geschafft, den Entwurf zur Fortführung des Projektes abzuschließen.

Schilling hat den Lösungsvorschlag in Absprache mit den UWEs unter der Annahme erarbeitet, dass erstens die Inputs nicht verändert werden können (es also bei maximal 94 MM bleibt) und zweitens die bereits geleisteten nicht-vertraglichen Mannmonate von den 20 MM, die im März 1996 zurückgestellt wurden, zu finanzieren sind. Drittens beruht der Lösungsvorschlag auf der Annahme, dass die Korrektur der Kundendaten bisher nicht Teil des Vertrages war, so dass 9 von den 17 im Dezember 1997 noch zur Verfügung stehenden Mannmonaten von anderen Zwecken abgezogen werden, um sie für das Datenproblem einzusetzen. Ab 1. Dezember wird der Consultant eine Neuerhebung aller Kundendaten organisieren: zuerst in Baridi, anschließend in den zwei anderen Städten. Sobald diese Voraussetzung geschaffen ist, wird er das WMS vollständig installieren, die aufgehobenen Sicherheitsbarrieren wieder einbauen und in Funktion setzen. Für diese Arbeit stehen der Teamchef T. und der EDV-Experte S. zur Verfügung. Alles andere wird zurückgestellt und die Experten werden abgezogen. Besonders hervorzuheben ist auch die Tatsache, dass der Lösungsvorschlag eine ziemlich genaue Auflistung der Eigenleistungen der UWEs enthält. Für die Arbeit an dieser Auflistung haben die UWEs einen beachtlichen Anteil selbst übernommen, was am Ende zu einer gemeinsamen Interpretation der Problemlage führte. In dem gemeinsamen Entwurf wird betont, dass die Reduktion des Projektes auf die erfolgreiche Installation des WMS eine Notmaßnahme ist, die leicht zur Farce werden könnte, wenn es dabei bliebe. Es wird vorgeschlagen, den Rest des ursprünglichen Plans mit *neuen* Ressourcen in einer zweiten Phase durchzuführen – vorausgesetzt die rechtlich-politischen Rahmenbedingungen liegen bis dahin vor. Der so konzipierte Lösungsvorschlag wird als Addendum zum Projektvertrag von beiden Parteien unterschrieben.

Heute, am 27. November, kam die Stellungnahme der NEB zu dem in Mlimani erarbeiteten Addendum. Im Prinzip hält der Financier den Vorschlag für richtig, doch zur Klärung einiger Fragen wird der Consultant für den 3. Dezember nach Zethagen eingeladen. Die bereits einmal verlängerte Neunzig-Tage-Frist nach der Abgabe des ‹midway review› am 15. August 1997 soll deshalb noch einmal um zwei Wochen bis zum 15. Dezember verlängert werden.

Zethagen, Mittwoch, 3. Dezember 1997

Am frühen Morgen holen Martonoschy und ich Schilling vom Flughafen ab, um gemeinsam in die Normesische Entwicklungsbank zu fahren. Das Meeting findet in einem fensterlosen Raum der Länderabteilung statt und dauert mit einer kurzen Mittagspause den ganzen Tag. Die Entwicklungsbank wird von fünf Herren vertreten: P. als Projektmanager der Länderabteilung, W. als Vertreter der Technikabteilung – beide aus Mlimani bekannt – und O. als Repräsentant der Fachabteilung, von dem die Rede war, als es um den Mlimani-Workshop von 1996 ging. Neu hinzu kommt Herr U., der Unterabteilungsleiter und direkte Vorgesetzte von P., und zwischendurch nimmt auch dessen Vorgesetzter, der Abteilungsleiter A. teil. Die Sitzung wird vom Unterabteilungsleiter U. geleitet, und wie schon in Mlimani gibt es keine im Voraus bekannte Tagesordnung. Vor mir sitzen also sechs, zeitweise sieben Männer um einen Tisch versammelt und verhandeln über etwas, das in diesem Raum nicht anwesend sein kann. Die zur Verhandlung stehende Realität – ‹das Projekt› – muss folglich vertreten werden. Dies geschieht auf zwei Wegen: über *beschriftete Papiere bzw. Tabellen* sowie über *schriftloses Gedächtnis bzw. Narrative.*

Am Anfang sieht alles danach aus, als drehte sich die ganze Verhandlung um die Listen mit Fakten und Zahlen, die Schilling vorgelegt hat, also um die Anhänge des Addendums, das die UWEs als Projektträger am 22. November in Mlimani als «concept for the continuation of the project» unterschrieben hatten. Jeder Verhandlungsteilnehmer bekommt mehrere Seiten mit fotokopierten Tabellen vorgelegt. Alle beugen sich mit schwerer Miene über die Blätter, die nun das Projekt in diesem Raum repräsentieren (ein Beispiel zeigt Abbildung 5.4). Bald stellt sich heraus, dass Schilling seine Kommentare auf eine andere Version der Tabellen bezieht, als die, die er soeben hat verteilen lassen. Das Gespräch verknotet sich

immer wieder in vergeblichen Versuchen, die Zahlenwerke eindeutig zu interpretieren. Schilling, der Hauptautor der Zahlenwerke, hält sich weitgehend zurück
und schafft es dadurch, die Situation anfänglich so zu definieren, dass die anderen
erstmal sein Verständnisniveau erreichen müssen. Doch nach und nach baut sich
Unmut auf.

Wiederholt wird moniert, dass man mit den Vorlagen allein schon deshalb
wenig anfangen kann, weil die Originaltabellen in drei Farben ausgedruckt waren,
so dass man die vorliegenden Schwarz-Weiß-Kopien gar nicht verstehen kann. Es
wird angemerkt, dass es widersinnig sei, im Dezember mit Juni-Zahlen zu argumentieren. Ein anderer Teilnehmer moniert, dass die neue Anordnung der einzelnen Tätigkeiten in der Tabelle vielleicht ein wenig übersichtlicher sein mag als
die Anordnung, die in dem dritten und vierten Quartalsbericht befolgt wurde.
Doch der Haupteffekt der neuen Darstellungsform sei jetzt vor allen Dingen der,
dass die Vergleichbarkeit erschwert wird, so dass man keine Entwicklungen mehr
erkennen kann (Abbildung 5.4 und 4.1).

Der Projektmanager P. ist derjenige in der Runde, der sonst am unmittelbars-
ten an der Undurchsichtigkeit der Tabellen zu leiden hat. Eine seiner wichtigsten
Aufgaben besteht darin, die Zahlenwerke regelmäßig zu durchforsten, um mögliche Fehler und Täuschungsmanöver aufzudecken. Sein Vorgesetzter U. muss sich
auf ihn verlassen können, da er die Zahlen der vielen von ihm betreuten Projekte
unmöglich selbst noch einmal überprüfen kann. In dieser Runde hält P. sich
zurück und scheint es zu genießen, dass nun auch seine Kollegen einmal sehen, wie
hart sein täglich Brot mit den Zahlenwerken Schillings ist. Die Blicke lassen
erkennen, dass manche der Teilnehmer von dem Eindruck beschlichen werden,
hier würde mit ‹frisierten Zahlen› geblendet. Die sich anbahnende Eskalation wird
durch den Diskussionsleiter U. subtil verhindert, indem er die Spieler vom fun-
damentalen Verdacht der Täuschung zurück zu den Inhalten lenkt, für die die
Zahlen stehen sollen.

Das zähe Gespräch über Zahlen kommt am Ende trotzdem zu keinem Zahlen-
ergebnis. Niemand summiert die erreichten Zwischenergebnisse zu einem Gesamtbild, geschweige denn zu einer Summe der insgesamt notwendigen und akzeptierten Mannmonate und der entsprechenden Geldwerte. Stattdessen wird der Consultant damit beauftragt, den im November in Mlimani entwickelten Entwurf des
Addendums mit den Ergebnissen der heutigen Verhandlung zu überarbeiten.
Dieses vage Ergebnis wird noch unverbindlicher, wenn man bedenkt, dass der
Unterabteilungsleiter U. nicht das letzte Wort hat. Während der nervtötenden Ar-

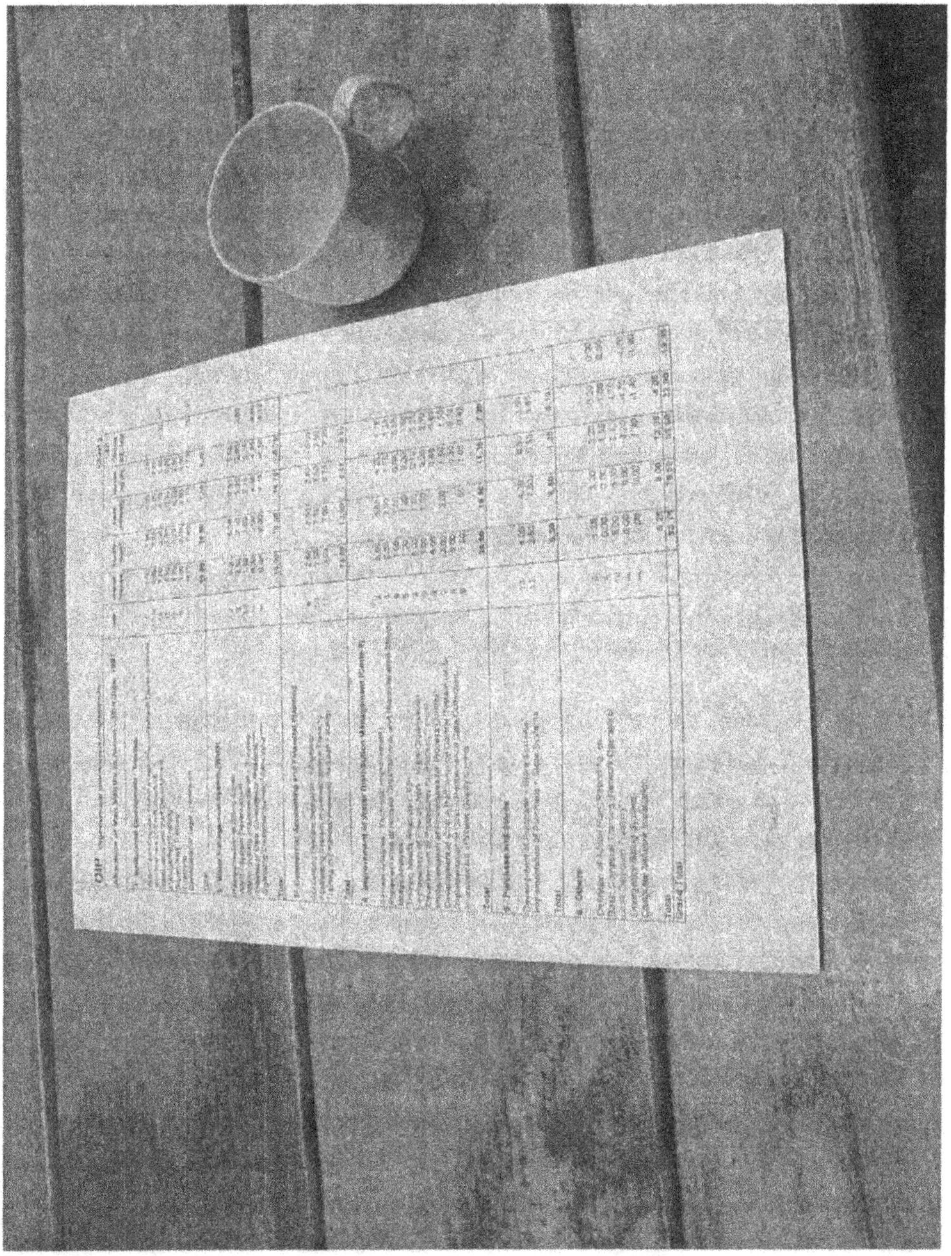

Abbildung 5.4
Zuordnung von Mannmonaten bis 30. Juni 1997

beit an den Zahlenwerken kamen eine Reihe aufschlussreicher Dissonanzen innerhalb des NEB-Teams zum Vorschein.

So behauptete der Ingenieur W., dass sich der Consultant in der letzten Version des Einführungsberichts von September 1996 dazu verpflichtet habe, die ebenfalls dort festgehaltenen Projektziele mit 74 MM zu erreichen. Er sagt damit, dass jene oft besprochenen 20 MM in der Einführungsphase nicht *zurückgestellt*, sondern *gestrichen* wurden. Dies ist die einzige Stelle während der ganzen Diskussion, an der Schilling seine Stimme anhebt, um die Interpretation als Irrtum zurückzuweisen. Der Diskussionsleiter übergeht die Vertragsinterpretation seines Kollegen aus der Technikabteilung kommentarlos. Natürlich gibt es Dissonanzen, sobald die Rede auf die Korrektur der Kundendaten kommt. P. und W. vertreten den Standpunkt, dass der Consultant gegen den Vertrag verstößt, wenn er nun vorschlägt, Mannmonate aus anderen Bereichen abzuziehen, um sie für die Organisation eines neuen ‹customer survey› einzusetzen. W. hat das bereits bekannte Schreiben der NEB von Mai 1996 vor sich auf den Tisch gelegt, klopft mit dem Finger immer wieder auf dieselbe Stelle und liest vor:

(...) S&P formulates the requirements (...) for the customer survey (...) and presents a suitable proposal for the additional input at no extra cost.

Damit sei bewiesen, dass die Arbeit, wegen der der Consultant nun seit August 1997 so viel Aufsehen macht und für die er nun weitere 9 MM haben möchte, in Wirklichkeit Teil seines Vertrags ist – und zwar innerhalb der 74 MM. Auf diesen Hinweis von Mai 1996 habe der Consultant nie reagiert.

An dieser Stelle schaltet sich Martonoschy ein. Es gäbe nur zwei Möglichkeiten, den zitierten Satz zu interpretieren. *Entweder* fixiert man den Halbsatz «at no extra cost» als unabänderlichen Ausgangspunkt und erschließt den Sinn des ganzen Satzes von dort. Dann kann der Satz nur darauf abzielen, dass der Consultant dem Projektträger mitzuteilen habe, welche Daten notwendig sind, um einen Kunden zu lokalisieren. Sofern dies nur ein Handgriff ist, war er «at no extra cost» vom Consultant zu erwarten. *Oder* aber man fixiert den Halbsatz «S&P formulates the requirements for the customer survey» als unabänderlichen Ausgangspunkt und erschließt den Sinn der Aussage von hier. Konsequenterweise muss man dann feststellen, dass es bei den «requirements for the customer survey» um eine Konzeptualisierung sowohl der Datenerhebung, als auch der Integration der neuen Daten in den alten Datenbestand und in die Prozess-Steuerung des ganzen Systems geht. Wenn aber «requirements for the customer survey» dieses ganze Paket aufwendiger und logistisch komplizierter Interventionen meint, macht freilich der andere Halbsatz, «at no extra cost», keinen Sinn. Dies zumal, wenn es nicht darum gehen soll, ein Rezept an der Tür abzugeben, sondern gerade darum, die Umsetzung zu supervidieren. Nach der letzten Kalkulation kommt man auf 9 MM für Konzeptualisierung und Supervision der Durchführung. Beide Interpretationsmöglichkeiten führen also dazu, dass der Satz keinen Sinn macht, weil seine beiden Hälften sich gegenseitig ausheben.

Der Satz macht aber auch aus einem anderen Grund keinen Sinn. Die Projektträger haben im März 1996 darauf bestanden, dass ihre Daten bereits erhoben und zudem in Ordnung seien. Die Entwicklungsbank hat die Position der UWEs damals ausdrücklich unterstützt. Deshalb konnte der Consultant nicht damit rechnen, dass die NEB schon zwei Monate später, im Mai 1996, eine entgegengesetzte Auffassung vertritt und von einem «additional input» redet. Wieso kann es einen «additional input» für eine abgeschlossene Sache geben? Und wieso soll dieser «additional input» auch noch «at no extra cost» geleistet werden, wo es doch um den Kern des ganzen Projektes geht, nämlich um die fehlende Prozess-Steuerung der Wasserwerke? Statt nun die NEB auf diese Inkonsistenzen zu stoßen, habe der Consultant zwischen Mai und September 1996 die Situation weiter geprüft und das Ergebnis in den Einführungsbericht geschrieben. Dort steht die klare Antwort auf das Schreiben der NEB von Mitte Mai desselben Jahres, und die lautet:

(...) necessary additional inputs made by the Consultant's staff into this activity now have to be separately accounted for. The exact amount of this input can be assessed in October 1996.

Der Einführungsbericht wurde von allen Parteien anerkannt und gilt bis auf weiteres. Wieso also kann Herr W. sich heute auf einen Brief von Mai 1996 beziehen?

Mit seinen eindringlichen Worten hat Martonoschy die Spielregeln verletzt. Anstatt seine Tätigkeiten als Consultant sachlich zu erklären und zu rechtfertigen, verschob er den Fokus auf die Tätigkeiten des Financiers. Diese stehen hier aber nicht zur Debatte. Statt Anhänger für sein Argument zu gewinnen, handelt er sich von dem dazugekommenen Abteilungsleiter A. die ‹Gelbe Karte› ein. Allerdings hat auch W. keine Anhänger für seine Position gewonnen. Der unauffällig bestimmte Diskussionsleiter U. lenkt auch diesmal die Verhandlung geschickt so

weiter, als habe weder W. noch Martonoschy gesprochen. Die 9 MM, die der
Consultant für die Konzeptualisierung und Supervision der Neuerhebung der
Daten und deren Integration in das System fordert, werden nicht mehr in Frage
gestellt. Doch weder wird dies ausdrücklich gesagt, noch geben P. und W. ihre
gegenteilige Position explizit auf.

Die Verhandlung kreist die meiste Zeit um die Zahlen, die Schilling geliefert
hat. Keiner hat andere Zahlen und keiner bezweifelt die Berechnungsverfahren –
man kann sich allenfalls transparentere Tabellen vorstellen. Gleichwohl glaubt man
den Zahlen nicht. Die artikulierte Skepsis speist sich aus Bildern und Narrativen,
die aus der explizit geführten Diskussion ausgeklammert bleiben. Dies wird besonders deutlich, als der Abteilungsleiter A. für eine Stunde dazustößt. Unter
anderem will er von Schilling wissen: «Wie weit, Herr Schilling, sind Sie inzwischen
mit Ihrem ‹customer survey›?»

Schilling antwortet so, wie es die Ordnung dieser Verhandlung aus seiner Sicht
nahe legt: Man habe nun ein gutes Konzept und die Umsetzung sei in Baridi seit
dem 1. November in vollem Gang. Seit dem 1. Dezember liefe sogar ein ‹crash
programme› zur Neuerhebung aller Kundendaten. Er verliert kein Wort über den
Hintergrund dieser neuesten Entwicklung und knüpft an das bisher schon Gesagte
nicht an. Die anwesenden Mitarbeiter von A., also der Projektmanager P. und der
Unterabteilungsleiter U., halten sich bedeckt. Alle scheinen übereinzustimmen,
dass ihr Vorgesetzter A. gar nicht zu wissen braucht, worum es hier eigentlich geht.
Dagegen deutet Martonoschy das Erscheinen von A. als Indikator dafür, dass das
Management ein ernstes Problem wittert und sich ein eigenes Bild von der Sache
machen möchte. Statt sich wie im Routinefall indirekt ‹auf dem Dienstweg› durch
die Hierarchie informieren zu lassen, ist A. bereit, Schilling direkt zuzuhören. Doch
Schilling ist mit seinem Bericht schon fertig.

Martonoschy kann diese Zurückhaltung nicht aushalten. Er versucht zu erklären, wie die Geschichte wirklich gelaufen ist. Dazu beginnt er bei dem
Einführungsbericht von September 1996 und kommt über den ‹midway review›
von August 1997 zu der seit damals anhaltenden vertraglichen Unsicherheit des
Consultants. Mit einer Vehemenz, die in dieser nüchternen Sitzung deplaciert
wirkt, prangert er die Verweigerung der NEB an, ihre Auslegung des Vertrags zu
offenbaren. So kommt er auf die Unvereinbarkeit zwischen den soeben vertretenen Positionen: auf der einen Seite W., der mit seinem Brief von Mai 1996 Punkte
machen will, und auf der anderen Seite U., der die Notwendigkeit weiterer Mannmonate für den ‹customer survey› nicht bestreitet. Der Abteilungsleiter unterbricht

mit der Miene dessen, der auch schon größere Probleme gemeistert hat, die engagierte Intervention Martonoschys. Unter Ausschöpfung der Autorität, die ihm das ehrwürdige Haus zuweist, legt er fest, dass solche Details nicht diskutiert werden können, solange er mit seiner knappen Zeit dabei ist. Damit ist sein Auftritt auch bald beendet. Nach der Verabschiedung sagt er im Hinausgehen mit Blick auf Schilling und mit leicht ironischem Unterton: «Ich verlasse mich darauf, dass so viele hoch bezahlte Experten es hinkriegen werden, am Ende ein paar Kundendaten zusammenzutragen. Nicht wahr, Herr Schilling?»

Zethagen, Donnerstag, 4. Dezember 1997

Nach dem Meeting begleitete ich gestern Martonoschy zu Herrn von Moltke. Auf dem Weg durch die Gänge der Länderabteilung wechselt Martonoschy ein paar Worte mit einem bekannten Mitarbeiter, der von der gut laufenden Privatisierung der Eisenbahn in Uganda erzählt. Ein anderer berichtet von Erfolgen in einem Wohnungsbauprojekt in Windhuk, und im Aufzug trifft er den Eisenbahningenieur, mit dem er 1990 zum ersten Mal für die NEB in Ruritanien war. Von Moltke ist vor einigen Tagen in Frührente gegangen und hat das Büro des Hauptabteilungsleiters, in dem ich noch im Juli mit ihm sprach, bereits geräumt. Nach wenigen einleitenden Worten erkundigt er sich nach dem Stand der Dinge im Projekt, wobei er offenbar schon informiert ist. Es stellt sich heraus, dass er mit A. zu Mittag gegessen hat, nachdem dieser aus unserem Meeting kam. Bei von Moltke, dem ehemaligen Vorgesetzten von A., ist angekommen, dass die Projektträger langsam unzufrieden und nervös würden, weil S&P ständig mehr Mannmonate fordere, man auf der anderen Seite aber noch kaum irgendwelche Ergebnisse sehen könne. Vor allem sei ein Ende des «customer surveys» noch immer nicht in Sicht. Martonoschy sucht verzweifelt nach einer passenden Antwort. Wenn nämlich von Moltke aus dem ‹Apparat› — einem Apparat, den er selbst über viele Jahre aufgebaut und bis vor wenigen Tagen auch geleitet hat — eine Information bekommt, ist es für einen Außenstehenden ausgeschlossen, diese Information direkt in Frage zu stellen.

Die Antwort fällt dann doch unverblümt aus: «Das Projekt steht in Gefahr zu scheitern. Dies liegt daran, dass die Projektträger bei den Nachtragsverhandlungen die strukturell schwache Position des Consultants übergebührlich ausnutzen und die NEB diesmal nicht vermittelt.» Von Moltke zeigt sich überrascht und erinnert Martonoschy etwas fürsorglich daran, dass seine Interessen doch woanders lägen. Die NEB habe ihn mit Schilling zusammengebracht, damit er dabei hilft, den

Zentralismus und Bürokratismus im ruritanischen Wassersektor zu überwinden. Hier sei das Projekt auf dem besten Weg zur Einführung marktwirtschaftlicher Lösungen und habe beachtliche Impulse gegeben. Die üblichen Kleinigkeiten wie ein verspäteter ‹customer survey› oder ein paar strittige Mannmonate sollten nicht Martonoschys Anliegen sein. Wir plaudern noch eine Weile über allgemeine Fragen der Entwicklungszusammenarbeit, aber auch über das Ende des Berufslebens, und es geht sehr freundlich, fast vertraulich zu.

Am Abend, nachdem Schilling nach Ypsilonia abgeflogen ist, lädt mich Martonoschy zum Essen ein. Wir versuchen den Verlauf der Verhandlung nachzuvollziehen. Martonoschy findet die Tatsache erhellend, dass die Mitarbeiter der NEB Leute sind, die sich den Traum von einem Platz im öffentlichen Dienst verwirklicht haben. Die Entwicklungsbank gehört zwar nicht direkt zum öffentlichen Dienst, doch als Staatsbank mit einem vierzehnten Monatsgehalt ist sie ein begehrter Arbeitgeber, der Sicherheit verspricht. Wie die meisten Mitglieder des öffentlichen Dienstes blicken insbesondere die jungen Mitarbeiter der NEB mit einem Gefühl ethischer Überlegenheit auf diejenigen herab, die ‹Geld machen›. In einer Verhandlungspause war zu hören, dass die Entwicklungsbank gegenüber dem Steuerzahler für «jeden Euro» gerade zu stehen hat, so dass die Consultants nur den Anteil erhalten, der ihnen wirklich zusteht. In dieser Selbstwahrnehmung steht die Entwicklungsbank immer schon auf der Seite des Gemeinwohls, der Unternehmer dagegen auf der Seite privater Nutzenmaximierung. Das ist die exakte Umkehrung der Privatisierungsidee, deren weltweite Verbreitung die NEB fördert. Nach der Logik, die die Behörde zum natürlichen Verbündeten des Steuerzahlers macht, den Unternehmer aber zu seinem ebenso natürlichen Gegner, müsste man für den Fall der ruritanischen Wasserwerke annehmen, dass die alte staatsbürokratische Organisation wohl doch die Beste war.

Was das Projekt anbelangt, haben wir während des Meetings wohl den letzten Punkt in dem herausgearbeiteten Teufelskreis erreicht. Von der Listen-Autophagie bzw. ihrer Invisibilisierung im Technischen Spiel gelangt man über die Objektivitäts- und die Schnittstellen- in die Rechenschafts-Falle, in der das Projekt jetzt steckt. Dieser Teufelskreis sei übrigens nur ein Sonderfall eines allgemeineren Phänomens. Natürlich lässt sich bei jedem Projekt in der zweiten Halbzeit mit größerer Exaktheit und Zuverlässigkeit über Ziele, Mittel, Kosten und Verfahren reden als davor. In den meisten Fällen kommt hinzu, dass eine gewisse Offenheit und Unklarheit am Anfang nicht nur ein Defizit ist. Vielmehr ermöglicht eine gewisse anfängliche Unbestimmtheit erst den notwendigen Optimismus, um überhaupt mit einem Projekt anzufangen. Die Parteien, die ein Projekt wollen, dafür aber noch weitere Allianzpartner gewinnen müssen, sind gut beraten, die Hintergründe nicht bis ins letzte Detail auszuleuchten. Solche Bemühungen würden in der Regel Kontingenzen ans Licht fördern, die den Glauben an die Machbarkeit des Projektes erschüttern.

Daraus ergibt sich ein übliches Projektmuster: Am Anfang hält man so viel wie möglich offen, am Ende schließt man so viel wie unbedingt nötig, um abrechnen zu können. Ungefähr zur Halbzeit müssen die Planungen und die Verträge den realen Entwicklungen so angepasst werden, dass man zu den notwendigen Schließungen gelangen kann. Darüber geraten Projekte *regelmäßig* in ihre Midlife-Crisis, denn die anfänglich erwünschte Unbestimmtheit verhindert nun eine simple Gegenüberstellung eines erreichten Ist-Zustands mit einem vertraglich vereinbarten Soll-Zustand. Es erweist sich jetzt als unvermeidbar, sämtliche Parameter neu zu definieren: die gegebene Situation, die angepeilte Lösung, die Vertragslage und die Verfahren zur Festsetzung des Erreichten. Gleichzeitig aber muss diese Redefinition geleugnet werden, weil man sonst den Eindruck hervorrufen würde, das Projekt sei unvorhersehbar und folglich auch finanziell unkalkulierbar. Damit wäre eine unabdingbare Voraussetzung dafür verloren, dass man in Zukunft überhaupt noch Projekte machen kann.

Die Lösung dieser Aporie besteht darin, dass man rhetorisch an Vertragspunkte und Fakten appelliert, unter der Hand aber die gesamte Situation neu definiert. Dieses rhetorische Regime erweckt den Eindruck, als würde man in Nachtragsverhandlungen darüber streiten, ob im Korb 5 oder 3 Äpfel sind, während man in Wirklichkeit darüber verhandelt, was der ‹Korb› und der ‹Apfel› sind, wer überhaupt dafür zuständig ist, ‹Äpfel› in ‹Körbe› zu legen, und wie man den Aufwand eigentlich zu berechnen hat. Ohne derlei grundlegende Redefinitionen, die man geschickt verstecken muss, wird man die Midlife-Crisis kaum erfolgreich überstehen. So gesehen war der heutige Verhandlungsleiter ein Virtuose dieser Technik.

De facto lief es wie bei jedem Kompromiss. Eine Partei behauptet, sie könne die vereinbarten Ziele nur mit erhöhten Ressourcen erreichen, die andere Partei bestreitet dies; schließlich trifft man sich in der Mitte. Ursprünglich waren 94 MM vorgesehen, doch aus der Sicht von S&P hätte man 134 MM gebraucht. Addiert man die einzelnen Punkte der Verhandlung – was man während der Verhandlung nicht tat –, kommt man auf rund 122 MM. Die NEB hat also den Consultant von 42,55% auf 29,78% zusätzliche Mannmonate heruntergehandelt und dafür be-

scheidenere Projektziele akzeptiert. Dieser Kompromiss beruht auf einer Neu-
bestimmung der Schnittstelle zwischen Software-Design und Datenerhebung. Nun
taten die Vertreter der NEB aber so, als habe sich am grundsätzlichen Vorgehen
nichts geändert. Um den Eindruck der Vorhersehbarkeit und Kalkulierbarkeit zu
wahren, musste es nämlich so aussehen, als würde der ursprüngliche Vertrag
weiterhin alles abdecken. Deshalb blieben kontroverse Auslegungen des Vertrags
bis zum Schluss unwidersprochen im Raum stehen.

Weil die Midlife-Crisis eines Projektes nur durch Neubestimmungen des
gesamten Kontextes überwunden werden kann, spielen schriftliche Unterlagen eine
zwiespältige Rolle. Sie müssen teils ‹zu den Akten gelegt› werden, um für unvorhergesehene und abweichende Lösungen Handlungsspielraum zu schaffen. Dieser
Spielzug verläuft wiederum unter der Hand, weil man die Fiktion der Verfahrenstreue aufrechterhalten muss, die auf einer eindeutigen Aktenlage beruht. An dieser
Stelle kommt das narrative Wissen zum Zug, was indes rhetorisch verborgen wird,
weil diese Wissensform im Technischen Spiel offiziell gar keine Rolle spielt. Wenn
ein schwächerer Spieler die Argumentation eines stärkeren dennoch als narratives
Wissen in Frage stellt, bekommt er die ‹Gelbe Karte›. Auf diese Weise blieb am
Ende der Verhandlung an der Spitze der NEB-Hierarchie ein frappierend einfacher
Satz unwidersprochen stehen: «Die Projektträger sind mit dem Consultant un-
zufrieden, weil er die Kundendaten immer noch nicht korrigiert hat.»

Auf ein Neues

6.
Metacode – Kulturcode

Vorbemerkung

Im Prolog habe ich den Protagonisten Eduard B. Drotleff eingeführt, der eine
Forschung unternimmt. Drotleff hat uns seinerseits drei weitere Figuren vor-
gestellt: Johannes von Moltke sprach für den Financier (1. Kapitel), Julius C.
Schilling für den Consultant (2. Kapitel), und Samuel A. Martonoschy kam als
Projekt-Anthropologe zu Wort (3. Kapitel). Die Beobachtungen direkt aus dem
Feld lieferte Drotleff als editierte Auszüge seines Feldtagebuchs (4. und 5. Kapitel).
Zum Abschluss des Buches liegt es nun an mir, die eingeholten Berichte zu sichten
und die Ergebnisse zu resümieren. Unter den verschiedenen Themen werde ich
mich hauptsächlich auf die Frage der Repräsentationspraktiken konzentrieren.

Die Figuren des Textes sind in einer Beobachterkette angeordnet: Schilling
beobachtet die Realitäten, in die sich das Projekt einfügen muss, Martonoschy
beobachtet Schillings Realismus, und Drotleff beobachtet Martonoschys relativistische Dekonstruktionen. Indem ich deren Beobachtungen hier im letzten Kapitel
zusammenfüge, komme ich auf das Verhältnis von Objektivismus, Relativismus
und Konstruktionismus in Aushandlungsprozessen zu sprechen. Die Beobachtungen Martonoschys haben darauf aufmerksam gemacht, dass der Code des Objektivismus die Tarnmaske für die Hegemonie der ‹Geber› ist. Am Ende ist diese
versteckte Hegemonie dafür verantwortlich, dass lokale Gesichtspunkte nicht zum
Zug kommen und die Sache deshalb scheitern muss. Die Berichte Drotleffs haben
nahe gelegt, dass durchmachtete Aushandlungsprozesse nur unter der Prämisse
funktionieren, dass die Spieler den Code des Objektivismus wahren. Diesem
Widerspruch werde ich abschließend auf den Grund gehen.

Aufführung mit zwei Skripten und die Figur des ‹Consultants›

Offiziell gelten die Empfängerländer der Entwicklungshilfe als souveräne Nationen, die ihre Geschicke selbst bestimmen. Es heißt im öffentlichen Diskurs, dass
die Projektträger und die unmittelbar betroffenen Menschen eines Projektes selbst

am besten wissen, was ihnen fehlt und wie sie sich helfen können. Sie sind die kompetentesten Experten ihrer eigenen Angelegenheiten. Entwicklungsexperten müssen zuerst von diesen Menschen *lernen,* bevor sie ihnen umgekehrt etwas beibringen können. Selbstbestimmung, Partizipation und lokales Wissen sind die aktuellen Stichworte. Aus dieser Warte besteht Entwicklungszusammenarbeit darin, den betroffenen Menschen Ressourcen in die Hand zu geben, die sie selbst nicht haben: Kredit, Technik und Know-how. Dem Prinzip nach ist das Ergebnis, das durch die Bereitstellung dieser Ressourcen erzielt werden kann, für den Bereitsteller *unverfügbar,* weil die Verfügung bei dem souveränen Empfänger liegt.

Andererseits besteht der Grundgedanke der Entwicklungskooperation natürlich darin, dass die westlichen, industrialisierten Demokratien nicht nur den höchsten Wohlstand, sondern auch das fortgeschrittenste Wissen haben, das sie zusammen mit billigen Krediten und Technologien den ärmeren Nationen für deren nachholende Entwicklung zur Verfügung stellen wollen und müssen. Würde man annehmen, dass das hier relevante Wissen nur relativ zu dem soziokulturellen und politischen Bezugsrahmen der euro-amerikanischen Welt gelte, in Afrika aber verfehlt sei, wäre der Grundgedanke der Entwicklungskooperation hinfällig. Wenn überhaupt, kann es letztlich also nur darum gehen, einen Transfer von Wissen und Ressourcen zu organisieren. Zu diesem Wissen gehört auch und in erster Linie das Wissen über die Gesetzmäßigkeiten gesellschaftlicher Entwicklung an jedem Ort und zu jeder Zeit. Dem Prinzip nach ist das Ergebnis dieser Art von Intervention für denjenigen *verfügbar,* der interveniert.

Wie die vorgelegten Berichte gezeigt haben, besteht die Kunst der Entwicklungszusammenarbeit darin, den unauflösbaren Widerspruch zwischen der verfügbaren und der unverfügbaren Seite der Arbeit geschickt zu umgehen. Zu diesem Zweck wird das Stück der Entwicklungszusammenarbeit mit zwei Skripten aufgeführt. Nach den Vorgaben des offiziellen Skriptes (unserem O-Skript) geht es darum, (neben Kapital und Technik) technisches Wissen zu übertragen, das soziokulturell neutral ist und per Training erworben werden kann (‹Wie erneuere ich die Wicklung eines Elektromotors?›, ‹Wie bediene ich die Tabellenkalkulation Excel?›). Nach den Vorgaben des inoffiziellen Skriptes (unserem I-Skript) geht es hingegen darum, gerade solches Wissen zu übertragen, das die grundlegenden Formen menschlichen Zusammenlebens verändern soll (‹Was darf marktwirtschaftlich geregelt werden?›, ‹Wie konstituiert sich politische Legitimität?›, ‹Wie ist der Loyalitätskonflikt zwischen Verwandtschaft und Gemeinwohl zu lösen?›, ‹Was heißt Verfahrensobjektivität?›). Bei der Aufführung des Stückes kann man nun, je nach

Situation, mal nach dem einen und mal nach dem anderen Skript spielen. Für dieses Arrangement spricht noch ein weiterer Grund, der auf der Ebene der praktischen Realisierung von Projekten liegt.

Gemäß Definition wird eine staatliche Entwicklungsbank dort tätig, wo gewöhnliche Geschäftsbanken nicht arbeiten. Ihre Kreditnehmer werden somit nach ihrer Kredit*un*würdigkeit ausgesucht. Entsprechend des *Fortschrittsnarrativs* kommt es hier darauf an, durch die Bereitstellung von Kredit, Technik und Know-how eine Produktivitätssteigerung in Gang zu setzen, die die zukünftige Kreditwürdigkeit einer Organisation herbeiführt. Wenn das erreicht ist, hat sich die Entwicklungsbank überflüssig gemacht und damit ihr Ziel erreicht. Nun bedeutet Kreditunwürdigkeit als Voraussetzung für das ganze Unterfangen gleichzeitig aber auch, dass man dem Kreditnehmer eigentlich nicht über den Weg traut. Wenn er wirklich wüsste, wie er mit dem Input am besten umzugehen hat, wäre er gar nicht erst in die missliche Lage geraten, diesen Input zu benötigen. Aus dieser Warte betrachtet wäre die konsequente Lösung, den Kreditnehmer unter die befristete Aufsicht des Financiers zu stellen. Diese Variante ist durch das postkoloniale *Emanzipationsnarrativ* ausgeschlossen. Für eine institutionalisierte Entwicklungsbank ist das wiederum kein Unglück, sondern der günstigere Fall. Die direkte Übernahme von Verantwortung für die Realisierung von Projekten würde das Image der unfehlbaren professionellen Organisation unvermeidlich lädieren. Zur Lösung des Dilemmas zwischen fremder Überwachung und Selbstbestimmung der Projektträger führt die Entwicklungsbank die *Figur des Consultants* ein. Nun bekommt das I-Skript eine konkrete Funktion: Der wirkliche, aber heimliche Auftraggeber des Consultants ist hiernach der Financier, der weitgehend autonom bestimmt, was der Consultant beim Projektträger zu erledigen hat.

Um der Schwierigkeit einer Aufführung mit zwei Skripten gerecht zu werden, ist ein weiteres Dilemma zu beachten. Diejenige Partei, die die Rolle des Gebers spielt, ist schon aus den erwähnten Gründen dazu prädestiniert und wegen der Rechenschaftspflicht auch dazu gezwungen, die Transferleistung an Bedingungen zu knüpfen. Vor dem Hintergrund des Emanzipationsnarrativs und des daraus abgeleiteten O-Skripts ist das *Setzen von Konditionalitäten* indes nicht ganz in Ordnung. Zwischen Financier und Projektträger einigt man sich deshalb relativ leicht und elegant auf Vorgehensweisen, die die Konditionalitäten als *vernünftigere* Herangehensweisen aussehen lassen. (Der Workshop von Mlimani im Oktober 1996 wurde als Beispiel für diesen Fall analysiert und mit den späteren Entwicklungen des Projektes kontrastiert.) Auch wenn seit Anfang der achtziger Jahre (mit der

Einführung der so genannten ‹Strukturanpassung› und des ‹policy based lending›)
und noch deutlicher seit dem Ende des Kalten Krieges eine direktere Sprache
verwendet wird, vermeidet man es doch, die allseits bekannte Regel unumwunden
auszusprechen: ‹Du kriegst etwas, wenn Du das tust, was ich Dir sage.› Auch aus
diesem Grund ist die Figur des Consultants notwendig: Während der Financier die
diplomatischen Spielregeln und seine langfristigen Ziele beachten muss, wird die
hartnäckige Durchsetzung der Konditionalitäten dem Consultant übertragen. (Die
Ablösung des ‹Revolving Fund Act› durch eine Privatisierungsregelung, für die es
in Ruritanien keine Rechtsgrundlage gab, war der entsprechende Punkt in unserem
Fallbeispiel.)

Es liegt auf der Hand, dass eine Aufführung mit zwei Skripten eine unendliche
Folge von taktischen Skriptwechseln ermöglicht und nahe legt. Derjenige Spieler,
der aufgrund eines situationalen oder eines strukturellen Vorteils die Chance dazu
hat, kann ohne großes Risiko das Skript wechseln und sich dadurch einen weiteren
Vorteil verschaffen. (Drotleffs Berichte waren voll von solchen Beispielen; letztlich
war die Dynamik der Projektentwicklung wesentlich von Skriptwechseln bestimmt.
Das fing mit dem Schreiben der NEB von Mitte Mai 1996 an und endete mit dem
Skriptwechsel zwischen dem Meeting vom 22. November 1997 in Mlimani und
dem Meeting vom 3. Dezember 1997 in Zethagen.) Die Chance taktischer Skriptwechsel resultiert schließlich in einem *habitualisierten Misstrauen.*

Das durch den Skriptwechsel bedingte Misstrauen wird noch durch zwei
weitere Ursachen verstärkt. Bei der Übertragung der Aufgabe von der institutionalisierten Entwicklungsbank an den privatwirtschaftlichen Consultant stellt sich
unerbittlich der Verdacht ein, der sehr viel besser informierte Consultant würde in
seiner Rolle als Agent die Entwicklungsbank in ihrer Rolle als Prinzipal systematisch hinters Licht führen und sich dadurch Vorteile verschaffen. Umgekehrt
beobachtet der Consultant, wie die schwerfällige Bürokratie durch das sture Befolgen ihrer eigenen Richtlinien einzelne Projekte regelrecht in den Sand setzt und
damit auch ihn um seine Erfolge und Gewinne bringt. (Die brisante Geschichte,
die sich in unserem Fall um den ‹midway review› und die nicht-vertraglichen
Mannmonate entfaltete, ist ein beredtes Zeugnis für das hier gemeinte Misstrauen.)

Schließlich hängt das Misstrauen mit dem Verhältnis zwischen Consultant und
Projektträger zusammen. Der Consultant kann durch die Fehler und Schwächen
des Projektträgers seinen Auftrag erweitern und dadurch seinen Nutzen maximie-
ren. Vor diesem Hintergrund neigt der Projektträger dazu, seine Schwächen zu
verbergen und die Fehlerdiagnosen des Consultants für Übertreibungen zu halten.

Dank seines ortsspezifischen Wissensvorsprungs kann er den Consultant relativ leicht auf falsche Fährten setzen. Werden die Schwächen des Projektträgers indes nicht angegangen, ist damit nicht nur der Sinn des Projektes vereitelt, sondern der Consultant kann dadurch selbst Schiffbruch erleiden, weil sein Erfolg an der Leistung des Projektträgers abgelesen wird. Wie also der Projektträger vermuten muss, dass der Consultant die Probleme aufbauscht, muss der Consultant umgekehrt befürchten, dass der Projektträger sie herunterspielt oder versteckt. (Die unendliche Geschichte der Kundendaten liefert ein treffendes Beispiel für diese strukturell bedingte Problemlage.)

Wenn sich Projektarbeit durch dieses Spiel nicht selbst ad absurdum führen soll, aber auch nicht darin bestehen darf, dass ein mächtiger einem schwachen Spieler etwas aufoktroyiert, und wenn Projektarbeit sich auch nicht darauf beschränken kann, dass ein Financier einfach eine Transferzahlung tätigt, dann bleibt als einzige Option nur die *Aushandlung eines zumindest provisorischen Konsenses* zurück. Doch eben dafür erweist sich die Dreieckskonstellation Financier – Projektträger – Consultant mit den dazugehörigen zwei Skripten und dem habitualisierten Misstrauen als strukturell besonders ungeeignet. Wie wir gesehen haben, hält die bohrende Frage ‹Worauf wollen sie mit diesem Zug hinaus?› die rastlosen Spieler permanent in Atem. Wenn die ausgehandelten Realitätsdefinitionen, Problemlösungen und Schnittstellen der Zuständigkeitsbereiche trotz alledem manchmal länger als bis zum nächsten Spielzug halten, erscheint dies unter den gegebenen Umständen eher wie ein Wunder – zumindest, wenn man die Antwort allein im Bereich von Vertrauen und Konsens sucht. Doch der feste Rahmen, den jedes Spiel benötigt, um die nächsten Züge vorhersehen zu können, wird noch auf eine andere Weise hergestellt – durch Vertrauens*technologien*.

Metacode und das Technische Spiel

Die Berichte haben gezeigt, dass es im globalen Organisationsfeld der Entwicklungskooperation um ein *Technisches Spiel* geht, dessen Leitdifferenz effektiv / ineffektiv ist. Das Technische Spiel gehört zum Narrativ der progressiven Gestaltbarkeit gesellschaftlicher Entwicklung durch zunehmende wissenschaftliche Durchdringung der natürlichen und sozialen Welt. Auch wenn das Fortschrittsnarrativ schon länger angeschlagen ist und von manchen Diagnostikern sogar zur

Ursache der beiden großen totalitären Systeme des 20. Jahrhunderts erklärt wurde, behält es in der Entwicklungskooperation selbstverständliche Gültigkeit. Dies ist umso beachtlicher, als die Entwicklungszusammenarbeit ohne Zweifel den stärksten Beweis dafür liefert, dass gesellschaftliche Entwicklung nicht nach Plan gesteuert werden kann. Die Unentrinnbarkeit, die das Technische Spiel dadurch erlangt, dass man die Welt unter der fraglos gegebenen Prämisse des Fortschrittsnarrativs betrachtet, lässt sich anhand des Diagramms 6.1 noch einmal auf den Punkt bringen.[65]

		WISSEN	
		sicher	*unsicher*
KONSEN ÜBER ZIELE	*erreicht*	*Problem:* technischer Art 4 *Lösung:* kalkulierte Intervention	*Problem:* Information 2 *Lösung:* Forschung
	fraglich	*Problem:* (Un-)Einigkeit 3 *Lösung:* Zwang/ Aushandlung	*Problem:* Wissen, Konsens 1 *Lösung:* ins 2. Feld gehen

Diagramm 6.1

Zunächst beginnt nahezu jede Aushandlung im *1. Feld* des Diagramms. Man steht vor dem Problem, noch nicht genau zu wissen, worauf man hinauswill, was man erreichen kann, welches die betroffenen und die zuständigen Parteien sind, wer legitim in ihrem Namen sprechen kann, was die anderen Parteien wollen, und schließlich, wie man zu einem Konsens über diese Fragen gelangen kann. Man steht sogar vor dem Problem, noch nicht einmal genau zu wissen, wie man das notwendige Wissen für diese Klärungen verbessern kann. Damit die Aushandlung eine Chance hat, müssen sich die Spieler möglichst gemeinsam über das 2. in das 3. und von dort in das 4. Feld bewegen, wo sie am Ziel angelangt sind.

Im *2. Feld* geht es darum, das Wissen über die Situation, die relevanten Akteure, die vorliegenden Probleme und die möglichen Lösungswege durch Forschung zu erhöhen. (So ließ die NEB im Sommer 1992 eine sozialwissenschaftliche Analyse des ruritanischen Wassersektors und im Herbst 1994 eine Durchführbarkeits-Studie zur Organisations-Entwicklung der Wasserwerke von Baridi, Mlimani und Jamala erstellen.) Im *3. Feld* geht es anschließend darum, zwischen den unterdessen bekannten Spielern Einigkeit darüber herzustellen, wohin man nun genau und im Einzelnen gelangen will und welchen der möglichen Wege man einschlagen möchte. (In dieses Feld gehören beispielsweise die Aushandlungen zwischen der NEB und dem Wasserministerium sowie anderen ministeriellen Instanzen im Vorfeld des Projektes.) Die Unterscheidung zwischen dem 2. und dem 3. Feld gilt freilich nur idealtypisch, denn in Wirklichkeit sind Wissensverbesserung, Konsensfindung, Interessenlagen und Durchmachtung der Aushandlungskonstellation von Anbeginn unauflösbar miteinander verknüpft. (So wurde während der Einführungsphase des Projektes im März 1996 noch im 3. und sogar im 2. Feld verhandelt, obschon man sich theoretisch bereits im 4. Feld befand.)

Wenn es gelungen ist, in das *4. Feld* zu kommen, ist die Aushandlungsrunde in der Lage, gemeinsam Entscheidungen zu treffen, die konkrete Handlungen auslösen. Dies verdankt sich der Tatsache, dass hier im 4. Feld die Regeln des Technischen Spiels gelten. Die erste Regel besteht darin, dass man beim Auftreten von Schwierigkeiten möglichst nicht ins 2. und 1., sondern schlimmstenfalls ins 3. Feld zurückfallen darf. (Die Midlife-Crisis unseres Projektes von Herbst 1997 bestand darin, dass man innerhalb des 4. Feldes Probleme lösen wollte, die einen Rückschritt in das 2. Feld erfordert hätten, was aufgrund der Abrechnungslogik und der Machtkonstellation der Spieler offiziell aber nicht möglich war.)

Im 3. Feld, in dem es hauptsächlich um den Zielkonsens geht, ist als Lösungsweg neben ‹Aushandlung› auch ‹Zwang› möglich. Wie Aushandlung und Zwang ineinander fließen, ist in den Berichten zwar ethnographisch belegt, theoretisch jedoch noch nicht ausformuliert. Unsere Informanten Martonoschy und Drotleff sind sich darüber einig, dass das Technische Spiel einen hegemonialen Nebeneffekt hat oder gar ein Instrument der Hegemonie ist. Beide stimmen darin überein, dass der hegemoniale Effekt die angepeilte Kooperation tendenziell verhindert und damit den Sinn des ganzen Unterfangens untergräbt. Doch ihre Auffassungen gehen darüber auseinander, wie es um diese Hegemonie im Allgemeinen und ihr Verhältnis zur Objektivität im Besonderen bestellt ist.

In seiner offiziellen Selbstdarstellung beruht das Technische Spiel auf dem naiven Realismus des Alltagsdenkens. Demnach können objektiv richtige Aussagen problemlos zwischen allen möglichen Bezugsrahmen zirkulieren, weil ihre Gültigkeit in der äußeren Realität gründet und folglich von allen Bezugsrahmen unabhängig ist. Das aber heißt, dass universell gültige Aussagen in einer *universell gültigen Sprache* formuliert sein müssen: in einem *Metacode*, wie Martonoschy diese Sprache genannt hat. Während anfangs hauptsächlich Schilling, später aber auch Drotleff eine Reihe stichhaltiger Argumente geliefert hatten, wieso das Technische Spiel mit seiner Realismus-Annahme und seinem Metacode unverzichtbar sind, argumentierte Martonoschy immer wieder, dass die unüberwindbaren Probleme des Projektes eine *Folge* des Technischen Spiels sind.

So musste beispielsweise das grundlegende Phänomen der Listen-Autophagie ausgeblendet werden, weil es innerhalb des Technischen Spiels gar nicht *gedacht* werden kann. Das Zulassen der Listen-Autophagie würde am Ende nämlich darauf hinauslaufen, auch grundlegend andere Taxonomien und Formen der Referentialität zuzulassen, was wiederum die Bedingung der Möglichkeit des Technischen Spiels mit seinem universellen Anspruch untergraben würde. Ohne die Prämissen des Technischen Spiels würde man auch niemals aus Feld 2 herauskommen können. Nun ist es umgekehrt aber tatsächlich so, dass die weitgehende Wirkungslosigkeit des Projektes eben aus der Verleugnung der Listen-Autophagie resultiert oder positiv formuliert: aus der Verleugnung lokaler Wissensformen. Ebenso konnte Martonoschy zeigen (zuletzt anhand der Schlussverhandlung in der NEB am 3. Dezember 1997), dass die ‹Fakten und Zahlen›, mit denen Kontroversen – in Feld 3 und 4 – geschlossen werden, entgegen der Rhetorik des Technischen Spiels keine *Voraussetzungen* sind, die in Feld 2 erarbeitet wurden, sondern *Ergebnisse* von Schließungen, die man in Feld 3 und 4 eben mit anderen Mitteln herbeiführt. Um das Verhältnis von Hegemonie und Technischem Spiel, von Zwang und Aushandlung sowie von Macht und Objektivität weiter vertiefen zu können, ist es notwendig, das Rechen(schafts)zentrum als Geburtsort des Technischen Spiels genauer unter die Lupe zu nehmen.

Metacode als Sprache der Rechen(schafts)zentren

Von Martonoschy haben wir im 3. Kapitel gelernt, dass in einem Rechen(schafts)-zentrum neues Wissen hergestellt wird, indem man Dinge, die in Wirklichkeit nur getrennt vorkommen, in einen gemeinsamen Kontext stellt. Auf diese Weise entdeckt man ungeahnte Zusammenhänge, auf die man an keinem der getrennten Orte gekommen wäre. Die Herstellung dieser Art von Wissen hängt davon ab, dass es gelingt, getreue Repräsentanten von entfernten Ereignissen, Dingen und Leuten ins Rechen(schafts)zentrum zu holen, wobei drei Grundbedingungen zu beachten sind. Die Repräsentanten müssen, wie unsere Berichte demonstriert haben, mobil, stabil und kombinierbar sein.

Da man die Sache, um die es geht, in der Regel nicht selbst ins Zentrum bringen kann, benötigt man eine Repräsentation (Stellvertretung / Darstellung), die sich mitnehmen lässt. In den vorgelegten Berichten gab es das Problem der *Mobilität* in unterschiedlichen Varianten, aber immer musste man an einem Ort X über die Realität eines entfernten Ortes Y verhandeln und entscheiden. Um das Zahlverhalten der knapp zehntausend Wasserkunden von Baridi zu beeinflussen, ist es nicht möglich, monatliche Besprechungen mit diesen Leuten abzuhalten. Um einen Überblick über den Zustand und den Verbleib der Wasseruhren von Jamala zu bewahren, ist es nicht möglich, sie jeden Morgen einzeln aufzusuchen oder die Uhren alle drei Monate im Materiallager des Wasserwerkes zusammenzutragen. Deutlich zeigte sich diese Problematik auch während des Meetings am 3. Dezember 1997 in Zethagen: Weil man ‹das Projekt› nicht leibhaftig in das Meeting holen konnte, musste man sich mit einigen Blatt Papier begnügen. In einem fensterlosen Raum des Rechen(schafts)zentrums brütete man einen ganzen Tag lang über Papieren, die die Vorgänge repräsentieren sollten, die zwischen Anfang Juni 1996 und Ende Juni 1997 in Ruritanien stattfanden.

Die mobile Repräsentation einer Sache muss zudem unverändert im Rechen-(schafts)zentrum ankommen. *Stabilität* ist insofern ein Problem, als die mobile Repräsentation in der Regel durch viele Hände und verschiedene Kontexte wandert, ehe sie im Zentrum ankommt. In unserem Projekt waren alle Spieler, die sich von einer entfernten Realität ein Bild machen wollten, von dem Verdacht geplagt, dass die vorhandenen Repräsentationen unterwegs verfälscht wurden. Die einen hatten Probleme mit der Auffindbarkeit ihrer Kunden, die anderen mit der Nachweisbarkeit ihrer Mannmonate und die dritten mit der Erfolgsquote ihrer Projekte auf der anderen Seite der Weltkugel.

Damit es in einem Rechen(schafts)zentrum zu dem angestrebten Erkenntnisgewinn kommt – damit man im Zentrum schließlich also mehr sieht, als man in jeder Lokalität für sich sehen kann – müssen die aus allen Himmelsrichtungen und aus verschiedenen Zeiten eintreffenden mobilen und stabilen Repräsentanten in einem letzten Schritt zusammengefügt werden. Die dafür notwendige *Kombinierbarkeit* erreicht man durch die Anwendung von Taxonomien, Selektions- und Anordnungskriterien, von Mess- und Aggregationsverfahren, die vom Zentrum als

universeller Code – als *Metacode* – vorgegeben werden. Der vom Zentrum einge-
führte Metacode und die entsprechende Berichtsform müssen allerdings schon
beim ersten Schritt des Repräsentationsprozesses befolgt werden, weil sowohl
Mobilität als auch Stabilität erst durch eine fest vorgegebene Form sichergestellt
werden können. Schließlich muss vermieden werden, dass im Zentrum lauter
inkompatible Berichte ankommen, denn hier lassen sie sich kaum noch kompatibel
machen. Erstens würde diese Arbeit das Rechen(schafts)zentrum schlicht über-
fordern, und zweitens wäre die Fehlerquote hier viel zu hoch, weil der externe
Referent unerreichbar ist. (Ein frühes Standardisierungswerk dieser Art sind die
«Notes and Queries on Anthropology» von 1874.)

Sofern eine Entwicklungsbank das ihr zur Verfügung gestellte Geld in die
richtigen Projekte lenken und somit Prognosen fällen soll, und sofern sie über den
korrekten und effizienten Einsatz der Mittel bis hinunter zur Realisierung der
Maßnahme Rechenschaft ablegen soll, *muss* sie ein Rechen(schafts)zentrum sein.
Ihr Hauptanliegen besteht dann darin, entlang der drei beschriebenen Grund-
prinzipien ein *translokales Wissen* aufzubauen, mit dem sie auf große Entfernung
überwachen und *kontrollieren* kann, um auf dieser Basis *Rechenschaft* abzulegen. Dies
wird von einer Entwicklungsbank nicht nur offiziell erwartet, sondern auch jede
Kritik wird an diesem Punkt festhalten. Niemand kann ernsthaft vorschlagen, dass
man Steuergeld für Entwicklung ausgeben kann, ohne darüber Rechenschaft
abzulegen.

Die Berichte aus unserem Projekt kommen zunächst auf dem Schreibtisch des
zuständigen Projektmanagers der NEB-Länderabteilung an. Hier treffen sie mit
den Berichten aller anderen Projekte aus demselben Land zusammen und erscheinen bereits dadurch in einem anderen Licht als unanhängig voneinander
betrachtet. Es werden Konturen sichtbar, die sich aus der Perspektive des einzelnen Projektes nicht zeigen würden. Von hier wandern die Berichte auf die
Schreibtische der Unterabteilungsleiter, wo sie mit den Berichten aus drei oder vier
anderen Ländern zusammenkommen. Durch diese Kontextverschiebung werden
nochmals andere Aspekte erkennbar. Auf den Schreibtischen der Abteilungsleiter
werden die Informationen größerer Regionen kombiniert und analysiert, bis
schließlich der Hauptabteilungsleiter (ehemals Herr von Moltke) die Informationen
soweit kombiniert und aggregiert, dass er etwa folgende Aussage manchen kann:
«Im subsaharischen Afrika geht es seit Beginn des Strukturanpassungs-Programms
aufwärts.» In der Fachabteilung werden die Berichte hingegen nach Sektoren
kombiniert, so dass auf einem Schreibtisch alle Berichte zu Wassersystemen zu-

sammenkommen, auf einem anderen alle Berichte zu Organisations-Entwicklungs-Projekten, auf einem dritten alle Berichte zu Energieprojekten, usw. In der Technikabteilung haben die Ingenieure einen besonderen Einblick, indem sie Projekte aus der ganzen Welt mit vergleichbaren technischen Lösungen nebeneinander legen können.

Auf der einen Seite werden die Berichte bei ihrer Wanderung durch die Abteilungen und die Hierarchie des Rechen(schafts)zentrums immer dünner, denn darin liegt der Sinn des Verfahrens. Die Informationen werden nach bestimmten Transformations-Regeln in neue Formen umgewandelt und dadurch *reduziert*. Auf der anderen Seite werden die Informationen durch denselben Vorgang *amplifiziert*: Obschon bei den Projektmanagern des Rechen(schafts)zentrums nur lauter einzelne Projektberichte über lokale Ereignisse eingegangen sind, lassen sich am Ende umfassende Aussagen machen. Diese Amplifikation setzt voraus, dass die spezifische Reichhaltigkeit der einzelnen Projektberichte einer fortschreitenden Reduktion unterworfen wird, um sich zu einem Gesamtbild zu fügen.

Die Arbeit einer Entwicklungsbank als Rechen(schafts)zentrum besteht somit darin, eine Wissenstechnologie dieser Art möglichst zu perfektionieren. Die materielle Dimension dieser Tätigkeit besteht im Berichtswesen, so dass das Archiv das Herzstück der Entwicklungsbank ist. Hier laufen alle Berichte zusammen und müssten im Prinzip kombinierbar sein. Soweit diese Kombinatorik funktioniert, hat das Rechen(schafts)zentrum gegenüber den lokalen Wissenskontexten einzelner Projekte einen ganz erheblichen *Vorsprung*. (Die Spannung zwischen Consultant und Financier nach dem Mlimani-Meeting vom 23. September 1997 ergab sich aus dem Widerstreit zwischen den notwendigerweise divergierenden Erfordernissen des translokalen und des lokalen Wissens. Explosiv konnte die Spannung aber nur deshalb werden, weil die Akteure nach dem korrespondenztheoretischen Prinzip irrtümlich meinten, es ginge um die absolute Unterscheidung von ‹richtig› und ‹falsch›.)

Als institutionalisierte Organisation ist eine Entwicklungsbank daran interessiert, die Fragilität ihrer Wissenstechnologie zu verbergen. Die Ritualisierung ihrer Leistungs-Evaluation und ihre unangefochtene Rolle als obligatorischer Passagepunkt bzw. die damit einhergehende Definitionsmacht erleichtern ihr das Verbergen dieser Fragilität ganz erheblich. Ausschlaggebend ist indes eine andere Verdeckungsleistung, um die sich das Rechen(schafts)zentrum gar nicht gesondert bemühen muss. Das Technische Spiel erledigt diese Aufgabe ganz automatisch, indem es sich offiziell auf korrespondenztheoretische Objektivität beruft und damit seine eigene fragile *Repräsentationspraxis* leugnet. Sobald Unzufriedenheit mit den Repräsentationen auftaucht, empfehlen es die Regeln des Technischen Spiels, doch einfach zur Wirklichkeit zurückzukehren, um die Repräsentationen prüfend dagegen zu halten. So als könnte man diesmal auf die ganzen Verfahren verzichten, um die Realität selbst zu Wort kommen zu lassen.

Diese Empfehlung beruht auf der Vorstellung, dass die externe Wirklichkeit zweimal zur Verfügung steht: einmal, wie sie ist, und einmal, wie sie in den verfahrensbestimmten Repräsentationen erscheint. Was aber zwischen einem zurückliegenden Ereignis in Baridi, Mlimani oder Jamala und der Repräsentation dieses Ereignisses in Zethagen passiert – die Einführung eines Metacodes, Reduktion und Amplifikation –, wird auf die Hinterbühne verschoben. Stattdessen wird auf der Vorderbühne die ganze Aufmerksamkeit auf die Korrespondenz zwischen den ersten, elementaren Repräsentationen und den externen Referenten gelenkt. So entsteht der Eindruck, als läge die Herausforderung allein darin, bei der Verankerung der Repräsentation in der Wirklichkeit keine Fehler zu machen: entweder waren es 3 oder 5 Liter / Kunden / Wasseruhren / Leckagen / unbezahlte Rechnungen / Mannmonate / Euro usw. Die eigentliche Arbeit der Entwicklungsbank als Rechen(schafts)zentrum – nämlich: *Information ohne Deformation zwecks Kontrolle auf Distanz durch die Einführung eines Metacodes in das eigene Archiv transferierbar zu machen* – wird durch die öffentliche Inszenierung eines Technischen Spiels versteckt. Damit wird nicht nur jede Kritik von den Fallen und Schwächen dieser Vermittlungsarbeit abgelenkt, sondern es werden damit vor allen Dingen auch ihre *hegemonialen Wirkungen* auf die lokalen Bezugsrahmen ausgeblendet.

Diese Wirkung ist deutlicher zu erkennen, wenn man sich vergegenwärtigt, dass die Informationsübertragung in das Rechen(schafts)zentrum den Zweck hat, Prozesse (der Entwicklung) aus der Entfernung zu steuern und zu kontrollieren. In der Maschinen-Metaphorik des Technischen Spiels lässt sich der Kontrollaspekt am besten so darstellen: Das Rechen(schafts)zentrum ist über eine Antriebskette mit dem Projekt verbunden, das als Zahnrad die nächste Antriebskette innerhalb des Projektträgers in Bewegung setzt (und so Entwicklung auslöst). Der Projektträger sollte wiederum als Antrieb für weitere Entwicklungen fungieren, die schließlich die ganze Gesellschaft erfassen, so dass das Projekt am Ende ohne externen Antrieb nachhaltig weiterläuft.

Die erste Antriebskette (Diagramm 6.2) verläuft folgendermaßen: Im Rechen(schafts)zentrum stehen das Geld und der vertraglich vereinbarte Maßnahmenkatalog als Kontrollmittel zur Verfügung. Im Projekt wird der Maßnahmenkatalog in einen Tätigkeitsplan übersetzt, der sich dann wiederum in konkreter Arbeit materialisiert. Über diesen Vorgang wird quartalsweise beim Financier Rechenschaft abgelegt, der dann je nach Erfolg weiteres Geld bereitstellt oder nicht.

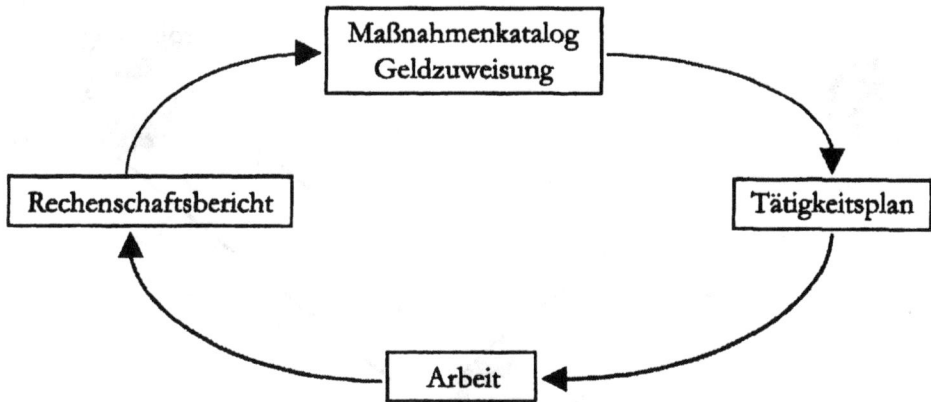

```
        ┌─────────────────────┐
        │  Maßnahmenkatalog   │
        │   Geldzuweisung     │
        └─────────────────────┘

┌───────────────────────┐        ┌─────────────────┐
│ Rechenschaftsbericht  │        │  Tätigkeitsplan │
└───────────────────────┘        └─────────────────┘

              ┌──────────┐
              │  Arbeit  │
              └──────────┘
```

Diagramm 6.2

Der offizielle Zweck dieser Antriebskette besteht darin, eine zweite Antriebskette in Gang zu setzen, die innerhalb der Organisation des Projektträgers verläuft. Im Fall unseres Organisations-Entwicklungs-Projektes ging es zunächst darum, eine nicht vorhandene (oder zerrissene) Antriebskette zu installieren (bzw. zu flicken). Das zentrale Problem der ruritanischen Wasserwerke bestand ja darin, dass sie ökonomisch nicht überlebensfähig waren, weil sie ihre Systeme zur Fernsteuerung nicht aufrechterhalten konnten. Ihre aktenmäßigen Repräsentationen gerieten ihnen immer wieder zur Farce, so dass sie wegen mangelnder Information nur noch für einen Bruchteil des Wassers Geld kassieren konnten.

Damit nun aber die erste Antriebskette die zweite Antriebskette herstellt und in Gang setzt, reicht es nicht, dass der in die erste Kette eingespannte Consultant daran arbeitet. Er muss mit dem Projektträger, der in die zweite Kette eingespannt werden soll, *zusammen* arbeiten. Ihre Tätigkeiten sollen wie zwei Zahnräder zusammenpassen. Die Bewegungen des einen übertragen sich dann 1:1 in die Bewegungen des anderen, so dass sich der Antrieb der ersten Kette (Diagramm 6.2) in die zweite Kette überträgt. Wenn wir in der Maschinen-Metaphorik des Technischen Spiels bleiben, lässt sich der Vorgang wie in Diagramm 6.3 visualisieren.

Die Konzeptualisierung der Projektarbeit als Technisches Spiel, als Über-

tragung von Bewegung in einem Triebwerk über Ketten und Zahnräder ist insofern ein hegemonialer Vorgang, als die lokal selbst bestimmte Definition dessen,
wie man leben und arbeiten möchte, in diesem Modell gar nicht in Erscheinung
tritt.

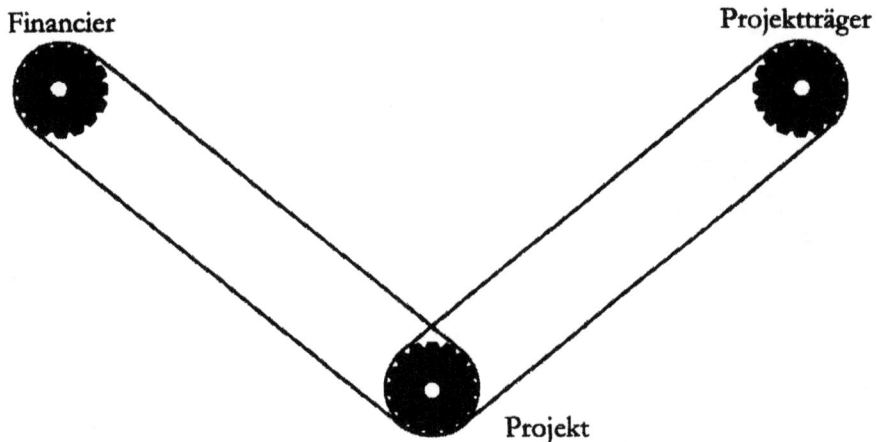

Financier   Projektträger

Projekt

Diagramm 6.3

Nun haben aber die Berichte aus unserem Projekt vor allen Dingen zwei Aspekte
ans Licht gebracht, die die Hegemonie-These in Frage stellen. Es hat sich zwar
bestätigt, dass die Abrechnungslogik des Projektes so verläuft, wie man es in
Diagramm 6.3 sieht. Am deutlichsten erkennt man dieses Grundmuster an der
Tatsache, dass die Erfolgsindikatoren, mit denen man die Arbeit des Consultants
bewertet, Leistungen betreffen, die nicht er, sondern der Projektträger zu erbringen
hat. Doch auf der anderen Seite wird zumindest immer dann, wenn das O-Skript
gilt, nachdrücklich betont, dass Selbstbestimmung und Partizipation nicht nur aus
politischen Gründen an erster Stelle stehen, sondern auch deshalb, weil man so zu
besseren Projekterfolgen käme. Damit wird der Oktroi eines fertigen Modells,
welches den Belangen des Rechen(schafts)zentrums dienlich ist, dem lokalen
Kontext des Projektträgers aber schaden könnte, explizit abgelehnt. Tatsächlich
haben wir gesehen, dass die Projektträger den Projektverlauf zumindest de jure
souverän bestimmen können. So gesehen bleibt es dann doch erstaunlich, wie sich
in diesem Spiel Hegemonie etablieren kann. Es ist zu vermuten, dass eine gewisse
Zustimmung derjenigen, um deren Bevormundung es geht, hier eine Rolle spielt.
        In diesem Zusammenhang hat sich des Weiteren herausgestellt – und darum

soll es im folgenden gehen –, dass die Maschinen-Metaphorik des Technischen Spiels über einen ganz entscheidenden Punkt hinwegtäuscht. Wir scheinen es hier weniger mit Antriebsketten zu tun zu haben, deren Glieder fest zusammenhängen und selten reißen, als mit *Übersetzungsketten,* deren Glieder nur mit Mühe zusammengehalten werden. Der Metacode erweist sich in dieser Perspektive als Ausdruck dieser Bemühung, die Dinge zusammenzuhalten. Berücksichtigt man auch diesen Aspekt, lässt sich die Zustimmung zur Hegemonie des Technischen Spiels mit seinem Metacode genauer analysieren.

Metacode als Sprache der Übersetzungsketten

Die offizielle Inszenierung des Wissens, über das ein Rechen(schafts)zentrum verfügt, lässt sich in das Bild einer Daten-Autobahn fassen. In unserem Fall liegt die Daten-Autobahn zwischen dem Projekt bzw. den ruritanischen Wasserwerken und dem Schreibtisch des Projektmanagers in der NEB (Diagramm 6.4).

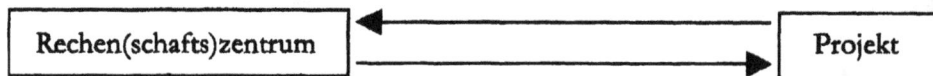

Diagramm 6.4

Der implizite Grundgedanke ist der einer adäquaten Repräsentation von Wirklichkeit in einem einfachen bipolaren Zweier-Schema: hier die Wirklichkeit (des Projektes), drüben die adäquate Repräsentation (im Rechen(schafts)zentrum). Damit Information wie in diesem Diagramm ohne Deformation von A nach B und wieder zurückfließen kann, muss indes einiges getan werden, wie die Berichte aus den Organisationen und den Aushandlungszonen unseres Projekt immer wieder gezeigt haben. Obwohl die wichtigste Aufgabe des Rechen(schafts)zentrums und der übrigen beteiligten Parteien eben darin besteht, diesen Informationsfluss zu ermöglichen, wird diese Arbeit tunlichst ausgeblendet. Das offizielle Bild erweckt den Eindruck, als könnte man einfach eine Ladung von Daten etwa aus dem Wasserwerk von Mlimani bzw. aus dem dort laufenden Projekt in fünfundzwanzig

Aktenordner packen und auf dem Schreibtisch des Projektmanagers in der NEB abladen. Doch dieser würde darauf bestehen, dass eben die *Arbeit* noch zu leisten ist: Der Inhalt der fünfundzwanzig Aktenordner ist in eine einseitige Tabelle zu übertragen, und diese Tabelle soll erstens objektiv richtig und zweitens mit dem Bezugsrahmen seines Büros kompatibel sein. Das heißt: sie muss im vorgegebenen Metacode verfasst sein.

Wenn Diagramm 6.4 die offizielle Oberfläche des Vorgangs zeigt, erkennt man in Diagramm 6.5 die verborgene Hintergrundarbeit, die dafür notwendig ist, um diese Oberfläche aufrechtzuerhalten:[66]

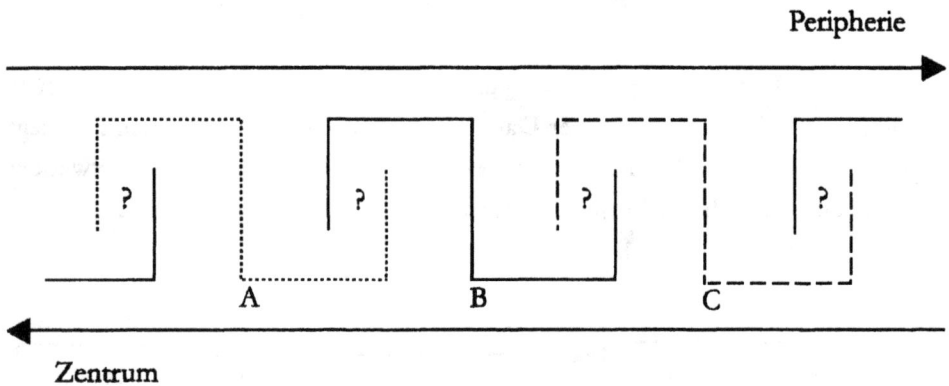

Peripherie

A   B   C

Zentrum

Diagramm 6.5

Damit die Daten-Autobahn funktioniert, müssen elementare Fakten klassifiziert, vermessen, in Zahlen übersetzt, aggregiert und kombiniert werden. Für diesen Vorgang steht (auf der rechten Seite des Diagramms 6.5) das Fragezeichen, das in unserem Fall das Wasserwerk (als Kontext C mit gestrichelter Linie) mit seiner Umwelt verbindet. Die Verbindung wird deshalb durch ein Fragezeichen dargestellt, weil sie immer fragil bleiben muss, wie wir gleich noch sehen werden. Und die Verbindung ist niemals abgeschlossen, weil sich jede elementare Repräsentation im Prinzip unendlich in immer noch kleinere Elementarteilchen zerlegen lässt. Die in diesem Sinn ‹erste› Repräsentation einer Sache / eines Ereignisses wird im Laufe der Kette (von rechts nach links) immer wieder re-repräsentiert. Es findet folglich eine wiederholte *Übersetzung* bzw. *Transformation* der Daten statt, die die Bedingung dafür ist, dass sie erstens stabil und zweitens in einer kompatiblen Form am Ziel ankommen, die dort als Information verstanden und verwertet werden kann. In unserem Fall wiederholt sich der Vorgang, der zwischen Wasserwerk und Umwelt (am rechten Ende des Diagramms) stattfindet, ein weiteres Mal zwischen Wasserwerk und Consultant (also zwischen Kontext C und B [mit durchgehender Linie]), und dann wieder zwischen Consultant und Financier (also zwischen Kontext B und A [mit gepunkteter Linie]). Im Prinzip geht die Kette links ebenfalls weiter, konkret etwa in der Anbindung des Financiers an das zuständige Ministerium, und von dort in den politischen Apparat, so dass man keinen fixen Endpunkt angeben kann.

Die Kontexte A, B und C des Diagramms stehen indes auch für sukzessive Schritte der Informationsverarbeitung innerhalb ein und derselben Organisation, etwa die oben erwähnten Schritte zwischen den hierarchisch angeordneten Schreibtischen innerhalb der Entwicklungsbank. Das zentrale Anliegen unseres Organisations-Entwicklungsprojektes bestand darin, in die Funktionsweise der Übersetzungsketten (A, B, C) innerhalb der Wasserwerke zu intervenieren. Die so genannte ‹Realität Zwei› der Wasserwerke, also die in den leitenden Büros zirkulierenden Repräsentationen (Kontext A), sollten zuverlässiger gemacht werden, um die ökonomische Überlebensfähigkeit der Organisationen zu sichern. Dabei drehte sich alles um denselben Punkt wie mit den fünfundzwanzig Aktenordnern, die der Projektmanager der NEB auf keinen Fall haben will. Genau darunter hatten die Chefs der drei Wasserwerke zu leiden: Wenn sie eine Entscheidung treffen wollten (davon haben wir immer wieder ausführlich gehört), standen ihnen (in Kontext A) keine Fakten und Zahlen (über Kontext C) zur Verfügung, die sowohl übersichtlich und handlich, als auch richtig waren. Bei jeder Entscheidung, auch wenn sie ganz alltäglich war, mussten sie alle Aktenordner studieren, oder noch schlimmer: ganz neue Studien über den Stand der Dinge im eigenen Unternehmen in Auftrag geben. Es fehlten die Routinen zur Erstellung der ‹key figures›, auf die es immer dort ankommt, wo auf Distanz gehandelt, kontrolliert und entschieden werden muss.

Die Qualität der *Schlüsselzahlen* hängt nun aber gerade nicht in erster Linie von der Übereinstimmung der elementaren Primärdaten mit externen Referenten (am rechten Ende des Diagramms 6.5) ab. Natürlich müssen diese stimmen; doch darin liegt an sich nichts Problematisches oder weiter Erwähnenswertes. Die eigentliche *Arbeit* – die Transformation elementarer Daten in interessante Information – beginnt erst nach diesem Punkt. Schlüsselzahlen sind gemäß Definition von ihrem Zweck und von dem a priori (in Kontext A) ausgewählten Verfahren abhängig und nicht von ihrer Korrespondenz mit einer Wirklichkeit. Wenn es beispielsweise heißt, dass das Wasserwerk von Mlimani 1995 einen Systemverlust von 70% aufwies (es wurde also nur für 30% des hergestellten Wassers Geld eingenommen), käme niemand auf den Gedanken, diese Zahl dadurch zu überprüfen, dass er einen einzigen, real gegebenen externen Referenten außerhalb des Büros sucht, um so festzustellen: stimmt / stimmt nicht. Oder wenn der Consultant 17,55 nicht-vertragliche Mannmonate in Rechnung stellt, besteht ebenfalls keine Aussicht, irgendeine nackte Wirklichkeit mit der Zahl 17,55 zu konfrontieren. Und schließ-lich: wenn die NEB 75% ihrer Projekte als Erfolge verbucht, wäre eine Rundreise zu allen Projekten kein gültiges Prüfverfahren.

Der ganze Clou besteht bei den Wasserwerken wie auch im Projekt und in der Entwicklungsbank vielmehr darin, dass die elementaren Primärdaten mannigfaltig aufbereitet werden müssen, damit sie auf dem Schreibtisch, wo entschieden wer-den soll (in Kontext A), Sinn machen und ihre Funktion erfüllen. Die Qualität von Schlüsselzahlen erweist sich darin, dass sie ortsgebundene komplexe Realitäten (aus Kontext C) *reduzieren*. Je allgemeingültiger die Aussagen sein sollen, desto weniger berücksichtigen sie die Vielfalt, Komplexität, Materialität und Partikularität einer ortsgebundenen Wirklichkeit. Dafür erreichen sie gewissermaßen am anderen Ende (in Kontext A) eine umso größere *Amplitude* als am Anfang der Kette. Wo-rauf es in all diesen Fällen ankommt, wenn man über die Objektivität einer Aus-sage oder Zahl nachdenkt, ist offenbar folgendes: Man muss die einzelnen Schritte wieder genau so rückwärts gehen können, wie man sie bei ihrer Herstellung vor-wärts gegangen ist. Indem man das tut, überprüft man aber keine Korrespondenz von Wirklichkeit und Repräsentation, sondern man überprüft die *Befolgung von Verfahrensregeln* bei den Re-Repräsentationen in den einzelnen Gliedern der Kette und vor allen Dingen dazwischen (wo im Diagramm die Fragezeichen stehen). Welches aber das richtige Verfahren ist, ergibt sich eben nicht unmittelbar aus korrespondenztheoretischen Überlegungen und Überprüfungen. Vielmehr ist es umgekehrt: nur über die Verfahren und die einzelnen Schritte der Re-Repräsentati-on kommt man zu einer Überprüfung der Ergebnisse. Dazwischen liegt also die unverzichtbare *Vermittlungsarbeit*.

Vermittlungsarbeit besteht aus einer wiederum unauflösbaren Vermischung von methodischen und taxonomischen Vorentscheidungen (ohne die man in der ungeordneten Realität verloren gehen würde), paradigmatischen bzw. theoretischen Festlegungen (ohne die man keine Plausibilitäten unterscheiden könnte), zweck-rationalen Interessenabwägungen (ohne die man keine Entscheidungen treffen könnte) sowie machtbedingten Einflussnahmen, Wertbezügen und ideologischen

Grundentscheidungen (die sich nicht restlos ausklammern lassen). Je mehr man sich in der Übersetzungskette vom lokalen Einzelfall (etwa dem Arbeitseinsatz des EDV-Experten des Projektes im März 1997 in Jamala) über Reduktion wegbewegt und je näher man dadurch der Amplifikation eines entfernten Rechen(schafts)-zentrums kommt (etwa dem Meeting vom 3. Dezember 1997 in Zethagen), desto mehr stützt man sich bei den Re-Repräsentationen auf das gesamte etablierte Wissen mit all seinen Festlegungen. Hier kommt somit eine unausweichliche Note von Unbestimmtheit ins Spiel.

Sobald man das Augenmerk auf die Rolle dieser verfahrensgeleiteten Vermittlungsarbeit lenkt, wird also – ich wiederhole – folgendes deutlich: Damit die Fakten und Zahlen *transferiert* werden können, müssen sie transformiert werden (Reduktion / Amplifikation). Bei jedem Schritt der Transformation hätte es aber auch *andere Optionen* gegeben, als die, die man tatsächlich gewählt hat. Dies liegt daran, dass die sukzessiven Vorgänge des Re-Repräsentierens eben nicht vollständig in den elementaren Fakten und Zahlen gründen, die man am unteren Ende der Kette vermutet. Vielmehr werden Re-Repräsentationen unvermeidlich auch von den Rahmenbedingungen des jeweiligen Gliedes der Kette (A, B oder C) bestimmt. Insbesondere aber bei den Übergängen, beim Passieren der Aushandlungszonen, die zwischen den Kontexten liegen, werden die Re-Repräsentationen von den Bedingungen der Aushandlungsprozesse beeinflusst. Es ist dieses Moment *unausweichlicher Unbestimmtheit*, das in Diagramm 6.5 durch die Fragezeichen dargestellt wird.

Die in dieser Studie vorgelegten Berichte enthielten lauter Beispiele für Aushandlungsprozesse, in denen es darum ging, diese Fragezeichen durch möglichst ‹harte› Feststellungen zu ersetzen, die für alle Beteiligten möglichst auf Dauer gültig bleiben, um die Kette nicht abreißen zu lassen. Doch immer wieder stellte sich heraus, dass die Gültigkeit einer Feststellung, die man in einer Aushandlungszone mühsam erarbeitet hat, in der nächsten Aushandlungszone wieder in Frage gestellt wurde. Das augenfälligste Beispiel lieferte die Abfolge der beiden Meetings in Mlimani: Was in einer ersten Runde (zwischen C und B) am 22. September 1997 festgestellt wurde, ließ sich in einer zweiten Runde (zwischen B und A) am 23. September wieder in ein Fragezeichen verwandeln, bloß weil sich die Zusammensetzung der Runde geändert hatte (indem A dazustieß). Dasselbe wiederholte sich dann noch einmal zwischen dem 22. November und dem 3. Dezember 1997. Die Berichte haben die These nahe gelegt, dass die Hauptursache für dieses ständige Zerreißen der Kette dort zu suchen ist, wo die konkrete Zusammenarbeit zwischen

Projektträger und Consultant stattfindet und die Schnittstellen zwischen den Zuständigkeiten ausgehandelt werden.

Metacode als Sprache der Aushandlungszonen

Entwicklungszusammenarbeit findet in einem globalen Feld statt, in dem es darauf ankommt, unter Bedingungen der *Heterogenität* zu kooperieren. Wie die Berichte ausführlich gezeigt haben, liegt Heterogenität aber nicht nur im Bereich der Interessen vor, sondern auch im Bereich des grundlegenden Orientierungswissens, das auf einer vorbewussten Ebene bereits Festlegungen über Semantik, Plausibilität, Evidenz, Kausalität, Relevanz, Legitimität und Ethos enthält. Um unter diesen Bedingungen dennoch erfolgreich kooperieren zu können, muss ein Modus gefunden werden, der sichere Übergänge aus einem in einen anderen Bezugsrahmen des Orientierungswissens erlaubt. Es muss eine epistemische Klammer für alle Bezugsrahmen gefunden werden.

Im Netz der Organisationen, die Entwicklungskooperation betreiben, erweisen sich manche als Rechen(schafts)zentren. Sofern das Geld aus diesen Zentren in das Netz fließt und hier darüber Rechenschaft abgelegt werden muss, sind diese Organisationen darauf angewiesen, Systeme der Fernsteuerung und der Fernkontrolle zu entwickeln, die wiederum einen *Metacode* voraussetzen, der in allen Bezugsrahmen Gültigkeit beansprucht. Sobald der Metacode als epistemische Klammer etabliert ist und die Regeln der Fernerkundung und -steuerung gelten, wird auf der weltumspannenden Arena das gespielt, was in dieser Studie als *Technisches Spiel* bezeichnet wurde. Die *hegemoniale Unterordnung* der lokalen Kontexte, die über das Technische Spiel in den translokalen Kontext der Entwicklungskooperation eingespannt werden, besteht hauptsächlich darin, dass ihr implizites Orientierungswissen nicht berücksichtigt wird.

Einer der Protagonisten dieses Textes, Martonoschy, vertrat nun die Auffassung, dass die *Macht* des Metacodes aus den Rechen(schafts)zentren kommt, die erfolgreich obligatorische Passagepunkte okkupiert haben. Man könnte auch einfach sagen: Die Macht liegt in dem *Geld*, das die Rechen(schafts)zentren zu verteilen haben, sofern sie die Verteilung an die Verwendung *ihres* Metacodes knüpfen. Ein anderer Protagonist dieses Textes, Drotleff, kam im Laufe seiner Feldforschung zu der Vermutung, dass dieses Deutungsschema von der tatsächlichen Funktion des Metacodes ablenkt. Und zwar in doppelter Hinsicht: Zum einen erweckt die Interpretation des Metacodes als hegemoniales Disziplinierungsinstrument den Eindruck, als wäre Entwicklungskooperation ohne Metacode möglich. Zum anderen lässt diese Deutung die Frage aus, ob es denn unbedingt notwendig ist, dass der Metacode des Technischen Spiels das implizite Orientierungswissen lokaler Kontexte so weit unterdrückt, dass die Kooperation am Ende scheitert.

Die Berichte aus unserem Projekt sind voller Belege dafür, dass sich die Projektträger durch den Metacode des Technischen Spiels nicht unterdrückt fühlen. Es stellte sich im Gegenteil heraus, dass das Technische Spiel die einzige Basis für eine Kooperation unter Bedingungen der Heterogenität bereitstellt. Damit ruritanische Fachleute mit euro-amerikanischen Fachleuten von gleich zu gleich Realitätsdefinitionen aushandeln, gemeinsam entscheiden und agieren können, sind sie darauf angewiesen, einen Metacode zur Verfügung zu haben. So gesehen ist der Metacode nicht nur eine Voraussetzung für das hegemoniale Geschäft von Rechen(schafts)zentren, sondern auch eine Bedingung für die unerlässliche *Reziprozität* der Spieler einer Aushandlungszone.

Die archetypische Situation der praktischen Entwicklungszusammenarbeit besteht in der Aushandlung konkreter Problem- und Lösungsdefinitionen. Am Ende dieser Aushandlungen stehen in der Regel Entscheidungen, die dann zu realisieren sind. Damit dieser Vorgang überhaupt stattfinden kann, müssen ein fester Boden der Tatsachen, ein verbindlicher Maßstab und ein Metacode angenommen werden. Die Verhandlungspartner müssen, um es mit Schütz zu sagen, zu einer «natürlichen Einstellung» finden, die sie daran glauben lässt, dass die Gegenstände der äußeren Umwelt für alle Gesprächsteilnehmer prinzipiell die gleichen sind und die gleiche Bedeutung haben. Sie müssen entsprechend der Schützschen Generalthese der *Reziprozität der Perspektiven* zumindest davon ausgehen, dass die Verhandlungspartner unter gleichen Umständen die Welt so erfahren, wie man sie selbst erfährt. Unter dieser Prämisse liegen zwischen den Bezugsrahmen der Spieler allenfalls normative und ästhetische Meinungsverschiedenheiten, jedoch keine grundlegenden Differenzen des impliziten Orientierungswissens.[67]

Die vertrackte Mischung von Bedingungen setzen und Hilfe leisten, von Hegemonie und Gleichberechtigung, von Überlegenheit der einen gegenüber der anderen Partei resultiert in einer perfiden Form versteckter Disziplinierung. Das Mittel dieser Disziplinierung ist das Technische Spiel. Doch unter den gegebenen

Umständen scheint das Technische Spiel umgekehrt auch das einzig effektive Abwehrmittel zu bieten. Erst unter den Prämissen des Technischen Spiels erscheint es legitim, ein fertiges Modell an der Pforte zum Reich des Eigenen in Empfang zu nehmen, um so dieses Reich unbehelligt zu halten. Der Überbringer darf noch ein paar technische Instruktionen zurücklassen, vielleicht den Benutzern ein paar Einweisungen erteilen, doch dann sollte er ohne weitere Fragen dorthin zurückkehren, wo er her gekommen ist. Die Aneignung des Modells erfolgt anschließend als interne und souverän selbst bestimmte Angelegenheit.

Man kann sich das grundlegende Charakteristikum des hier gemeinten Vorgangs am besten anhand einer Analogie vorstellen. Die alltägliche Praxis der Entwicklungszusammenarbeit findet in Kontexten statt, die in den Berichten Drotleffs *Aushandlungszonen* genannt wurden. Das Urbild der Aushandlungszone ist der Markt, auf dem Güter und Dienstleistungen getauscht werden. Für das erfolgreiche Zustandekommen von Tauschvorgängen kommt es darauf an, all diejenigen Aspekte möglichst auszuklammern, die störende Komplikationen nach sich ziehen könnten. Das Ideal des Marktes ist die Minimierung der berücksichtigten Faktoren und Informationen auf das unbedingt Notwendige (oder umgekehrt formuliert: die Maximierung von Externalitäten, die man tunlichst aus dem Tauschgeschäft heraushalten möchte). Der Extremfall dieser Minimierungsstrategie ist in solchen Fällen gegeben, wo die Ethnologie vom stummen Tausch spricht. Nachdem eine Partei ihre Güter (etwa Salz) an einem Ort abgelegt und sich wieder zurückgezogen hat, kommt die andere Partei und legt soviel von ihren Gütern (etwa Korn) daneben, wie sie es für angemessen hält, um sich dann ihrerseits zurückzuziehen. Die erste Partei holt dann die Tauschgüter ab, sofern sie mit dem Äquivalent einverstanden war; andernfalls lässt sie sie liegen, so dass die zweite Partei etwas hinzufügen kann. Wenn das gelingt, kann sich der Tausch in Zukunft wiederholen, sonst wird er abgebrochen. Auf modernen Märkten in monetarisierten Gesellschaften läuft es im Prinzip nicht anders: die Tauschpartner sind bemüht, nur solche Informationen zu berücksichtigen, die den Tausch betreffen könnten. In der Regel sind das Aspekte, die sich in Geld artikulieren lassen.

In Aushandlungszonen, wo es nicht um Gütertausch, sondern um Kooperation unter Bedingungen der Heterogenität geht, wirkt derselbe Mechanismus: Damit die Kooperation zustande kommen kann, müssen alle Faktoren und Informationen, die stören könnten, ausgeklammert werden. Zu diesem Zweck braucht man in erster Linie – analog den ökonomischen Märkten – eine *Handelssprache*, in der sich die unbedingt notwendigen Informationen übermitteln lassen und die alle überflüssigen Informationen möglichst zum Verschwinden bringt. In den Aushandlungszonen der Entwicklungskooperation hat sich das Technische Spiel mit seinem Metacode als Handelssprache durchgesetzt. Vom stummen Tausch bis zur Kooperation über den Metacode stellt sich in jedem konkreten Fall immer wieder die Frage, ob die Minimierungsstrategie nicht vielleicht doch zu weit ging, so dass der Tausch bzw. die Kooperation nur auf den ersten Blick gelungen erscheint. Im Laufe der Zeit kann sich leicht herausstellen, dass man eine relevante Information irrtümlich externalisiert hat und deshalb böse Überraschungen erleben muss.[68]

In der Entwicklungskooperation ist es die Regel, dass man während der Laufzeit eines Projektes Minimierungsfehler entdeckt, mit deren Korrektur man dann wegen der Abrechnungslogik alle Mühe hat und häufig daran scheitert. Unter Berufung auf die Regeln des Technischen Spiels und die fraglos gegebene Gültigkeit des Metacodes ging man in unserem Projekt davon aus, dass alle beteiligten Parteien sich selbstverständlich auf der soliden Grundlage der kulturellen Basistechnologien von Schrift- und Aktenkultur bewegen. Die eingeholten Berichte haben indes gezeigt, dass diese Basistechnologien nicht vorliegen und es deshalb zur so genannten *Listen-Autophagie* kommt. Weil die Anerkennung dieses Syndroms die Reziprozität der Spieler und damit das Technische Spiel als diplomatische Geschäftsordnung verletzt hätte, wurde es tabuisiert bzw. in ein Problem übersetzt, das sich im Rahmen des Technischen Spiels durch Technik und Know-how vermeintlich beheben lässt.

Durch die Tabuisierung der Listen-Autophagie ergab sich zwischen Consultant und Projektträger eine Objektivitäts-Falle: Man einigte sich immer wieder auf bestimmte Verfahren – beispielsweise im Bereich der Korrektur von Kundendaten –, doch nach kurzer Zeit erwiesen sie sich als wirkungslos. Dies lag hauptsächlich daran, dass die impliziten Grundannahmen über Verfahrensobjektivität auf ruritanischer Seite nicht gegeben waren. Diese Differenz musste aus Gründen der Reziprozität und der Zurechenbarkeit vertuscht werden. Deshalb führte die Objektivitäts-Falle in eine Schnittstellen-Falle: Der Consultant übernahm Aufgaben, die vertraglich für ihn nicht vorgesehen waren, weil sonst gar nichts mehr gelaufen wäre. Indem er aber das tat, handelte er sich Schwierigkeiten bei seinen Rechenschaftsberichten ein, denn nun musste er Leistungen geltend machen, die es laut Vertrag, aber eben auch laut Geschäftsordnung gar nicht geben durfte. Die Bedeutung, die man der Aufrechterhaltung der diplomatischen Geschäftsordnung beimaß, lag am Ende höher als die Bedeutung des Zwecks, wegen dem man überhaupt mit dem Spiel angefangen hatte.

Diese Bedeutungsverschiebung hat folgenden Hintergrund: Das O-Skript der Entwicklungskooperation fordert Selbstbestimmung für alle Teilnehmer. Nun wäre eine Forderung nach Selbstbestimmung an dieser Stelle überflüssig, wenn sie nicht auf der Annahme beruhte, dass ein Transfer universal gültiger Modelle zwischen den Bezugsrahmen zum Scheitern verurteilt ist. Positiv formuliert: kein Transfer ohne Transformation. Erst die Überzeugung, dass eine gelungene Aneignung eine mehr oder weniger radikale Übersetzung voraussetzt, gibt der Forderung nach Selbstbestimmung ihren Sinn. Das aber bedeutet, dass der Bezugsrahmen des Projektträgers eben *anders* ist, sonst bräuchten die Modelle nicht übersetzt zu werden. Nun hätte aber umgekehrt die Forderung nach Plan- und Kalkulierbarkeit keinen Sinn, wenn es zwischen den Bezugsrahmen keine epistemische Klammer mit einem dazugehörigen Metacode gäbe.

Zum einen erweist sich das Dilemma der Differenz nur als weiterer Fall eines elementaren Paradoxes: Keine Weltbeschreibung – eben auch keine wissenschaftliche – kann außerhalb ihres Bezugsrahmens Gültigkeit beanspruchen, sofern der Beweis der Gültigkeit den Bezugsrahmen immer schon voraussetzt. Dessen ungeachtet operiert jede Weltbeschreibung mit Differenzen zu anderen Weltbeschreibungen, die sich gar nicht feststellen ließen, würde man nicht einen gemeinsamen, übergeordneten Bezugsrahmen unterstellen. Zum anderen fällt an dem Umgang mit dieser Paradoxie in der Entwicklungskooperation eine aufgeladene Sensitivität gegenüber den *Differenzen* der Bezugsrahmen auf. Während diese Differenzen den selbstverständlichen Ausgangspunkt der ganzen Angelegenheit bilden – denn was hätte Entwicklungszusammenarbeit sonst zu tun? –, und während sie im Zuge der praktischen Übersetzungsarbeit ständig nach Berücksichtigung schreien, werden sie entsprechend des Technischen Spiels in Fragen von Kredit, Technik und Know-how übersetzt und damit negiert.

Während der Einführungsphase des Projektes (März 1996) hat Martonoschy immer wieder darauf gedrungen, dass der ‹blueprint approach› vor allen Dingen für die Projektträger nachteilig sei, weil er ihre Selbstbestimmung einschränke. Stattdessen betonte er die Vorteile des ‹process approach›, bei dem es durch ‹participation› und ‹project ownership› möglich sei, das Modell den lokalen Gegebenheiten und dem lokalen Wissen anzupassen. Anderthalb Jahre später, während der endlosen Debatten, die im Herbst 1997 über die Kundendaten geführt wurden, eröffnete ihm der Chef des Wasserwerkes von Baridi, dass er Martonoschys Insistieren auf ‹process approach› im vermeintlichen Interesse der ruritanischen Projektträger von Anfang an als Täuschungsmanöver durchschaut habe. Martonoschys Hinter-

gedanke sei der gewesen, dass sich die afrikanischen Partner aufgrund ihrer Inkompetenz auf so etwas Schwammiges wie den so genannten ‹process approach›
einlassen würden, was dem Consultant dann im Laufe der Durchführung freie
Hand lassen würde, das zu tun, was ihm größere Gewinne bringt. Während also
Martonoschy im Glauben lebte, er würde sich für einen Gestaltungsfreiraum
einsetzen, um den nächsten blinden Modelltransfer zu verhindern, der in einer
weiteren Projektruine münden müsse, wurde ihm unterstellt, er würde eine kulturelle Differenz ins Spiel führen, um davon zu profitieren. Damit war Martonoschy
beim Gegenteil dessen angelangt, weshalb er überhaupt als Organisations-Anthropologe in dieses Projekt gerufen wurde – ursprünglich auf Initiative einiger Mitarbeiter der NEB. Das Bemerkenswerte an dieser desillusionierenden Erfahrung ist
aber die Tatsache, dass die Ablehnung der Differenz hier nicht aus dem
Rechen(schafts)zentrum, sondern von ruritanischer Seite kam.

Im Jahr 1993 veröffentlichte die Weltbank neue Leitlinien ihrer Projektstrategie
unter dem Titel «Getting Results. The World Bank's Agenda for Improving Development Effectiveness». Das zentrale Argument der Agenda lautet: Damit die
Erfolgschancen steigen, müssen die finanzierten Maßnahmen von den Kreditneh-
mern auch wirklich gewollt werden, die Projektträger müssen sich die Projekte im
Laufe der Implementation *aneignen*. Zu diesem Zweck müssen sie die Projekte
maßgeblich gestalten können und deshalb käme es vor allen Dingen darauf an,
durch den ‹process approach› die notwendigen Handlungsspielräume zu eröffnen.
Das Weltbank-Papier fasst diese Argumentation unter das Stichwort ‹project
ownership›. Die Weltbankstudie geht von einer impliziten Annahme aus, die der
ganzen Argumentation erst ihren Sinn gibt: Der Grund, weshalb es in der Vergangenheit nicht zu der geforderten Aneignung der Projekte durch die Projektträger
gekommen ist, liegt in der Bevormundung durch die Weltbank mit ihren rigiden
Vorgaben. Als fraglos gegebene Selbstverständlichkeit wird damit unterstellt, dass
sich diese Bevormundung gegen die Interessen der Projektträger wendet, die einen
natürlichen Drang zur Selbstbestimmung haben müssen.[69]

Nun hören wir von einem unserer ruritanischen Projektträger, dass er Martonoschys Plädoyer für mehr Gestaltungsspielraum bei der Projektimplementation
für einen gerissenen Spielzug hält. Diese Interpretation liefert den Schlüssel zum
Verständnis der Thematik. Die Ausdehnung von Übersetzungsketten durch
Rechen(schafts)zentren und die damit einhergehende Verbreitung kultureller
Basistechnologien der Fernerkundung und Fernsteuerung machen das Spezifikum
moderner Gesellschaften aus. Es ist dieses Spezifikum, das den Unterschied zu

solchen Gesellschaften markiert, die sich in der Entwicklungskooperation als ‹Nehmer› qualifizieren. Im Zentrum aller Maßnahmen zur Entwicklung von Gesellschaften steht der Versuch, Verfahren der Fernerkundung und -steuerung sowie Vertrauenstechnologien einzuführen, die von lokaler kommunitaristischer Zustimmung unabhängig sind. Wenn die Projektträger nun ausgerechnet diese Differenz auf dem Altar des Rechts auf Gleichheit opfern, negieren sie den Sinn und Zweck der Entwicklungszusammenarbeit und bauen auf Sand – oder eben auf falsche Listen. Die Empfänger von Entwicklungshilfe berauben sich damit schließlich selbst der Möglichkeit, überhaupt noch einen anderen Standpunkt einzunehmen, als den der hegemonialen Rechen(schafts)zentren der euro-amerikanischen Welt.

Die ethnographischen Berichte dieser Studie haben immer wieder gezeigt, dass die Projektträger das O-Skript der Entwicklungskooperation – das ihnen die Hauptverantwortung zuschreibt – nicht dafür nutzen, Aspekte in der Kooperation einzuklagen, die durch den Metacode des Technischen Spiels ausgeklammert wurden. Durch die vorauseilende Zustimmung der Peripherie zu den Vorgaben der Rechen(schafts)zentren kann sich in diesen Zentren ungestört die naive Vorstellung halten, dass die eigenen Techniken der Fernerkundung und Fernsteuerung nichts als neutrale und objektive Instrumente sind. Der Metacode stellt sich ihnen nicht als Handelssprache dar, die einer bestimmten Minimierungsstrategie folgt, die sie verändern könnten, sondern als objektive Beobachtungssprache, die in der Sache gründet und folglich nicht zur Disposition steht. Wenn das aber so ist, dann gründet die Hegemonie der Entwicklungsbanken in letzter Instanz darauf, dass die Projektträger ihre Teilnahme am Technischen Spiel unter die unbedingte Ägide des Emanzipationsnarrativs stellen, weil sie glauben, dass sie ihre Autonomie nur so wahren können. Damit ist die wichtigste Fehlerkorrektur der Entwicklungskooperation verloren.[70]

Code-Wechsel: Metacode – Kulturcode

In den vorausgehenden Abschnitten haben wir gesehen, dass der Metacode insbesondere aus zwei Gründen unverzichtbar ist: Zum einen können Rechen-(schafts)zentren ihre Arbeit nur mit Hilfe des Metacodes erledigen, weil ihr Technisches Spiel darauf beruht. Und ohne Rechen(schafts)zentren wäre Entwicklungszusammenarbeit unmöglich. Zum anderen können die unvermeidlich gedemütigten Empfänger der Hilfe nur Dank des Metacodes die Reziprozität der Perspektiven aufrechterhalten. Und ohne Reziprozität der Perspektiven wäre Kooperation ausgeschlossen. Nun ist es aber so, dass in den Aushandlungszonen der Entwicklungskooperation (dort, wo in Diagramm 6.5 die Fragezeichen stehen) keineswegs nur im Metacode geredet wird. Hier ist vielmehr eine Unterscheidung zu beobachten: Offiziell wird angenommen, dass der Metacode, in dem man verhandelt, von allen selbstverständlich geteilt wird, weil er eben gültig ist; inoffiziell wird vor und nach den Aushandlungen der jeweils anderen Partei unterstellt, dass sie dazu eigentlich nicht in der Lage sei.

Während der Aushandlung im Metacode gelten also alle Äußerungen im ganzen als wahr. Dies ist insofern der Fall, als der eigene Anspruch einer Aussage, in der Sache begründet zu sein, niemals prinzipiell angezweifelt werden kann, ohne den Abbruch der Aushandlung herbeizuführen. Erst vor dem Hintergrund dieser Prämisse kann über einzelne Irrtümer und Täuschungsmanöver überhaupt gestritten werden, um so zu einer Einigung zu kommen. Vor und nach der Aushandlung, wenn beispielsweise eine Partei – oder diejenigen, die sich für eine Partei halten – unter sich sind, wird diese Prämisse hingegen häufig fallen gelassen. Die Aussagen der anderen Partei – oder das, was man für eine andere Partei hält – werden nun dadurch kritisiert, dass man ihre Sachbezogenheit prinzipiell anzweifelt. Statt Sachbezogenheit – mit einigen behebbaren Irrtümern und interessenbedingten Manipulationen – unterstellt man in diesem Kontext, dass die kritisierten Aussagen ausschließlich im Bezugsrahmen der Sprecher gründen. Es wird also behauptet, dass es sich um Konstruktionen handelt, die dem Denken der Konstrukteure – oder schärfer formuliert: ihrer Ideologie – und nicht der Realität der Welt entspringen. Diese Konstruktionen sind – mit anderen Worten – immer nur relativ zu der Kultur der Sprecher gültig. Analog zu dem Metacode kann man hier von einem *Kulturcode* sprechen.

Im Laufe unseres Projektes ist der Vorwurf des Kulturcodes an vier zentralen Stellen wie ein Schwarzer Peter weitergegeben worden: Aus der Sicht der Chefs der ruritanischen Wasserwerke waren die Kunden in der Kultur des sozialistischen Regimes befangen und deshalb unfähig, die Notwendigkeit einzusehen, dass aufbereitetes und ins Haus gebrachtes Trinkwasser Geld kostet. Aus der Sicht des Consultants waren die Mitarbeiter der Wasserwerke zwar in der Lage, die Schrift, das Formular und die Akte in einem rein technischen Sinn zu gebrauchen, doch ihnen war der Sinn und Zweck der Verfahrensobjektivität unzugänglich. Aus der

Sicht des Projekt-Anthropologen Martonoschy sprachen alle Spieler, die den
Metacode nicht als Basistechnologie hegemonialer Rechen(schafts)zentren an-
sahen, sondern irrtümlich an seine objektive (korrespondenztheoretische) Gültigkeit glaubten, im Kulturcode des Fortschrittsnarrativs. Aus der Sicht des Beobachters Drotleff saß Martonoschy der (konstruktionistischen) Illusion auf, man könne
in Aushandlungen und bei Entscheidungen auf den Anspruch objektiver Gültigkeit
des Metacodes verzichten und darüber eine neue Geschäftsordnung etablieren,
wonach es nur noch verschiedene Kulturcodes gibt. Das Kultur-Argument wird
also immer dann angeführt, wenn ein Spieler, mit dem man kooperieren will oder
muss, sich anders verhält, als man es gerne hätte bzw. für rational erachten würde
– wenn er sich also im *Irrtum* befindet.

Die Ausgangsbeobachtung für den Lösungsvorschlag, ganz auf den Metacode
zu verzichten, weil er die eigentliche Ursache für verfehlte Kooperation unter
Bedingungen der Heterogenität ist, war in der Tat überzeugend. Der naive Glaube
(Kapitel 1 und 2), Entwicklungskooperation ließe sich als Technisches Spiel betreiben, in dessen Rahmen Kredit, Technik und Know-how transferiert würden,
invisibilisiert die fragile Übersetzungskette (Diagramm 6.5), die hinter der Fassade
der Daten-Autobahn (Diagramm 6.4) und der Maschinen-Metaphorik (Diagramm
6.3) nur mit Mühe zusammengehalten wird. Diese Invisibilisierung reduziert die
Chancen der Fehlerkorrektur bis hinunter zu Null, da die vorhandenen Differenzen zwischen den Bezugsrahmen der kooperierenden Parteien ausgeschlossen
werden, obschon es die wichtigsten Fehlerquellen sind.

Der konstruktionistische Vorschlag Martonoschys (Kapitel 3), den Metacode
als Kulturcode zu behandeln, überzeugt indes nicht ohne weiteres. Zum einen
übersieht dieser Vorschlag die Bedingungen seiner eigenen Möglichkeit: In dem
Maße, in dem für die gläubigen Anhänger des Metacodes (sonst Realisten oder
Objektivisten genannt), die äußere Welt beobachterunabhängig gegeben ist, muss
für die Kritiker dieser Position der Bezugsrahmen des Metacodes, auf den sie
diesen zurückführen wollen (etwa das Fortschrittsnarrativ), ebenfalls beobachterunabhängig gegeben sein. Ohne eine solche objektivistische Annahme ließe sich
ein konstruktionistisches Argument gar nicht erst aufstellen. In diesem Sinn erweisen sich die beiden Positionen nur als Kehrseiten derselben Grundeinstellung.
Um die Aussage zu machen: «Der Metacode ist einer unter anderen Kulturcodes»,
muss der Sprecher dieser Aussage selbst im Metacode reden, dessen Möglichkeit er
gerade bestreitet. Dieses nicht auflösbare Paradox demonstriert, dass es zwischen
Metacode und Kulturcode nicht um sich wechselseitig ausschließende Alternativen

geht. Tatsächlich haben die ethnographischen Beschreibungen der Aushandlungs-prozesse unseres Projektes gezeigt, dass die Spieler je nach Situation zwischen Metacode und Kulturcode hin und her wechseln, ohne die dadurch auftretenden Inkonsistenzen jemals bereinigen zu wollen.

Was die konstruktionistische Position zweitens übersieht, ist die Unverzicht-barkeit eines Metacodes, der im Rahmen laufender Verhandlungen absolute Objek-tivität für sich reklamiert. Wenn es um Kooperation unter Bedingungen der Hete-rogenität geht, sind die Spieler – auch gegen besseres Wissen – gezwungen, am Ende alles auf die hartnäckige Frage zu reduzieren: Stimmt es oder stimmt es nicht? Man kann einen Standpunkt nicht durchsetzen, wenn man zugleich ein-räumt, dass dieser Standpunkt nur relativ zu einem Bezugsrahmen gilt, den man ebenso gut auch wieder ändern könnte. Drittens übergeht die konstruktionistische Position sowohl die Bedeutung des Metacodes als Handelssprache für Aushand-lungszonen als auch seine Bedeutung als *die* Sprache der Reziprozität.

Nun bleibt aber doch ein ausschlaggebender Unterschied zurück. Die *absolute* Überzeugung von der korrespondenztheoretischen Richtigkeit des Metacodes ist etwas anderes als die *relationale* Überzeugung von der Unvermeidbarkeit des Meta-codes als Voraussetzung für Kooperation unter Bedingungen der Heterogenität. Die relationale Überzeugung ist die Voraussetzung für *Reflexion*, die man in den Aushandlungspausen betreiben kann, um Fehlerkorrektur nicht nur durch Ver-besserung der Fakten und Zahlen anzustreben, sondern auch grundlegender durch Überprüfung des eigenen Bezugsrahmens. Reflexion zu betreiben, heißt mit ande-ren Worten: man beobachtet den objektivistischen Metacode in den Verhandlungs-pausen als Kulturcode und überprüft die kulturellen Grundannahmen, die ver-steckt in ihn einfließen. Wenn man den Metacode nicht durch den Kulturcode ersetzen kann, ist es doch möglich und ratsam, den Code immer wieder zu wech-seln, um nicht den eigenen blinden Flecken zum Opfer zu fallen. Wie man leicht erkennt, sind wir hier bei der elementaren Operation der Anthropologie ange-kommen, die darin besteht, sich mit den Augen der Anderen sehen zu lernen – auch wenn die Anderen diese Rolle manchmal nur unfreiwillig und ziemlich schlecht spielen.

Epilog

Bei der Besprechung vom 3. Dezember 1997 in Zethagen übernahm Schilling die Aufgabe, die erarbeiteten Ergebnisse und Lösungsvorschläge niederzuschreiben und als neuen Entwurf für ein Vertragsaddendum vorzulegen. Nachdem er dies getan hatte, wurde noch einmal telefonisch verhandelt, wobei der Projektmanager des Financiers ihn zum Verzicht von weiteren Mannmonaten überreden konnte. Am 11. Dezember, also vier Tage vor Ablauf der wiederholt verlängerten Neunzig-Tage-Frist, reichte der Consultant dann den nächsten Entwurf ein. Da er bis Ende Dezember keine Antwort darauf erhielt, musste er den Projektvertrag zum 31. Januar 1998 kündigen. Andernfalls hätte er sein Recht verloren, den so genannten ‹Sicherheitseinbehalt› (die 10% der ausgezahlten Honorarsumme, die der Financier einbehält) zurückzubekommen. In seiner Antwort vom 12. Januar überging der Financier die Kündigung wortlos und sprach stattdessen von der weiteren Arbeit an dem Addendum im Rahmen des ursprünglich vorgesehenen Projektvolumens von 2,5 Millionen Euro bzw. 94 Mannmonaten. Damit erschienen die Verhandlungen, die seit dem 3. Dezember auf Hochtouren geführt wurden, plötzlich hinfällig, denn dabei ging es die ganze Zeit um die Spanne zwischen 122 und 114 Mannmonaten. Nun stellte sich dies als Missverständnis heraus: in den Verhandlungen ging es nicht um Zahlen, sondern um Inhalte.

Am 21. Januar 1998 gab es in Zethagen eine weitere Krisenbesprechung, nach der sich der Financier am 26. Januar schriftlich äußerte: S&P möchte nun einen Vorschlag einreichen, der aus zwei Teilen besteht. Der erste Teil soll der Entwurf eines Addendums im Hinblick auf die unmittelbar anstehenden Probleme sein und sich an die vorhandene Finanzdecke halten. Eventuelle Abweichungen von den ursprünglichen Zielen und Indikatoren sollen im Einzelnen begründet werden. Der zweite Teil soll den Entwurf eines weiteren Addendums enthalten und diejenigen Maßnahmen begründen, die aus Sicht des Consultants notwendig sind, um die ursprünglichen Ziele zu erreichen. Ob es jemals zu einer Realisierung dieses zweiten Addendums kommen wird, würde sich zeigen, wenn es dann soweit ist. Ziemlich genau an diesem Stand der Dinge befand man sich vor zwei Monaten am 22. November in Mlimani, wo bereits ein fertiges Addendum vorgelegt wurde, das die Projektträger unterschrieben hatten. Allerdings mit einem Unterschied: inzwischen hat S&P auf die Vergütung von ein paar mehr nicht-vertraglich geleisteten Mannmonaten verzichtet, um in den Verhandlungen über zusätzliche Ressourcen weiter zu kommen.

Bei einer günstigeren Auftragslage hätte das Unternehmen die Verhandlungen nach der Kündigung eingestellt. Doch das konnte sich Schilling nicht leisten, so dass er einen weiteren Vorschlag nach den Vorgaben der NEB ausarbeitete, den er am 2. Februar 1998 einreichte. Nachdem er darauf keine Antwort erhielt, schrieb er am 9. Februar an seine Auftraggeber nach Ruritanien:

On Friday, February 6th, 1998, the final deadline set by our banks, to present a new contract or at least a memorandum of understanding concerning the continuation of the project mentioned above, passed by without any such indication, and our banks have now lost the confidence that there might be a project continuation. (...) As a consequence from the bank's decision, I have been instructed by the owners meeting of our company to scale down the operations of the company in order to avoid insolvency. Consequently we have no choice but to withdraw our offer to continue with the project under a new contract. Please understand that the consequences of this decision are even more vivid for me than they are for you.

Schilling war unser Protagonist, der am hartnäckigsten an die unbeugbare Kraft von Fakten und Zahlen glaubte. In seiner Abschlussrechnung an den Financier vom 27. März 1997 kam er mit den letzten Leistungen und dem Sicherheitseinbehalt auf 100.000 Euro. Der Financier machte daraufhin eine Gegenrechnung auf, wonach es umgekehrt so sei, dass er von dem Consultant noch 25.000 Euro zu bekommen habe. In dieser Gegenrechnung wurden all die nicht-vertraglich geleisteten Mannmonate, die Schilling in den Verhandlungen um das Addendum zurückgezogen hatte, nunmehr als nicht anrechenbar klassifiziert. Weil der Financier somit noch offene Forderungen gegenüber dem Consultant hatte, konnte auch die hinterlegte Bankbürgschaft über 60.000 Euro nicht ausbezahlt werden.

Am 4. April 1998 erklärte der Geschäftsführer Schilling sein Unternehmen S&P GmbH beim Amtsgericht Ypsilonia für zahlungsunfähig. Nun liegt die Interpretation der Fakten und Zahlen in den Händen des Konkursverwalters. Dieser wird durch das Konkursrecht dazu angehalten, vor allen Dingen solche Forderungen einzutreiben, die sich mit einem vertretbaren finanziellen Aufwand und mit guter Aussicht auf Erfolg auch tatsächlich eintreiben lassen.

Und wie ist es in Ruritanien weitergegangen? Das Angebot des EDV-Experten von S&P, die von ihm maßgeschneiderte Software mit den inzwischen korrigierten Kundendaten (per Honorarvertrag) in Betrieb zu setzen, ist vom Financier abgelehnt worden. Stattdessen wurde eine andere Consulting-Firma damit beauftragt, zunächst einmal objektive Daten und Fakten über den Stand der Dinge vorzulegen. Im Herbst 1998 lag die neue Durchführbarkeitsstudie noch nicht vor. Um zu erfahren, wie es weitergegangen ist, müsste man den nächsten Kundschafter ausschicken. Meine Geschichte endet hier.

Anmerkungen

1. Hobsbawm, *Das Zeitalter der Extreme* (1994).

2. Zum Begriff ‹Organisationsfeld› vgl. [1] DiMaggio und Powell, The iron cage revisited (1983). Dazu allgemein: [2] Bourdieu, Die Logik der Felder (1996). Der Begriff ‹Arena› (zusammen mit ‹social world› und ‹negotiation›) wird in diesem Text verwendet wie in: [3] Strauss, *Negotiations* (1978a); [4] Strauss, A social world perspective (1978b); [5] Strauss, *Continual permutations of action* (1993); [6] Clarke, Social worlds/arenas (1991).

3. Zitiert nach: Escobar, *Encountering development* (1995), S. 3.

4. Zitiert nach: Pinzler, Petra u.a., Mein Maßstab: «Das Lächeln eines Kindes.» Der Chef der größten Entwicklungsbank will mehr als nur Rendite. Ein ZEIT-Gespräch mit James Wolfensohn. *Die Zeit*, 22. März 1996, 25-26.

5. Zitiert nach: Gourevitch, Philip, Forsaken. Congo seems less a nation than a battlefield for countless African armies. *The New Yorker*, 25. September 2000, 53-67, Zitat S. 55.

6. Vgl. Bierschenk, Chauveau und de Sardan (Hrsg.), *Courtiers en développement* (2000).

7. Während ich bereits an diesem Text arbeitete, erschien eine Ethnographie mit einem ähnlichen Fokus, wie ich ihn gewählte habe; siehe Harper, *Inside the IMF* (1998). Allerdings konzentriert sich Harper auf die Verfahren innerhalb einer einzigen Organisation und trennt seine «Dokumenten-Ethnographie» von dem Kontext der Verfahren, wie es in der ethnomethodologisch inspirierten Mikro-soziologie üblich ist.

8. Zum Thomas-Theorem vgl. [1] Merton, Die self-fulfilling prophecy (1949/1995). Der Anfang des post-mertonianischen Streits lässt sich nur durch einen relativ willkürlichen Trennstrich markieren; z.B. durch folgende Namens-liste: Jacques Derrida, Nelson Goodman, Jean-François Lyotard und Richard Rorty in der Philosophie; in den Kultur- und Sozialwissenschaften Jerome Bruner (Psychologie), Murray Edelman (Politikwissenschaft), Michel Foucault

(Kulturgeschichte), Clifford Geertz (Anthropologie), Thomas Kuhn (Wissenschaftsgeschichte), Bruno Latour (Wissenschaftsanthropologie), Donald/ Deirdre N. McCloskey (Ökonomie), Hayden White (Geschichtswissenschaft). Eine aktuelle und gelassene Analyse der Sprachlosigkeiten und Irritationen zwischen den Lagern hat geliefert [2] Smith, *Belief and resistance* (1997).

9. Während sich der Mainstream der Kultur- und Sozialanthropologie besonders im deutschen Sprachraum (also die Ethnologie bzw. Völkerkunde) unbeirrt entlang der alten Pfade entwickelt, wird die von mir in diesem Buch entwickelte Perspektive andernorts breit diskutiert. Auch wenn man den Hinweis auf das amerikanische Vorbild schon länger nicht mehr hören kann, siehe dazu nur beispielsweise: [1] Rabinow, *Essays on the anthropology of reason* (1996) und [2] Nader (Hrsg.), *Naked science* (1996).

    Die Hinwendung der Anthropologie zu den Zitadellen der Moderne ist allerdings außerhalb der Disziplin in Gang gebracht worden, vor allem in der Wissenschaftsgeschichte und Wissenschaftssoziologie (von Ludwig Fleck über Robert K. Merton und Thomas Kuhn bis zu den aktuellen Debatten der Zeitschrift *Social Studies of Science*). Hier sei lediglich verwiesen auf den Aufriss des Problems durch Michel Serres in seinem Vorwort zu [3] Serres, *Elemente einer Geschichte der Wissenschaften* (1989/1994) besonders S. 17. Ebenso auf einen Aufsatz, der die Kehrtwende ethnographisch umsetzt: [4] Sachs, Satellitenblick (1994).

10. Johnson, Conflicting images and realities in project-planning (1985), S. 351.

11. Hier ist natürlich der ‹ganze› Luhmann gemeint, doch man kann den Punkt auch erfassen über [1] Luhmann, Sthenographie und Euryalistik (1991), hier S. 60. Das Forschungsfeld, in dem die hier diskutierte epistemologische Frage nach einer sogenannten ‹Deflations-Strategie› in ethnographische Untersuchungen heruntergebuchstabiert wurde, ist die schon weiter oben erwähnte Wissenschafts- und Technikforschung (Science and Technology Studies, STS). Einen guten Überblick dieses inzwischen weiten Feldes bietet das erste Kapitel von [2] Pickering, *The mangle of practice* (1995), S. 1-34. Die von mir eingenommene Position geht im wesentlichen auf Bruno Latour zurück, der *Übersetzung* bzw. *Vermittlung* zum Ausgangspunkt macht, um dadurch die hilflose Gegenüberstellung von Wirklichkeit und Darstellung zu überwinden (ich gehe im

nächsten Abschnitt ausführlicher darauf ein). Damit bietet er neben System-
theorie und Dekonstruktionismus einen sogenannten Relationismus als dritten
Ausweg aus den Aporien des klassischen Wahrheitsdiskurses an; siehe allgemein dazu [3] Latour, *Wir sind nie modern gewesen* (1991/1995). Die Hinter-
grundstudie für den erweiterten Übersetzung-Begriff Latours ist [5] Serres,
Hermes III. Übersetzung (1974/1992). Allerdings kann ich den Optimismus
Latours über die Möglichkeiten des Relationismus im ‹wirklichen Leben› nicht
teilen. Meine Untersuchung gibt hier eher Luhmann recht, der davon ausgeht,
dass der Zweifel in der Not der Entscheidung suspendiert werden muss.
Wittgenstein [Über Gewissheit (1969/1997)] hat die treffende Formulierung
gefunden: «Zweifeln heißt denken. Der vernünftige Mensch hat gewisse Zweifel nicht. Ein Zweifel ohne Ende ist nicht einmal ein Zweifel.»

12. Goffman, *Frame analysis* (1974/1993).

13. Die Ethnographie naturwissenschaftlicher Arbeit im Labor scheint weniger
    prekär zu verlaufen – vermutlich weil es auf beiden Seiten um Wissenschaft
    und nicht um Politik, Macht und Geld geht wie in dem vorliegenden Buch; vgl.
    dazu [1] Knorr Cetina, *Die Fabrikation von Erkenntnis* (1981/1991); [2] Law,
    Organizing modernity (1994). Dagegen berichtet Hugh Gusterson, der sich mit
    den Laboratorien der amerikanischen Atomwaffenindustrie beschäftigt, von
    vergleichbaren Problemen bei der Beobachtung von Experten; [3] Gusterson,
    Nuclear rites (1996). Während Gusterson das Problem durch Distanz gelöst und
    folglich primär mit Interviews gearbeitet hat, ließ ich mich auf das Feld ein und
    übernahm im Laufe der Jahre 1990 bis 1998 verschiedene aktive Rollen, die
    mir alle relevanten Perspektiven erschlossen. Die textstrategisch gewählte
    Anonymisierung und Fiktionalisierung meines ethnographischen Berichtes
    verbietet es, die genauen Orte meiner Forschung anzugeben. Aus demselben
    Grund ist es auch unmöglich, Dokumente der Selbstbeschreibung aus dem
    Feld zu verwenden, die die Anonymisierung wieder aufheben würden.

14. In Vladimir Nabokovs Roman *Pnin* sieht die Vierer-Konfiguration folgender-
    maßen aus: Neben dem empirischen Autor Nabokov (1. Instanz) tritt als Ich-
    Erzähler, Autor und Beobachter Herr N. auf (2. Instanz). Die Rolle des Skepti-
    kers spielt Pnin (3. Instanz), der sich nicht so recht in die amerikanische Ge-
    sellschaft einfinden mag. Die Rolle des Gläubigen (4. Instanz) spielen diverse

Vertreter der amerikanischen Gesellschaft, an denen Pnin sich stößt. Siehe zu dieser Überlegung die ‹Notiz› von Adorno, Standort des Erzählers im zeitgenössischen Roman (1958/1963).

15. Zur Unterscheidung von Plot und Story siehe Eco, *Six walks in the fictional woods* (1994). Die Story ist der Gang der Ereignisse, wie sie sich zugetragen haben (etwa die Odyssee, die mit der Abfahrt aus Troja beginnt). Der Plot ist der Aufbau der Geschichte, der gewählt wird, um die Story zu übermitteln (also der Aufbau des Textes von Homer, der mit dem Aufenthalt Odysseus bei Calypso anfängt und den Gang der Ereignisse durch Rückblenden usw. rekonstruiert).

16. Den höchsten Mittelzufluss erlebte Afrika 1990. Die offizielle bilaterale Entwicklungshilfe für die Länder des subsaharischen Afrika sank zwischen 1990 und 1993 von 13,9 auf 11,7 Milliarden US Dollar und stagniert seitdem; siehe Barthelt, Nachhaltige Hilfe für Afrika (1997).

17. Vgl. Scott, W., *Organizations* (1981/1987).

18. Vgl. Arrow, The economics of agency (1985/1991).

19. Luhmann, *Funktionen und Folgen formaler Organisation* (1964/1995), S. 110.

20. Zur Unterscheidung von Beobachtung Erster und Zweiter Ordnung siehe eingängig formuliert: [1] Luhmann, Sthenographie und Euryalistik (1991), hier besonders S. 63.

Innerhalb des offiziell gesetzten Bezugsrahmens tritt die Ethnologie als Sprecherin der zu entwickelnden Gesellschaften auf. Einen aktuellen Überblick unter dem Label des sogenannten ‹local knowledge› bietet [2] Sillitoe, What, know natives? (1998). Vgl. auch [3] Bliss, Zum Verhältnis von Entwicklungsethnologie und staatlicher Entwicklungszusammenarbeit in Deutschland (1997) und [4] Schönhuth, Entwicklungsethnologie in Deutschland (1998).

Die Einsicht, dass eine Verschiebung der Blickrichtung auf die euro-amerikanische Seite, auf die Organisationen der Entwicklungszusammenarbeit und den Diskurs der Entwicklung notwendig ist, ist gleichwohl nicht ganz neu; siehe dazu etwa [5] Hoben, Anthropologists and development (1982) und [6]

Bennett und Bowen (Hrsg.), *Production and autonomy* (1988). Ein Autor, der diesen Vorschlag aufgegriffen hat, ist van Ufford; vgl. dazu [7] van Ufford, Mythos einer rationalen Entwicklungspolitik (1990); [8] van Ufford, Knowledge and ignorance (1993a); [9] van Ufford, Die verborgene Krise (1993b). Aus einer praxisnahen, politikwissenschaftlichen Perspektive siehe [10] Elshorst, Organisation und Entwicklung (1990). Aus systemtheoretischer Warte siehe [11] Hanke, Weiß die Weltbank, was sie tut? (1996). Siehe insbesondere auch [12] Elwert, Kulturbegriffe und Entwicklungspolitik (1996). Es ist jedoch kein Zufall, dass die vorliegenden Studien mit diesem Focus, auch wenn sie aus der Ethnologie kommen, in der Regel keine detaillierten ethnographischen Studien einer bestimmten Praxis sind, wie sie sonst in diesem Fach gefordert werden. Beim Aufwärtsforschen tut sich die Ethnologie schwer.

21. Die Arbeit Max Webers kreist bekanntlich um die Frage der Rationalisierung der Welt; siehe [1] Weber, Zwischenbetrachtung (1920/1972), hier besonders S. 544f. Im Rahmen seiner Ausführungen zur Rationalisierung greift Weber auf die Unterscheidung von Binnen- und Außenmoral zurück; siehe dazu hauptsächlich [2] Weber, *Wirtschaftsgeschichte* (1923/1981), hier S. 303-304. Vgl. dazu am Beispiel der Zinsfrage auch [3] Nelson, *The idea of usury* (1969). Georg Elwert hat eine Phänomenologie der hier gemeinten Außenwelt in komplexen Gesellschaften der Entwicklungsländer um die Begriffe expansive Venalität, Kommodifizierung sozialer Beziehungen, Vermachtung der Wirtschaft und Remoralisierung der Politik organisiert; siehe [4] Elwert, Ausdehnung der Käuflichkeit und Einbettung der Wirtschaft (1987a). Allgemein zu dieser Thematik siehe [5] Eisenstadt, Anthropological studies of complex societies (1961); [6] Polanyi, The Economy as Instituted Process (1957/1971); [7] Münch, *Die Struktur der Moderne* (1984); [8] Powell, Neither market nor hierarchy (1990).

22. Zur Unterscheidung von persönlichem Vertrauen und Systemvertrauen siehe [1] Luhmann, *Vertrauen* (1968/1989). Zu den Folgen erodierten Vertrauens vgl. [2]: Waldmann, Anomie in Argentinien (1996).

23. Vgl. dazu [1] Münch, Max Webers «Anatomie des okzidentalen Rationalismus» (1978), besonders S. 241-242; [2] Hirschman, Wieviel Gemeinsinn braucht die

liberale Gesellschaft? (1994); [3] Dubiel, Der Fundamentalismus der Moderne (1992).

24. Siehe dazu [1] Gellner, *Nationalismus und Moderne* (1983/1991); [2] Polanyi, *The Great Transformation* (1944/1990), besonders das 14. Kapitel «Markt und Mensch» S. 224-243; [3] Thompson, *The making of the English Working Class* (1963/1980). Zur Logik der Selbstauflösung des westlichen Wohlfahrtsstaates siehe [4] Buchanan, *Markt, Freiheit und Demokratie* (1992).

25. Eine systematische Projektevaluation für die ‹US Agency for International Development› ergab, dass falsches Timing eine der neun wichtigsten Ursachen für Projektversagen sind, siehe [1] Gow und Morss, The notorious nine (1988), S. 1407. Was sich hier im Bereich der Organisation von Entwicklungszusammenarbeit zeigt, wurde in der systemtheoretischen und neo-institutionalistischen Organisationsforschung schon häufiger beschrieben. Siehe dazu die bereits zitierte Stelle [2] Luhmann, *Funktionen und Folgen formaler Organisation* (1964/1995), S. 110. An gleicher Stelle verweist Luhmann auf einige Vorläufer dieser Beobachtung im Bereich der allgemeinen Soziologie, besonders Erving Goffman mit seiner Pointierung des «dilemma of expression versus action», sowie auf Charles Perrow und Amitai Etzioni. Eine einflussreiche Argumentation zu diesem Punkt haben auch vorgelegt [3] Meyer und Rowan, Institutionalized organizations (1977/1991).

26. Zur Paradoxie in Organisationen siehe [1] March und Simon, *Organizations* (1958); [2] Blau, *Bureaucracy in modern society* (1956); [3] Meyer und Rowan, Institutionalized organizations (1977/1991), S. 56-60; [4] Brunsson und Olsen, *The reforming organization* (1993); [5] Weick, *Sensemaking in organizations* (1995); [6] Czarniawska-Joerges, *The three-dimensional organization* (1993); [7] Czarniawska, *Narrating the organization* (1997). Direkt auf die Thematik des vorliegenden Textes bezogen vgl. [8] Hanke, Weiß die Weltbank, was sie tut? (1996).

27. Meyer und Rowan, Institutionalized organizations (1977/1991), S. 55.

28. Innerhalb der Organisationsforschung ist das Webersche Konzept der Rationalisierung anhand der Unterscheidung von Repräsentation und Praktik korrigiert worden. Zu der sich daraus ergebenden ‹losen Kopplung› siehe vor

allem [1] Weick, *Der Prozess des Organisierens* (1969/1995), hier S. 335f. Für ein
ethnographisch bestechendes Beispiel siehe [2] Weick und Roberts, Collective
mind in organizations (1993). Aus neo-institutionalistischer Perspektive ist
argumentiert worden: bestimmte Organisationsmodelle setzen sich nicht
deshalb durch, weil sie rational und folglich effektiv sind, sondern weil sie für
rational gehalten werden; siehe dazu [3] DiMaggio und Powell, The iron cage
revisited (1983).

Zu dem Zusammenhang zwischen loser Kopplung in Prozessen des
formal-rationalen Organisierens und der philosophischen Wahrheits- bzw.
Wirklichkeitsfrage siehe im Anschluss an Wittgenstein, Brillouin und Serres
explizit [4] Lyotard, *Das postmoderne Wissen* (1979/1993), S. 162. Innerhalb der
Kommunikationstheorie, wie sie Luhmann ausformuliert, wird das Phänomen
der losen Kopplung in folgender Weise als konstitutiv für die Operation des
Verstehens beschrieben: Damit Verstehen überhaupt zustande kommen kann,
muss der Empfänger einer Nachricht unterscheiden zwischen Information und
Mitteilung. Wäre Information und Mitteilung deckungsgleich – also eng gekop-
pelt –, könnte der Nachrichtenempfänger keine durch den Mitteilenden vorgenommene Selektion erkennen. Damit würde sich die Rolle des Mitteilenden
erübrigen und folglich gäbe es auch nichts mehr zu verstehen, siehe dazu [5]
Luhmann, *Soziale Systeme* (1984/1987), dort das Kapitel «Kommunikation und
Handlung», darin insbesodere S. 193-216. In der Identitätstheorie entsprechen
die von Goffman theoriefähig gemachte Beobachtung der Rollendistanz und
die Unterscheidung George Herbert Meads zwischen ‹I› und ‹me› dem Phänomen der losen Kopplung. Siehe dazu [6] Krappmann, *Soziologische Dimensionen
der Identität* (1969/1975), besonders S. 132-173. Vgl. dazu auch Sartre über die
Notwendigkeit der Unwahrhaftigkeit für Identitätsbildung in [7] Sartre, Die
unwahrhaftigen Verhaltensweisen (1943).

29. Meyer und Rowan, Institutionalized organizations (1977/1991), S. 57. Die
    folgenden Ausführungen zu den Charakteristika institutioneller Organisationen
    orientieren sich weiterhin an Meyer und Rowan.

30. Neben der Deregulierungs- und Privatisierungswelle verbirgt sich hinter der
    Erosion der Aura des Professors, der über jede Kontrolle erhaben ist, vor allen
    Dingen auch der Vertrauensverlust gegenüber dem wissenschaftlichen Wissen,
    der das Ende der Ära des Professors herbeiführt; siehe dazu Lyotard, *Das*

postmoderne Wissen (1979/1993), S. 156.

31. Während dieses Argument im Neo-Institutionalismus der Organisationsforschung angelegt ist ([1] Meyer und Rowan, Institutionalized organizations (1977/1991), S. 56-60), hat es Michael Power autoritativ zu Ende geführt ([2] Power, *The audit society* (1997)). Die hier folgende Argumentation ist an Power orientiert.

32. Über den Zusammenhang zwischen Deregulierung, Wissenschafts-Accounting und ‹peer review› siehe Fuller, Toward a philosophy of science accounting (1994), hier S. 257f.

33. Ein deutliches Beispiel dieser Kritik liefert: Gow und Morss, The notorious nine (1988), S. 1412, wo der ‹blueprint approach› auf die Interessen und die Dominanz der westlichen Experten zurückgeführt wird.

34. Für diese grundlegende Kritik an der konventionellen Sozialwissenschaft seit Durkheim siehe [1] Latour, The powers of association (1986). Niklas Luhmann hat in seinem Emeritierungsvortrag denselben Punkt aus systemtheoretischer Perspektive gemacht siehe [2] Luhmann, «Was ist der Fall?» (1993).

35. Gellner, *Descartes & Co* (1992/1995), S. 11 und 17.

36. Die hier vorgetragenen Überlegungen zum Zusammenhang von Fortschritt, Rationalisierung (Rationalismus / Objektivismus) und Wissenschaft gehen soziologisch hauptsächlich auf Max Weber zurück, worauf weiter oben schon verwiesen wurde; siehe [1] Weber, Die protestantische Wirtschaftsethik (1904/1920/1972); vgl. auch [2] Gellner, *Nationalismus und Moderne* (1983/1991), hier besonders S. 36-41.

37. [1] Gellner, *Nationalismus und Moderne* (1983/1991), S. 54. Zur Mobilität und ihren Folgen in dem hier angesprochenen Sinn siehe auch [2] Sennett, *Der flexible Mensch* (1998).

38. Das Zitat stammt aus Lyotard, *Das postmoderne Wissen* (1979/1993), S. 91f. Die vorausgehende Argumentation (über die Auslagerung des Wissens in dafür

bestimmte Institutionen) wie auch die folgenden Überlegungen (über Objektivität) orientieren sich an Lyotard, *Das postmoderne Wissen* (1979/1993), S. 32, 35, 81, 112-122.

39. Die in den Kultur- und Sozialwissenschaften während der letzten rund zwanzig Jahre in die Debatte geworfenen Argumente dafür, dass Wirklichkeit immer konstruierte Wirklichkeit ist, muten bisweilen so an, als würden die Protagonisten in dem Glauben leben, eine ganz neue Entdeckung gemacht zu haben. Die Gegenargumente werden dann gelegentlich noch einfältiger: Man klopft mit den Fingern auf die Tischplatte, um ihre Realität zu beweisen, oder man fordert den Widersacher auf, doch ruhig aus dem Fenster zu springen und mit der Schwerkraft zu verhandeln, wenn denn alles verhandelbar sei. Es fördert die Gelassenheit, wenn man sich vergegenwärtigt, dass diese Debatte so alt wie die Menschheit ist. Darüber hinaus wird durch die historische Positionierung deutlicher, was genau der aktuelle Streitpunkt ist. Zur Erinnerung an die Ubiquität des Streits um die Wirklichkeit kann man beispielsweise konsultieren [1] Hegel, *Phänomenologie des Geistes* (1807/1974), S. 68-81, besonders S. 72; [2] Blumenberg, *Wirklichkeiten, in denen wir leben* (1981/1996). Für den sozialwissenschaftlichen Diskurs gilt − obschon die laufenden Auseinandersetzungen das immer wieder zu vergessen scheinen − weitgehend unangefochten [3] Weber, Die «Objektivität» sozialwissenschaftlicher und sozialpolitischer Erkenntnis (1904/1973).

Die Ambition des aktuellen Konstruktionismus / Dekonstruktionismus liegt darin, über die ältere, phänomenologisch-hermeneutische Erkenntnis von der Unerreichbarkeit der Realität hinauszuwachsen, wobei es nicht leicht fällt, den oder die Punkte der Differenz genau auszumachen. Wichtige Positionen für die vorliegende Arbeit sind [4] Lyotard, *Das postmoderne Wissen* (1979/1993), S. 77f und 112-122; [5] Rorty, *Der Spiegel der Natur* (1979/1981). Hier führt Rorty die von Wittgenstein, Heidegger und Dewey betriebene Kritik am Erkennen als akkurater Darstellung einer äußeren Wirklichkeit weiter. Für eine pointierte Kurzfassung seiner Argumentation, siehe [6] Rorty, Representation, social practise, and truth (1991a.) Es erscheint plausibel, wenn diese Autoren (besondes deutlich etwa Lyotard) ihre Ambition gleichwohl mit einem realen gesellschaftlichen Zustand in Zusammenhang bringen, ohne ihn darauf zu reduzieren: mit dem Wandel der Arbeit. Damit wäre gesagt, dass der aktuelle Konstruktionismus genauso Antworten auf die brennenden Fragen der Zeit sucht, wie man dies schon von Marx, Durkheim und Weber gesagt hat. Auch für Luhmann geht es nicht allein um einen Fortschritt innerhalb der Theorie, sondern um den Ausdruck gesellschaftlicher Ausdifferenzierung ([7] Luhmann, *Die Wissenschaft der Gesellschaft* (1990/1994), S. 616-701). Im engeren Sinn orientiert sich die Argumentation an [8] Latour, The politics of explanation (1988); [9] Latour, Clothing the naked truth (1989); [10] Latour, Eine Tatsache ist eine Tatsache (1992/1993).

Eine strittige Differenz zwischen dem phänomenologisch-hermeneutischen Konstruktionismus [3] und dem aktuellen (De)Konstruktionismus [4-8] liegt in der Frage, wie man mit der Verbindung von Wissen und Macht umgehen kann, wenn diese Verbindung unhintergehbar ist. Die einen (etwa Gellner) entparadoxieren das Problem, indem sie es links liegen lassen und ‹objektive Analysen› vorlegen. Die anderen (Lyotard, Rorty) entparadoxieren das Problem, indem sie jeglichen Objektivitätsanspruch, der sich nicht gleich selbst entblößt, ablehnen. Damit verschieben sie vor allen Dingen die Grundlage von Gerechtigkeit und Solidarität. Eine Zwischenstellung nimmt die neue Wissenschaftsforschung ein (davon ist oben Latour hervorgehoben worden), die das Problem der Gegenüberstellung von Wort und Welt dadurch zu umgehen versucht, dass sie Repräsentation als Übersetzung fasst und diese dann als Praktik ethnographiert. Zur Verbindung von Macht und Repräsentation (im Sinn von politischer Stellvertretung und wissenschaftlicher Darstellung) gibt es einen anschaulichen Artikel: [11] Callon, Some elements of a sociology of translation (1986).

40. In Ermangelung von Letztbegründungen setzt Habermas mehr auf die Chancen des Emanzipationsnarrativs als darauf, sich am eigenen Schopf aus dem Sumpf zu ziehen. Insofern ist für ihn Konsens die im herrschaftsfreien Diskurs und auf der Basis plausibel gemachter Erfahrungen herbeigeführte Übereinstimmung freier Menschen; siehe dazu [1] Habermas, *Erkenntnis und Interesse* (1968/1973); [2] Habermas, *Erläuterungen zur Diskursethik* (1991). Für Luhmann, der als Schopf die Autopoiesis anbietet, wird Konsens primär zum Gegenstand administrativer Verfahren; siehe dazu [3] Luhmann, *Legitimation durch Verfahren* (1969/1993). Lyotard versucht hingegen zu einer Idee und einer Praxis der Gerechtigkeit zu kommen, die nicht an (einen unmöglich gewordenen) Konsens gebunden ist: Der Weg dorthin führt nach Lyotard über die Anerkennung der Heteromorphie der Sprachspiele und dem daraus folgenden

Verzicht auf Terror; siehe dazu [4] Lyotard, *Das postmoderne Wissen* (1979/1993), S. 175-193). Ähnlich wie Lyotard argumentieren Rorty und Latour, vgl. dazu [2] Rorty, *Solidarität oder Objektivität?* (1986/1988); und [5] Latour, *Wir sind nie modern gewesen* (1991/1995). Zur Gegenposition siehe [6] Gellner, *Descartes & Co* (1992/1995), besonders S. 194.

41. Vgl. dazu den viel diskutierten und umstrittenen Beitrag Robin Hortons, der zeigt, dass sogar die Annahme einer universellen Rationalität nicht dazu führt, dass man sich auf einen einheitlichen Entwurf von Welt einigen müsste; siehe Horton, *Patterns of thought in Africa and the West* (1993); dies ist ein Sammelband, in dem auch zwei ältere Essays von 1967 und 1988 abgedruckt sind.

42. Auf den erweiterten Übersetzungs-Begriff ist schon verschiedentlich eingegangen worden, insbesondere im Prolog und am Ende der Anmerkung 39. Das Konzept der Übersetzungs*kette* ist entlehnt aus: [1] Latour, *Science in action* (1987), S. 132ff. Mit der Fokussierung der Übersetzungsketten versetzt man den Ausgangspunkt der Analyse gewissermaßen einen Schritt zurück: Identitäten, Akteure, Interessen, Zwecke, Organisationen und größere Gebilde (etwa Strukturen und Felder / Arenen), werden nicht als Fixpunkte eingeführt, um damit den Verlauf von Handlungen zu erklären. Es wird umgekehrt der Standpunkt eingenommen: wenn Handlungen Anschlüsse finden, also Übersetzungen hervorbringen, entstehen Ketten, die wiederum zu Netzen gewoben werden. Erst im Zuge dieser Praktik enstehen die genannten ‹Fixpunkte›, die dann freilich für den Verlauf weiterer Praktiken nicht gleichgültig sind, diese aber auch nicht determinieren. Siehe dazu auch [2] Latour, The powers of association (1986); [3] Latour, On actor-network theory (1996). Für die ethnographische Anwendbarkeit des Konzeptes der Übersetzungskette war auch folgender Aufsatz hilfreich: [4] Czarniawska und Joerges, Travels of ideas (1996). Für eine empirische Fallstudie siehe [5] Czarniawska, *A city reframed*, (2000).

43. Die Logik des politischen Diskurses, solche Fragen auszusparen, deren Thematisierung die Grundlagen der geltenden Ordnung insgesamt in Frage stellen würden, hat Murray Edelmann herausgearbeitet: [1] Edelmann, *Constructing the political spectacle* (1988), S. 27-29. Zum selben Phänomen auf der Ebene von Organisationen vgl. hier nochmals das 8. Kapitel «Darstellung des Systems für

Nichtmitglieder» in: [2] Luhmann, *Funktionen und Folgen formaler Organisation* (1964/1995), S. 108-122, besonders S. 114.

44. [1] World Bank, *Getting results* (1993), S. 7 und 12. Zu einer Ende der achtziger Jahre einflussreichen und praxisorientierten Ankündigung des Partizipations-Ansatzes als Lösung vieler Probleme der Entwicklungskooperation siehe hauptsächlich [2] Gow und Morss, The notorious nine (1988). Einen Überblick der ethnologischen Unterstützung dieser Positionen gibt [3] Sillitoe, What, know natives? (1998).

45. Zitiert nach Lyotard, *Das postmoderne Wissen* (1979/1993), S. 184, Fussnote 222, der wiederum Orwell zititiert und an Watzlawicks klassische Ausführungen zu ‹Sei frei!› und ‹Wolle, was du willst!› erinnert.

46. Zu «defensiver Kommunikation» siehe Scott, *Domination and the arts of resistance* (1990).

47. Siehe [1] Lyotard, *Das postmoderne Wissen* (1979/1993), S. 96-139, besonders S. 130. Lyotard verweist auf Luhmann, der die Bedeutung der Performativität der Verfahren in der postindustriellen Gesellschaft herausgearbeitet hat, die soweit geht, dass sie teilweise die Normativität der Verfahren ersetzen kann; siehe [2] Luhmann, *Legitimation durch Verfahren* (1969/1993). Die Überlegungen Luhmanns stehen im Anschluss an das berühmte erste Kapitel aus [3] Marcuse, *Der eindimensionale Mensch* (1964/1970); siehe auch [4] Dubiel, Der Fundamentalismus der Moderne (1992); [5] Guattari, Praktiken der Zukunft (1994); sowie [6] Joerges, *Technik - Körper der Gesellschaft* (1996).

48. Latour, *Science in action* (1987).

49. Escobar, Anthropology and the development encounter (1991), Zitat S. 667.

50. Eine groß angelegte Studie dieses Inhalts ist: Scott, *Seeing like a state* (1998). Allerdings konzentriert sich Scott auf die *Folgen* dessen, was hier Technisches Spiel genannt wird, ohne das Spiel selbst zu untersuchen. Er bleibt damit der Arbeitsteilung treu, auf die er sich in Yale schon vor Jahrzehnten mit seinem Kollegen Charles Perrow eingelassen hat, der sich mehr für das ‹Wie› formaler

Organisationsprozesse interessiert.

51. Die Unterscheidung zwischen einem *narrative mode of knowing* und einem *logo-scientific mode* geht auf Jerome Brunner zurück, der das Konzept eines narrativen Wissens von Lyotard übernommen und weiterentwickelt hat. Vereinfacht geht es darum, dass alle Bemühungen, einer Situation Sinn abzugewinnen, darin bestehen, Erfahrungen in ein bekanntes Narrativ einzuordnen, um so Orientierung zu gewinnen. Das einem Menschen, einer Gruppe, einer Kultur zur Verfügung stehende Repertoire an Narrativen ist hierarchisiert, so dass bestimmte Meistererzählungen (Metanarrative / master narratives oder key narratives) dazu dienen, kleinere, eher situationale Narrative vorzustrukturieren. Vgl. dazu [1] Bruner, *Actual minds, possible worlds* (1986); und [2] Lyotard, *Das postmoderne Wissen* (1979/1993). Für die Übertragung des narrativen / rhetorischen Ansatzes in die Organisationsforschung ist im Prinzip der Neoinstitutionalimus mit seiner Betonung der (weberschen) Legitimations- und Geltungsfrage zuständig; in neuerer Zeit hat sich darum verdient gemacht: [3] Weick, *Sensemaking in organizations* (1995); sowie [4] Czarniawska, *A narrative approach to organization studies* (1998).

52. Zitat aus [1] Gow und Morss, The notorious nine (1988), S. 1407 (Hervorhebung ED); das folgende Zitat stammt von S. 1413 desselben Textes. Zu den Angaben in den vorhergehenden Absätzen siehe [2]. Die Qualität der Weltbankprojekte verbessert sich. *Frankfurter Allgemeine Zeitung*, 19. Dezember 1997. Zu einer ähnlich praxisnahen und politikberatenden Perspektive wie Gow und Morss siehe den differenzierten Beitrag [3] Stockmann und Gaebe (Hrsg.), *Hilft die Entwicklungshilfe langfristig?* (1993).

53. Die drei Zitate sind entnommen aus: [1] Martin, The deconstruction of development (1998); [2] Escobar, Anthropology and the development encounter (1991), S. 676; [3] Sillitoe, What, know natives? (1998), S. 203. Zum Argument siehe stellvertretend für viele moderate und konziliante Stimmen [4] Hobart, Introduction. The growth of ignorance? (1993), S. 1. Für den deutschsprachigen Raum: [5] Bierschenk und Elwert (Hrsg.), *Entwicklungshilfe und ihre Folgen* (1993), S. 7; sowie [6] Schulz (Hrsg.), *Entwicklung* (1996). Einen aktuellen Überblick der eher hoffnungsvollen Stimmen bietet der schon wiederholt erwähnte [7] Sillitoe, What, know natives? (1998). Für ein lebendiges, aber

weniger konziliantes Beispiel eines ländlichen Entwicklungsprojektes vgl. [8] Beck, Entwicklungshilfe als Beute (1990). Im Ton prinzipieller Absagen sind verfasst: [9] Sachs (Hrsg.), *The development dictionary* (1992/1997); und [10] Scott, *Seeing like a state* (1998).

54. Zitat wieder aus [1] Gow und Morss, The notorious nine (1988), S. 1415. Eine weitere anwendungsbezogene Studie, die die Frage der Beteiligung differenziert behandelt, ist vorgelegt worden von: [2] Sülzer und Zimmermann (Hrsg.), *Organisieren und Organisationen verstehen* (1996). Doch gerade anhand dieser Studie gewinnt man den Eindruck, dass die Selbsttäuschung über die Aporien der Partizipation mit steigenden sozialwissenschaftlichen Ansprüchen keineswegs abnehmen müssen, solange das Dogma bestehen bleibt, dass Entwicklungszusammenarbeit mit *in der gegenwärtigen Form* prinzipiell möglich ist und lediglich ein paar Korrekturen notwendig sind.

55. Zum theoretischen Hintergrund dieser Argumentation siehe neben den Ausführungen im 3. Kapitel genauer [1] Latour, Drawing Things Together (1988/1990). Aus Sicht des Symbolischen Interaktionismus vgl. dazu [2] Star und Griesemer, Institutional ecology, ‹translations› and boundary objects (1989); und [3] Fujimura, Crafting science: Standardized packages, boundary objects, and ‹translation› (1992). In der Zeitschrift *Social Studies of Science* wird dieser Ansatz immer wieder fruchtbar weitergepflegt, siehe etwa [4] Sluijs u.a., Anchoring devices in science for policy (1998). Zum Konzept der ‹Aushandlungszone› siehe [5] Galison, *Image and logic* (1997), besonders Kapitel 9. Die Standardisierungspakte greifen nicht, wenn die Differenzen, die sie verbinden sollen, dafür zu grundlegend sind bzw. implizite Orientierungsmuster enthalten: (1) Realitätsdefinitionen / Semantiken / Klassifikationen (Was ist der Fall? Worum geht es? Wer sind wir?), (2) Prioritätsdefinitionen / Werte (Was wollen wir? Worauf kommt es an? Was ist wichtig? Im Hinblick auf was ist etwas wichtig?), (3) Plausibilitätsdefinitionen / Kausalitäten (Wieso kann ich wissen, was gilt? Wie hängen die Dinge zusammen?). Wenn es in transkulturellen Interaktionen unstimmig wird, so liegt es daran, dass der implizite, vorbewusste Teil dieser Orientierungsmuster (1-3) die expliziten Deutungen und Handlungen auseinanderlaufen lässt; siehe dazu [6] Elwert, Kulturbegriffe und Entwicklungspolitik (1996), hier S. 54. Zum Hintergrund der Ausblendung von Differenzen vgl. [7] Schiffauer, Die Angst vor der Diffe-

renz (1997).

56. [1] Dohmen, Frank, Der neue Geldstrom. Großunternehmen aus aller Welt
haben einen künftigen Milliardenmarkt entdeckt: das Geschäft mit dem Trinkwasser. *Der Spiegel*, 5. April 1999, 82-84.

Den Modelltransfer in der Entwicklungszusammenarbeit hat Hirschman
schon 1967 als Pseudo-Immitation beschrieben: Entwicklungsprojekte erhöhen ihre Legitimität dadurch, dass sie als Abbilder und Wiederholungen erfolgreicher Unternehmungen an anderen Orten der Welt, meist der industrialisierten, westlichen Welt inszeniert werden; siehe [2] Hirschman, *Development projects
observed* (1967). Allgemein zum Verhältnis von Wirksamkeit und Verbreitung
von Organisationsmodellen siehe [3] DiMaggio und Powell, The iron cage
revisited (1983). Auf unseren Fall bezogen heißt das: das BOOT-Verfahren
wird in Baharini in Erwägung gezogen, weil es in Großbritannien erfolgreich
war.

Harald Scherf spricht von einem ökonomischen Fundamentalismus, der
sich verdächtigerweise gerade im Angesicht des Zusammenbruchs der
sozialistischen Planwirtschaften entfaltet. Er meint, dass dieser Fundamentalismus hauptsächlich auf dem Vergessen einer simplen Tatsache beruht: dass
nämlich alle erfolgreichen kapitalistischen Länder des Westens seit mehr als
hundert Jahren vor allen Dingen damit beschäftigt waren und weiterhin sind,
den Geltungsbereich der Marktmechanismen zu beschränken und zu regeln.
Siehe dazu [4] Scherf, Fundamentalismus in der Ökonomie (1992), besonders
S. 816-819. Hier sei auch auf die Kritik durch Thomas Petersen und James Buchanan verwiesen; siehe [5] Petersen, *Individuelle Freiheit und allgemeiner Wille*
(1996). Michel Callon hat die Argumentation umgekehrt und aufgezeigt, wie
Märkte zuerst gemacht werden müssen, bevor sie ihre Gesetze entfalten können, siehe [6] Callon (Hrsg.), *The laws of the markets* (1998). Im Anschluss daran
siehe auch [7] Rottenburg u .a., In search of a new bed (2000).

57. Zur Weltbank siehe am besten den ethnographischen Essay: Enzensberger,
Milliarden aller Länder, vereinigt euch! (1988).

58. Zum Paradigmenwechsel, der schon seit den 70er Jahren die ökonomische
Entwicklungsdebatte von einer möglichst umfassenden und zentralen Planung
zu einem evolutionären Prozess führte, siehe [1] Weiss, Changing paradigms of

development in an evolutionary perspective (1992). Für die Beobachtung der gesellschaftlichen Verteilung des Wissens ganz im Sinn der aktuellen Entwicklungspolitik in Richtung Deregulierung und Dezentralisierung ist zuständig: [2] Hayek, Die Verwertung des Wissens in der Gesellschaft (1945/1976). Ohne auf den Punkt einzugehen, dass zu viel Planung die angestrebte Entwicklung verhindert, stellen Gow und Morss empirisch fest, dass das hier diskutierte Koordinationsproblem eines der neun notorischen Gründe für das Versagen der Entwicklungszusammenarbeit ist; siehe [3] Gow und Morss, The notorious nine (1988), S. 1400-1402.

59. Vgl. auch Gow und Morss, The notorious nine (1988), S.1403.

60. Der meist misslungene Umgang mit Empowerment (im Kontext von Dezentralisierung und Partizipation) ist eine der «notorischen neun Hauptursachen» für das Versagen der Entwicklungszusammenarbeit; siehe Gow und Morss, The notorious nine (1988), S. 1407-1408.

61. Das Argument über die Stärke einer Erklärung geht zurück auf [1] Latour, The politics of explanation (1988). Grundlegend zu Schrift, Listen, Tabellen und Rezepten siehe [2] Goody, *The domestication of the savage mind* (1977); [3] Goody, *Die Logik der Schrift und die Organisation von Gesellschaft* (1986/1990), besonders S. 94-151; [4] Assmann, *Das kulturelle Gedächtnis* (1992); [5] Assmann, Lesende und nichtlesende Gesellschaften (1994); [6] Elwert, Die gesellschaftliche Einbettung von Schriftgebrauch (1987b). Der theoretische Text, den Elwert hier ethnographisch untermauert ist [7] Luhmann, *Soziale Systeme* (1984/1987), S. 216-225.

62. Borges, Die analytische Sprache von John Wilkins (1974/1992), S. 113-117, Zitate S. 115f.

63. Von der Unterscheidung zwischen schriftlichem / wissenschaftlichem und narrativem Wissen war bereits wiederholt die Rede; siehe Anmerkung 51.

64. Siehe hierzu grundlegend [1] Pinch, Towards an analysis of scientific observation (1985); [2] Porter, *Trust in numbers* (1995); und konkret zur hier diskutierten Sache [3] Power, *The audit society* (1997).

65. Douglas und Wildavsky, *Risk and culture* (1982), S. 5.

66. Das Diagramm 6.5 ist von Bruno Latour übernommen, der damit ein grund-
    sätzliches Argument gegen die Vorstellung einer Gegenüberstellung von Welt
    und Sprache als adaequatio rei et intellectus vorträgt und dagegen die (bereits
    in Anmerkung 11, 39, 42 erwähnte) Behauptung aufstellt, dass Referenz als
    transversale Referenz eine Eigenschaft der Übersetzungskette selbst ist, siehe
    konkret: Latour, The «Pédofil» of Boa Vista (1995).

67. Vgl. [1] Schütz und Luckmann, *Strukturen der Lebenswelt* (1979/1991), S. 26; und
    [2] Schütz, *Der sinnhafte Aufbau der sozialen Welt* (1932/1974), S. 137-197. In
    einer anderen Theoriesprache geht es hier um das ‹principle of charity›, vgl. [3]
    Davidson, *Wahrheit und Interpretation* (1984/1990).

68. Galison, *Image and logic* (1997), besonders Kapitel 9 «The Trading Zone: Coor-
    dinating Action and Belief», S. 781-844.

69. World Bank, *Getting results* (1993).

70. Auf diese Weise bleibt die Entwicklungszusammenarbeit (vor allem mit Afrika)
    der letzte Hort, in dem der Mythos der Moderne unangefochten gilt. Diese
    Beobachtung war zu erwarten, wenn man Ulrich Beck folgt. Er vermutet, dass
    sich der Konflikt der Zukunft zwischen solchen Ländern, Regionen und
    Kollektiven abspielen wird, die sich auf dem Weg in die ‹Erste Moderne›
    befinden, und solchen, die aus der ernüchternden Erfahrung mit Modernisie-
    rung diese nun selbstkritisch relativieren und reflektieren wollen. Direkt zu
    diesem Punkt vgl. [1] Beck, Der Konflikt der zwei Modernen (1990); weiter
    ausholend vgl. [2] Beck, Giddens, Lash, *Reflexive Modernisierung* (1994/1996).

Literatur

Adorno, Theodor W. 1958/1963. Standort des Erzählers im zeitgenössischen Roman. *In* Adorno, Theodor W. *Noten zur Literatur I*. Frankfurt am Main: Suhrkamp, 61-72.

Arrow, Kenneth J. 1985/1991. The economics of agency. In *Principals and agents. The structure of business*, hrsg. von Pratt, John W. und Richard J. Zeckhauser. Boston: Harvard Business School Press, 37-51.

Assmann, Jan. 1992. *Das kulturelle Gedächtnis*. München: Beck.

Assmann, Jan. 1994. Lesende und nichtlesende Gesellschaften. Zur Entwicklung der Notation von Gedächtnisinhalten. *Forschung und Lehre* 1 (2): 28-31.

Barthelt, Rainer. 1997. Nachhaltige Hilfe für Afrika. Die Entwicklungszusammenarbeit mit den Ländern Sub-Sahara-Afrikas. In *Afrika Post*, Nr. 7-8.

Beck, Kurt. 1990. Entwicklungshilfe als Beute. Über die lokale Aneignungsweise von Entwicklungsmaßnahmen im Sudan. *Orient* 4: 583-601.

Beck, Ulrich. 1990. Der Konflikt der zwei Modernen. In *Die Modernisierung moderner Gesellschaften. Verhandlungen des 25. Deutschen Soziologentages in Frankfurt am Main 1990*, hrsg. von Zapf, Wolfgang. Frankfurt am Main: Campus, 40-53.

Beck, Ulrich, Anthony Giddens und Scott Lash. 1994/1996. *Reflexive Modernisierung. Eine Kontroverse*. Frankfurt am Main: Suhrkamp.

Bennett, John und John Bowen (Hrsg.). 1988. *Production and autonomy: Anthropological studies and critiques of development*. Lanham: University Press of America / Society for Economic Anthropology.

Berger, Peter L. und Thomas Luckmann. 1966/1972. *Die gesellschaftliche Konstruktion der Wirklichkeit. Eine Theorie der Wissenssoziologie*. Frankfurt am Main: Fischer.

Bierschenk, Thomas und Georg Elwert (Hrsg.). 1993. *Entwicklungshilfe und ihre Folgen. Ergebnisse empirischer Untersuchungen in Afrika*. Frankfurt am Main: Campus.

Bierschenk, Thomas, Jean-Pierre Chauveau und Jean-Pierre Olivier de Sardan (Hrsg.). 2000. *Courtiers en développement. Les villages africains en quête de projets*. Paris: Karthala.

Blau, Peter M. 1956. *Bureaucracy in modern society*. New York: Random House.

Bliss, Frank. 1997. Zum Verhältnis von Entwicklungsethnologie und staatlicher Entwicklungszusammenarbeit in Deutschland. Bilanz und Versuch einer Prognose. *Entwicklungsethnologie* 6 (2): 11-38.

Blumenberg, Hans. 1981/1996. *Wirklichkeiten, in denen wir leben*. Stuttgart: Reclam.

Borges, Jorge Luis. 1974/1992. *Inquisitionen. Essays 1941-1952.* Frankfurt am Main: Fischer.

Borges, Jorge Luis. 1974/1992. Die analytische Sprache von John Wilkins. In Borges, Jorge Luis: *Inquisitionen. Essays 1941-1952.* Frankfurt am Main: Fischer, 113-117.

Bourdieu, Pierre. 1996. Die Logik der Felder. In *Reflexive Anthropologie,* hrsg. von Bourdieu, Pierre und Loic J. D. Wacquant. Frankfurt am Main: Suhrkamp, 124-147.

Braun, Gerald. 1993. Nachhaltigkeit, was ist das? Definitionen, Konzepte, Kritik. In *Hilft die Entwicklungshilfe langfristig? Bestandsaufnahme zur Nachhaltigkeit von Entwicklungsprojekten,* hrsg. von Stockmann, Reinhard und Wolf Gaebe. Wiesbaden: Westdeutscher Verlag, 25-41.

Bruner, Jerome. 1986. *Actual minds, possible worlds.* Cambridge, Mass.: Harvard University Press.

Brunsson, Nils und Johan P. Olsen. 1993. *The reforming organization.* London, New York: Routledge.

Buchanan, James M. 1992. *Markt, Freiheit und Demokratie.* Wien: Carl Menger Institut.

Callon, Michel. 1986. Some elements of a sociology of translation: domestication of the scallops and the fishermen of St. Brieuc Bay. In *Power, action and belief. A new sociology of knowledge?* hrsg. von Law, John. London: Routledge & Kegan, 196-233.

Callon, Michel, (Hrsg.). 1998. *The laws of the markets.* Oxford: Blackwell.

Clarke, Adele E. 1991. Social worlds/arenas theory as organizational theory. In *Social organization and social process. Essays in honor of Anselm Strauss,* hrsg. von Maines, David R. New York: Aldine de Gruyter, 119-158.

Czarniawska-Joerges, Barbara. 1993. *The three-dimensional organization. A constructionist view.* Lund: Studentlitteratur.

Czarniawska, Barbara. 1997. *Narrating the organization. Dramas of institutional identity.* Chicago, London: University of Chicago.

Czarniawska, Barbara. 1998. *A narrative approach to organization studies.* London: Sage.

Czarniawska, Barbara. 2000. *A city reframed. Managing Warsaw in the 1990s.* Amsterdam: Harwood.

Czarniawska, Barbara und Bernward Joerges. 1996. Travels of ideas. In *Translating organizational change,* hrsg. von Czarniawska, Barbara und Guje Sevón. Berlin, New York: Walter de Gruyter, 13-48.

Davidson, Donald. 1984/1990. *Wahrheit und Interpretation*. Frankfurt am Main: Suhrkamp.

DiMaggio, Paul J. und Walter W. Powell. 1983. The iron cage revisited: Institutional isomorphism and collective rationality in organizational fields. *American Sociological Review* 48 (April): 147-160.

Douglas, Mary und Aaron Wildavsky. 1982. *Risk and culture. An essay on the selection of technical and environmental dangers*. Berkeley: University of California Press.

Dubiel, Helmut. 1992. Der Fundamentalismus der Moderne. *Merkur* Sonderheft GegenModerne. Über Fundamentalismus, Multikulturalismus und Moralische Korrektheit (522/523): 747-762.

Eco, Umberto. 1994. *Six walks in the fictional woods*. Cambridge, Mass.: Harvard University Press.

Edelman, Murray. 1988. *Constructing the political spectacle*. Chicago, London: University of Chicago.

Eisenstadt, Shmul N. 1961. Anthropological studies of complex societies. *Current Anthropology* 2 (3): 201-222.

Elshorst, Hansjörg. 1990. Organisation und Entwicklung. Zum System der deutschen Entwicklungspolitik. In *Deutsche und internationale Entwicklungspolitik. Zur Rolle staatlicher, supranationaler und nicht-regierungsabhängiger Organisationen im Entwicklungsprozess der Dritten Welt*, hrsg. von Glagow, Manfred. Opladen: Westdeutscher Verlag, 19-34.

Elwert, Georg. 1987a. Ausdehnung der Käuflichkeit und Einbettung der Wirtschaft. Markt und Moralökonomie. *Kölner Zeitschrift für Soziologie und Sozialpsychologie (Sonderband 28: Soziologie wirtschaftlichen Handelns)*: 300-321.

Elwert, Georg. 1987b. Die gesellschaftliche Einbettung von Schriftgebrauch. In *Theorie als Passion. Niklas Luhmann zum 60. Geburtstag*, hrsg. von Baecker, Dirk et al. Frankfurt am Main: Suhrkamp, 238-268.

Elwert, Georg. 1996. Kulturbegriffe und Entwicklungspolitik - über «soziokulturelle Bedingungen der Entwicklung«. In *Kulturen und Innovationen. Festschrift für Wolfgang Rudolph*, hrsg. von Elwert, Georg, Jürgen Jensen und Ivan R. Kortt. Berlin: Duncker & Humblot, 51-88.

Enzensberger, Hans-Magnus. 1988. Milliarden aller Länder, vereinigt euch! Andeutungen über die Weltbank und den Internationalen Währungsfonds. In Enzensberger, Hans-Magnus: *Mittelmaß und Wahn. Gesammelte Zerstreuungen*. Frankfurt am Main: Suhrkamp, 141-183.

Escobar, Arturo. 1988. Power and visibility: the invention and management of development in the Third World. *Cultural anthropology* 3 (4): 428-443.

Escobar, Arturo. 1991. Anthropology and the development encounter: the making and marketing of development anthropology. *American Ethnologist* 18 (4): 658-682.

Escobar, Arturo. 1995. *Encountering development: the making and unmaking of the Third World.* Princeton, NJ: Princeton University Press.

Ferguson, James. 1990. *The anti-politics machine: «development», depoliticization and bureaucratic power in Lesotho.* Cambridge: Cambridge University Press.

Foucault, Michel. 1966/1991. *Die Ordnung der Dinge. Eine Archäologie der Humanwissenschaften.* Frankfurt am Main: Suhrkamp.

Foucault, Michel. 1975/1991.*Überwachen und Strafen. Die Geburt des Gefängnisses.* Frankfurt am Main: Suhrkamp.

Fujimura, Joan H. 1992. Crafting science: Standardized packages, boundary objects, and «translation«. In *Science as Practice and Culture,* hrsg. von Pickering, Andrew. Chicago, London: University of Chicago, 168-211.

Fuller, Steve. 1994. Towards a philosophy of science accounting: a critical rendering of instrumental rationality. In *Accounting and science. Natural inquiry and commercial reason,* hrsg. von Power, Michael. Cambridge: Cambridge University Press, 247-280.

Galison, Peter. 1997. *Image and logic: a material culture of microphysics.* Chicago: University of Chicago.

Gellner, Ernest. 1983/1991. *Nationalismus und Moderne.* Berlin: Rotbuch.

Gellner, Ernest. 1992/1995. *Descartes & Co. Von der Vernunft und ihren Feinden.* Frankfurt am Main: Junius.

Goffman, Erving. 1974/1993. *Frame analysis. An essay on the organization of experience.* Boston, Mass.: Northeastern University Press.

Goody, Jack. 1986/1990. *Die Logik der Schrift und die Organisation von Gesellschaft.* Frankfurt am Main: Suhrkamp.

Goody, Jack. 1977. *The domestication of the savage mind.* Cambridge: Cambridge University Press.

Gow, David D. und Elliott R. Morss. 1988. The notorious nine. Critical problems in project implementation. *World Development* 16 (12): 1399-1418.

Guattari, Felix. 1994. Praktiken der Zukunft. Modernität und Maschinismus, Technik und Ökosophie. *Lettre International* Frühjahr 94: 18-21.

Gusterson, Hugh. 1996. *Nuclear rites: a weapons laboratory at the end of the cold war.* Berkeley, London: University of California Press.

Habermas, Jürgen. 1968/1973. *Erkenntnis und Interesse.* Frankfurt am Main: Suhrkamp.

Habermas, Jürgen. 1991. *Erläuterungen zur Diskursethik.* Frankfurt am Main: Suhrkamp.

Hanke, Stefanie. 1996. Weiß die Weltbank, was sie tut? Über den Umgang mit Unsicherheit in einer Organisation der Entwicklungsfinanzierung. *Soziale Systeme. Zeitschrift für soziologische Theorie* 2 (2): 331-359.

Harper, Richard H. R. 1998. *Inside the IMF. An ethnography of documents, technology, and organisational action.* San Diego, London u.a.: Academic Press.

Hayek, Friedrich A. von. 1945/1976. Die Verwertung des Wissens in der Gesellschaft. *In* Hayek, Friedrich A. von: *Individualimus und wirtschaftliche Ordnung.* Erlenbach-Zürich: Eugen Rentsch, 103-121.

Hegel, Georg Wilhelm Friedrich. 1807/1974. *Phänomenologie des Geistes.* Frankfurt am Main: Suhrkamp.

Hirschman, Albert O. 1967. *Development projects observed.* Washington: The Brookings Institution.

Hirschman, Albert O. 1994. Wieviel Gemeinsinn braucht die liberale Gesellschaft? *Leviathan* 1994 (2): 293-304.

Hobart, Mark. 1993. Introduction. The growth of ignorance? In *An anthropological critique of development. The growth of ignorance,* hrsg. von Hobart, Mark. London: Routledge, 1-29.

Hoben, Allan. 1982. Anthropologists and development. *Annual Review of Anthropology* 11: 349-375.

Hobsbawm, Eric. 1994. *Das Zeitalter der Extreme. Weltgeschichte des 20. Jahrhunderts.* München: Hanser.

Holy, Ladislav und Milan Stuchlik. 1983. *Actions, norms and representations. Foundations of anthropological inquiry.* Cambridge: Cambridge University Press.

Horton, Robin. 1967. African traditional thought and western science. *Africa* 37 (1-2): o.A.

Horton, Robin. 1988. Tradition and modernity revisited. In *Rationality and relativism,* hrsg. von Hollis, Martin und Steven Lukes. Oxford: Basil Blackwell, 201-260.

Horton, Robin. 1993. *Patterns of thought in Africa and the West: Essays on magic, religion and science.* Cambridge: Cambridge University Press.

Joerges, Bernward. 1996. *Technik - Körper der Gesellschaft. Arbeiten zur Techniksoziologie.* Frankfurt am Main: Suhrkamp.

Johnson, Keith. 1985. Conflicting images and realities in project-planning. *Third*

World Planning Review 7 (4): 351-355.

Knorr Cetina, Karin. 1981/1991. *Die Fabrikation von Erkenntnis. Zur Anthropologie der Naturwissenschaft.* Frankfurt am Main: Suhrkamp.

Krappmann, Lothar. 1969/1975. *Soziologische Dimensionen der Identität.* Stuttgart: Klett.

Kuhn, Thomas S. 1962/1976. *Die Struktur wissenschaftlicher Revolutionen.* Frankfurt am Main: Suhrkamp.

Latour, Bruno. 1986. The powers of association. In *Power, action and belief. A new sociology of knowledge?,* hrsg. von Law, John. London: Routledge, 264-280.

Latour, Bruno. 1987. *Science in action. How to follow scientists and engineers through society.* Cambridge, Mass.: Harvard University Press.

Latour, Bruno. 1988. The politics of explanation: an alternative. In *Knowledge and reflexivity. New frontiers in the sociology of knowledge,* hrsg. von Woolgar, Steve. London: Sage, 155-176.

Latour, Bruno. 1988/1990. Drawing things together. In *Representation in scientific practice,* hrsg. von Lynch, Michael und Steve Woolgar. Cambridge/Boston: MIT, 19-68.

Latour, Bruno. 1989. Clothing the naked truth. In *Dismantling truth. Reality in the post-modern world,* hrsg. von Lawson, Hilary und Lisa Appignanesi. London: Weidenfeld and Nicolson, 101-126.

Latour, Bruno. 1991/1995. *Wir sind nie modern gewesen. Versuch einer symmetrischen Anthropologie.* Berlin: Akademie Verlag.

Latour, Bruno. 1992/1993. Eine Tatsache ist eine Tatsache. In *Das Denken der Bilder,* hrsg. von Schmidt, Rüdiger und Bettina Wahrig-Schmidt. Lübeck: Luciferlag, 210-220.

Latour, Bruno. 1995. The «Pédofil» of Boa Vista. A photo-philosophical montage. *Common Knowledge* 4: 144-187.

Latour, Bruno. 1996. On actor-network theory. *Soziale Welt* 47 (4): 369-381.

Law, John. 1994. *Organizing modernity.* Oxford, Cambridge USA: Blackwell.

Luhmann, Niklas. 1964/1995. *Funktionen und Folgen formaler Organisation.* Berlin: Duncker & Humblot.

Luhmann, Niklas. 1968/1989. *Vertrauen. Ein Mechanismus der Reduktion sozialer Komplexität.* Stuttgart: Enke.

Luhmann, Niklas. 1969/1993. *Legitimation durch Verfahren.* Frankfurt am Main: Suhrkamp.

Luhmann, Niklas. 1984/1987. *Soziale Systeme. Grundriss einer allgemeinen Theorie.*

Frankfurt am Main: Suhrkamp.

Luhmann, Niklas. 1990/1994. *Die Wissenschaft der Gesellschaft*. Frankfurt am Main: Suhrkamp.

Luhmann, Niklas. 1991. Sthenographie und Euryalistik. In *Paradoxien, Dissonanzen, Zusammenbrüche. Situationen offener Epistemologien*, hrsg. von Gumbrecht, Hans Ulrich und K. Ludwig Pfeiffer. Frankfurt am Main: Suhrkamp, 58-82.

Luhmann, Niklas. 1993. «Was ist der Fall?» und «Was steckt dahinter?» Die zwei Soziologien und die Gesellschaftstheorie. *Zeitschrift für Soziologie* 22 (4): 245-260.

Luhmann, Niklas. 1997. *Die Gesellschaft der Gesellschaft*. Frankfurt am Main: Suhrkamp.

Lyotard, Jean-François. 1979/1993. *Das postmoderne Wissen. Ein Bericht*. Wien: Passagen.

March, James G. und Herbert A. Simon. 1958. *Organizations*. New York: Wiley.

Marcuse, Herbert. 1964/1970. *Der eindimensionale Mensch. Studien zur Ideologie der fortgeschrittenen Industriegesellschaft*. Neuwied: Luchterhand.

Martin, Maximilian. 1998. The deconstruction of development: a critical overview. *Entwicklungsethnologie* 7 (1): 40-59.

Merton, Robert K. 1949/1995. Die self-fulfilling prophecy. In Merton, Robert K.: *Soziologische Theorie und soziale Struktur*. Berlin, New York: de Gruyter, 399-413.

Meyer, John W. und Brian Rowan. 1977/1991. Institutionalized organizations: Formal structure as myth and ceremony. In *The new institutionalism in organizational analysis*, hrsg. von Powell, Walter W. und Paul J. DiMaggio. Chicago: University of Chicago, 41-62.

Münch, Richard. 1978. Max Webers «Anatomie des okzidentalen Rationalismus». Eine systemtheoretische Lektüre. *Soziale Welt* 31: 217-246.

Münch, Richard. 1984. *Die Struktur der Moderne. Grundmuster und differentielle Gestaltung des institutionellen Aufbaus der modernen Gesellschaften*. Frankfurt am Main: Suhrkamp.

Nabokov, Vladimir. 1957/1996. *Pnin*. Reinbeck: Rowohlt.

Nader, Laura (Hrsg.). 1996. *Naked science. Anthropological inquiry into boundaries, power and knowledge*. New York, London: Routledge.

Nelson, Benjamin. 1969. *The idea of usury. From tribal brotherhood to universal otherhood*. Chicago: University of Chicago.

Petersen, Thomas. 1996. *Individuelle Freiheit und allgemeiner Wille. Buchanans politische Ökonomie und die politische Philosophie*. Tübingen: Mohr.

Pickering, Andrew. 1995. *The mangle of practice: time, agency, and science*. Chicago:

University of Chicago.

Pinch, Trevor. 1985. Towards an analysis of scientific observation: the externality and evidential significance of observation reports in physics. *Social Studies of Science* 15: 3-36.

Polanyi, Karl. 1944/1990. *The Great Transformation. Politische und ökonomische Ursprünge von Gesellschaften und Wirtschaftssystemen.* Frankfurt am Main: Suhrkamp.

Polanyi, Karl. 1957/1971. The economy as instituted process. In *Primitive, archaic and modern economies. Essays of Karl Polanyi,* hrsg. von Dalton, George. Boston: Beacon, 139-174.

Porter, Theodore M. 1994. Making things quantitative. In *Accounting and science. Natural inquiry and commercial reason,* hrsg. von Power, Michael. Cambridge: Cambridge University Press, 36-56.

Porter, Theodore M. 1995. *Trust in numbers. The pursuit of objectivity in science and public life.* Princeton: Princeton University Press.

Powell, Walter W. 1990. Neither market nor hierarchy: network forms of organizations. *Research in Organizational Behavior* 12: 295-336.

Power, Michael. 1997. *The audit society: rituals of verification.* Oxford: Oxford University Press.

Rabinow, Paul. 1996. *Essays on the anthropology of reason.* Princeton,New Jersey: Princeton University Press.

Rorty, Richard. 1979/1981. *Der Spiegel der Natur: Eine Kritik der Philosophie.* Frankfurt am Main: Suhrkamp.

Rorty, Richard. 1986/1988. *Solidarität oder Objektivität? Drei philosophische Essays.* Stuttgart: Reclam.

Rorty, Richard. 1989/1991. *Kontingenz, Ironie und Solidarität.* Frankfurt am Main: Suhrkamp.

Rorty, Richard. 1991a. Representation, social practice, and truth. *In* Rorty, Richard: *Objectivity, relativism and truth: Philosophical papers,* 151-161.

Rottenburg, Richard, Herbert Kalthoff und Hans-Jürgen Wagener. 2000. In search of a new bed. Economic representations and practices. In *Facts and figures. Economic practices and representations. Jahrbuch Ökonomie und Gesellschaft 16,* hrsg. von Kalthoff, Herbert, Richard Rottenburg und Hans-Jürgen Wagener. Marburg: Metropolis, 9-34.

Sachs, Wolfgang. 1994. Satellitenblick. Die Ikone vom blauen Planeten und ihre Folge für die Wissenschaft. In *Technik ohne Grenzen,* hrsg. von Braun, Ingo und Bernward Joerges. Frankfurt am Main: Suhrkamp, 305-346.

Sachs, Wolfgang (Hrsg.). 1992/1997. *The development dictionary: a guide to knowldege and power.* London, New Jersey: Zed Books.

Sartre, Jean-Paul. 1943. Die unwahrhaftigen Verhaltensweisen. In Sartre, Jean-Paul: *Das Sein und das Nichts. Versuch einer phänomenologischen Ontologie.* Frankfurt am Main: Rowohlt, 101-116.

Scherf, Harald. 1992. Fundamentalismus in der Ökonomie. *Merkur* 46 (9/10): 809-819.

Schiffauer, Werner. 1997. Die Angst vor der Differenz. Zu neuen Strömungen in der Kultur- und Sozialanthropologie. In Schiffauer, Werner: *Fremde in der Stadt.* Frankfurt am Main: Suhrkamp, 157-171.

Schönhuth, Michael. 1998. Entwicklungsethnologie in Deutschland. Eine Bestandsaufnahme aus Sicht der Arbeitsgemeinschaft Entwicklungsethnologie und ein Vergleich mit internationalen Entwicklungen. *Entwicklungsethnologie* 7 (1): 11-39.

Schütz, Alfred. 1932/1974. *Der sinnhafte Aufbau der sozialen Welt. Eine Einleitung in die verstehende Soziologie.* Frankfurt a.M.: Suhrkamp.

Schütz, Alfred und Thomas Luckmann. 1979/1991. *Strukturen der Lebenswelt.* Frankfurt am Main: Suhrkamp.

Schulz, Manfred (Hrsg.). 1997. *Entwicklung. Die Perspektive der Entwicklungssoziologie.* Opladen: Westdeutscher Verlag.

Scott, James C. 1990. *Domination and the arts of resistance. Hidden transcripts.* New Haven: Yale University Press.

Scott, James C. 1998. *Seeing like a state: How certain schemes to improve the human condition have failed.* Yale: Yale University Press.

Scott, William Richard. 1981/1987. *Organizations: Rational, natural and open systems.* Englewood Cliffs: Prentice-Hall.

Sennett, Richard. 1998. *Der flexible Mensch. Die Kultur des neuen Kapitalismus.* Berlin: Berlin Verlag.

Serres, Michel. 1974/1992. *Hermes III. Übersetzung.* Berlin: Merve.

Serres, Michel. 1989/1994. Vorwort, dessen Lektüre sich empfiehlt, damit der Leser die Absicht der Autoren kennenlernt und den Aufbau dieses Buches versteht. In Serres, Michel: *Elemente einer Geschichte der Wissenschaften.* Frankfurt am Main: Suhrkamp, 11-37.

Sillitoe, Paul. 1998. What, know natives? Local knowledge in development. *Social Anthropology* 6 (2): 203-220.

Smith, Barbara Herrnstein. 1997. *Belief and resistance. Dynamics of contemporary intellectu-*

al controversy. Cambridge, Mass.: Harvard University Press.

Star, Susan Leigh und James R. Griesemer. 1989. Institutional ecology, «Translations» and boundary objects: Amateurs and professionals in Berkeley's Museum of Vertebrate Zoology, 1907-1939. *Social Studies of Science* 19: 387-420.

Stockmann, Reinhard und Wolf Gaebe (Hrsg.). 1993. *Hilft die Entwicklungshilfe langfristig? Bestandsaufnahme zur Nachhaltigkeit von Entwicklungsprojekten.* Wiesbaden: Westdeutscher Verlag.

Strauss, Anselm. 1978a. *Negotiations: varieties, contexts, processes, and social order.* San Francisco: Jossey-Bass.

Strauss, Anselm. 1978b. A social world perspective. *Studies in symbolic interaction* 1: 119-128.

Strauss, Anselm. 1993. *Continual permutations of action.* New York: Aldine de Gruyter.

Sülzer, Rolf und Arthur Zimmermann (Hrsg.). 1996. *Organisieren und Organisationen verstehen.* Opladen: Westdeutscher Verlag.

Thompson, Edward P. 1963/1980. *The making of the English working class.* London: Penguin.

van der Sluijs, Jeroen, José van Eijndhoven, Simon Shackley und Brian Wynne. 1998. Anchoring devices in science for policy: The case of consensus around climate sensitivity. *Social Studies of Science* 28 (2): 291-323.

van Ufford, Philip Quarles. 1990. Mythos einer rationalen Entwicklungspolitik: Evaluation versus policy-making in privaten holländischen Hilfsorganisationen. In *Deutsche und internationale Entwicklungspolitik. Zur Rolle staatlicher, supranationaler und nicht-regierungsabhängiger Organisationen im Entwicklungsprozess der Dritten Welt,* hrsg. von Glagow, Manfred. Opladen: Westdeutscher Verlag, 243-269.

van Ufford, Philip Quarles. 1993a. Knowledge and ignorance in the practices of development policy. In *An Anthropological Critique of Development,* hrsg. von Hobart, Mark. London: Routledge, 135-160.

van Ufford, Philip Quarles. 1993b. Die verborgene Krise der Entwicklungshilfe: Entwicklungshilfebürokratien zwischen Absichten und Ergebnissen. In *Entwicklungshilfe und ihre Folgen. Ergebnisse empirischer Untersuchungen in Afrika,* hrsg. von Bierschenk, Thomas und Georg Elwert. Frankfurt am Main: Campus, 121-142.

Waldmann, Peter. 1996. Anomie in Argentinien. In *Argentinien. Politik, Wirtschaft, Kultur und Außenbeziehungen,* hrsg. von Nolte, Detlef und Nikolaus Werz. Frankfurt am Main: Vervuert.

Weber, Max. 1904/1920/1972. Die protestantische Wirtschaftsethik und der Geist des Kapitalismus. *In* Weber, Max: *Gesammelte Aufsätze zur Religionssoziologie. Band I.* Tübingen: Mohr, 17-206.

Weber, Max. 1904/1973. Die «Objektivität» sozialwissenschaftlicher und sozial-politischer Erkenntnis. *In* Weber, Max: *Gesammelte Aufsätze zur Wissenschaftlehre.* Tübingen: Mohr, 146-214.

Weber, Max. 1920/1972. Zwischenbetrachtung: Theorie der Stufen und Richtungen religiöser Weltablehnung. *In* Weber, Max: *Gesammelte Aufsätze zur Religionssoziologie. Band I.* Tübingen: Mohr, 536-573.

Weber, Max. 1923/1981. *Wirtschaftsgeschichte. Abriss der universalen Sozial- und Wirtschaftsgeschichte.* Berlin: Duncker & Humblot.

Weick, Karl E. 1969/1995. *Der Prozess des Organisierens.* Frankfurt am Main: Suhrkamp.

Weick, Karl E. 1995. *Sensemaking in organizations.* London: Sage.

Weick, Karl E., und Karlene H. Roberts. 1993. Collective mind in organizations: heedful interrelating on flight decks. *Administrative Science Quarterly* 38: 357-381.

Weiss, Dieter. 1992. Changing paradigms of development in an evolutionary perspective. *Social Indicators Research* 26: 367-389.

Wittgenstein, Ludwig. 1969/1997. *Über Gewissheit.* Frankfurt am Main: Suhrkamp.

World Bank. 1993. *Getting results. The World Bank's agenda for improving development effectiveness.* Washington, D.C.: The World Bank.

Qualitative Soziologie

Herausgegeben von K. Amann, Bielefeld, J. R. Bergmann, Gießen, und S. Hirschauer, Bielefeld.

Die Reihe "Qualitative Soziologie" präsentiert ausgewählte Beiträge aus der qualitativen Sozialforschung, die methodisch anspruchsvolle Untersuchungen mit einem dezidierten Interesse an der Weiterentwicklung soziologischer Theorie verbinden. Ihr Spektrum umfasst ethnographische Feldstudien wie Analysen mündlicher und schriftlicher Kommunikation, Arbeiten zur historischen Sozialforschung wie zur Visuellen Soziologie. Die Reihe versammelt ohne Beschränkung auf bestimmte Gegenstände originelle Beiträge zur Wissenssoziologie, zur Interaktions- und Organisationsanalyse, zur Sprach- und Kultursoziologie wie zur Methodologie qualitativer Sozialforschung und sie ist offen für Arbeiten aus den angrenzenden Kulturwissenschaften. Sie bietet ein Forum für Publikationen, in denen sich weltoffenes Forschen, methodologisches Reflektieren und analytisches Arbeiten wechselseitig verschränken. Nicht zuletzt soll die Reihe "Qualitative Soziologie" den Sinn dafür schärfen, wie die Soziologie selbst an sozialer Praxis teilhat.

Band 1:

Thomas Scheffer, Asylgewährung

Eine ethnographische Verfahrensanalyse

2001. 249 S. kt. € 23,- / sFr 41,20. (ISBN 3-8282-0165-2)

Aus rechtssystematischen wie verfahrenspraktischen Gründen gilt der Asylzugang als souveränitätsfeindlich. Die hier vorgelegte ethnographische Verfahrensanalyse zeigt anhand der Praktiken zur Fallherstellung (Dolmetschen, Verschriftlichen, Befragen), wie der drohende Souveränitätsverlust in der Asylanhörung methodisch bearbeitet und aufgefangen wird.

Band 3:

Elisabeth Mohn, Filming Culture

Spielarten des Dokumentierens nach der Repräsentationskrise

2002. XVI/242 S., 37 Abb., kt. € 29,- / sFr 51,-. (ISBN 3-8282-0214-4)

In Kulturanthropologie und Soziologie findet seit den 80er Jahren ein "Eiertanz" um die erkenntnistheoretische Orientierung qualitativer Forschung statt. Einerseits ist man vorsichtig geworden gegenüber naturalistischen Annahmen, andererseits lassen sich solche Annahmen in der Forschungspraxis aber auch nicht einfach (de)konstruktivistisch verabschieden. Diese Problematik spitzt sich beim Gebrauch von Video und Film in Forschungsprozessen noch zu. In dieser Ausgangslage unternimmt die Autorin eine vergleichende Analyse von Konzepten des Dokumentierens in der Visuellen Anthropologie, der Ethnomethodologie und der soziologischen Ethnographie. Aus der Perspektive einer methodologischen Supervision heraus kommt die innere Rationalität jeder untersuchten Forschungshaltung zur Geltung. Der Vergleich zeigt, dass sich Positionen, die sich erkenntnistheoretisch bestreiten, praxeologisch aufs Trefflichste ergänzen. Die Autorin plädiert daher für eine kulturwissenschaftliche Forschungspraxis, die "Orthodoxiekosten" vermeidet und pragmatische Wechsel zwischen epistemologischen Registern anstrebt.

Band 4:

Carolin Länger, Im Spiegel von Blindheit

Eine Kultursoziologie des Sehens

2002. ca. 200 S., kt. € 28,- / sFr 51,- (ISBN 3-8282-0223-3)

LUCIUS & LUCIUS   Stuttgart

R. Costanza, J. Cumberland, H. Daly, R. Goodland und R. Norgaard

Einführung in die Ökologische Ökonomik

Deutsche Ausgabe, herausgegeben von Thiemo W. Eser, Jan A. Schwaab,
Irmi Seidl und Marcus Stewen

2001. XVI/355 Seiten mit 18 Abbildungen, kt. € 22,90 / sFr 41,20
ISBN 3-8282-0152-0 (UTB 2190; ISBN 3-8252-2190-3)

Das vorliegende Buch will verschiedene Brücken schlagen und schließt zugleich eine
Lücke auf dem deutschsprachigen Lehrbuchmarkt. Das Lehrbuch "An Introduction to
Ecological Economics" ist ein Meilenstein im Hinblick auf eine verständliche Darstellung
der Integration von Ökologie und Ökonomie zur neuen Disziplin der Ökologischen Ökonomik. Den Autoren kommt das Verdienst zu, seit den 1970er Jahren die Diskussion zur
Herausbildung der Ökologischen Ökonomik entscheidend geprägt zu haben. Darüber hinaus bezieht die vorliegende deutschsprachige Ausgabe die Besonderheiten des europäischen
Raumes und seines Erfahrungshintergrundes ein. Kurze Beiträge von ausgewiesenen
deutschsprachigen Expertinnen und Experten wurden zusätzlich aufgenommen und an
thematisch passenden Stellen dem Originaltext in Form von klar abgegrenzten Boxen bei-
gefügt.

Neue Entwicklungsökonomik

von Rainer Durth, Heiko Körner und Katharina Michaelowa

XVI/269 S. mit 31 Abbildungen und 21 Tabellen, kt. € 16,90 / sFr 29,30
ISBN 3-8282-01999-7 (UTB 2306; ISBN 3-8252-2306-X)

Die Autoren geben aus ökonomischer Sicht, in einfacher Sprache und auf beschränktem
Raum eine Einführung in die Probleme der Entwicklungsländer und mögliche Lösungs-
ansätze.

Im ersten Teil werden Kernprobleme der Entwicklungsländer anschaulich beschrieben und
mit aktuellen Daten belegt. Schwerpunkte sind:
- Armut als Mangel an Chancen und Freiheiten,
- Armut und wirtschaftliche Entwicklung,
- Gesellschaft, Staat und Wirtschaft,
- Umwelt und Entwicklung,
- Beziehungen der Entwicklungsländer mit dem Rest der Welt.

Im zweiten Teil werden die folgenden Theorien aus dem Blickwinkel der Entwicklungs-
länderforschung skizziert und mit Beispielen verdeutlicht:
- Neue Wachstums- und Außenhandelstheorie
- Neue Institutionenökonomie
- Neue politische Ökonomie und
- Neue Wirtschaftsgeographie.

Im dritten Teil werden die entwicklungspolitischen Konsequenzen diskutiert, die sich aus
der Anwendung neuerer Theorieansätze für die Bewältigung der Entwicklungsproblematik
ergeben.

LUCIUS «LUCIUS Stuttgart

Kursbestimmung der Entwicklungspolitik

Ausgewählte Beiträge von Walter Güldner mit Einführungen von Wilhelm Hankel und Heiko Körner

2002. XX/155 S., geb. ☐ 36,-/sFr 63,-. ISBN 3-8282-0235-7

Walter Güldner hatte stets das Ziel einer lebenslangen Forschungs- und Entdeckerreise vor Augen. Schon als junger Ökonom entschloss er sich, seine Forschungen dem Problem des Reichtums-Armutsgefälles in der Welt zu widmen. Wie kein Zweiter hat er mit dieser persönlichen Entscheidung den offiziellen Weg der Bundesrepublik in die Zusammenarbeit mit den damals (und weitgehend auch heute noch) armen Ländern des Globus, der sogenannten Dritten Welt, beeinflusst und geprägt: in der wissenschaftlichen Diskussion, in der Praxis und als erfolgreicher Unternehmer und Begründer einer ganz neuen Dienstleistungs-"industrie", dem unabhängigen Consulting.

Walter Güldner machte klar, dass die reichen Volkswirtschaften, um selber reich zu bleiben, nicht auf billige Kolonialwaren angewiesen waren, sondern zahlungsfähige Kunden in aller Welt brauchten: auch in der Dritten! Das Motiv für eine zu verstärkende Entwicklungshilfe und -zusammenarbeit sei darum nicht Caritas, sondern die unerlässliche Wohlstands- und Beschäftigungssicherung für alle in die gemeinsame Weltwirtschaft integrierten Partner, die starken wie die schwachen.

In diesem Band werden ausgewählte Beiträge von Walter Güldner publiziert, die in Vielem gerade heute von unveränderter Aktualität sind.

α LUCIUS LUCIUS *Stuttgart*